U0492691

经贸学院与
社会合作

贺教方印

更大的合同项目

必至立然

教育部哲学社会科学研究重大课题攻关项目
"十三五"国家重点出版物出版规划项目

# 高等学校分类体系及其设置标准研究

RESEARCH ON CLASSIFICATION SYSTEM
AND ESTABLISHMENT STANDARDS OF HIGHER
EDUCATION INSTITUTIONS

史秋衡 等著

中国财经出版传媒集团
经济科学出版社
Economic Science Press

图书在版编目（CIP）数据

高等学校分类体系及其设置标准研究/史秋衡等著.
—北京：经济科学出版社，2019.6
教育部哲学社会科学研究重大课题攻关项目"十三五"国家重点出版物出版规划项目
ISBN 978-7-5218-0599-4

Ⅰ.①高… Ⅱ.①史… Ⅲ.①高等学校－分类体系－研究－中国 Ⅳ.①G649.22

中国版本图书馆 CIP 数据核字（2019）第 107667 号

责任编辑：何　宁
责任校对：隗立娜
责任印制：李　鹏

### 高等学校分类体系及其设置标准研究

史秋衡　等著

经济科学出版社出版、发行　新华书店经销
社址：北京市海淀区阜成路甲 28 号　邮编：100142
总编部电话：010-88191217　发行部电话：010-88191522
网址：www.esp.com.cn
电子邮件：esp@esp.com.cn
天猫网店：经济科学出版社旗舰店
网址：http://jjkxcbs.tmall.com
北京季蜂印刷有限公司印装
787×1092　16 开　24.5 印张　470000 字
2019 年 7 月第 1 版　2019 年 7 月第 1 次印刷
ISBN 978-7-5218-0599-4　定价：86.00 元
（图书出现印装问题，本社负责调换。电话：010-88191510）
（版权所有　侵权必究　打击盗版　举报热线：010-88191661
QQ：2242791300　营销中心电话：010-88191537
电子邮箱：dbts@esp.com.cn）

# 作者与课题组成员

**首席专家** 史秋衡

**作 者** 史秋衡 康 敏

**课题组主要成员**

史秋衡 康 敏 马陆亭 王保华 文 静
矫怡程 陈厚丰 张泰青 于 洋 傅 磊
钟秉林 张 力 张艳涛 陈武元 刘念才
潘永君 王雪涛 邢菊红 杨 院

**课题组其他成员**

阙明坤 孙俊华 陈志伟 陈恒敏 王 芳
李玲玲 徐军伟 刘丽丽 卢丽君 雷家彬
洪 婕 姚奇富 陈 衍 徐晓丹 吴 雪
杨玉婷 张纯坤 冯 涛 陈 萦 宁 斌
朱家武 宋中英 郭 华 汪雅霜 陈宏昇

## 编审委员会成员

**主　任**　吕　萍
**委　员**　李洪波　柳　敏　陈迈利　刘来喜
　　　　　樊曙华　孙怡虹　孙丽丽

# 总　序

哲学社会科学是人们认识世界、改造世界的重要工具,是推动历史发展和社会进步的重要力量,其发展水平反映了一个民族的思维能力、精神品格、文明素质,体现了一个国家的综合国力和国际竞争力。一个国家的发展水平,既取决于自然科学发展水平,也取决于哲学社会科学发展水平。

党和国家高度重视哲学社会科学。党的十八大提出要建设哲学社会科学创新体系,推进马克思主义中国化、时代化、大众化,坚持不懈用中国特色社会主义理论体系武装全党、教育人民。2016年5月17日,习近平总书记亲自主持召开哲学社会科学工作座谈会并发表重要讲话。讲话从坚持和发展中国特色社会主义事业全局的高度,深刻阐释了哲学社会科学的战略地位,全面分析了哲学社会科学面临的新形势,明确了加快构建中国特色哲学社会科学的新目标,对哲学社会科学工作者提出了新期待,体现了我们党对哲学社会科学发展规律的认识达到了一个新高度,是一篇新形势下繁荣发展我国哲学社会科学事业的纲领性文献,为哲学社会科学事业提供了强大精神动力,指明了前进方向。

高校是我国哲学社会科学事业的主力军。贯彻落实习近平总书记哲学社会科学座谈会重要讲话精神,加快构建中国特色哲学社会科学,高校应发挥重要作用:要坚持和巩固马克思主义的指导地位,用中国化的马克思主义指导哲学社会科学;要实施以育人育才为中心的哲学社会科学整体发展战略,构筑学生、学术、学科一体的综合发展体系;要以人为本,从人抓起,积极实施人才工程,构建种类齐全、梯队衔接的高校哲学社会科学人才体系；要深化科研管理体制改革，发挥高校人才、智力和学科优势，提升学术原创能力，激发创新创造活力，建设中国特色新型高校智库；要加强组织领导、做好统筹规划、营造良好学术生态，形成统筹推进高校哲学社会科学发展新格局。

哲学社会科学研究重大课题攻关项目计划是教育部贯彻落实党中央决策部署的一项重大举措，是实施"高校哲学社会科学繁荣计划"的重要内容。重大攻关项目采取招投标的组织方式，按照"公平竞争，择优立项，严格管理，铸造精品"的要求进行，每年评审立项约40个项目。项目研究实行首席专家负责制，鼓励跨学科、跨学校、跨地区的联合研究，协同创新。重大攻关项目以解决国家现代化建设过程中重大理论和实际问题为主攻方向，以提升为党和政府咨询决策服务能力和推动哲学社会科学发展为战略目标，集合优秀研究团队和顶尖人才联合攻关。自2003年以来，项目开展取得了丰硕成果，形成了特色品牌。一大批标志性成果纷纷涌现，一大批科研名家脱颖而出，高校哲学社会科学整体实力和社会影响力快速提升。国务院副总理刘延东同志做出重要批示，指出重大攻关项目有效调动各方面的积极性，产生了一批重要成果，影响广泛，成效显著；要总结经验，再接再厉，紧密服务国家需求，更好地优化资源，突出重点，多出精品，多出人才，为经济社会发展做出新的贡献。

作为教育部社科研究项目中的拳头产品，我们始终秉持以管理创新服务学术创新的理念，坚持科学管理、民主管理、依法管理，切实增强服务意识，不断创新管理模式，健全管理制度，加强对重大攻关项目的选题遴选、评审立项、组织开题、中期检查到最终成果鉴定的全过程管理，逐渐探索并形成一套成熟有效、符合学术研究规律的管理办法，努力将重大攻关项目打造成学术精品工程。我们将项目最终成果汇编成"教育部哲学社会科学研究重大课题攻关项目成果文库"统一组织出版。经济科学出版社倾全社之力，精心组织编辑力量，努力铸造出版精品。国学大师季羡林先生为本文库题词："经时济世  继往开来——贺教育部重大攻关项目成果出版"；欧阳中石先生题写了"教育部哲学社会科学研究重大课题攻关项目"的书名，充分体现了他们对繁荣发展高校哲学社会科学的深切勉励和由衷期望。

伟大的时代呼唤伟大的理论，伟大的理论推动伟大的实践。高校哲学社会科学将不忘初心，继续前进。深入贯彻落实习近平总书记系列重要讲话精神，坚持道路自信、理论自信、制度自信、文化自信，立足中国、借鉴国外，挖掘历史、把握当代，关怀人类、面向未来，立时代之潮头、发思想之先声，为加快构建中国特色哲学社会科学，实现中华民族伟大复兴的中国梦做出新的更大贡献！

教育部社会科学司

# 前　言

当前，我国正处于由高等教育大国迈向高等教育强国的关键阶段，建设教育强国尤其高等教育强国是我国全面建成小康社会和实现中国特色社会主义现代化强国的必然要求。中国共产党第十九次全国代表大会报告提出，统筹推进经济建设、政治建设、文化建设、社会建设、生态文明建设，坚定实施科教兴国战略、人才强国战略、创新驱动发展战略等，是全面建成小康社会决胜期的要求。建设教育强国是中华民族伟大复兴的基础工程，必须把教育事业放在优先位置，深化教育改革，加快教育现代化，办好人民满意的教育。全面依法治国是中国特色社会主义的本质要求和重要保障，深化高等教育综合改革是建设教育强国和办好人民满意的教育的重要环节。在全面依法治国背景下，高等教育领域的依法治教、依法强校和综合改革要求依法推进我国高校分类体系及设置标准构建，从法律规定、宏观政策、发展规划等方面做好"顶层设计"，进一步优化高等教育结构，以全面提高高等教育质量。

教育部哲学社会科学研究重大课题攻关项目《高等学校分类体系及其设置标准研究》具有坚实的法律根基、建设性的资政成效、战略性的未来意义。第一，《中华人民共和国高等教育法》是《高等学校分类体系及其设置标准研究》项目推进的法之根基。《中华人民共和国高等教育法》规定"国家按照社会主义现代化建设和发展社会主义市场经济的需要，根据不同类型、不同层次高等学校的实际，推进高等教育体制改革和高等教育教学改革，优化高等教育结构和资源配置，提高高等教育的质量和效益。"可见，高等学校分类体系及设置标准的探索研究建立在《中华人民共和国高等教育法》的法律框架之中。第二，《关于"十三五"时期高等学校设置工作的意见》是《高等学校分类体系及其设置标准研究》项目的资政成效。教育部 2017 年 1 月印发的《关于"十三五"时期高等学校设置工作的意见》提出"以人才培养定位为基础建立高等教育分类体系，研究探索分类设置制度，引导高等学校科学定位、各安其位、内涵发展、办出特色，全面提升高等教育人才培养、科学研究、社会服务和文化传承创新整体水平"。"探索构建高等教育分类体系。以人才培养定位为基础，我国高等教育总体上可分为研究型、应用型和职业技能型三大类型。"《高等学校分类体系及其设置标准研究》项目组全过程参与高等教育分类体系的政策研制并取得明显资政成效，值得一提的是，项目组首席专家史秋衡教授带领研究团队在 2017 年第二期《中国高等教育》发表《探索我国高等学校分类体系设计》一文中即提出了基于调研的三大类或四大类的高校分类体系构建。第三，《关于深化教育体制机制改革的意见》是《高等学校分类体系及其设置标准研究》项目的未来意义。中共中央办公厅、国务院办公厅 2017 年 9 月印发的《关于深化教育体制机制改革的意见》提出"研究制定高等学校分类设置标准，制定分类管理办法，促进高等学校科学定位、差异化发展，统筹推进世界一流大学和一流学科建设。"总之，建立高校分类体系及其设置标准，是新时代优化高等教育结构、健全高等教育体系的改革举措，其目的在于促进高等教育内涵式发展，从整体上推进中国建设"世界一流大学"和"世界一流学科"。

高校分类设置是高等教育改革的一项复杂系统工程，我国高校分类体系及设置标准事关国家创新发展战略实施、事关高等教育体系健全、事关高等教育内涵式发展、事关高校特色办学、事关人才培养与市场需求相适应、事关推进一流大学和一流学科建设的顶层设计。因此，高校分类体系和设置必须要保持政策连续性、科学规划、循序渐进、审慎进行、稳步推进。高校分类体系及其设置的政策研究的理论与实践相结合过程并非一帆风顺，工作量巨大、历时长久，进展十分艰难，在整体论证、局部推断、重点查证上反复斟酌，在攻关点不断在变化的状态中探索前行。

理论研究是实践深化的前提和基础。高校分类体系及其设置研究作为政策设计，应始于依法治国的逻辑，是自上而下、多元参与、合作协调的结果。《高等学校分类体系及其设置标准研究》自中标之后，就主动并密切协助教育部发展规划司进行持续三年的调查和研究，并在高校分类和高校设置的学术研究中提供扎实的理论支撑，是集一线调查、学术研究、数据基础于一体的政策设计。在中期检查之后，听取专家建议，协同子课题负责人及其研究团队的专业力量，进一步微调课题研究框架和技术路线；厘清分类与定位的关系，夯实全面深入研究的基础；关注基于设置标准的高校评估和退出机制；加强分类的规范性和国际通行经验借鉴；强化应用性研究，在追求理论发展的基础上使研究成果具有能够切实指导我国高校科学地分类发展的现实意义。因此，攻关项目在学术研究的基础上注重扎根实践的政策研究，《高等学校分类体系及其设置标准研究》项目瞄准国家高等教育重大战略决策及制约高等教育体系健全的重大问题。诚然，政策设计与传统的政策解读不同，《高等学校分类体系及其设置标准研究》项目推动并见证了我国高校分类体系及分类设置标准政策的稳步前行。教育部发展规划司关于《"高等学校分类体系及其设置标准研究"项目结项咨询成果采纳证明》充分肯定了本研究"关乎我国高等教育结构的整体设计，问题复杂、涉及面广、政策要求高、研究难度大"的研究强度、研究难度和研究价值；高度认可本研究"有关高校分类体系研究成果，为我部制定高校分类设置政策提供了建设性意见和建议，并被吸收到《教育部关于'十三五'时期高等学校设置工作的意见》"中的攻关重点和攻关成效；"下一步，我们将继续吸收项目组提供后续相关研究支撑"，突出表明本研究的可持续性和未来价值。

高等学校分类体系和设置标准的政策设计，是以全面提升我国高等教育质量作为核心，促进我国高校发展的规模化、多样化，避免同质化和竞争的无序化。因而，调整现有的分类体系和设置标准，意在配合政府的引导方式、依靠市场的调节力量、遵从学校办学的自主性，实现高校的自主定位、有效发展。为此，本研究认为应当建立千校一方案的质量控制观、一校一方案的审核观、多路标准化的发展观，从而实现高等学校的健康发展与结构优化。

高等学校分类体系的建立与设置标准的拟定关系到我国高等教育事业的可持续发展，关系到我国由"高等教育大国"迈向"高等教育强国"历史进程，必须以《中华人民共和国高等教育法》为法律框架，以党的十八届三中全会通过的《中共中央关于全面深化改革若干重大问题的决定》为指导思想。《中华人民共和国高等教育法》规定，设立高等学校，应当符合国家教育发展规划，符合国家利益和社会公益，具备教育法规定的基本条件等。《中共中央关于全面深化改革若干重大问题的决定》指出，高等教育应当"深入推进管办评分离，扩大省级政府教育统筹权和高校办学自主权"；同时应当"强化国家教育督导，委托社会组织开展教育评估监测"。以此为基础，建立高等学校分类设置、分类评价、分类指导等相关制度，推动我国高校分类工作的进行。与此同时，在国家的立法框架下，还应当注重从大学内部主观能动性出发，以高校自主权为核心，以大学章程的建设为抓手，推动高校多样化、特色化、内涵式发展。

本项目提出以下创新性观点。第一，建立高校分类体系是高校设置标准的前提，高校设置以分类体系为指引，提出研究型、应用型和职业技能型的三类型高校分类设置、分类管理和分类评价，构建多维度多指标的多元分类体系作为长期目标，建立指导性为主、规定性为辅的高校分类体系。第二，形成国家指导、地方统筹的高校分类设置规划，高校重点分类政策需要把握公平与效率之间的平衡，不同地区在国家高校分类设置指导框架下分别探索高校分类发展。高校核心特征是制定高校分类设置标准的基础，明确高校核心特征在于提出高校分类设置的底线标准和边界，设定基线规范高等学校设置。第三，实现依法治教和依法行政相结合，促进国家指导、地方统筹、高校自主、专家评议、社会参与的有机统一，从而建构具有中国特色、契合国际高等教育发展、贴合中国高等教育实际、符合未来高等教育趋势的高校分类体系及设置标准。明确高校分类和设置中管、办、评三方的权力与责任，强调权力下放的同时更要健全责任监督与问责机制。第四，政府层面强调高校的准入机制和问责机制。强调中央权力的指导性，给予地方政府和教育行政部门更大的统筹管理空间，调动地方的积极性，加强其办好高等教育的意愿和决心，从而能够更有效地促进高等教育因地制宜发展。第五，高校分类设置除了用质量基准、程序规范、政府行政管理来监管办学行为，还需要充分调动高校主体的办学积极性和自主性，在高校层面应当落实高校办学自主权，从而促进各类高校根据自身定位，有计划、有步骤地进行内涵建设，将发展落在实处。第六，高校设置是一所高校设立的起点，高校设置开始关注并践行高校分类发展的实际需求是高等教育与社会系统互动的进步。评价是引导一所高校设立后有质量办学，实现特色发展的重要方式。高校分类设置从起始端把控高等教育质量，要与评估等过程评价相结合，倒逼高校设置中对办学条件相关标准的重视和保障以及高校建立自我报告和自我评价办学制度，促进内涵式建设。

  长期以来，我国高校发展备受诟病，其中之一就是一些高校盲目追求"大而全"，即盲目追求规模扩张和学科完备，对特色和个性强化不够，其结果造成内涵式发展明显滞后。毫无疑问，高校分类体系及设置标准的建立需要遵循一定原则，严守底线是高校分类体系及设置标准的基本主张；提升质量是高校分类体系及设置标准的内在追求；追求卓越是高校分类体系及设置标准的目标设定；促进多维是高校分类体系及设置标准的价值所在。高校分类体系及设置标准的构建以严守底线为原则，规范高校在进入、退出、办学方面的边界性行为。以提升质量为原则，体现各类高校对教育目标分类的共同追求。以追求卓越为原则，积极鼓励和推动所有高校对高水平、高质量的追求，但必须根据校情，分别可以从探索科学前沿、契合行业产业、紧密联系区域经济和推动社会文明传承与创新这几个方面有所倾向和倾斜。以促进多维为原则，培育我国高校的个性，形成"千校千面"，提升各校的核心价值与竞争力，并对经济社会发展变化具有兼容性与包容性。

  高校分类体系及设置标准的设计，其意义在于回应高等教育当前发展与未来需求不相适应的问题。全球视野下，交叉是创新的主要动力，也是支撑学科发展、高校发展、高等教育发展、国家当前发展和未来进步的核心动力。构建高校分类体系并形成分类设置，规范高校办学定位和人才培养目标，引导高校集中优势资源进行创新。在高校分类体系下，三种类型高校都有不同的创新追求，三种类型高校都形成"跨"的办学意识，更加重视跨学科和跨界。在国内场域下，教育强国和人才强国是创新型国家建设的关键举,立德树人是高校育人的核心任务,管办评、高等教育领域的放管服改革是协调高等教育多元权力主体,理顺高等教育利益相关者权力关系,规范高等教育发展的重要举措。一方面,高校分类及高校分类设置,优化高等教育结构,严控增量、做优增量高校,引导并促进高等教育内涵式发展,构建高等教育体系,健全国家教育体系;另一方面,高校分类及高校分类设置,激发高校分类创新与分类培养社会所需要的专门人才的活力和潜力,充分履行社会职能,助力人力资源和人才资源强国建设。高校在强国建设中承担立德树人核心任务,高校分类是高校科学合理定位的前提,高校科学合理定位才能更好适应并主动超前培养推动国家创新发展所需要的人才。在放管服、管办评改革中,抓住管的首因效应,以管为关键,才能理顺办学和评估。高校分类及分类设置是高等教育管理的重要工作内容,因此从高校分类体系设计着手,是深化放管服、管办评改革的重要工作。高校分类体系构建规范高校分类设置,分类发展,为高校更好办学、高校评估奠定制度基础和形成规范保障。

  研究指向未来、服务未来。高校分类体系及其设置标准研究既服务于教育部"十三五"高校分类设置的政策设计需要,并产生一定中短期效果,也注重形成中长期的超前性,在高校分类体系构建的政策设计基础上不断深入,为中长期政策设计进行理论准备、分阶段调整和政策修订。指向未来、服务未来,是攻关项目服务并超越资政所在,也是体现攻关项目的研究特性。构建高校分类及设置的利益相关者"六面体"是研究服务资政并从高等教育实践回归高等教育理论和高等教育管理研究的体现。我国高校分类管理的滞后性和高等教育利益相关者对高校分类管理的内在诉求和推动,要求构建高校分类体系及设置标准,优化高等教育结构,完善高等教育体系,形成管、办、评、研、选、用的利益相关者"六面体"。其中,管是根基,高校分类体系及设置标准是根基中的关键环节,用则是管的最终目的。构建高校分类体系及设置标准,最终形成管、办、评、研、选、用"六面体",高校分类体系及设置标准有助于切实推进我国高等教育质量的全面提升,从而为建设高等教育强国、实施人才强国战略和推进创新驱动发展战略夯实基础。立足于国家战略的顶层设计,对我国高等学校分类体系及设置标准的修订与重构，意义在于规范现状，关注增量发展。立体化的高校分类体系，第一，为中央政府提供宏观调控的指南，有助于协调好教育部与省级政府之间的关系，提高省级政府对高等教育的统筹力。第二，为办学者提供明确的指向和更大的创新发展空间，有利于办学者在政府的指导下自主办学、形成特色。第三，推动我国高等教育分类评估的实现，为更科学、深入的高等教育研究提供现实依据，实现人才的"分类式选拔"与"适切式培养"，提高各类高校与经济社会发展的适配度。第四，有利于研究者更好地认识我国高等教育体系，更全面而系统地把握我国高等教育整体发展。第五，有利于完善督导与管理，政府基于高校分类体系制定多样化的资源配置政策，并根据国家发展需要进行政策导向的调整。第六，有利于社会公众理解并认可我国高等教育体系，搭建社会与高等教育良性互动的新平台。

# 摘　要

高等学校分类体系及其设置标准研究，以长期以来我国高等教育资源配置缺乏分类导向、高等学校分层发展突出、高等学校趋向规模发展、同质化办学等现象导致高等学校人才培养难以适应当前我国经济社会发展的结构性问题为攻关出发点和落脚点。通过夯实理论基础、大规模实证调查、科学的数据分析，问诊制约我国高等教育发展的"瓶颈"，形成有法可依、理论指导、扎根实践、贴合时代的政策设计。以分类为设置、办学、管理、评价的前提，把握不同类型高校设置的底线标准和质量标准，构建符合我国高等教育发展阶段和特征的高等学校分类体系，以期有效调整存量和增量高等教育，健全我国高等教育体系，引导不同类型高校在服务国家创新驱动发展战略中精准寻位，推动高等教育强国建设。

第一章　绪论，以当前我国高等教育分类发展困境为现实背景，提出当前我国高等教育呈现多类型发展的态势，但由于缺乏高等学校分类体系及设置标准的顶层设计和相关政策已经严重落后于高等教育发展实际，导致高等学校层级差异明显、"千校一路"缺乏办学特色和出现同质化现象等高等教育发展困境，制约高等教育质量全面提高。提出在经济发展新形势下，高校自主办学意识提升、省级分类管理需求突出等高等教育利益相关者因素进一步助推高校分类体系及设置标准顶层设计研究，为高等学校分类体系及其设置标准提供动力。进行我国高校分类体系及设置标准的制度设计，有利于教育主管部门和各省级人民政府的分类管理，也有利于深化高等教育的体制改革和教学改革。以教育规律和功能底线论、高等学校职能多维发展论、劳动力市场人才规格论、高等教育机会公平论、利益相关者法治平衡论、高等教育结构动态调整论、高等教育质量提升论作为研究理论基础进行研究设计，对高等学校分类体系、教育标准分类、高校分类与教育标准分类的区别、高等学校设置等进行概念界定。

第二章　人才需求多样化与高等学校分类问题研究，从劳动力市场分割理论出发，探讨目前我国的人才市场对高等教育提出的需求，根据当前我国劳动力市场的发展阶段和特征，论证其对高等教育、人才培养规格所提出的要求，进而分析高等学校人才分类培养问题。本章探讨劳动力市场分割理论在高等教育中的运用研究；人才成长规律与人才分类发展研究；人力资本投资与我国人才市场的特征研究；我国人才市场的结构及类型嬗变研究；不同类型人才的培养方式及生成机制研究。

第三章　立体化高等学校特征分类标准及体系建构研究，试图构建起一个立体的分类与分层相结合的高等学校分类体系，有效地引导不同类型和层次高校进行科学定位和实现特色发展。本章探讨高等学校分类体系建构的供给和需求；比较国外高等学校分类特征并进行选择性借鉴；分析我国高等学校分类的研究和实践；尝试提出我国本科高校分类的核心指标及特征；立体化设计和论证我国高等学校分类体系。

第四章　高等学校核心设置标准及分类发展研究，从理论上厘清高校分类体系与不同类型院校设置基准之间的内在关系、探究不同类型院校设置基准与其发展定位之间的关系，并在设置基准的基础上，进一步探究不同类型院校的准入机制及退出机制，不同类型院校的办学质量标准以及办学质量保障标准。本章探讨不同类别高等学校的准入机制及标准；研究不同类别高等学校的质量标准；研究分类体系下高等学校的整体发展规划；研究分类体系下高等学校的合理定位问题；研究分类体系下高等学校的多样发展路径。

第五章　对高等学校现有设置标准的改革研究，对目前我国近期涌现的新型高等教育办学机构进行调研分析，并对国务院1986年颁布的《普通高等学校设置暂行条例》进行修订及相关实证调研分析。本章主要研究高校分类体系与设置标准案例；研究1986年版设置标准的修订原则；对新分类体系与设置标准进行论证并提出建议；研究新分类体系与设置标准的框架及其运行；研究新分类体系与设置标准相关政策的配套及调适。

第六章 高等学校分类体系及设置标准的国际化及未来趋向，从国际标准、国家特征、高等教育内部协同创新、外部行业标准等角度分析高等学校分类体系及设置标准的发展。本章研究新分类体系及设置标准的国际先进性；研究新分类体系及设置标准的国际认证；研究新分类体系及设置标准的国家特征；研究新分类体系及设置标准的内部协创机制；研究新分类体系及设置标准与外部行业标准的适应性。

在依法治教和深化高等教育领域综合改革的背景下，高等学校分类体系及其设置标准的政策设计研究，以问题为导向、以法律为依据、以学理为规范、以数据为基础、以政策为工具、以国际通行经验为借鉴，规范我国高等学校分类设置，引导我国高等学校分类办学，促进我国高等学校分类管理和分类评价，着力破解我国高等教育发展与经济社会当前需求和未来发展的结构性脱节问题，提升我国不同类型高校的创新能力，更好落实立德树人核心任务。高等学校分类体系及其设置标准的政策设计研究，既着眼于当前高等教育实践问题，服务于中短期高等教育资政需要，也指向未来高等教育管理，回归高等教育理论研究。

本项目中期成果之一《国家高校分类体系及其设置标准实证研究》已获省部级社科优秀成果二等奖。在本项目研究基础上提炼的国家高校分类体系设计方案已被教育部充分采纳及出台了《关于"十三五"时期高等学校设置工作的意见》。在一系列高质量研究成果与国家资政成果基础上进行了完善，本专著为教育部哲学社会科学研究重大课题攻关项目《高等学校分类体系及其设置标准研究》（课题编号14JZD046）通过结项鉴定后的总报告。

# Abstract

The research on the classification system and establishment standards of higher education institutions would like to deal with some problems in higher education, such as absence of classification mechanism in higher education resource distribution, judging school by stratification, focusing more on scale expansion rather than connotative development, homogeneous in running schools. As a result of the problems, graduate students could not meet the demand of society. The research combines with theory basis, large scale empirical survey, scientific data analysis, is a policy design for the problem solving. Based on premise of classification, grasping the bottom line standards and the quality standards of different kinds of higher education institutions to establish, to run, to manage and to assess. Aiming to construct classification system of higher education institutions which accords with development stage and characteristics of higher education. And for the purpose of adjusting stock and increment of higher education institutions effectively, optimizing the system of higher education, leading different types of schools in serving the strategy of innovation-driven development and be a powerful nation of higher education.

The first chapter, Introduction, based on dilemma of current classification of higher education in China, putting forward that higher education presents a multi-type trend. As the lack of top-level planning of higher education classification system and establishment, and the related policies have fallen behind the reality of higher education seriously, there is a hierarchy in higher education, also, thousands of schools lead the same path and lack its corresponding style, and there is a homogeneity in running schools, and so on, which restricts the development of higher education. It is proposed that in the new situation of economic development, the stakeholders of higher education, such as the sponsors and managers of higher education institutions, could promote top-level planning of classification system and establishment standards. Research on institutional design of the classification system and establishment standards of higher education institutions, is beneficial to management of higher education and deepening system reform, also teaching reform of higher education. The research is based on the theory of educational law and function, the theory of multi-dimensional development of higher education institution's function, the theory of labor market and talents, the theory of equality of opportunity in higher education, the theory of interests balance, the theory of dynamic adjustment of higher education structure, the theory of quality improvement of higher education. It also defines the concept of classification system of higher education institutions, the classification of higher educational standard and establishment of higher education.

The second chapter, *Research on the Diversification Demand of Talent and Classification of Higher Education Institutions*, based on the theory of labor market segmentation, discusses the demand for higher education in labor market and the demand for specifications of talent training. According to the development stage and characteristics of labor market, this paper discusses the requirements for higher education and talent training standards, and analyzes the issue of nurturing talent in different types of higher education institutions. The chapter consists of 5 parts: research on the application of labor market segmentation theory in higher education; research on the law of talents growth and the multi-development of talents; research on human capital investment and characteristics of talent market in China; research on the structure and type transmutation of talent market in china; research on the training mode and generation mechanism of different types of talents.

The third chapter, *Research on the classification Standards and System Construction of Higher Education Institutions*, tries to construct a three-dimensional classification system with classification and hierarchical, which effectively guides colleges and universities to orientate and run with characteristics. The chapter consists of 5 parts: analysis of the supply and demand of higher education institutions' classification system construction; the comparison and reference of foreign higher education institutions' classification characteristics; research and practice of higher education institution's classification in China; research on the core indicators and characteristics of undergraduate higher education institutions' classification in China; design and demonstration of higher education institutions' classification system in China.

The fourth chapter, *Research on the Core Establishment Standards and development of different types of Higher Education Institutions*, clarifies the intrinsic relationship between the classification system and establishment benchmarks of multi-types, explores the relationship between the establishment benchmarks of multi-types and their orientation, the access and withdrawal mechanisms of multi-types, and quality standards of running different types of schools. The chapter consists of 5 parts: research on the access mechanism and establishment standards of different types of higher education institutions; research on quality standards of different types of higher education institutions; research on the overall development planning of higher education institutions based on classification system; research on rational orientation of higher education institutions based on classification system; research on the diversified development paths of higher education institutions based on the classification system.

The fifth chapter, *Research on the Reforms of the Existing Establishment Standards*, investigates and analyzes the new higher education institutions that have emerged recently in China, and proposes some suggestions for revising the Interim Regulations for the Establishment of the Regular Higher Education Institutions promulgated by the State Council in 1986 and analysis of the relevant empirical studies. The chapter consists of 5 parts: some case studies of classification system and establishment standards of higher education institutions; the revised principles of the Interim Regulations for the Establishment of the Regular Higher Education Institutions; demonstration and suggestion on new classification system and establishment standards; research on new classification system, the framework and its operation of establishment standards; research on the matching and adjustment of new classification system and related policy of establishment standards.

The sixth chapter, *The Internationalization and Trend of the Classification System and Establishment Standards of Higher Education Institutions*, analyzes the development of the classification system and the establishment standards from the aspects of the international standard, the national characteristics, the internal collaborative innovation of higher education, the external industry standards and so on. The chapter consists of 5 parts: research on international advancement of new classification system and establishment standards; research on international certification of new classification system and establishment standards; research on national characteristics of new classification system and establishment standards; research on internal collaborative innovation mechanism of new classification system and establishment standards; research on adaptability of new classification system, establishment standards and external industry standards.

In the background of governing education by law and deepening the comprehensive reform of higher education, the research on policy design of higher education institutions' classification system and establishment standards, aiming to problem solving, in accordance with law, be ruled by academic theory, based on data analysis, equipped with policy, comparing to foreign experience, would normalize the classification and establishment of higher education institutions, and benefit classified running, managing and assessing. The research attempts to solve the structural problem of higher education and nurturing talents that meet the demand of society and future for the innovation ability development of different types of schools and the core task of schools. The research on the policy design of the classification system and establishment standards of higher education institutions, serves the political needs of higher education in a short to middle term. It also points to management of higher education in future and returns to the theoretical research of higher education.

The mid-term achievement of the project, *Empirical Study on the National Classification System and Establishment Standards of Higher Education Institutions*, has won the second prize of excellent achievements in social sciences at provincial and ministerial level. And the design of national classification system based on the project has been totally adopted by Ministry of Education and then released some related policy, *on the Establishment of Higher Education Institutions in the* 13*th Five-Year Plan Perio*. The monograph is a general report of the key project of the Ministry of Education on the research of philosophy and social sciences, named *Research on Classification System and Establishment Standards of Higher Education Institutions* (No. 14JZD046), which has gotten through the final evaluation.

# 目 录
*Contents*

**第一章 ▶ 绪论**　1
    第一节　研究背景　1
    第二节　文献综述　15
    第三节　理论基础　45
    第四节　研究设计　50
    第五节　概念界定　59

**第二章 ▶ 人才需求多样化与高等学校分类问题研究**　63
    第一节　劳动力市场分割理论在高等教育中的运用研究　63
    第二节　人才成长规律与人才分类发展研究　69
    第三节　人力资本投资与我国人才市场的特征研究　74
    第四节　我国人才市场的结构及类型嬗变研究　83
    第五节　不同类型人才的培养方式及生成机制研究　94

**第三章 ▶ 立体化高等学校特征分类标准及体系建构研究**　120
    第一节　高等学校分类体系建构的供给和需求　120
    第二节　国外高等学校分类特征的比较与借鉴　125
    第三节　我国高等学校分类研究与实践尺度　137
    第四节　我国本科高等学校分类的核心指标及特征研究　151
    第五节　我国高等学校分类体系的立体化设计和论证　197

**第四章 ▶ 高等学校核心设置标准及分类发展研究**　213
    第一节　不同类型高等学校的准入机制及设置标准研究　213

第二节　不同类型高等学校的质量标准研究　236

　　第三节　分类体系下高等学校的整体发展规划研究　256

　　第四节　分类体系下高等学校的合理定位问题研究　261

　　第五节　分类体系下高等学校的多样发展路径研究　264

## 第五章 ▶ 对高等学校现有设置标准的改革研究　271

　　第一节　高等学校分类体系及设置标准案例研究　271

　　第二节　1986年版国务院高校设置条例的修订原则研究　289

　　第三节　新分类体系及设置标准的论证建议　291

　　第四节　新分类体系及设置标准的框架及其运行研究　299

　　第五节　新分类体系及设置标准相关政策的配套及调适研究　306

## 第六章 ▶ 高等学校分类体系及设置标准的国际化及未来趋向　316

　　第一节　新分类体系及设置标准的国际先进性研究　316

　　第二节　新分类体系及设置标准的国际认证研究　320

　　第三节　新分类体系及设置标准的国家特征研究　326

　　第四节　新分类体系及设置标准的内部协同创新机制研究　330

　　第五节　新分类体系及设置标准与外部行业标准的适应性研究　333

**参考文献**　338

**后记**　351

# Contents

**Chapter 1  Introduction**  1

    1.1  Research Background  1

    1.2  Literature Review  15

    1.3  Theoretical Basis  45

    1.4  Research Design  50

    1.5  Concept Definition  59

**Chapter 2  Research on the Diversification Demand of Talent and Classification of Higher Education Institutions**  63

    2.1  Research on the Application of Labor Market Segmentation Theory in Higher Education  63

    2.2  Research on the Law of Talents Growth and the Multi-Development of Talents  69

    2.3  Research on Human Capital Investment and Characteristics of Talent Market in China  74

    2.4  Research on the Structure and Type Transmutation of Talent Market in China  83

    2.5  Research on the Training Mode and Generation Mechanism of Different Types of Talents  94

**Chapter 3  Research on the Classification Standards and System Construction of Higher Education Institutions**  120

    3.1  Supply and Demand of the Higher Education Institutions' Classification

System Construction　120

3.2　Comparison and Reference of Foreign Higher Education Institutions' Classification Characteristics　125

3.3　Research and Practice of Higher Education Institutions' Classification in China　137

3.4　Research on the Core Indicators and Characteristics of Undergraduate Higher Education Institutions' Classification in China　151

3.5　Design and Demonstration of Higher Education Institutions' Classification System in China　197

## Chapter 4　Research on the Core Establishment Standards and Development of Different Types of Higher Education Institutions　213

4.1　Research on the Access Mechanism and Establishment Standards of Higher Education Institutions　213

4.2　Research on Quality Standards of Different Types of Higher Education Institutions　236

4.3　Research on the overall Development Planning of Higher Education Institutions based on the Classification System　256

4.4　Research on the Rational Orientation of Higher Education Institutions based on the Classification System　261

4.5　Research on the Diversified Development Paths of Higher Education Institutions based on the Classification System　264

## Chapter 5　Research on the Reforms of the Existing Establishment Standards of Higher Education Institutions　271

5.1　Case Study of Classification System and Establishment Standards of Higher Education Institutions　271

5.2　Research on the Revised Principles of the Interim Regulations for the Establishment of the Regular Higher Education Institutions promulgated by the State Council in 1986　289

5.3　Demonstration and Suggestion on New Classification System and Establishment Standards　291

5.4　Research on the Framework and Operation of New Classification System and Establishment Standards　299

5.5　Research on the Policies Matching and Adjustment Related to the New Classification System and Establishment Standards　306

## Chapter 6　Internationalization and Trend of Classification System and Establishment Standards of Higher Education Institutions　316

6.1　Research on International Advancement of New Classification System and Establishment Standards　316

6.2　Research on International Certification of New Classification System and Establishment Standards　320

6.3　Research on National Characteristics of New Classification System and Establishment Standards　326

6.4　Research on Internal Collaborative Innovation Mechanism of New Classification System and Establishment Standards　330

6.5　Research on Adaptability of New Classification System, Establishment Standards and External Industry Standards　333

**References**　338

**Postscript**　351

# 第一章

# 绪 论

当前,我国正处于全面提高高等教育质量,建设高等教育强国的重要阶段,构建高校分类体系并在此基础上制定不同类型高校设置标准是优化我国高等教育结构、健全我国高等教育体系的着力点,也是实现高等教育强国的重要推力。随着社会多样发展需求和高等教育内部发展探索实践日益深化,我国高等教育已经自发呈现多类型发展的态势,但是由于高等学校分类体系及分类设置标准顶层设计缺失等高等教育政策不完善,导致我国高等教育发展缺乏规范的导向和指南,中央政府、地方政府、高校、社会等高等教育利益相关者的权责明晰度不强,严重制约我国高等教育结构调整和体系构建。在全面依法治教和建设高等教育强国的时代背景下,如何构建高等教育分类体系及设置标准能够有效调整存量高等教育和增量高等教育发展,并以此为契机牵一发而动全身,健全我国高等教育体系,整体提升我国高等教育质量是本研究攻关的要旨。

## 第一节 研究背景

当前我国高校"千校一路"办学问题阻碍高等教育质量提升,我国高校分类发展面临困境。我国高校分类发展困境一方面来自高校内部,高校管理者延续高等教育精英阶段的办学理念,以研究型大学的建设目标和学术人才的培养目标为发展导向,追求大而全的学科体系、建设缺乏个性和特色的专业课程、形成整齐划一的校园建设；另一方面则来自政策和社会的外部评价压力，遭受到歧视政策和社会舆论的非议，使得高校趋向综合性、研究型高校建设，形成日益高涨的"升格热""更名热""合并热"现象，高校办学逐步走向单一的发展路径。

经过实证调查发现，当前我国高校缺乏办学特色、同质化明显，呈现单一化发展的问题，导致高等教育资源紧张与无序竞争；高校发展面临高校内部体制改革和社会外部转型提升的双重挑战。高校同质化办学产生的"千校一路"问题已经成为阻碍我国高等教育质量提升的重要因素。构建高校分类体系，引导高校精准寻位、提升高校办学自主性，促进高校多样发展，是转变高校"千校一路"发展问题的重要举措，已经成为我国高等教育改革的当务之急。

来自高等教育利益相关者和社会转型发展对高等教育分类发展与设置的需求与我国高等教育分类体系及设置相关政策缺位形成制约我国高等教育发展的现实矛盾，在此背景下，本书致力于从制度设计的视角，探索构建立体化的高校分类体系，完善不同类型高校的准入机制、质量标准和退出机制。

# 一、研究动因

我国普通高等学校历史上以行政级别、平台及学位为依据形成分层发展态势，随着高校内外部发展需求的变化，推动高等学校从被动分层分类走向主动要求分类发展。

我国社会转型发展和高等教育利益相关者参与高等教育治理的需求日益突出，高校分类体系及其设置标准研究已经成为推动高等教育优化调整的重要突破口，当前已形成高等教育优化调整的内外部的多元动力。

## （一）我国过去以行政级别、平台及学位为依据形成高校分层发展

我国高校分为副厅级、正厅级、副部级等三档行政级别，有些省份还有正处级高校。我国高校行政级别的层级化差异，是我国高校分层的一个突出特征，行政级别与社会资源挂钩、与社会声誉相关联，限制了高校自主办学的积极性，不利于我国高校常态化发展。

新中国成立后不久，国家指定一批重点大学，由此拉开了高等学校分层发展的序幕。1954年10月5日，中央《关于重点高等学校和专家工作范围的决议》指定北京大学、清华大学、中国人民大学、北京医学院（现北京大学医学部）、北京农业大学（已并入中国农业大学）、哈尔滨工业大学共6所学校为全国性的重点大学。1959年，《中共中央关于在高等学校中指定一批重点学校的决定》确定20所高校为全国重点大学；1960年，《中共中央关于增加全国重点高等学校

的决定》又增加了44所大学为全国重点大学，总数共计64所；1963年9月12日教育部通知，增加3所全国重点高等学校；1978年，《国务院转发教育部关于恢复和办好全国重点高等学校的报告的通知》最终确定88所大学为全国重点大学。

1980年全国人民代表大会常务委员会颁布的《中华人民共和国学位条例》是改革开放后的第一部最高教育法律法规，《中华人民共和国学位条例》将学位分为学士、硕士、博士三级，并分别规定了三级学位的授予要求。《中华人民共和国学位条例》学位三级分层的框架基本沿用至今。

设置重点大学、三级学位层次表明我国高等教育分层发展的历史和现状。是否重点大学或者高校所能授予的学位层次的分层要素稳定，并且容易管控。但从我国高等学校定位不易、同质化发展、无序竞争、与社会需求脱节的状态来看，通过学位分层推动高校分类已经明显不合时宜。

我国高校长期以公办为主，高等教育资源配置受到行政影响巨大。由于我国趋向纵向的层级划分，导致高等学校为了寻求更为优质的高等教育资源分配，盲目追求纵向层级提升的发展路径。政府集中对研究型大学的巨额经费投入，导致所有高等学校趋向研究型大学的建设之路。高等教育资源的配置方式问题导致高等学校发展"同质化"倾向。在发展过程中出现社会需求规格多样与高等学校人才培养模式单一化的矛盾。一方面，社会对人才结构的需求呈现多类型和多层次，学生个人也呈现多样化的发展需求；另一方面，高等学校自我定位趋向更高层级，全国高等学校呈现单一化的发展趋势，朝向共同的发展路径，不符合高等教育大众化阶段多样化的发展特点。高等学校缺乏合理的自我定位，导致高等学校人才培养面向社会的针对性不足，弱化了高等教育服务社会的职能发挥。

## （二）我国高校条块分割成效差不利于引导高校分类办学

我国过去也重视高等学校分类办学，但是条块分割导致分类办学成效差。如教育部直属高校被列为单独管理类别；高职院校被政策规定为专科类别，但其内在动力大多希望升本；成人高校在毕业证书上被列为与普通高等教育不同类别教育的高校。随着高校逐渐走进社会中心，高校培养人才、发展科学、社会服务、文化引领创新的社会职能的实践正内外联动推进高校分类办学。

**1. 我国高校条块分割形成影响高校办学**

改革开放以来，我国逐步形成了由中央政府统一领导、中央和省级人民政府两级管理、以省级管理为主的高等教育管理体制。

1978~1985年是我国高等教育管理体制的调整和恢复阶段。1978年，国务院提出"为了加强各部委对面向全国和面向地方的全国重点高校和非重点高校的领导，必须调整其领导体制，少数院校由相关部委直接领导，多数院校则由相关部委和省级双重领导，以省级领导为主"。1979年9月18日，中央转批教育部的《关于建议重新颁发〈关于加强高校统一领导、分级管理决定〉的报告》，重新恢复了1963年确定的"中央统一领导，中央和省、市、自治区两级管理"的体制。全国普通高校中，少数直属于教育部，一部分隶属于国务院有关部委，大部分隶属于各省、市、自治区。

1985~1992年我国加强地方的高等教育管理权限，扩大高校的办学自主权。1985年5月27日，中共中央会议通过了《中共中央关于教育体制改革的决定》，针对"在教育事业管理权限的划分上，政府有关部门对学校主要是对高等学校统得过死，使学校缺乏应有的活力；而政府应该加以管理的事情，又没有很好地管起来"以及"在教育结构上，基础教育薄弱，学校数量不足、质量不高，合格的师资和必要的设备严重缺乏，经济建设大量急需的职业和技术教育没有得到应有的发展，高等教育内部的科系、层次比例失调"等问题，提出在加强宏观管理的同时，坚决实行简政放权，扩大学校的办学自主权。

1992年至今，我国高等教育形成中央与地方政府两级管理，以地方统筹为主，条块有机结合新体制。1985年《关于深化高等教育体制改革的若干意见》，提出"高等教育管理体制改革的目标是，争取到2000年或稍长一点时间，基本形成举办者、管理者和办学者职责分明，以财政拨款为主多渠道经费投入，中央和省、自治区、直辖市人民政府两级管理、分工负责，省、自治区、直辖市人民政府统筹为主，条块有机结合的体制框架。"

**2. 我国高校条块分割导致高校层级差异明显**

纵观我国高等教育管理体制改革，一批实力较强、学科特色鲜明的高校被列为教育部直接管理的直属高校，被列为单独管理类别，旨在提高教学、科研和社会服务等方面发挥示范作用进行的探索。我国教育部直属高校与地方直接管理高校形成相互分割的状态，在办学资源和社会声誉等方面存在较大差异。

1986年《普通高等学校设置暂行条例》将我国高职院校规定为专科类别，在层次上区别于大学和学院。1998年《中华人民共和国高等教育法》将高等教育分为专科教育、本科教育和研究生教育，高职院校对应专科教育。由于层级划分带来的社会影响力和资源配置差异，高职院校大多有升本的内在驱力和行动尝试。

成人高校在毕业证书上被列为与普通高等教育不同类别教育的高校。成人高校实施学历教育和非学历教育相结合，以非学历教育为主。1998年《中华人民共和国高等教育法》规定："接受高等学历教育的学生，由所在高等学校或者经批准承担研究生教育任务的科学研究机构根据其修业年限、学业成绩等，按照国家有关规定，发给相应的学历证书或者其他学业证书"，而"接受非学历高等教育的学生，由所在高等学校或者其他高等教育机构发给相应的结业证书"。由于证书授予单位的差异，成人高校在我国高等教育结构中处于弱势地位，这与构建学习型社会和发展终身教育理念不相适应。

### （三）高等教育利益相关者推动高校分类发展与设置

#### 1. 高校自主办学意识提高推动高校分类发展与设置

审视我国高校发展的阶段性，在经历"扩招""本科教学工作水平评估""本科教学工作审核评估"等一系列阶段性任务或项目建设后，不少高校已经清醒地意识到各自面临的不同发展目标，愿意加强学校自身的顶层设计与战略规划，大局观与办学理念愈发清晰，从而追求各校质量和水平的进一步提升，努力把握规模、效益之间的平衡。这种内推力一方面表现为已有高校对自身定位的再认识，另一方面表现为新建高校目标更加明确。面对激烈的社会竞争，高校已经充分认识到要根据社会需要进行分类办学和特色定位，急需建立高等学校分类发展体系及其分类设置标准。而新建高校则从一开始就聚焦市场，明确定位。高校办学模式的创新需要教育部通过调整设置标准并实施分类管理。教育部实施高校分类管理，可以对不同类型高校采用不同的评价和管理标准，将进一步推进高校特色办学。

具体而言，目前高校定位主要有以下几种方式。一是结合区域经济、地方产业发展的需求。如与所在省市共建，成为重点扶持建设的高校，成为当地高等教育改革的领跑者；具有较强的地域特色；与行业共建，学科结构顺应行业需求，为行业输送人才等。二是结合办学历史、凝练优势学科。高校的办学定位不是一蹴而就的，而是经历了历史变革、院系调整，不断摸索积累沉淀形成的。在此过程中，立足于地方，孕育了办学的文化传统，筛选凝练出了优势学科，特色发展、错位发展。三是选取标杆，定位赶超。一些高校选取国内外同类优质高校作为标杆，在对比中确定目标、找出差距、比学赶超，有效地汲取了优质高校办学的先进理念、有效举措，减少了摸索的弯路和不必要的代价。

#### 2. 省级分类管理需求增强推动高校分类发展与设置

"探索高校分类指导、分类改革，落实高校办学自主权"是当前我国高等教育综合改革的关键环节之一。基于此，各省均在尝试建立省内高校分类体系，以便对高校进行分类指导；同时，也试图通过下放管理权限，扩大高校自主权，促进高校自主定位、特色化发展。其中，江苏省根据高校职能，将高校划分为研究型大学、教学研究型大学、教学型（应用型）本科院校和高职院校四类，以引导各个高校特色发展，错位竞争；上海市通过建立高校分类九宫格，引导高校形成各自的办学理念和风格,在不同层次和领域办出特色;辽宁省将高校划分为"985高校""211高校"(含小"211高校")、普通本科高校和普通专科高校,提出不同类型高校应当依据自身已有条件特色发展;河南省给不同类型的高校划定了发展目标,分别为建设研究型大学、建设高水平教学研究型大学、建设应用型本科院校和高职高专院校。各省在积极探索高校分类管理的过程中积累了一些经验,也存在一些问题,其中缺乏科学有效的高校分类标准作为依据,是当前各省在高校分类实践中存在的主要问题。

**3. 高校分类亟须国家顶层政策引导推动高校分类发展与设置**

随着办学经验的累积与高等教育事业的发展,各高校领导者们已经认同高等教育系统内部的多样化发展,他们急需国家顶层政策的引导,以致力于高校办学路径的多维化。当然,高校分类需要全盘考量,并牵涉诸多部门的协作。根据管办评分离的原则,管是规划与监控、办是执行、评是反馈,现状态表明管出现了滞后,故亟待构建高校分类体系及设置标准,形成管、办、评、研、选、用的利益相关者"六面体"。

## (四)经济新常态助推高校分类发展与设置

**1. 高校需要对社会经济发展作出积极回应助推高校分类发展与设置**

经过几十年经济持续快速发展,中国经济发展进入新常态。经济社会发展对人才需求提出新要求。高校设置的基础,已经从过去"行政统一指令性"演变到"市场需求多样性"。这意味着现阶段产生的高等学校的类型,更多的是侧重立足所在地社会发展、经济建设的需要而产生,并依据高校社会职能而办学,主要根据是满足当地社会所需。我国高等学校已经在试图摆脱过去行政体制的束缚,更愿意尝试市场体制下的办学模式的探索与创新。

**2. 高校发展和社会经济建设紧密相关助推高校分类发展与设置**

随着经济"新常态"模式的建立,我国产业结构的调整,以及部分城市专属产业链的逐渐成形,产业界从市场的角度对高等教育提出了新需求。高等教育受社会经济建设影响,因而市场新需求的出现,倒逼着高等学校对其定位和路线进行优化与调整,不少院校的领导层和管理层在高等教育的一般规律和院校管理的具体实践中进行理性思考,他们在探索最适合自身院校发展的内生逻辑,并将其付诸实践。

**3. 高校应主动适应国家经济发展战略转向助推高校分类发展与设置**

2015年,国务院先后印发了《国务院办公厅关于发展众创空间推进大众创新创业的指导意见》和《中国制造2025》两个行动纲领,标志着我国经济向创新创业经济、发展制造业的战略转向。在推动社会向创业型经济和发展制造业转型升级的过程中，人才是其中的根本，人才培养也是高校义不容辞的责任和义务。《中国制造2025》指出，实现中国由制造大国向制造强国战略转换的目标，应当加快培养制造业发展的专业基础人才、精英管理人才和技能人才，建设一支素质优良、结构合理的制造业人才队伍，走人才引领的发展道路。可见，国家战略发展对不同类型人才的需求，已成为高校分类发展的重要外部推动力之一。

**4. 高校以国家顶层设计的人才发展战略为支撑助推高校分类发展与设置**

2006年我国制定《国家中长期科学和技术发展规划纲要（2006－2020年）》，指出我国要全面实施科教兴国战略和人才强国战略，建设一支与经济社会发展和国防建设相适应的规模宏大、结构合理的高素质科技人才队伍，为我国科学技术发展提供充分的人才支撑和智力保证。2010年我国先后制定《国家中长期人才发展规划纲要（2010－2020年）》和《国家中长期教育改革和发展规划纲要（2010－2020年）》，前者提出了人才建设的主要任务，后者明确了高等教育在培养高级专门人才、发展科学技术文化、促进社会主义现代化建设的重要作用，并希望通过优化高等教育结构、形成高校特色、实现高等教育质量的全面提升。调整高等教育结构、培养高素质人才、提高自主创新能力作为一个统一的整体，已成为实现我国社会主义现代化建设的关键。

## 二、政策缺位

### （一）我国高校分类发展阶段的政策分析

自新中国成立以来，高校分类已体现在我国高等学校发展的过程中。在结合我国现实国情基础上，通过政府政策指导和行政手段划分高校类型。

**1. 重点高校、重点建设时期及相关政策分析**

基于我国基本国情，受经济实力条件等制约，无法实现高等教育均衡发展，因此国家在"重点支持、优先发展、整体带动"的理念指导下，自20世纪50年代开始创办重点大学，先后于1954年、1959年、1960年、1978年分4批指定了重点大学。1993年党中央、国务院颁发的《中国教育改革和发展纲要》提出，"要集中中央和地方各方面的力量办好100所重点大学和一批重点学科专业，力争下世纪初，有一批高校和学科、专业在教育质量、科学研究和管理方面，达到世界较高水平，至1995年颁布《"211工程"总体规划》，提出要面向21世纪，重点建设好100所左右的高校。1998年，江泽民在北京大学百年校庆典礼上指出"为了实现现代化，我国要有若干所具有世界先进水平的一流大学"，这使得我国重点大学的建设不仅有了层次和任务之分，而且明确了赶超世界、跻身一流的

"有限目标"。1999年，第三次全国教育工作会议通过的《中共中央、国务院关于深化教育改革　全面推行素质教育的决定》和教育部《面向21世纪教育振兴行动计划》都把建设世界一流大学的奋斗目标列入其中，"985工程"正式启动。迄今为止，以建设重点高校策略为核心形成的高校分层分类在实践中已深入人心。

此外，其他比较通行的高校分类法还包括依据是否具有学位授予权及所授学位层次差异所进行的分类，以及由于条块分割管理所造成的教育部所属高校、中央其他部委所属高校和地方所属高校三类。

**2. "十二五"时期以来的国家顶层政策文件解读**

高校分类历史及实践表明，高校分类在高校管理及社会经济发展过程中不可或缺。一方面，缺乏统一规范的高校分类现实表明重新定位高等学校分类，引导高校合理定位以保障我国高等教育健康发展和质量提升，促进经济社会发展势在必行；另一方面，新时期我国经济社会发展的现实状况和国家政策的出台，也使得高校分类和定位具有新的时代意义。

人才发展政策引导高等教育人才培养规格的相应调整。《国家中长期人才发展规划纲要（2010－2020年）》提出我国人才队伍建设的三个主要任务：一是"突出培养造就创新型科技人才"；二是"大力开发经济社会发展重点领域急需紧缺专门人才"；三是"统筹推进各类人才队伍建设"。适应经济社会发展对不同类型人才的需求，作为高素质人才培养主体的高等教育也必然要作出相应调整。

教育政策对高等教育事业的全面统领。《国家中长期教育改革和发展规划纲要（2010－2020年）》中指出，要实现"努力培养造就数以亿计的高素质劳动者、数以千万计的专门人才和一大批拔尖创新人才"的人才培养目标，需要通过不同类型与层次的高等教育来实现。在高等教育方面，国家提出到2020年，要实现"高等教育结构更加合理，特色更加鲜明"的目标。而要实现高校办出结构更加合理、特色更加鲜明的目标，除加强高等教育结构优化以外，还要通过"建立高校分类体系，实行分类管理"促进高校办出特色、办出水平。

高校分类是全面提升高等教育质量的具体政策的重要组成部分。教育部于2012年3月16日颁布《关于全面提高高等教育质量的若干意见》（简称"高教三十条"）指出要促进高校特色办学，"探索建立高校分类体系，制定分类管理办法，克服同质化倾向。根据办学历史、区位优势和资源条件等，明确特色鲜明的办学定位、发展规划、人才培养规格和学科专业建设"。在高校分类及分类管理方面，教育部明确提出要结合办学历史、区位优势和资源条件等特色，在办学定位、发展规划、人才培养规格和学科专业建设等方面设立分类标准。在评估制度方面，也要加强"分类评估、分类指导"。

"2011 计划"迎来高等学校的又一发展良机。教育部、财政部于 2012 年出台《关于实施高等学校创新能力提升计划的意见》（简称"2011 计划"），实施"2011 计划"的总体目标是"建立一批 2011 协同创新中心，聚集和培养一批拔尖创新人才，取得一批重大标志性成果，成为具有国际重大影响的学术高地、行业产业共性技术的研发基地、区域创新发展的引领阵地和文化传承创新的主力阵营。推动知识创新、技术创新、区域创新的战略融合，支撑国家创新体系建设"。"2011 计划"将高校创新进行了分类，包括"面向科学技术前沿和社会发展的重大问题、面向行业产业经济发展的核心共性问题、面向区域发展的重大需求、面向我国社会主义文化建设的迫切需求"四类。高校可以根据自己实际情况选择不同类型的协同创新，实现创新目标。

新时期关于高等学校建设与发展相关政策将高校分类作为推动"双一流"建设的改革举措。在 2013 年 11 月 12 日出台《中共中央关于全面深化改革若干重大问题的决定》强调"创新高校人才培养机制，促进高校办出特色争创一流"的重要性。2017 年 9 月中共中央办公厅、国务院办公厅印发《关于深化教育体制机制改革的意见》提出"研究制定高等学校分类设置标准，制定分类管理办法，促进高等学校科学定位、差异化发展，统筹推进世界一流大学和一流学科建设"。2017 年 9 月 21 日，教育部、财政部、国家发展改革委公布世界一流大学和一流学科建设高校及建设学科名单，包括 42 所世界一流大学建设高校和 95 所一流学科建设高校，推动一批高水平大学和学科进入世界一流行列或前列。

因此，建立科学的高校分类体系，引导高校合理定位，具有重要的理论和现实意义。从政府层面来说，通过科学的高校分类实行分类管理，是发挥政策指导和优化资源配置作用的必要途径；于高校而言，在政府的政策引导和资源配置作用下建立高校分类体系，高校根据办学目标进行合理定位，形成各自的办学理念和风格，在不同层次、不同领域办出特色，争创一流。同时，科学的高校分类体系下，特色鲜明的高校人才培养有利于提升高等教育人才培养质量，满足社会对不同规格人才的需求。从高校分类理论研究来看，关于高校分类的研究成果颇为丰硕，但是依然没有完全解决高校合理分类与定位的问题，高校如何进行科学合理的分类依然是学术界一个重大现实课题。

### （二）我国高校设置标准相关法律与高等教育发展实际脱节问题

1986 年国务院发布《普通高等学校设置暂行条例》距今已 30 余年，该条例的最高法律依据已经发生重大变化，且 30 余年来教育部先后发布具体规定，但条例的框架并未进行修改，高等学校设置标准的可操作性条款未及时更新，高等学校设置标准已经脱离经济社会发展的实际情况。第一，高校设置标准将高等学校划分为大学和学院两类，在具体规定上造成了两者的层次差别，造成了高等学校"升格热"现象。第二，将我国高职院校规定为专科类别，在层次上区别于大学和学院，1998年《中华人民共和国高等教育法》将高等教育分为专科教育、本科教育和研究生教育，高职院校对应专科教育，由于层级划分带来的社会影响力和资源配置差异，高职院校大多有升本的内在驱动力和行动尝试。第三，高等学校设置的相关规定中未理顺中央和省级政府的两级管理体制等问题，我国普通高等学校设置标准亟待进行权力关系的改革。第四，尤为关键的是，高校分类是高校设置的前提，不同类型高校的设置标准应有所区别，但是1986年发布的《普通高等学校设置暂行条例》并未提出高校分类设置的规定。第五，高等学校的具体设置标准已经滞后于经济社会发展的实际情况。学校生均占地面积、生均教学行政用房、生均宿舍面积是传统上我国高等学校设置标准的重要考察内容。根据测算，当前我国不同省份的经济发展状况主要可以分为三大类，土地等资源的拥有量和稀缺程度各不相同，因此建议制定新一轮的高等学校设置标准，应当根据不同省份的经济社会发展水平分别进行分类规定。第六，高等学校设置标准的最高法律依据已经发生重大变化，但我国高等学校设置标准未进行相应调整，高等学校设置标准的可操作性条款应该进行及时更新。

综上所述，建立我国高等学校分类设置标准，应当先厘清分类体系与设置标准之间的关系。高等学校分类体系是对高等学校进行类型划分。以指导为目的的高校分类主要目的是促进高等学校自主发展，因此并不辅以行政要求。以规范高等学校管理为目的的高等学校分类则是与《中华人民共和国高等教育法》规定和国家创新需求对高等教育的发展诉求紧密结合在一起的。

## 三、问题提出

问题是时代的声音。研究高等学校分类体系及设置标准是提升高等教育质量的重要路径，更是实现高等教育内涵式发展的必然要求。"全面提高高等教育质量"是我国高等教育的根本任务和终极目标，当前我国高等教育的发展已经从注重量的增加转向注重质的提升阶段。我国高等教育发展思路已经从以规模扩张和空间扩展为特征的外延式发展转向以质量提高和结构优化为核心的内涵式发展。在这样的背景之下，应构建怎样的高校分类体系和相应的设置标准，以促进高等教育的内涵式发展、推进高校分类综合改革，全面提高高等教育质量？

研究高等学校分类体系及设置标准是促进我国高等教育发展的战略要求。《国家中长期教育改革和发展规划纲要（2010－2020年）》明确指出到2020年，提升质量是我国高等教育的发展目标。当前,在多样化质量观的指导下,高校分类发展已经成为高等教育质量提升的重要抓手。《国家中长期教育改革和发展规划纲要(2010－2020年)》提出高等教育应当优化结构,应当建立高校分类体系,实行分类管理,以促进高校在不同层次、不同领域办出特色;《中共中央关于全面深化改革若干重大问题的决定》指出应当"加快现代职业教育体系建设,深化产教融合、校企合作,培养高素质劳动者和技能型人才。创新高校人才培养机制,促进高校办出特色争创一流"。2017年1月教育部印发的《关于"十三五"时期高等学校设置工作的意见》指出当前地方对存量高校与增量高校的综合分析不够深入,一些高校定位不清及办学特色弱化等问题,提出当前我国高校设置工作在国家层面需要完善分类设置标准的顶层设计。2017年9月中共中央办公厅、国务院办公厅印发的《关于深化教育体制机制改革的意见》提出"研究制定高等学校分类设置标准,制定分类管理办法,促进高等学校科学定位、差异化发展,统筹推进世界一流大学和一流学科建设。"此外,《中华人民共和国高等教育法》已于2015年12月进行了修订,作为《中华人民共和国高等教育法》下位法的高校设置条例理应根据高等教育发展实际和时代发展需求,进行相应的跟进和完善。

学术研究应直面重大现实问题。研究高等学校分类体系及设置标准是我国高校特色发展的迫切诉求。高校分类发展与设置是高校自主办学意识提高,各级教育管理部门分类管理需求增强共同形成的内在需求,亟待国家制定相关政策加以引导。同时,也是我国经济进入"新常态"发展的客观要求,无论是国家科技发展战略还是人才发展战略,无不显示出高校分类发展与设置的迫切需要。现实情况表明,我国的高校分类发展与设置正在遭遇"瓶颈期",例如,出现了"千校一路"且"形神不一"现象。大量高校在办学理念上纷纷效仿北京大学、清华大学等研究型高校,而实际办学发展的数据却显示出应用型高校的特征。

## 四、研究意义

高校分类体系及设置标准的设计,其前沿性在于回应高等教育当前发展与未来需求不相适应的问题。全球视野下,交叉是创新的主要动力,也是支撑学科发展、高校发展、高等教育发展、国家当前发展和未来进步的核心动力。构建高校分类体系并形成分类设置,规范高校办学定位和人才培养目标,引导高校集中优势资源进行创新。在高校分类体系下,不同类型高校都有不同的创新追求,不同类型高校都形成"跨"的办学意识,更加重视跨学科和跨界。国内场域下,教育强国和人才强国是创新型国家建设的组合拳,立德树人是高校育人的根本任务,管办评分离、高等教育领域的放管服改革是协调高等教育多元权力主体、理顺高等教育利益相关者权力关系、规范高等教育发展的重要举措。一方面，高校分类及高校分类设置，优化高等教育结构，严控增量、做优增量高校，引导并促进高等教育内涵式发展，健全高等教育体系；另一方面，高校分类及高校分类设置，激发高校分类创新与分类培养社会所需要的专门人才的活力和潜力，充分履行社会职能，助力强国建设。高校在强国建设中承担立德树人根本任务，高校分类是高校合理定位的前提，高校合理定位才能更好适应并主动超前培养推动国家创新发展所需要的人才。在放管服、管办评改革中，抓住管的首因效应，以管为关键，才能理顺办学和评估。高校分类及分类设置是高等教育管理的重要工作内容，因此从高校分类体系设计着手，是深化放管服、管办评改革的重要工作。高校分类体系构建规范高校分类设置，分类发展，为高校更好办学、高校评估奠定制度基础和形成规范保障。建构高校分类体系及设置标准明晰高校设置权限，推进国家重大高等教育政策与项目。其中一项重点工作在于贯彻中央精神，厘清高校设置中的政府、市场和高校责任，切实推进高等学校设置制度中的管办评分离，促进高等教育领域政府职能转变。进一步加强和扩大高校办学自主权和高校办学主体责任，深入推进高校综合改革，促进高等教育治理体系和治理能力现代化。

高校分类体系及设置标准的设计，其创新性在于本书是关于我国高校分类体系及其设置标准的教育政策研究。有学者在拉斯维尔对政策科学经典的"为政策"的研究、有关政策和政策过程的研究两大传统任务划分框架的基础上，提出致力于设计政策备择方案的政策研究的第三大任务。本书试图化解三种政策研究割裂带来的局限，尝试将三种政策研究类型结合起来。在我国高校分类体系及其设置标准中，既形成对备择方案进行分析以直接服务于政策决策的教育政策研究，分析当前我国高校分类和设置法律政策与当前我国高等教育发展现状不相适应的问题；也将政策或政策过程本身作为研究对象，本书基于政策和政策过程知识坚持多元参与和协调合作的政策研究原则，深入高等教育场域进行实地考察，对高校主体、高等教育行政管理部门、高等教育研究者等高校分类体系及其设置标准的政策研究的利益相关者进行深度访谈，运用科学方法对高校办学基础数据进行分析；同时，突出教育政策意义，本书成果致力于在前两种教育政策研究类型的运用和积累基础上形成政策备择建议。一项完备而全面的教育政策研究也理应建立在将教育政策研究过程中的三类任务紧密结合的基础之上。《高等学校分类体系及其设置标准研究》是在高校分类及设置标准学术研究的积累上，落实《中华人民共和国高等教育法》要求，针对不同类型和层次高校实际推进高等教育体制改革的研究和设计。本书尝试整合理论基础、国际借鉴、实证调查和政策动向，进行我国高校分类体系及设置标准的制度设计，对高校分类体系及设置标准的重新建构是对《中华人民共和国高等教育法》修订条款的落实。有利于教育主管部门和各省级人民政府的分类管理，也有利于深化高等教育体制改革和教学改革。

高校分类体系及其设置标准研究，既以分类设置标准为依据，引导不同类型高校科学定位、各安其位、内涵建设、特色发展，也注重充分调动高校的积极性、主动性和创造性。在顶层设计中，既兼顾增量高校设置与发展，也兼顾存量高校办学与调整，优化高等教育结构，健全高等教育体系，从而全面提高高等教育质量。

### （一）建立立体化的高校分类体系，为完善我国现代大学制度作贡献

教育部在制定大学章程相关政策时，因我国高校分类体系和设置标准的不理想而遭遇了"瓶颈"，也使得我国现代大学制度的建设受阻。建立现代大学制度是高等教育深化综合改革的核心工作，如何分类设计不同高校的大学章程意义重大。高等学校为什么分类？该怎样分？分类的依据是什么？一直以来是决策者、管理者和研究者面临的棘手问题。为此，选择这个论题作为重大攻关项目的研究课题，就是紧抓理论发展和现实问题通过全国范围内的调查研究、通过世界范围内的分析比对，为我国构建具有学理性、操作性和公信力的高等学校分类体系；根据分类体系拟定设置标准，以健全各级各类高等学校的准入机制和质量标准，解决分类体系这个全国性的难题，以缓解大学章程这个顶层性的困境，从而有力推动我国现代大学制度建设。

### （二）完善不同类型高校的准入机制、质量标准和退出机制

在本课题立项时，国家"2011计划"尚在实施，同时要求对高校实施分类管理但尚无分类设置制度，如何有效满足国家日益复杂的多样化发展需要已成当务之急。高等教育自产生之日起，就无法忽视其与经济社会的联系；在后大众化的时代背景下，"走出象牙塔"已是高等学校和社会大系统保持紧密联系的精髓所在。劳动力市场的发展对人才的结构、类型和层次提出了新的更高需求，也敦促高等学校在人才培养方面进行改革创新，使得高等学校促进社会高质量发展，凸显各类型高校的办学特色。因此，研究高等学校的分类体系、制定各类型高等学校的设置标准，体现着高等教育主动适应经济社会的内在本质，但更重要的是通过分门别类引导各级各类高等学校办学，贯通高等学校与经济社会等方面良性互动的体系结构，打开高等学校和社会各领域的对接通道，切实保障高等学校系统在社会大系统之中健康和可持续发展。

## （三）促成高校自发形成多样化发展，全面提高高等教育质量

在全面提高高等教育质量的总体要求下，高校如何进行特色化发展、怎样完善高等教育体系建设是摆在我国高等教育面前的艰巨任务，也是高等教育发展打破资源制约和发展"瓶颈"的关键所在。为此，研究出科学、合理并具有操作性的高校分类体系，并拟定相应的设置标准，有利于调整区域高等教育布局，合理形成我国高等教育科类、层次结构，从而有效促进高等院校集中优势资源形成有质量的特色办学，实现全面提高高等教育质量的发展目标。

## （四）高校分类设置管理是满足学习者多样化高等教育需求的重要前提

高校分类设置是满足不同群体多样化高等教育需求的保障。高校分类设置优化高等教育布局和结构，引导不同类型高校明确办学特色、提高教育质量。高校分类设置管理有利于高校行使办学自主权，结合自身历史传统，找准办学定位和办学方向，形成学科和专业特色，实现高校之间的错位竞争，构建多样的高等教育体系。随着我国高等教育入学规模不断增加，接受高等教育的群体更加多元，高校分类设置管理使得高校办学信息更加透明化，能够丰富社会不同群体选择高等教育类型的机会，助推学习型社会建设和终身教育理念落地生根。

## （五）实现高校分类和分类设置理论研究的深入与突破

理论的每一次进展，都离不开对现实问题的关注。研究高等学校分类体系及设置标准，正是综合运用各门学科理论研究的成果，以现实问题作为研究对象，在解决我国高等学校分类体系建构和设置标准拟定难题的同时，推动该方面理论的深入，形成在高校分类体系和设置标准方面关键性的突破。该领域理论水平的提升，必须建立在对现实问题研究和关注的基础上，因此解决攻关难题也必须将高等学校分类体系、设置标准所涉及的相关理论，通过现实问题的研究、未来问题的预警而实现理论方面的有效深入，进而提升该领域理论的有效性、适用性和前瞻性，并及时提出新的理论主张和相关见解。

## （六）深化现有理论研究与国家重大政策的结合并提升学科交叉攻关水平

学科交叉已成为当前国际高等教育研究发展潮流。本项研究整合了来自高等教育学基本理论、高等学校分类、高等教育质量管理与评价、高等教育人才培养

等不同领域的研究力量，实行跨领域合作，发挥不同研究领域的认知优势和研究长处，对高等学校的分类体系和设置标准进行全方位、多角度的深入研究。本研究还运用管理学、社会学、系统科学等不同学科的研究力量，实行跨学科的协同攻关，发挥不同学科的优势和长处，以更加广泛的理论视野研究高等学校的分类体系，利用各学科之所长解决高等学校设置标准的疑难，从更广的学术发展脉络来分析中国高等学校分类体系及其设置标准的现实问题，实现学科间的协同创新。紧密结合理论研究与政策研究，既避免了以往研究中存在的理论与实践相脱节的问题，又为理论发展注入活力。

## 第二节 文献综述

本节主要分析国际和国内代表性高校分类体系及设置标准研究，并结合代表性国家和地区的高校设置标准的政策文本分析，呈现高校分类体系及设置标准研究的跨时间纵向概况及横向发展概况，在此基础上，提出本研究值得攻关研究的主要问题及基本方向。

### 一、高等学校分类体系研究概况

#### （一）国际高等学校分类体系研究概况

国际高等学校分类体系研究主要以第三方机构为代表，既有强调高校的特色和差异的描述性分类，也有通过外部行政力量规定高校特点和定位以引导高校发展的规定性分类。

**1. 美国卡内基教学促进基金会的高校分类研究**

美国卡内基教学促进基金会较早对高校分类进行系统研究，这一分类对中国高校分类研究的影响力深远且持久。1970年起步时正值高等教育后大众化阶段且即将进入普及化阶段，前期产生效果是学位等级式分层，后期致力于多方案分类，2015年走向鲁米娜基金会和印第安纳大学高教中心研制的学术分类体系和奥巴马政府研制的就业分类体系。

（1）1973年，以"卡内基高等教育委员会"的时任领导克拉克·科尔所设想的较为原始且分化的高等教育体系分类为代表。美国最初的高校分类主要目的在于凸显美国高校的多样性和增强美国高校的体系化。因此其最初按照五种类型对高校进行了划分,包括有博士学位授予大学、综合性大学和学院、文理学院、两年制学院和学校、职业学院和其他专门教育机构及分支单位。由于当时对于大学的排名和教学质量评定仍较为薄弱,因此在部分政府机构和教学赞助单位的视野中,这种教育机构分类俨然成为其区分不同类型和档次高校的一种较为直观的手段和方式,而高校也因为力争成为不同分类别项中的Ⅰ型机构(例如,研究型大学-Ⅰ型、文法学院研究型大学-Ⅰ型等)而进行相互的竞争和比较。于是美国高等教育机构的分类成了一种非正式的学术评价指标,甚至产生了一定排名形式的功能。

(2)在1976年、1987年、1994年、2000年、2005年和2010年卡内基基金会分别推出了其高教机构分类的修订版。而最近的一次修订是在2015年,在卡内基基金会的新任领导成员的主持下,其高校分类指标产生了重大的改革和变化,其中主要突出了一些基本分类项目的权重和地位,例如,增加教学计划、学生入学情况等相关内容,由此使得《卡内基高等教育机构分类》的指标和条件变得更加复杂和多样,其分类目的也转变为向社会和大众提供一种高校分类服务,同时支持该基金会的相关政策等较为明确的机构化方向。具体而言,其基本分类导向仍然倚重高校的学位授予权,并将美国高校划分为博士、硕士、学士、副学士、部落学院等若干类型层次,同时,在每个类型层次中,又根据院校的规模、地理位置、学科结构、学生来源和背景构成、学习质量、学制等进行横向类属划分,使得院校的分类结构更为细化和具体(Carnegie Commission,2015)。然而随着分类指标和项目的逐渐增多,对其分析的复杂和困难程度也逐渐增高,高校范畴之间的界限变得较为模糊,指标之间也较易被相互混淆,一些项目变量也与高校分类的相关度逐渐趋弱,同时,由于社会出现了较为多样且直观的高校排行榜或排名指标,因此,社会对于《卡内基高等教育机构分类》等一系列高校分类设置和方法的关注度明显降低。但美国社会仍普遍认可卡内基分类法中较为突出的院校教育层次,例如,公众对于"研究型大学-Ⅰ型"所划分出的顶级高校的学术地位仍给予较高的社会口碑和承认。与此同时,国际社会也广泛通过卡内基基金会形成的分类法来认识美国不同类型的高校,从而与其形成一定程度的合作和交流,许多国家还沿用了此分类法来为本国高校进行分类和咨询服务。可以说,美国《卡内基高等教育机构分类》是当前教育界中比较完整且具有较为重要现实意义的高等院校分类方法和指标体系。

(3)2015年《卡内基高等教育机构分类》的最新版由鲁米娜基金会和印第安纳大学高教中心发布,在卡内基分类法的基础上,增强高校准入标准、公平性、学位完成程度、国家证书教育体系等指标的权重,对美国4 500多所高等教育机构进行相关的分类。而此分类的基本立足点仍然是要与鲁米娜基金会的政策目标相一致，这也体现出了美国机构分类服务的特点和目的。其中，新修订的分类标准加入了副学士学院（Associate's Colleges）的类别项目，对于美国高教体系中日益壮大的两年制学院和两年制社区学院给予了更多的关注。与此同时，此次修订也更为注重美国部落高校和特殊类型高校的类别属性，将其作为美国高教体系的重要组成部分进行了相应的强化和独立展示。此版本最为显著的改变，是将高校最高学历层次进行了突出显示，例如，给高校冠以"博士学位授予大学"的相应类属，从而将各个大学的培养层次进行了区分。从新增加和修改的基础而言，此版本的分类标准更为注重人才培养方向和层次的不同类别，从层次的划分和定位上，凸显不同高校的类别属性，从而将美国高等教育机构和体系进行更为严格和清晰的层次和结构的分类。

**2. 欧盟高校分类研究**

欧盟高校分类项目（U-Map）始于2005年，由欧盟委员会赞助支持，荷兰屯特大学高等教育政策研究中心及多个相关研究者共同参与和完成的。虽然U-Map由欧盟资助，但是U-Map的合作高校不仅限于欧盟地区，主要为欧洲高校，也有少量世界非欧洲国家高校，高校自主选择参与或不参与项目。因此，U-Map报告主要呈现参与项目的欧洲高校情况。作为欧洲第一个具有权威性和正式性的高校分类项目，U-Map旨在增强高校相关指标的透明度并提升公众对高等教育体系建设的参与及关心程度，同时为相关利益方提供不同高校的定位和战略发展信息，以便社会和各相关团体能够更为细致和透彻的厘定不同高校的办学性质和教育属性。由于其宗旨在于强调"用户导向性"，因此U-Map从启动之日便着力强调对用户的信息需求的满足。其在2005年和2008年发布的第一阶段《机构概况：开展欧洲高校分类》和第二阶段《描述多样性：欧洲高校分类》的报告指明分类是"基于相似性对个体进行分组的过程"，是在复杂的群体中对不同的个体特征和个性化指标进行区分，从而传递出各个高等院校的复杂性和多样性的过程。并于2010年发布第三阶段欧洲高校分类报告。2013年U-Map已经形成超过300所高等教育机构的全球高等教育机构数据库，此后逐步走向商业化（The European Classification of Higher Education Institutions, 2013）。

U-Map项目启动至今共经历了6个阶段：高校概述、描绘多样性、U-Map项目出台、实践、U-Map在荷兰和北欧国家的实施概况和U-Map推向国际。在实际的分类操作中，U-Map分类项目主要体现了分类的对象与界定分类标准两者的完整统一。具体而言，该项目只针对已经通过认证或者官方机构认可的高校来具体展开。因此，从分类入口阶段就对高校质量和资质进行了相应的筛选和过滤。在实际的分类过程中，U-Map强调自身并非定位于高校之间的比较或排名从而实现高校之间的等级区分，而是为高校建立更为多元和透明的形象，增强用户对于高校的直观理解和认识。由此而言，该分类体系也并不针对提升高校的教育质量或完善其体系结构，更不是高校质量检测或监督的工具，而只是通过可靠和实证的数据以及高校自身现实情况来进行客观定位。

针对欧洲高校的复杂程度和历史背景，U-Map 的指标设计也显示出了较为全面和综合的广泛性特征，并且根据各国不同的历史传统、语言模式、高教结构、文化背景等。2011 年 U-Map 的文件中提及分类标准，形成了以教学、学生概况、知识转化、国际化导向、科研、地区参与 6 个维度为主要指标类别的分类体系，在这 6 个一级维度下，还包含了 29 个相互独立的二级维度，并分别用描述性指标进行定位和区分。对各个维度的评价则分别用较多/较重要、一般、较少/不太重要或极少/不重要来进行划分和区别，从而根据各项指标的叠加，最终形成对各个高校的总体分类和归属划分（The European Classification of Higher Education Institutions，2011）。调查问卷对 6 个一级维度下的授予学位类型、学科领域涵盖范围、学科专业、终身教育、科学研究、创新与转化、国际化教学和教师、国际化科研、规模、知识转化、公/私立特征、法律地位、对文化传播的贡献、对所在地区的贡献等具体定义进行了描述（The European Classification of Higher Education Institutions，2012）。

### 3. 日本高校的分层分类研究

日本学者新堀通也于 1965 年开始对大学进行系统分类，他根据大学教师水平的分类理念，按照大学古老性与大学水平为分类指标，将日本大学分为综合大学、私立大学、公立大学、新制大学、旧制大学。1972 年，美国学者 W. 坎明斯也从教师主体出发，以大学教师对工作单位的期望作为分类标准，选择学者产出的数量、大学的传统、有无大学院以及硕士、博士课程、有无附属研究所和数量、师生比、大学类型作为分类指标，将日本大学分为质量高的大学、平均水平以上的大学、平均水平的大学三类。在借鉴欧美各国大学分类经验的基础上，日本学者天野郁夫基于大学的研究与教学相统一的两个职能对日本的大学进行了分类。在分类中，研究、育人职能作为大学分类的标准，被当作第一或主要的分类指标。基于研究和教学两个职能，天野郁夫将日本的大学最终分为五种类型：一是研究型大学（research-R 型）。进入这个范畴的是在有权授予学位的大学中具有特别强研究功能的大学。以如下两点为标准：在所有的学部之上都有博士课程大学院；大学院在学人数与学部在学人数之比，国公立为 9% 以上、私立为 6% 以上、医牙类的单科大学为 20% 以上。二是大学院大学（doctorate granting 1-D1 型）。在所有或大多数的学部之上都有博士课程大学院，大学院在学人数与学部在学人数之比在上述标准以下的有权授予学位的大学。三是准大学院大学（doctorate granting 2-D2 型）。仅在一部分学部之上有博士课程大学院，大学院在学人数与学部在学人数之比在上述标准以下的有权授予学位的大学。四是硕士大学（master granting – M 型）。仅有硕士课程大学院的大学。五是学部大学（college – C 型）（天野郁夫，2004）。

黄福涛从大学职能分化的角度，提出日本国立大学法人培养专门技术人才和高水平研究人员，地方公立培养服务地方企业和地方经济发展的人才，私立大学面向市场需求设置教学。2005 年日本政府提出高等院校的七种职能分化，进行使命与职能的重新定义。这七种高校职能包括：国际化水平的研究和教育中心，培养高度专业化的人才，培养拥有广泛职业知识和技能的人才，进行通识教育，进行专门教育，提供终身教育，通过地方服务、学术界合作和国际交流直接服务社会等。一所大学至少选择一种，但不限于一种职能。要求大学用两年时间重审今后发展，并于第三年向日本文部科学省提出大学选择某一种或某几种职能所依存的现有条件、理由、如何实施等。有学者在这一基础上，提出功能是高校分类标准构建的依据（黄福涛，2014）。

2016 年日本《国立大学改革计划》的第三期目标，提出各大学强化功能的三种方向性目标：第一，世界最高水平的教育和科研中心，产出尖端的实用研究成果和创新创造。第二，全国的教育和研究中心，面向世界、亚洲接轨，培养技术者。第三，振兴地域的核心据点，按照地方需求、解决地方问题的社会智囊团（日本科学文部省，2016）。

**4. 联合国教科文组织《国际教育标准分类法》研究**

联合国教育标准分类，重教育职能和功用分类（不同于高校分类），分为 1997 年版和 2011 年版。1997 年版的"国际教育标准分类法"（ISCED）强调将第三级教育（高等教育）分为两个阶段：第一阶段（序号为 5），相当于中国高等教育的专科、本科和硕士研究生教育阶段。这一阶段又分为 5A 和 5B 两个类型。5A 类是理论型的，按学科分设专业，相当于中国的普通高等教育；5B 类是实用性、技术型的，相当于中国的高等职业教育。5A 又分为 5A1 和 5A2。其中，5A1 按学科分设专业，主要是为研究做准备的，一般学习年限为 4 年以上，并可获得第一级学位（学士学位）、第二级学位（硕士学位）证书，相当于中国高等教育的学术型学士或学术型硕士，以培养学术型专门人才为目标；5A2 按行业分设专业，主要为从事高科技要求的专业教育，学习年限一般为 2～3 年，也可延长至 4 年或更长，相当于中国高等教育中的专业型学士或专业硕士，以培养工程型、应用型专门人才为目标。第二阶段（序号为 6），相当于中国高等教育的博士研究生教育阶段（UNESCO，1997）。

《国际教育标准分类法》（2011）将高等教育分为短期高等教育、学士或等同水平、硕士或等同水平、博士或等同水平四个层次。该分类法还提出了不同高等教育机构承担的高等教育内容，大学和等同的高等教育机构提供学士或等同水平高等教育，大学和其他高等教育机构提供硕士或等同水平高等教育，以研究为导向的高等教育机构如大学提供博士或等同水平高等教育。基于课程的主要分类标准，该分类法认为短期高等教育课程主要基于实用和特定职业，人才培养目标面向劳务市场；学士或等同水平为了给参加者提供中间层面的学术或专业知识、技艺和能力，获得第一学位或等同资格证书；硕士或等同水平给参加者提供高级层面的学术或专业知识、技艺和能力，获得第二学位或等同资格证书；博士或同等水平颁发高级研究资格证书，所设置的课程致力于高级学习和原创性研究，学术领域和专业领域都设置博士课程（联合国教科文组织，2011）。

纵观世界上影响较为深远的高校分类方案，例如，美国卡内基教学促进基金会的高等教育机构分类研究和联合国教科文组织的国际教育标准分类法，无论是根据授予学位类型进行的高校类型划分或者是根据课程和教育资格证书进行的分类，始终将人才培养这一高校基本职能置于核心位置。

### （二）我国高等学校分类体系研究概况

各国在试图破解高校分类这个世界性难题的同时，我国研究界、实践机构和教育行政部门在饱受困扰的过程中，也在坚持不懈地积极探索中国特色、国际接轨的解决方案。史秋衡教授指出，只有改变当前教育资源的行政链式配置方式，才可能从根本上解决高校"升格"热和分层分类紊乱问题（史秋衡、冯典，2005）。根据不同时期的情况，我国诸多学者运用不同理论各抒己见。为此，对我国高校分类及相关标准的研究进行整体梳理分析。我国关于高校分类体系研究既有学术层面的探讨，也有管理实践层面的研究。高校分类体系研究主要从高校职能的角度进行，既有逻辑层面的理论和操作构想，也有技术层面的实证研究。

**1. 我国高等学校分类体系的学术研究**

（1）研究高校分类的方法论。研究对象性质决定研究方法，而研究方法又影响研究结论。方法论是进行研究的前提和基础，对该论题的研究来自对现实问题的思考和回应。只有科学的理论才能指导实践的前行。"工欲善其事，必先利其器"，无论是高等教育学科意义上的方法论，还是形而上的哲学理念下的方法论，都是高等学校分类、高等教育机构分类，以及分类体系与设置标准建构这方面论题的理论研究指引和实践改革先导。

第一，高等教育学意义的方法论。潘懋元先生对高等教育、高等学校的分类进行了方法论的权威阐述，提出高等教育分类是为了更好地认识研究和引导高等教育的发展而将高等教育系统划分成不同的类型和层次，并以此确定高等教育系统中各子系统及各要素之间的相互关系，当然需要先明确高等教育分类的内涵和外延。社会学创始人涂尔干和莫斯认为"所谓分类,是指人们把事物、事件以及有关世界的事实划分成类和种,使之各有归属,并确定它们的包含关系或排斥关系的过程"(爱弥儿·涂尔干、马塞尔·莫斯,2012),由此将"分类"的界定引入高校分类的研究领域,并划分为"逻辑分类"和"操作分类"两个层面。从分类的向度看,分类可分为横向分类和纵向分层,指出分类是一个连续不断和逐步完善的过程。潘懋元先生提出,在研究高等教育分类之时,必须注意的方法论问题包括要尽可能减少分类者自身价值观的制约和影响、要科学确定分类的依据。分类依据的科学性决定分类框架的优劣、要遵循高等教育发展的内在逻辑、应当区分高等教育逻辑分类与操作分类的思维路径、要结合高等教育结构的现状、更要引领高等教育结构分化与重组的方向、既要适时优化又要在一定时期内保持稳定、要正确认识分类框架与定位政策的辩证关系,从这七个方面的内容全面论述了在高等教育及机构分类研究中的方法论问题,奠定了具有高等教育学意义的研究方法论(潘懋元,2006)。高校分类体系的研究,既要把握理论环节,也要紧扣现实基础;既要注重研究设计方面的客观科学,又要形成实践层面的可操作性;既能保证理论的恰当运用,又要确保对现实的正确理解,并能够将有效解读政策和适当引领政策变革相结合,具有学理性、现实性、稳定性、前瞻性和必要张力。

其后,有学者梳理了研究高等学校分类所涉及的方法论要点,提出高等教育分类问题研究是实现我国高校分类指导特色发展的理论前提,科学的分类必须关注分类的方法论,即分类必须建立在对高等教育发展现状和趋势的准确把握之上,运用合理的分类方法,以不断更新的分类体系指导高等教育和高校科学发展、自主发展。具体说来,一是研究高等教育的分类,根本目的在于构建一个符合社会主义市场需要的、符合创新型国家建设需要的健康的高等教育体系(浙江大学课题组,2009),因此不能坐等高等教育和高校的自然发展、自然分化,而应在科学分析的基础上,强调分类的目的性,有所预期、人为设计,通过科学合理分类,为高等教育和高校的自觉、自主发展提供适切的视角、背景和基点,从而引导其合理分工、科学发展(陆正林、顾永安,2011);二是从建立分类体系的角度,高等教育是一个复杂整体,从本质上讲是一个"混血儿",其发展受到诸多方面影响,而不是任何观念的极端产物(张丽,2004),单一的标准恰恰正是众多高校同质化竞争的关键原因,所以积极呼吁和倡导多元、多维分类体系的建立。三是从分类的路径来看,学者们的共识在于"高等学校的分类应是归纳的结果"(刘向东、吕艳,2010),需要在全面深入把握高等教育发展规律和趋势的前提下,自觉地、人为地采取一定程度的演绎的方法,制定出符合高校发展规律和趋势的分类体系,主动地、有目的地"引导"整个高等教育合理分工、分化，互补竞争，从而真正实现高等教育的科学发展、促进各高校办出特色和提升水平。同时，高等学校的分类是手段，是为了通过分类更好认知高等教育的质量观，并促进质量的提升（史秋衡、王爱萍，2010）。四是关于高等学校分类的技术准则，基本要求是将研究对象区分为有一定从属关系的、不同层次和等级的系统（张培林，2000），强调多重标准的介入与"排他性"的坚守。五是针对分类体系的更新，强调适时增减，从而及时更新高等教育分类体系，使其与高等教育的发展相一致，以更好地发挥其引领高等教育科学发展的作用。总而言之，从方法论层面来说，高等教育和高校分类研究必须严格遵守分类的技术标准，综合运用归纳与演绎的方法；分类必须基于对高等教育和高校发展现状、规律和趋势的科学认识，其目的是以动态更新的分类体系，为高等教育和高校的科学发展提供一个开放性的而非封闭性的、指导性的而非指令性的可能空间（陆正林、顾永安，2011）。

第二，关于高校分类体系研究的哲学基点及理念。有论者提出中国高校分类标准体系必须建立在对分类标准的哲学理解上，深度挖掘了"尺度"与"根据"的哲学意义。以"尺度"为哲学基础上的高校分类标准，是自为的却是自在的规定，其真理性就蕴含在这自在的规定之中。由于高校类型有质与量两方面的规定性，因此尺度首要是质与量的直接统一，黑格尔认为尺度最初作为一个直接性的东西，就是定量，是具有特定存在或质的定量。高校类质与类量的关系有两种可能：一种可能是高校类量的变化，不是高校类质的变化，于是高校分类标准，作为高校分类尺度，在这里成为一种规则；另一种可能是高校类量的变化，也是高校类质的变化（肖昊、李国年，2013）。"根据"作为高校分类标准的关键词，是另一哲学范畴，它作为高校分类标准的哲学基础，是高校类同一与高校类差别的统一。"如果说高校类尺度是高校分类的定量标准，那么高校类根据就是高校分类的定性标准"（肖昊、江娟，2013）。因而，高校分类定性标准的真理性，指的是该标准具有高校类同一与类差别的统一性（McCormick et al.，2009）。并据此引导出中国高校分类标准体系的实用价值在于"满足政府分类管理高校的实际需要，即满足促进高校办出特色的实践需要"（肖昊、李国年，2013）。当然，无论是理论研究还是实践改革，我国对高等学校分类管理、分类评估已经达成了共识，认为分类与质量评价密不可分，不仅分类具有哲学性，评价亦具有哲学性（史秋衡、闫飞龙，2008）。由此可见，高等学校分类的哲学观，对高等教育分类评价的哲学理念作出了贡献。

第三，高等学校分类研究的基本范式。在基本方法论的引导下，基于我国高等学校分类的现实困境，遵循"反思—批判—建构—再反思"的研究路径对中国高等学校分类方法进行了反思与建构，提出高等学校分类的"三部分类框架"

(雷家彬，2011)。在论述分类的基本范式时指出，国外分类研究的研究路径归纳为分类学与类型学两种范式（Kevin B. Smith，2005）。分类学研究范式是一种典型的科学分类体系，它通常通过经验性数据和量化研究方法，力求对现实高等学校类型进行精确的分类描述，该范式下的分类目的在于对高等教育发展现状的描述，评价高等学校的"表现"，达到管理的目的；分类的方法则以调查法和量化研究法为代表的经验研究方法（实证研究方法）在高校分类的分类学范式中最为典型，分类指标和维度的选择是分类时的关键因素；分类的结果则表现为描述式和评价式的两类结果。类型学的研究范式最突出的特点在于提出高校的概念类型。它在高校分类中的运用往往侧重于阐释不同类型高等学校间的关系，它将高等教育作为一个系统或整体来还原高等学校分类问题。该范式下的分类目的在于调整高等教育的结构，预测高等教育的趋势；在分类方法的选择上，思辨性的、非经验研究的方法在高校分类的类型学研究范式中得到了广泛运用，学者们凭借对高等教育现象的敏锐感知力，或归纳出高校类型的本质属性，或提出未来高等教育机构的生态类型（刘献君，2007）；基于现实的深度剖析，学者们倾向对现存各类型的高等学校进行质量保障、监控与提升，包括对国别性高等教育各类机构的质量管理研究，例如，对英国高等教育质量管理变迁的研究（吴雪，2010）、美国社区学院质量监控体系的研究（史秋衡、宁斌，2006），以及对我国民办高校质量评估指标体系的研究（史秋衡、刘文华，2006）。出于教育行政的需要，类型学研究范式下的分类结果往往较多服务于高校设置和结构调整，基于现实的粗线条的高校类型，以增进对高校本质的理解，当然也存在对未来高等教育机构存在形式的预测和描述（雷家彬，2011）。分类学范式的意义在于描述高校概况，是充分尊重和鼓励高校多样性的描述性工具（王楠，2016）。

（2）构建学科基础丰厚的院校分类理论框架。高等学校分类体系及标准设置研究的学者众多，在不同方法论的指导下，通过各自的切入点进行阐述，取得一些积极成果。对文献进行梳理，认为在研究该主题的理论方面，分别涉及高等教育学、哲学、逻辑学、经济学、社会学、系统科学、政治学、分类学和历史学等诸多学科领域的研究内容，从而构建出学科基础丰厚的理论框架，有效引导研究的深入性和持续性。

第一，基于高等教育学基本理论在职能与结构方面的推演。高等学校分类体系及标准设置是高等教育系统内问题的研究，该研究的首要标准是高等教育学科基本理论的运用，并严格遵照高等学校、高等教育系统的运行规律。

教育的内外部关系规律。这条规律是研究高等教育学的基础性规律。教育的外部关系规律可以表述为"教育要受到社会的经济、政治、文化等制约，并对社会的经济、政治、文化等的发展起作用"，教育的内部关系规律是指"教育要受到教育对象身心发展特点和需要制约，并对受教育者的身心发展起作用"，二者的关系表现为"教育外部规律制约着教育内部规律的作用，教育的外部规律只能通过内部规律来实现"（潘懋元，2012）。因此，如果高等学校在分类、定位等问题上得不到及时解决，就必然会影响我国整个高等教育系统对经济、政治、文化、科技的促进作用（陈厚丰，2004）。

　　高等学校社会职能理论。高等学校的发展演变过程中，逐步形成人才培养、发展科学研究、为社会提供直接服务以及文化引领四个方面的社会职能。社会越发展，高等学校与社会的关系就越密切，高等学校所承担的社会职能就越多。这应该是高等学校与社会职能之间的关系的一条规律（王伟廉，2001）。高校社会职能出现的顺序正是其重要性、根本性的顺序。人才培养是高等学校最为首要的、基本的社会职能，并且在相当数量的研究中，学者们使用了人才培养和人才分类作为高等学校分类研究的主体性标准（王保华，2002）。教育是培养人的活动，高等学校是培养高级专门人才的机构。正是在高等学校的人才培养活动中，人类完成了高深知识的传递，并在此基础上推进了知识发展和人类社会进步。对高等学校人才培养的层次、类型有着多样化的需求，对各类人才的数量和质量要求会随着时间和环境的变化而形成差异；学生对高等学校所应提供的教育服务有着不同的预期，个体高等学校因资源和能级所限，固然不能包揽所有类别人才的培养工作，而是有选择地制订人才培养计划，控制招生规模，设置相应的学科专业，开设相关的课程（雷家彬，2011）。因而，高等学校的社会职能理论，尤其是人才培养方面的职能，是研究高等学校分类体系的重要基础理论之一。

　　高等教育结构理论。从我国经济社会发展的现实来看，目前影响中国现代化进程和全面小康社会建设的矛盾表现为各地区之间发展的不平衡不充分，以及农村与城市的"二元经济结构"。这内在决定了我国在经济与社会、区域与行业、城市与农村对各种类型高级专门人才的需求存在相当程度的差异，因此必须在遵循教育内外部关系规律的基础上，运用高等教育结构优化理论，通过加强分类指导、分类评价，增强高等教育与经济社会发展的联系，不断调整和优化高等教育结构（陈厚丰，2011）。高等教育作为社会大系统中的一个子系统，分别从宏观、微观和受教育者个体存在着具体结构（潘懋元，2012）。高等教育结构理论以理论基础的姿态出现在高等学校分类体系的研究中，是描述与分析高等教育分化与重组的脉络与图式，探究高等教育结构与社会，尤其是经济结构良性互动的规律，从而归纳出高等学校分类的基本框架。在结构理论的影响下，高等教育的地方化趋势愈发明显，由此产生对地方本科院校研究的热潮（史秋衡，2006）、对在薄弱地区发展高等教育可行性的思考（史秋衡，2011）并且引发通过资源配置的思路和措施来对我国高等教育的结构进行进一步优化（陈慧青，2009）。

第二，基于大众化高等教育理论及多样化高等教育机构的特征。马丁·特罗教授发表于20世纪70年代的三篇论文《从大众教育向普及高等教育的转变》(1970)、《高等教育的扩展与转化》(1971)、《从精英向大众高等教育转变中的问题》(1973)系统阐述了高等教育发展的三阶段理论，并分别总结出三阶段各自不同的特征，正式奠定了高等教育大众化的理论。马丁·特罗教授指出，在大众化阶段，高等教育的功能从培养统治阶层的心智和个性转变为造就专业技术人才，职业训练成为高等教育的重要组成部分（贺国庆，2003）。高等教育大众化和普及化必然伴随着高等教育办学模式的多样化、管理上的自主化与分权化、资源筹措的多元化、教育机会的开放化、院校的特色化、结构的合理化等一系列重大变化（国家教育发展研究中心，2000）。该理论为大众化、后大众化高等教育国家的理论研究提供了一种"预警"理论和新的高等教育质量观，并意识到高等教育的大众化并不仅仅是"量的扩展"，更是"质的提升"（陈厚丰，2011）。因此，将高等教育大众化的相关理论作为分析框架，是分析和解读高等教育分类、高等学校分类体系及相关政策研究的重要理论之一，从背景、动因及特点方面提供理论支撑。

第三，基于高等教育机构的分类质量管理及评价。而随着高等教育大众化以来一直饱受关注的质量问题，也将质量观、人才分类的理论运用至高校分类和标准的研究中。对高等学校分类体系的研究，已经更加倾向对高等学校各方面质量的管理与评价，并从中建立起基于全面质量管理理念的分类框架。任何组织的存在和发展都离不开高效的管理活动，高等学校也不例外。管理理论大师彼得·德鲁克（Pete Drucher）就把管理解释为管理阶层的一种职能，即"为组织指引方向，必须深入思考组织的使命、为之制定目标、为了达到组织必须做出的成果而组织资源"（彼得·F. 德鲁克，2012）。高等学校是社会组织，以组织的观点解释高等学校类型体系是分类者必备的基本技能。"组织的研究分为微观、中观和宏观，相当于个体分析、组织分析和社会分析"（詹姆斯·马奇、赫伯特·西蒙，2008）。显然，高等学校分类研究处于第二层即是对不同类型机构的组织构成、结构、行为方式等活动的规律的探究。从组织的视角来看，高等学校有别于其他社会组织的特征在于它的学术性。而从高等教育自身的组织形态来看，高等学校内部存在着两种权力，即学术权力与行政权力，这两种权力在高校以研究所、讲座和系为横向维度，以学科为纵向维度构成一个相互交织的矩阵，从而形成了高等学校的组织结构。不同的权力结构组合形式决定了高等学校的类型差异（雷家彬，2011）。那么，高等学校这一类组织想要获得质量提升，并达到相应的评价目标，制定适切的分类体系是无法避免的关键步骤（史秋衡、刘丽丽，2007）。

第四，基于社会分工与人才分类理论的引入与运用。建立在劳动分工基础上的社会分工，是推动生产率不断提升和经济发展的主要动因，为更好地进行院校类型梳理提供了理论依据，从社会学的理论视点形成对高等学校分类体系的认知，有效破解了高等学校分类体系建构中的难题。社会分工的发展和产业结构的变迁，使得职业、专业，甚至学科知识、人才培养类型与规格都发生了相应地变化，并带来更多的社会分层。伯顿·R. 克拉克对高等教育系统有过深入研究，其分类思想的认识框架是结构功能主义理论，分类思想的现实基础是高等教育扩展理论，分类思想的重心是能动增长与实质增长，并基于社会学的思想提出了"院校分工"理论（张丽，2004）。高等教育支撑国家技术创新需要加强高校体系的整体设计，在现行体系的基础上进一步优化高等教育结构和明确不同类型高校分工使命，形成从创新创业人才到工程实践人才、技术技能人才与社会契合发展的局面（马陆亭，2016）。因此，劳动分工、社会分工到院校分工理论不仅是推动高等教育分化的动力机制，也是分类体系研究的理论基础和根据。

第五，基于高等学校生产效率和劳动力市场分割理论的引入与运用。高等教育既是生产部门，又是消费部门，随着技术的进步和其功能的日益扩张，高等学校的"高成本病"越发严重，并已成为制约高等教育发展的"瓶颈"。经济学视角下分类研究的一个主张便是物尽其用、校尽其能，通过为高等学校的发展创设合理的竞争秩序和奖惩机制，避免因机构个体不正当定位所造成的恶性竞争、同质化发展，进而提高高等教育投入产出效率。克拉克认为高等教育的资源配置包括四个层面："一是把全部资源交给作为整体的高等教育部门；二是在各院校中间分配这些资源；三是在每所院校内的各项具体活动中间进一步分配；四是再进一步分配给教师个人。"第一层次体现出政府、市场力量对高等教育的控制历史，决定了高等教育的所有制形式和高等学校的法人地位的差异，其他层次则影响着高等学校组织行为方式，这些都是为高等学校分类的依据（雷家彬，2011）。同时，劳动力市场分割理论指出，劳动力市场不是一个统一的连续体，而是由相互分割的子劳动力市场构成的思想，对于高等学校分类发展、面向各子劳动力市场培养相应人才，具有指导意义（马陆亭，2005）。

第六，基于分类学、系统科学等其他学科相关理论的借鉴与运用。研究高等学校的分类体系及其标准这一主题，所涉及的学科还包括分类学、系统科学、逻辑学等。分类学表明，经验性分类学需要有明确的分类理由，要有特定的研究组织和单元，选择组织的特征或分类维度，然后基于数据分析将组织划入不同的类别。以调查法和量化研究法为代表的经验研究方法（实证研究方法）在高校分类的分类学范式中最为典型（雷家彬，2011）。系统科学的引入则将该主题研究推向更加全局化、系统性的范畴，能够有效帮助高等学校建构规模适当、涵盖全面、局部关系协调的高等学校分类体系，并发挥该体系的功能。此外，涉及逻辑学理念，表明了高等院校的分类是建立在一定的理论逻辑和制度逻辑下，并具有强烈的操作逻辑，才能最大限度发挥其应有的作用。

（3）对高校分类的现实研究从多维视角切入。高等学校的分类体系，向来是极具复杂性的研究领域。本研究已经在方法论的基础上，梳理出研究该研究的相关理论，并归纳出这些理论具有多样化的学科基础。那么，在以不同学科相关理论为依据的基础上，研究者们在该研究的现实性方面达成了共识，并分别从不同的视角切入，构成多维视角下的分析框架。

第一，基于历史演变与现实情景的分类观视角。高等学校在其漫长的历史演变中，也发生着巨大的变化，有的变化显而易见，有的变化需要深入探究。但是要论及类型的变化，其产生和发展从来都不是单一的；大学这种世界上最古老、历史最悠久的现存组织，在历史长河中不仅经历了数量上的增加，更是经历了范围、类型、质量上的变迁，产生出今时今日的各种形态以供研究。在对高等学校分类的理论和实践进行分析时发现，高等学校分类并不是现时现象，源头在于中世纪大学的发展和分类（曹赛先，2005）。有学者基于历史演变的视角，认为高等教育发展史是一部大学分化的历史。分化既是大学发展的动力，也是大学发展的趋势；它既是大学理念和制度的一种调整，也是大学结构与功能的一种优化，更是大学应对社会变化的一种主动适应；分化现象基于理念差异、教育属性差异、知识分化、职能拓展、体制变更、培养目标、政府干预与市场影响、高等教育规模扩张、异国经验的借鉴，以及信息技术的进步（邬大光，2010）。这说明了大学分化现象复杂性的背后，是分类面临的难题，是分类体系的复杂性和多维性，重要的问题意识促使高等学校走向结构更加优化、功能更加完善。

而在现实视角下，研究更多聚焦于对实然状态的充分解构、对理论构想的深层解读以及元分类上。从我国高等院校事实性分类出发，归纳出我国的高等学校分类标准包括"建设重点高校"、学科门类和隶属关系三大类别，而学者的分类构想中，更多地体现出学理性、理念性和多维性分类体系的建构，同时探究我国高校分类及标准的未来走向。首先在于思想基础从偏重高等教育的学术价值转向满足社会多样化需求发展，其次高校分类标准从单一向多元发展，最后高校分类方法从定性向定量发展的趋势（宋中英、雷庆，2008）。两年后，这二位学者针对自己发现在方法上缺乏定量研究的问题，以北京市普通高校为调查对象，对高等学校分类做了实证研究，以北京市58所普通高校的具体数据为例，通过运用计算集中度和聚类分析等方法建立高等学校分类指标体系，得到北京市普通高校分类类型的分布和各高校的类型归属（宋中英、雷庆，2010）。而对于高校分类的前提，高校分类的属性到底是什么？是国家政策的预期还是自然分化的产物，是人为设计的结果还是客观事实的描述，是网格确定后的管制还是领域划分下的引导？在进一步追问和反思中发现，高校分类并未严格划定各领域的边界，而且一些领域之间还有部分交叉，以便于这个区间的高校在环境的选择下向某个领域自然演进；同时，分类也没有对各领域内高校的层次进行特别规定，以利于这些高校自身的纵向发展，因此高校分类更多应该体现出积极引导，而不是强力管制（王玉丰，2010）。高校分类体系是高水平分类设置管理的前提，在理论基础及大规模实践经验优化的基础上，学者充分利用高校办学基本数据和调研数据，进行国家三大类型、分区域多路径发展的高校分类体系设计（史秋衡、康敏，2017）。

第二，基于价值取向与问题意识的分类观视角。高等学校的分类，究竟具有怎样的价值？究竟是什么样的问题？学者们一直孜孜不倦地在探究，试图厘清高校分类体系建构过程中的价值取向，或者挖掘出该问题的本质和关键环节。

站在价值的视角，张彦通等认为高等学校的分类，具有多元价值，办学目标定位是高等学校发展的方向性价值，类型和层次定位是高等学校发展的层级化价值，大学职能定位是高等教育分类办学的社会价值，办学特色定位是高等学校发展的历史性价值，教育政策定位反映出高等教育发展的政府价值取向。因此在高等教育大众化发展阶段，高等学校必须走差别化建设和特色化发展之路，形成多层次、多类型的多样化高等教育体系，只有这样才能满足经济社会发展对多样化教育服务的需求（张彦通、赵世奎，2008）。

站在问题意识的视角，王保华认为分类发展是市场经济高度发展的结果，提出分类发展是我国高校发展的理性选择，现实要求高等学校必须进行分类发展，目前存在着分类发展规律相悖的误区，要求高等学校管理者必须作出理性的选择，并需要在理念和制度方面能够有所创新（王保华，2002）。高校的分层分类另外的问题在于和定位发展紧密结合，认为高等学校分类是进行定位和评价的前提条件和主要依据，也是政府教育行政部门的重要职责，并以评价的方式来实现政府教育行政部门对高等教育及其机构发展的调控（陈厚丰，2003）。但后来，陈厚丰又意识到高校定位是自身秩序与分类指导的有机结合，必须与高校分类相联系，从而进一步完善了对高校分类和定位的系统性论证（陈厚丰，2006）。从结构方面，有学者提出了我国高校分类的圈层结构，总结出政府干预高校的力量强大，高校相互竞争机制未建立，高校自身定位不清、特色不明，社会评价体系混乱，现有各类型学校发展不平衡等方面的问题（陈武元、洪真裁，2007）。当然，也有对现行分类、标准及定位等方面出现问题的深挖与反思。

第三，基于知识管理与质量管理的分类观视角。站在知识的视角，主要观点集中于知识的分化与布局。现代学科体系的产生使得各类专门高等教育机构不断涌现，而个体机构内部的课程、专业和院系设置进一步分化和专业化。这些机构及其内部的学术组织又构成了新的学术部落，反过来成为知识分化的助推器。因此，知识或学科专业在机构中的构成情况、机构推动知识发展的能力等也可成为区分高等学校类型的标志（雷家彬，2011）。采用量化分析方法，从学科层次结构和学科类型结构两个维度研究区域高校分类（雷家彬，2015）。如何根据人类知识领域、学科知识特点来对高校进行分类，并采用定量的方式制定标准，以此形成知识布局下的分类方式，使得高校分类体系及设置相关研究更加丰富（潘黎，2009；2010）。基于知识生产的角度，从知识类型和知识生产两个维度对高校进行分类。根据知识类型划分为理论型高校和应用型高校；根据知识生产不同过程分为研究型高校和教学型高校，并关注不同类型高校学生学习风格的差异（朱铁壁、张红霞，2015）。

从质量的视角，研究集中点主要在如何进行质量评价、如何制定评估标准等方面。在质量成为高等教育生命线的主旋律下，高等学校的科学分类是建立高等教育质量评价标准的重要依据。高等教育质量的高低最终体现在培养对象的质量上，衡量高等教育质量的标准是高等教育目的和各级各类高等学校的培养目标（史秋衡、王爱萍，2010）。我国至少应该存在普通高等学校教育和高等职业院校两大类别的质量指标（肖化移，2007）。具体而言，高等教育质量的标准可以分为两个层次：一个是一般的基本质量要求；另一个是具体的人才合格标准，与我国高等学校的分层分类密切相关，因此高等学校的分类是高等教育质量标准建立的依据，并建议以高等学校科学分类为基础，建立多样化的高等教育质量标准体系（牛敏，2005）。当然，建立起高校的分类体系，就要有与之相适应的分类评估标准。要以"育人为本"为核心价值标准统领分类评估，建立"学术分途"的高等院校分类体系与之相呼应，在实施过程中注意"超越价值判断与价值中立之争"，可以从评价对象所处系统的复杂性、评价目标的多样化以及评价过程中参与者之间的关系的复杂性来进行不断调试，从而缓解高校分类发展、质量评价方面的疑难和纠结（周廷勇、王保华，2011）。当然，人才培养的质量是最近学者们关注的焦点，也是以评价作为切入点，对不同类别高等学校人才培养质量进行剖析的重点（史秋衡、郭建鹏，2012）。使用逻辑模型作为分析框架，有效建立起对不同类别高校学生学习质量的评价体系（史秋衡、文静，2013）；从大学生学习满意度的视角来进行质量的甄别，从而将人才培养的过程质量与结果质量紧密联系，并进行类型上的区分（文静，2013）。

**2. 我国高等学校分类体系的地区方案研究**

高校分类体系的关键在于构建具有资源配置导向功能，在我国表现为行政力量驱动下的高校分类体系构建，通过机制和标准引导高校自主定位和自主发展（杜瑛，2016）。

（1）上海市高校分类的方案研究。2015年上海市公布二维高校分类体系，坚持控制学科门类、明确人才培养主体功能、避免高校追求"高大全"的管理导向为原则和依据。按照人才培养主体功能和承担学术研究的差异，根据研本比、博士点集中度、基础性科研投入占比等指标，将高等学校划分为"学术研究、应用研究、应用技术和应用技能"四种类型。按照主干学科门类，即本科学科门类和专科专业大类发展情况，将高校划分为"综合性、多科性、特色性"三个类别。

（2）浙江省高校分类的方案研究。2016年浙江省发布《浙江省普通本科高校分类评价管理改革办法（试行）》，将本省的本科高校按二维结构，根据人才培养、学科建设、师资队伍等，分为研究为主型、教学研究型、教学为主型；根据学科门类、专业数量等分为多科性和综合性，将全省本科高校分为六种类型，实行分类管理评价，努力扩大分类评价考核结果在未来综合评价高校和进行高等教育资源分配时的运用。

（3）吉林省高校分类的方案研究。2017年吉林省印发《关于加强普通高等学校分类管理和分类指导的意见》，以高校人才培养主体功能以及主干学科专业集中度为高校分类维度，对高校进行分类管理和分类指导，建立以研究型高校、应用研究型高校、应用型高校和职业技能型高校为基本框架的分类体系。

（4）云南省高校分类的方案研究。2016年云南省发布《关于加强全省高等学校分类发展和分类管理的指导意见》，依据层次和功能，将全省高校分为高水平大学、骨干特色高校、应用型本科高校、技术技能型高职院校四类，引导高校科学定位，构建人才分类培养体系，实施高校分类投入机制和高校分类评估制度。

从以上高校分类的方案研究成果及政策内容来看，虽然不同省份的高等教育具有一定差异和特质，但是高校分类标准都紧密围绕高校的社会职能展开，以采用人才培养结构、学科覆盖面、科学研究差异、师资队伍等作为高校分类管理评价的标准。

本书对全国百多所高校、各省或直辖市教育厅（委）和成百位高校领导、高校分类研究专家进行调研，最终建立了"高等学校分类体系及其设置标准"实证研究数据库，通过教育部全国高校统计相关数据库进行测算，充分吸纳其他多个课题组的研究成果，并经过教育部发展规划司多次组织的工作研讨会合议，为进一步深化高等学校分类体系与相应设置标准的改革提供坚实有力的实证数据支撑和顶层设计咨询。实证结果与工作研讨意见表明，全国高校主要可分为三大类或四大类，各有利弊，同时也存在其他正在产生的若干小类。在不断地实证调研与工作研讨中，各方广泛认同中央政策现状，形成按照人才培养类型分类为主的思路，并逐步慎重确立国家层面高校分为研究型、应用型、职业技能型三种类型的共识。我国高等学校分类设计可按照综合经济水平分三类地区进行探索。在高等学校国家层面三大类指导框架下，本书进一步探索提出经济发展水平一类地区可较为自主地探索多元分类体系或四类体系；经济发展水平二类地区在建设好研究型、应用型、职业技能型高等学校的基础上，可探索推进四类体系或者多类体系；经济发展水平三类地区重点引导好研究型、应用型、职业技能型三种类型高等学校发展，有条件的省份可以探索四类体系（史秋衡、康敏，2017）。

## 二、高等学校分类体系研究与资政成效述评

通过对高校分类研究概况的全面梳理发现，高校分类一直是宏观高等教育研究的重点，也对微观高等教育研究起到了指向性作用，是诸多领域研究顺利开展的"风向标"。总结高校分类体系相关研究概况，主要呈现以下特征：

### （一）在方法论层面重视高校分类理论框架的建构

高校分类及标准是一个实践性极强的主题，但仍然需要相应的指导思想。面对这样一个实践论题，已有研究积极引入多学科的元素，从哲学、社会学、分类学、系统科学等诸多学科和领域寻求理论的解释框架，并且重视研究主题意义下的方法论，使得该主题有高等教育学理论意义和实践依据下的方法论基础。

### （二）在国家顶层政策的引导下强调对现实高校分类问题的深度挖掘

我国高校分类发展已经从理念走向实践再面向政策。强调在政策框架下有所为，亦使其所为反哺政策。在具体的实践中也初步划分出了学术型和职业型两种类型。但目前我国高校分类还存在着分类较为粗糙、维度简单、有层无类的问题。通过高校分类问题的研究，形成对院校自身合理定位、优势发展的引导。目前大多数学者以高等教育目标、内容和系统结构来界定高校定位的内涵。已有研究主要从两个主要方面界定高校定位的内涵：一是高等教育目标和高等教育系统；二是高等教育市场和营销学。因此对于大学理想和价值的追求，与对高等教育质量管理的追求能够双管齐下。

### （三）积极融入国际化发展并致力中国特色高校分类体系的建立

中国在2013年5月已经加入《华盛顿协议》，并在推进其他类型高校对应的国际协议的对接进程，这意味着高等教育国际化再上一个台阶。在高等教育大众化进程中，各国高校都产生了一定的同质化现象。同质化造成了无序竞争和资源

的浪费，而建构一个能够引导高校多样化发展的分类体系成为一个世界性难题。已有研究通过对发达国家已经历过的道路进行充分研究，并根据我国高等教育系统的历史积淀与现实情况进行借鉴，"取其精华、去其糟粕"。努力探寻一套既能够符合世界潮流、进行国际接轨，又能够适应国情、展现中国特色的分类体系，"他山之石、可以攻玉"。

### （四）目前高校分类体系研究中所存在的不足之处

健全高校分类体系是引导中国高等教育持续健康发展的关键，在对这个问题进行研究和探讨中，大量的前期成果表明了对该问题的关注，也对今后的研究进行了理论准备与铺垫，但同时也存在着一些不足，值得深入总结，以便"站在巨人的肩膀上起跳"。所存在的不足之处，一方面给未来的研究指明了方向，能够据此进入下一阶段更加深入、全面的研究领域中；另一方面给未来的研究指出了发展的空间，能够在现有高度上继续前行，大有可为。

**1. 核心概念使用存在混淆**

目前的研究对于"高等教育分类"和"高等学校分类"这两个概念存在着一定的混淆，未区别两个概念的指向，甚至有部分研究中将这两个概念混为一谈，出现了概念的偷换、混用、套用的局面。需要注意的是，本书的主题是"高等学校分类体系及设置标准"，即对承担高等教育的机构进行分类体系方面的研究，因而本书的其中一个研究任务则是要明确概念界定，从而指引本书研究始终在概念范围内准确、无误地进行。

**2. 高等学校分类的理论研究遭遇"瓶颈"**

"高等学校的分类体系和设置标准"，是一个实践意义极强的研究领域。但任何研究的开展，都要在理论研究的指导下进行，通过理论的深入来指导实践的进步。尽管目前对高等学校的分类，既有专著又有博士学位论文，还有诸多期刊文章，理论研究成果数量颇丰；在这些文献中，也涉及对于各学科、各领域理论在高等学校分类体系和标准上的引入或者运用。但总的说来，没有系统的、专门的、针对性的理论使用于高等学校分类体系的研究，为设置标准而用的理论更是鲜有。为此，在本书的研究中，尤其要注意对高等学校的分类体系、设置标准构建适切的、针对性的理论体系，实现理论研究的突破。

**3. 研究内容出现未能顾全主要利益相关者的局限**

从现有的研究来看，主要侧重于厘清我国高等学校分类的概况，并试图提出学者各有特色的分类框架，据此形成了"三分法""四分法""五分法""六分法"，甚至"七分法"。这么多分类办法的提出，无非是为了更好更清晰地整理出分类依据并构建分类体系，从而对学术研究和行政管理提供便利。而作为研究对象和主体的高等学校的现状却没有太多涉及，最重要的利益相关主体的需求被"隔离"开了。同时，尽管以人才培养的规格作为分类体系的重要指标，但具体的研究缺少对高等院校内部利益相关主体——大学决策者、教师和学生的研究。

**4. 研究方法上出现实证性不足的局限**

思辨的方法和定量的方法均有涉及，但程度不够，且研究方法在研究中的定位不够明确。早期的研究思辨性较强，倾向理论性和政策化的研究方式；随着后大众化时代特征的凸显，学者们意识到研究高等学校分类体系必须要以客观事实作为研究依据，利用调查数据和统计方法才有可能提升研究结果的有效性和可靠性，但目前并没有真正实现以实证的方式，研究全国的高等学校并作出适切的分类体系。

**5. 在高校分类标准认识上仍然存在分歧**

研究中存在的争议和质疑，一方面在于对高校分类标准的内在规定缺乏深究，分类依据或标准众多，但大多缺乏公信力；另一方面在于对高校分类标准的现实意义缺乏审思，分类依据和标准比较零散，欠缺理论性和系统性。不论何种划分标准都不能说是完全科学。高校分类标准，不同于高等教育分类标准。然而当前学界的相关研究，大多数没有把二者严格区别开来。一方面，由于高等教育由多种类型高校提供，而不同类型的高等教育又由一类高校提供，两者并非一一对应的关系；另一方面，学科与行业也不完全是相对应的关系，把学科专业类教育与行业专业类教育区别开来的分类标准，也受到不同程度的质疑。因此，有必要通过对高校分类标准的内涵加以分析，把认识统一到高校分类标准的现实意义上来。

**6. 学术研究与实践部门的认知、判断、决策相对脱节**

学者们在理论研究中所取得的成果，相当一部分停留在了理论探讨层面，没有和高校、教育行政等实践部门在认知上达成共识，因而也没有取得决策意义上的认同，使得高校在操作中有些无所适从，如培养目标及方案制定、课程设置、评价体系等方面还存在分类不明、定位不清的问题，特色化发展更无从谈起。

**7. 缺乏全国范围、较大样本规模、系统性较强的实证研究**

"没有调查就没有发言权"，高等学校分类体系及设置标准应建立在大规模、多层面的调查基础之上，因此本课题组认为特别缺乏全国性地对高等学校分类发展、合理设置的调查，没有这样的调查就难以在实证材料充分的条件支持下提出理论和政策主张。

**8. 其他国家和地区可借鉴的经验介绍较少**

其他国家和地区，如韩国、日本以及欧美一些国家和我国香港和台湾地区的高等学校分类、设置、管理、评价和运用上已经取得了较好的成果，有一些可以借鉴的经验，但现有的研究中对这些方面内容涉及较少。

### （五）本课题的着力点

第一，明确本课题的核心概念之一是高等学校分类，区分"高等教育分类"和"高等学校分类"这两个概念，一个类型高校可以有不同高等教育分类，本研究关注高校分类体系。

第二，以我国高等教育发展实际和高校发展现状为基础，探索形成我国高等学校分类体系的适切性和针对性的理论体系。

第三，关注高校分类体系研究的利益相关主体及其需求，特别是对高校内部利益相关主体——大学决策者、教师和学生的研究。

第四，立足高校发展现状和高校主体的高校分类体系需要实证研究支持，本研究注重将科学的实证研究方法运用于高校分类体系构建探索过程中，研究我国高校结构及发展，以设计适切的高校分类体系。

第五，一方面，在大量实证调查和理论分析的基础上，提出我国高校分类标准的内在规定；另一方面，基于高等教育实际和深化高等教育体制机制改革进程，分析高校分类标准的现实意义。

第六，高校分类体系具有较强的时代特点，是完善我国高等教育管理，理顺高等教育结构的核心环节。因此本研究定位于学术研究基础上的政策设计，着力将学术研究与实践部门的认知、判断、决策相结合。

第七，高校分类体系的政策设计的前提是形成我国高校和高等教育发展现状的概览，并形成相关指标的数据库。因此，本研究尝试进行全国范围的较大样本的大规模和强系统性的实证研究。

## 三、高等学校设置标准及研究概况

当前高校设置标准研究更多基于高等教育改革和发展背景，集中于高校设置标准对高等教育改革和质量提升的作用分析或高校设置制度研究，探讨高校设置制度的历史演变或高校设置行为研究。特别说明的是，高校设置作为行政性的政策行为，目前学术界关于高校设置标准的研究较少。有学者从国际比较、历史纵向演变等角度分析我国高校设置制度从而涉及高校设置标准研究，但关于高校设置标准的专门研究仍较为有限，或者更多关注的是义务教育阶段学校的办学标准研究。因此，本研究重点介绍国际代表性国家和地区的高校设置概况。将高校设置标准研究的概况分析和述评与代表性国家和地区的高校设置标准概况相结合，试图呈现一个更为全面的高校设置标准及研究。

### (一) 高校设置标准研究概况

有学者从高校设置的历史研究和国际比较研究的角度剖析高校设置的理论与实践。人才市场、地区经济文化发展、资金来源、师资水平、管理体制等要素对我国高校设置的制衡，进而通过高校设置的历史沿革，提出高校设置急需解决的新问题，进而指出 21 世纪高校设置应遵循法制化、市场化、国际化、现代化基本准则。通过国际高校设置研究比较，介绍行政干预、市场调节、法规主导模式三种高校设置模式，并清晰地呈现美国、俄罗斯、法国、日本、韩国、英国等国际代表性发达国家的高校设置及特点，侧重对国际代表性高校设置进程的梳理（王保华，2000）。也有学者以高校设置的历史演进为主要线索，探讨高校合并、分立、分区布局、私立、高校、教会大学等设立过程中利益相关者博弈的冲突和协调，对高校设置变迁进行制度分析（黄启兵，2006）。此外，也有学者专门选择高校设置制度作为研究切入点，分析美国、德国代表性州以及日本大学设置基准，并结合我国高校设置标准调查问卷和访谈的实证分析，尝试对我国高校设置制度实施和改进提出可行性方案。研究提出，美国、德国和日本高校设置标准在学校基本信息、学校组织与管理、学校目标、学校规模、学校的科研和技术工作、课程说明、专业说明、学位说明、学校的学习与教学工作、资金来源、教师、基础设施和设备（包括图书馆和其他学习资源）、学生服务和学生指导等方面各有侧重（矫怡程，2016）。

当前也有一些专门对高校设置标准的研究，但是研究成果发表的时间较早。有对日本大学设置基准的改革背景和历史意义进行研究，介绍了依据专业形成学部、按学分、毕业生质量和数量、各级职称教师要求、学制、教师教学等高校设置基准，并提出大学设置基准为日本高等教育宏观管理改革、大学办学和教育质量提升奠定基础（何瑞琨，1987）。后来，也有学者进一步对大学教育改革背景下的日本大学设置基准进行研究，从日本大学设置基准新修订所增加的打破一般教育与专业教育科目界限、大学自由设置课程，发展大学成为继续教育场所，大学组织对本校教育活动的自我检查与自我评价。并由第三方起草《大学自我检查·自我评价》手册，提供大学、系的理念与目的；教育、研究的组织机构；招生情况；教育课程；教师组织及其教学、研究活动；占地面积、设施、设备；图书馆；学生生活安排；管理、事务机构；财政；自我检查与评价的组织等十二部分项目供大学自我检查和自我评价参考（陈俊森，1993）。此外，也有研究者将高校办学标准作为研究的部分要素而非专门对象，学者从教育经济领域研究基于办学标准指标测算高校办学实际成本与经费投入配比问题，但这一研究的落脚点在于高校办学成本研究而非高校设置标准问题（高长春、吴国新，2009）。对于高校设置标准的新近研究是金砖国家的设置标准，基于设置标准和设置程序的角度分析巴西、俄罗斯、印度、南非等金砖国家高校的异同之处（柯安琪，2018）。此外，不少研究者也开始关注到新型高校的设置问题，如研究者对开放大学的设置进行研究，提出基于面向基层开放办学的服务性原则，先进信息技术为主要支撑的先进性原则，汇集、整合、共享教育资源的相融性原则，促进体制机制创新发展的创新性原则等建立教学体系和管理体制（马良生、姜亚金等，2011）。但对开放大学的具体设置标准及指标缺乏进一步分析。

### （二）国际代表性高等学校设置标准概况

选择代表性国家美国、德国、日本、韩国和代表性地区中国台湾、中国香港的高校设置标准政策文本进行分析，探索国际代表性高校设置标准概况。

**1. 美国高校设置标准概况**

美国联邦不约束高校设置标准，各州管理高等教育并颁布体现各州高等教育发展特点和办学要求的高校设置标准，高校设置委员会在高校设置中发挥重要的专业性评价作用，因此美国高校设置标准较少用具体指标应达到的规模和数量来体现。

加利福尼亚州、宾夕法尼亚州和佛罗里达州的高校设置标准表明，学校基本信息、学校组织和管理、学校目标、课程和学位、专业、资金来源、师资、基础设施和设备、图书馆等学习资源、学生服务和指导是三个州高校设置标准共同的要求。此外，加利福尼亚州高校设置标准还对组织形式、所有者信息、申请过程服务商信息、高校治理委员会、院校代表构成、学生协议样本、财务资助政策、宣传政策、入学和毕业要求、教学语言、自律程序等做要求。宾夕法尼亚州高校设置标准则关注高校章程建设、治理委员会、设置必要性分析、薪酬、所在社区参与度、地区或专业认证、招生面向、入学和毕业要求、自律程序等说明。佛罗里达州高校设置标准则相对简略一些，除以上三个共同要求之外，还对高校的宣传和信息公开做了要求（矫怡程，2016）。

**2. 德国高校设置标准概况**

德国非公立高校增长较为明显，与我国相同，德国非公立高校设置需要向地方政府提交书面申请，对高校设置的条件进行陈述和说明。此外，还需要对高校进行认证，以此作为能够成功通过审批的重要依据。德国非公立高校设置标准对高校基本信息、组织与管理、发展目标、科研和艺术工作、学位情况说明、高校学习与教学活动、办学经费来源、师资、基础设施和设备都做了一定要求（矫怡程，2016）。

### 3. 日本高校设置标准概况

日本大学设置标准（SEU）建立大学的最低标准。包括以下结构：一是关于基本框架的规定，如入学资格、学习期限和组织。二是规定了人力和物力资源的最低标准，如教师、设施和设备。三是规定大学教育活动的规范。四是课程和毕业要求规定。应当注意，SEU 不仅包括最低标准，而且包括不必特别获得的某些期望的目标和职责。

日本质量保障框架包括日本大学设置标准（standards for establishing university, SEU）、日本大学设置审批体系（establishment-approval system, EAS）、质量保障和认证体系（quality assurance and accreditation system, QAAS）。质量保障框架是日本大学设置标准（SEU）和日本大学设置审批体系（EAS）的基础规则。

日本政府对原有质量保障框架的规则进行了修改，综合加入自评和评估程序。日本的《学校教育法》（School Education Law）于 2002 年进行了修订，加入质量保障和认证体系（QAAS）。该法案于 2004 年 4 月正式实施。日本大学设置审批体系（EAS）在此基础上进行了相应调整，所有大学只要符合法律规定的条件，即可获得批准。要求减少，标准简化，大学无须通过批准就可以进行小的组织变化调整。经过调整的日本教育质量保障框架具有事前规范的作用，提前保障适度的质量，并通过事后检查评价持续保障质量，同时尊重大学的多样性（日本文部科学省，2009）。日本文部科学省于 2007 年根据日本《学校教育法》第三条、第八条、第六十三条及八十八条制定并修订大学设置基准。教育研究的基本组织是学术活动的基础，规定一个学部（college）应根据其学术活动进行必要的组织，如适当规模的活动内容、教员组织、教员数。大学根据专业设置学科，每个学科在专业所在的学科领域开展学术活动。大学可以根据学生课表设置课程替代学科、学部以外的基本组织的专任教员数量、校舍面积、教育研究必要的附属设施的基准。一所大学实施教育研究（学术活动），必须确保有组织的协调制度下的教员的合理分工，明确教师学术活动的责任所在。为保持和提升学术活动水平并推进学术活动，一所大学应该确保教员年龄结构在特定的范围。一所大学在两个或以上校区提供教育的情况，必须每个校区都有教员，每个校区至少有 1 个或 1 个以上专任教授或者专任副（准）教授。原则上，大学校区相连则不在此限。大学主要授业科目（专业课，essential classes）应该专任教授或者副教授，除了专业课之外，专任教授、副教授、讲师、助教负责其他课程。大学授业科目包含训练、实验、实习、技能训练的需要配备助理。一所大学出于学术目的可以设置不教授科目的教授。专任教员只能在一所大学任职。专任教员应在前款规定的一所大学从事学术活动。当学术活动特别必要，在不妨碍学术活动情况下，大学除了学术活动之外还可以委任专任教授职务。大学校长应该人格高洁、学识丰硕、经验丰富、有大学管理洞见。对教授、副教授、讲师、助教资格进行规定，其中，教授必须获得博士学位（国外等同学位）并有研究成果，研究成果等同于前文规定，学位规定专业学位获得者必须在主要专业学位拥有实践成果，在大学从事教授、副教授、讲师（instructor）的职业经历，等同于国外从教人员，艺术、体育等方面拥有特殊技能，拥有卓越学识和经验，特别是在本专业；副教授的教育经历能承担大学提供的教育任务，满足前文条款担任助理教授或者行政等同，国外工作经历等同，拥有硕士学位或者专业学位（国外授予学位等同），研究所、实验室、调查所工作者拥有研究成果。在本专业拥有卓越学识和经验；讲师成为一名教授或者副教授满足《学校教育法》第十四条或者前面一条，并且在专业领域拥有承担大学提供的教育任务的能力；助教的资格（qualifications of assistant professors）拥有能承担大学提供的教育任务的能力，满足《学校教育法》第十四条或者第十五条硕士学位（医学、牙医、药学等培养临床能力的获得本科学位），或者满足日本学位规则的专业学位标准（国外授予学位等同）；助手须获得学士学位（国外授予学位等同），拥有与前文规定等同的能力，拥有本专业的学识和经验。

  在招生方面，大学以学科或课程为单位，规定招生。对采用白天/晚上课程体系，在国外设置学部、学科或者其他组织，将招生安排在交换生招录等情况（应该解释清楚一般招生和交换生招生的数量），应该进行解释。招生应该充分考虑教员、校地、校舍等设施和设备及其他教育条件。大学应该基于招生进行适切管理，以保证大学提供教育环境保障。在教育课程方面，大学根据学部、学科、课程等教育目的设置课程体系。根据学生需求提供与专业相关的人文学科，同时培养宽和深的通识教育和能力，培养综合的判断力和丰富的人性涵养。教育课程应根据所有课程分成必修科目、选修科目、自由选修科目，然后分配到各学年。大学自主决定各授业科目的学分数。其中，1个学分科目要求45个小时的学习时间，学分数的计算方法要基于教学效果、授课时间外必要的学习、授课的方法等。前项关于课程（classes）的规定，例如，对毕业论文（graduation theses）、毕业设计（graduation research）、毕业制作（graduation products）的成果进行评价以合理授予学分。课程一年的授业期限为35周，原则上包括常规考试的时间。讲授要使用讲座、演习、实验、实习实训、技能联系或者这几种方法组合的方式。除了课堂外也可高度利用多媒体技术、在教室以外的场所授课。大学可以在校舍外或者校外设施讲授部分课程。一所大学为学生提供清晰的一年的教学方法、教学内容、教学计划。评价学生学习成果（academic achievement）和毕业认定，要提前为学生提供清晰的标准以保证客观性和严格性，并适当地根据所述标准进行评估和批准程序。一所大学应该组织培训和研究改善大学课程的内容和方法。大学对完成一门课并通过考试的学生授予学分,根据规定,一所大学通过合理方式评价学生学习成果并授予学分。根据毕业的学分要求,大学必须限定学生每年或者每学期的学分上限,保证学生可以合理选修科目。若学生完成要求学分并取得优秀,大学可以允许学生超过学分上限修读课程。毕业要求(统一规定学分)具体包括,大学学习 4 年或以上并获得 124 个学分或以上;医学、牙医学等学科要在大学学习 6 年或以上并获得 188 个学分或以上,出于教育教学,大学可以用课堂完成的等量时间替代部分学分;药学学科等培养临床能力的要在大学学习 6 年或以上并获得 186 学分或以上,包括 20 学分或以上在校医院或者其他医院、药房的实训毕业要求;兽医学科的毕业要求为在大学学习 6 年或以上并获得 182 个学分。

此外,日本大学设置标准还对硬件设施进行规定,包括校地、校舍等设施及设备等。校地应该营造适合教学的环境,大学建筑应该为学生休息或其他使用目的提供空间;运动场原则上应建在校地中或毗邻位置,以促进教育教学;校舍等设施、大学建筑,根据组织和规模,大学的设施最低配备考虑到特殊条件下学术活动不会受阻碍,包括校长室、会议室、办公室、研究室、教室(报告室、练习室、实验室、实训室等)、图书馆、医务室、学生自习室、学生公共空间等。

**4. 韩国高校设置标准概况**

韩国高等教育法规定韩国申请成立高校,须符合总统令设定的标准。设立非国立高校,由教育部批准。教育部督导和监督高校(韩国教育部,2016)。

第一,韩国设置高校的总体要求。韩国申请设立学校需要提交以下材料:设立学校的目的;设立学校的名称;设立学校的位置;学校规定;学校章程;四年的财政计划;校内设施,例如,实验室设备等;学校建筑平面图;学校预定开课日期;若计划设立附属学校,需提交设立附属学校的计划;若申请设立私立学校,还需提供学校基金会法人组织的相关文件。韩国教育部接到申请后将根据电子政务法,利用共同使用的行政信息,核查以下信息:学校地籍地图和实习训练场地;私立学校的教育基金会的公司登记证。

关于学校关闭或调整办学,需要向韩国教育部提交申请。任何想要获得关闭学校的授权,需要向教育部申请,提交以下材料:关闭学校的原因;关闭学校的时间;处理登记在校学生的办法;关闭私立学校的话,还需提交处理学校资产的办法。关于学校退出(closure of school),学校的建立者应在接到要求后的三个月内向教育部提交文件和学校登记,详细说明学生入学的现状和如何处理学校资产。任何想要获得调整办学的授权,需要向教育部申请,提交材料调整办学的原因、调整办学的细节、调整办学的时间等材料。

学校章程包括以下内容:学校办学理念;学校运行的计划;学校财务运作计

划；教育和研究设施、设备的保障计划；学校人事管理计划，如人事管理和福利等；学生福利和学生指导计划；大学或学院的长期发展规划。

学校规定具体包括以下内容：专业设置和学生最大规模；每节课程持续时间、入学期限、学期、上课时间和假期；入学、重新入学、转学、短期离校后返校、转专业、取消学籍、退学、复读、毕业、纪律处分；授予学位类型和取消学位；管理课程运行、课程学分记录；学分和专业认证；课程注册和申请；开课；学校教师教学时数；学生自我管理活动，如学生会；为学生提供财务支持，如奖学金；收取学费、注册费或其他费用；修订学校规定的程序；若有董事会和教师委员会，则说明其有关事项；其他由法令规定的事项等。

除了学校规定之外，学校还需提交注册费数据；公开会议纪要；教育统计调查的细节；公开教育统计调查的结果、进程；指定国家教育统计中心和委托事务。

第二，韩国高校人员和教学活动规定。《韩国高等教育法》对高校教师资格进行了规定，要求教师原则上每周完成9个小时、一年30周教学时数的要求；并规定了兼任岗位的学校教师类型，如荣誉教授、兼职导师、访学教师等。在教学活动方面，学校组织要确保服务于设置目的，保证学生接受教育的权利，促进教师教育和学习。在此基础上，制定大学或学院的学院或教师准则。每个学年至少有两个或以上学期。具体教学时间长短则可根据班级科目数量决定，但要达到每学年至少30周的教学日。在不影响必修学分时间前提下，学校可以决定最低的教学日。至少达到每学分每学期15个小时的学分时间。此外，对假期、国内外大学合作课程、班级、学分认证的范围和标准、国外获得的博士学位、入学学生数变化等学校数据也一并进行了要求。国内或国外分校授权则由总统令单独决定。

第三，韩国大学、学院和产业学院（universities or colleges and industrial colleges）设置要求。

对学生专业的要求。学生完成至少一个专业，校长可以决定专业所需完成的最低学分。学位课程的合作运行，学校可以将研究生院课程融进本科学位课程。

专门的研究生院（商学）、商学大学院的评估根据学校五年一次，由教育部认可的国内机构或外国认证机构进行评估。

大学院/研究生院委员会负责以下事项：注册、完成、授予学位；学院或专业的设立和退出，最大的学生规模；课程；研究生院的设立和规定修订；其他有关研究生院运行的事项等。大学院至少由7人组成，由校长任命，根据学校规章决定组成和运行。

对课程学习年限的要求。医学院、牙医学院、兽医学院的大学或学院（不含研究生院大学或学院）的课程期限为 6 年，2 年初级课程、4 年专业课程。大学中的药学院课程期限为 6 年，2 年的基础知识和通识教育在其他学院完成、4 年专业教育。

缩减课程期限，分为以下情况：学士学位课程（减少的时间）不超过 1 年，硕士学位课程缩减时间不超过 1 年；博士学位课程缩减时间不超过 6 个月；学士和硕士学位课程联合缩减时间不超过 2 年；直博（硕士学位和博士学位课程联合）缩减时间不超过 1 年 6 个月。

根据相关大学或学院的教育条件，未来人力资源供给和需求，以确保不同类型大学或学院有特色，制定学生最大规模。最大学生规模（不包括拥有研究生院的大学或学院的产业大学、教育大学、初级学院、技术学院、网络学院），应根据大学和学院的设置和运行规章（regulations on the establishment and operation of universities and colleges），不能超过学校建筑、地理位置、师资、资产的容纳能力。此外，网络学院还要根据学校建筑、师资、远程教育设备、资产的制定最大学生规模。医学方向的最大学生规模制定还需要考虑人力资源需求。

在学生总数未超过最大学生规模的情况下，校长有权力允许注册、转学和再注册。

《韩国高等教育法》以法律形式确定了选拔学生的基本原则，包括要求学校公开发布大学或学院挑选入学申请者的基本规则、公示挑选大学或学院入学申请者的实施计划。按一般性筛选和特殊性筛选进行分类招生，一般性筛选的标准是一般性教育标准，特殊性筛选的标准是学生的特殊才能。招生选拔主要看以下条件：校长可以根据学术表现结果筛选，例如，高中成绩单、教育部的考试成绩（如大学学术能力测试）、各个学院或大学的测试（如笔试的文章、面试或口语测试、体测）、记录非学术表现的，如自我介绍信。大学学术能力入学测试规划指韩国每年举行的学术能力测试，由教育部制定总体方向、分数配置、测试结果通知、测试计划，并于每年 3 月 31 日前公布规划。教育部指定或委托在大学学术能力评价方面拥有专业知识、有指导教育行政机构和教育研究机构的教职工测试经验的人员。教育部统一决定申请大学学术能力测试者需缴纳的费用。

对于产业大学、网络学院、初级学院学生都有相应规定。申请进入产业大学（industrial colleges）要满足以下条件：一是在企业工作且其教育需求受到雇主委托；二是至少在企业工作 6 个月；三是取得质量框架法下的国家资格或国家官方认可的其他资格。

此外，对学位类型（硕士和博士学位分为学术学位和专业学位）、学位论文的报告和考核、取消授予学位、非全日制学生、企业委托教育都进行了相关规定。

第四，其他类型学院的设置要求。

*教育学院*（teacher's college）的设置要求。教育学院的设置要考虑到学校教师的供给和需求，经教育部批准方能设置。对综合性教师培训学院的设置、临时教师培训机构的设置、教师培训学院发展委员会的构成和运行分别进行了系列规定。

*初级学院的设置要求*。对初级学院的课程时长、缩减初级学院课程时长、高级专业非学位课程的设立和运行、设立授予学士学位的高级专业课程的授权/认可、高级学位课程的运行、高级学位课程的入学资格、制定训练医学人员学院、课程联合运行、副学位的类型做了相关要求。

*网络学院*（Cyber Colleges）的设置要求。韩国高等教育法要求网络学院使用信息和通信技术进行教学、课后辅导、实验和实践等教育活动。

*技术学院*（technical colleges）的设置要求。包括专门学院的入学资格、学生的选择方式，如根据学生在企业的工作记录和企业总裁的推荐等标准进行筛选做了相关规定（韩国教育部，2017）。

## （三）代表性地区高校设置标准概况

### 1. 中国台湾地区高校设置标准概况

根据中国台湾地区高校设置的相关规定，台湾地区的教育部门决定大学及其分校、分部、附设专科部设立标准、变更或停办的条件、程序和其他事项。大学跨校研究中心的组织及运行等事项由大学共同制定，报教育部门。此外，中国台湾地区相关规定还要求大学定期对教学、科研、服务、辅导、学校事务行政及学生参与等事项进行自我评估，具体评估要求由各大学自主确定。中国台湾地区教育部门组成评估委员会或委托学术团体或专业评估机构，定期进行大学评估，并公开结果，作为政府教育经费补助和学校调整发展规模的参考（台湾"教育部"，2011）。

根据中国台湾地区对大学设置的相关规定，大学校长总负责大学事务发展，对外代表大学。副校长协助校长处理校务，由校长聘任，副校长的人数、聘期和资格由大学组织规程决定。新任公立大学校长的产生，应于现任校长任期满十个月前，由学校组成校长遴选委员会，经公开征求程序遴选出校长后，由教育部门或该所属地方政府聘任。校长遴选委员会的构成一般为校务会议推选的学校代表占全体委员总数的1/5，学校推荐校友代表及社会公正人士占全体委员总数的2/5，其余委员由教育部门或所属地方政府遴选代表担任。私立大学校长由董事会组织校长遴选委员会遴选，经董事会遴选，报请教育部门核准聘任。对大学下设学院或单独设研究所，学院下设学系或研究所，设跨系、所、院的学分课程和学位课程，要求大学的学生规模与大学资源条件相符。大学各学院设院长 1 名、各学系设主任 1 名，单设的研究所设所长 1 名，负责办理课程事务的学位课程主任等学术主管的产生程序和标准。校务会议结构和活动内容包括教师评审委员会，教授、副教授、助理教授、讲师等教师分级和聘任，建立教师评估制度，并规定修读不同层次学位的条件、学制、学分，设立大学招生委员会或联合会，规定大学招生、转学、休学、退学、毕业要求，要求建立学生会，公开校务信息等。

中国台湾地区对具体设置标准的内涵和质量底线做了要求，如授课满 18 个小时为一个学分、学士学位四年学制不得少于 182 个学分，等等。中国台湾地区高校设置变更也有要求。技术学院提出申请改名科技大学的首要条件是设立或改制满三年。教育部门审核校地（包括校地面积、体育教学使用公共设施），校舍面积，师资（生师比、专任教师结构），课程的实际需要，备置足够教学、研究及实验、实习所需的仪器、设备（专业期刊与书籍的藏书量），学校规模（至少应有十二个以上学系，含单独设立的研究所，且应涵盖三个以上不同性质的学术研究领域），办学绩效（由专科改制技术学院之学校，改制时所提规划及本部要求条件均已完成；近三年校务发展在教学、研究等方面成绩优良），以及最重要的教学质量，符合基本条件即可通过审核。

**2. 中国香港特别行政区高校设置标准概况**

中国香港特别行政区大学设置依据各自高校制定的大学条例和章程（university ordinance and statutes），如香港大学规程具体规定了校董会、校务委员会、教务委员会、学院级研究所、毕业生议会、名誉学位委员会等治理组织的聘任及职权事宜；大学享有的自主权；师资聘任、权利和义务；学位、证书授予类型；考试；大学人员构成；行政部门；学科委员会；奖助学金和荣誉、资助及研究资助；财务等（香港大学，2017）。

香港特区自资专上学院申请为私立大学的标准要求。根据《专上学院条例》注册的专上学院获取大学名称的修订线路和准则，参考香港树仁学院成为大学的例子，提出学校至少获得三个学科评审资格，若干程度的研究能力，在申请大学名称前两年修读学位课程的学生人数（相当于全日制学生人数）最少达 1 500 人，获得香港学术及职业资历评审局院校评审资格以证明有关院校在管治和管理、财政可持续性、学术环境、素质保证和研究能力等方面，基本上已有能力达到一所大学应有的水准（香港特别行政区政府教育局，2015）。

## 四、高等学校设置标准概况与资政成效述评

综上所述，高校设置研究一般与高等教育发展进程要求紧密相关，具有一定

时代背景和社会特征，反映一定社会治理模式。高校设置标准概况研究表明，代表性国家和地区的高校设置标准与高等教育分类和高校分类体系息息相关，高校设置标准的指标具有定量和定性相结合特征。作为质量保障的基本环节，高校设置标准与评估制度具有内在联系。

### （一）高校设置研究概况述评

当前高校设置研究主要从历史的视角研究高校设置。研究者大多将高校设置研究置于国家政治、经济、社会、文化背景下。高校设置模式与本国或地区政治治理模式和历史传统息息相关。

当前高校设置研究主要从高等教育进程的角度研究高校设置。高校设置研究置于国家高等教育发展进程，从国家高等教育，特别是高等教育权力博弈以及高校分立、合并、重组、改制等发展变化中透析高校设置及其特点。

当前高校设置研究对高校设置标准的专门研究较为有限。当前对高校设置标准的专门研究有限，说明高校设置标准不能脱离一定国家、社会和高等教育发展背景单独存在，也说明高校设置标准具有明显的行政行为特点。因此，本研究致力于把高校设置标准与高校分类体系相结合，并注重我国国家发展、社会转型和高等教育发展的特殊性对高校设置标准的影响及要求。

### （二）高校设置标准概况述评

综合代表性国家和地区高校设置标准概况发现，定性标准与定量标准相结合是高校设置标准的重要特征。高校办学定位、教师资格和数量要求、办学设施和设备、办学经费等是高校设置标准的通行要素。定性标准为高校设置提供弹性空间，定量标准通过可量化的数量约束高校设置标准的底线。

高校设置标准的操作过程中，高校设置委员会发挥专业性的作用。定性标准与定量标准相结合的标准设定，体现了高校设置委员会专家在高校设置评判的专业作用，高校设置委员会及专家能够有效缓和定量标准的刚性。此外，由于高校设置标准一经确定则相对稳定，通过高校设置委员会专家的科学研究和实践经验，也能提高高校设置对高等教育改革和发展的时代适应性。

高校设置标准与认证评估、高校自我评估结果相结合。高校设置标准、认证评估、高校自我评估都是高校办学条件和高等教育质量保障的重要方式。高校设置标准是高等教育质量保障的前端，是对一所高校能否顺利设置的必要条件。专业认证评估是对高校内部专业设置进行的评价和质量保障，进一步补充并细化高校办学质量要求。高校自我评估是高校设置审批通过后，高校办学过程的自我评价。通过行政、第三方和高校主体共同促进高校符合基准顺利设置、达到高校和专业等质量底线，在办学过程中保障办学投入和办学条件，进行科学合理定位，提高办学质量。

### （三）本研究的着力点

首先，本研究认为高校分类是高校设置的前提。在这一理念的设计下，本研究将高校分类与高校设置紧密结合起来。在高校分类体系设计的基础上进一步研究不同类型高校和不同省域特点，以此作为不同类型高校设置的依据。这在教育部和各省近年出台的高校分类设置新政中得到了充分体现。

其次，根据我国高校设置具有依法行政的突出特点和实际，以理论研究为支撑，紧密参与我国高等教育政策制定过程，从而推动高校分类设置及分类设置标准的政策发展。

最后，对大量高校设置案例进行分析，并进行大范围的实证调查，为高校分类设置及分类设置标准的政策制定提供科学有效的理论和实践支撑。

## 第三节 理论基础

教育内外部关系规律揭示了我国高等教育体系与政治、经济、文化、社会、生态要素之间的协同交互。高等教育与社会各要素之间相互作用的关系，反映在高校培养人才、发展科学研究、直接为社会提供服务以及文化引领四个方面的社会职能，其中人才培养是基本的社会职能。高校培养人才的社会职能，要求高校主动适应社会对多样化人才的需求和变化，为社会输送高质量和多类型专门人才。当前，我国高等教育发展的区域不均衡问题制约了我国高等教育培养高质量和多类型专门人才的核心任务。劳动力市场对多规格人才培养需求、不同区域对质量提升的统一内在追求、不同高等教育主体的高等教育理念更新及对高等教育参与程度加深，要求进一步优化高等教育结构，健全高等教育体系，以全面提升高等教育质量。

### 一、教育规律与功能底线论

教育内外部关系规律是研究高等教育学的基础性规律。教育的外部关系规律可以表述为"教育要受到社会的经济、政治、文化等制约，并对社会的经济、政治、文化等的发展起作用"，教育的内部关系规律是指"教育要受到教育对象身心发展特点和需要制约,并对受教育者的身心发展起作用",二者的关系表现为"教育外部规律制约着教育内部规律的作用,教育的外部规律只能通过内部规律来实现"(潘懋元,2012)。因此,如果高等学校在分类、定位等问题上得不到及时解决,就必然会影响我国整个高等教育系统对经济、政治、文化、科技的促进作用(陈厚丰,2004)。根据教育的内外部关系规律,教育功能既包括教育的社会功能,也包括教育的个体功能。教育既要满足促进个体生存和发展的需要,也要促进社会的经济、政治、文化等发展的需求。高等教育是建立在普通教育基础上的专门教育,为社会培养高级专门人才。社会通过提供培养人才所需资源和对人才的需求以促进高等教育发展,高等教育通过培养人才的数量、规格和质量推动社会发展。高等教育的社会功能要求高等教育主动适应社会需求,经济新常态下我国产业结构转型升级要求高等教育既要培养从事高、精、尖的科研人才,也有培养推动产业转型升级需要的应用型人才,以及面向一线的从事生产、管理、服务人才。

## 二、高等学校职能多维发展论

众所周知,高等学校在其发展演变的过程中,逐渐形成人才培养、发展科学研究、直接为社会提供服务以及文化引领四个方面的社会职能。社会越发展,高等学校与社会的关系就越密切,高等学校所承担的社会职能就越多。这应该是高等学校与社会职能之间的关系的一条规律(王伟廉,2001)。这四个方面的职能,其出现的顺序正是其重要性、根本性的顺序。人才培养是高等学校最为首要的、基本的社会职能,并且在相当数量的研究中,学者们使用了人才培养和人才分类作为高等学校分类研究的主体性标准。教育是培养人的活动,高等学校是培养高级专门人才的机构。在高等学校的人才培养活动中,人类完成了高深知识的传递,并在此基础上推进了知识的发展和人类社会的进步。高等教育的使用者对高等学校人才培养的层次、类型有着多样化的需求,对各类人才的数量和质量要求也会随着时间和环境的变化而存在差异;学生对高等学校所应提供的教育服务有着不同的预期,个体高等学校因资源和能级所限,固然不能包揽所有类别人才的培养工作,而是有选择地制订人才培养计划,控制招生规模,设置相应的学科专业,开设相关的课程(雷家彬,2011)。因而,高等学校的社会职能理论,尤其是人才培养方面的职能,是研究高等学校分类体系的重要基础理论之一。

## 三、劳动力市场人才规格论

劳动力市场分割理论（segmented labor market theories）产生于20世纪70年代初，经历了三种不同的发展形式，即工作竞争理论、二元劳动力市场理论、阶级冲突理论、最终形成了以二元劳动力市场理论为核心内容的系统理论流派，代表人物为皮奥里（Michael J. Piore）、多林格（Peter B. Doeringer）等。二元劳动力市场理论把劳动力市场划分为一级市场和二级市场，或主要劳动力市场和次要劳动力市场。一级市场具有工资高、工作条件好、就业稳定、安全性好、管理过程规范、升迁机会多等特点，往往属于大公司、大企业、大机构的工作岗位；二级市场工资低、工作条件较差、就业不稳定、管理粗暴，没有升迁机会，大多是小企业、小公司、小机构为劳动者提供的就业岗位。

一级市场的岗位主要是由内部劳动力市场组成，劳动者的工资、劳动力资源的配置不是由边际生产率决定，而是由其内部管理制度，特别是由内部劳动力市场中劳动者所处阶梯地位等规则来调控和决定的，市场力量基本不发挥作用，劳动者能得到比市场更高的工资，教育与工资有显著的正相关。二级市场雇主由众多中小企业组成，产品需求变动频繁，企业对发展内部劳动力市场不感兴趣，工资由市场上的劳动力供求关系决定，会趋向一个固定水平，就业者多为穷人，教育与工资的相关程度微弱甚至无关。因此，劳动者接受教育只是为进入一级市场并提供给雇主一个培训潜力大的信号，而那些接受教育机会少的人被认为培训潜力低，只能处于劳动力阶梯的末端或留在二级劳动力市场上。

教育的作用不仅在于提高个人的知识技能，而更在于它是决定个人是在一级或主要劳动力市场，还是在二级或次要劳动力市场上工作。若高学历者不能进入主要劳动力市场，那他就只能拿低工资；反之，若低学历者能够进入主要劳动力市场，那他就有可能拿到高工资。二级市场的劳动者具有懒散、无时间观念、不易合作、不尊重人等行为特征，而这与一级市场的要求格格不入。因此在二级市场就业的人，很难进入一级市场的，最终在二元劳动力市场上形成双向流动障碍。但是，教育是劳动者由二级（次要）劳动力市场向一级（主要）劳动力市场流动的基本条件，提高教育水平能够提高具有可培训性的劳动者在劳动力市场的流动性，因此，教育对劳动力市场分割的弱化还是具有一定的作用的。

就业的结构性矛盾是我国劳动力市场的重要特征之一。一方面，劳动力供给总量过剩。随着国有经济进行战略性改组和结构大调整，经济增长方式的转变，我国大量的劳动力被释放出来；另一方面，劳动力有效供给不足。中国经济面临的劳动力市场供过于求结构性失衡，还表现在低素质或未开发的人力资源大为过剩，而经过科学开发，具备现代文化素质和先进劳动技能的高质量人力资源又相对缺乏，这反映在就业市场上就是存在大量低质量的劳动力剩余，他们又无法填补许多要求较高技术和技能的工作岗位。此时，高等教育在培养适合市场需求人才方面的功能就显得尤为重要。教育影响劳动者的文化知识水平和教育程度，劳动者的文化知识水平和教育程度是解决劳动力结构性就业的基础。劳动力结构性就业问题的解决与劳动者的教育程度和受教育类型有着直接的联系。

## 四、高等教育机会公平论

高等教育具有准公共产品的属性，表现在高等教育既具有竞争性和排他性，表现出私人产品的特征；也具有明显的正外部性，表现出公共产品的特征。这就要求政府和市场共同对高等教育进行调节：通过市场机制提高资源的利用效率，通过政府调节保证高等教育公平性。研究表明，我国高等教育入学机会总量增加，但存在区域失衡问题；政府对高校的扶持力度增加，但高校和地方的自主性并未充分发掘。同时由于部属高校的倾斜政策，地方高校得到的政策和财政资助等资源较为不均衡。以区域高等教育公平为核心，政府应当权衡地区间高等教育资源的数量和质量，保证高等教育公平，通过引入公平竞争的市场机制将提高高等教育资源利用效率。

不同区域高等教育发展失衡问题，要求理顺中央和地方高等教育权力关系，深化高等教育领域放管服改革，降低高等教育管理的权力重心。高校分类和设置是高等教育结构优化的重要方式，是调整地方高等教育布局的重要手段。中央宏观指导高校分类和设置管理，地方统筹高校分类和设置管理，鼓励不同区域立足地方实际，在国家法律框架和政策指导下，制定符合地方特点的高校分类设计，建立有效促进高等教育服务国家和区域社会经济发展的高等教育规划，健全有利于高等教育长效发展的管理和评价机制。中央政府为地方政府提供宏观指导和政策支持，加强对地方高校分类和设置管理的监管及服务职责。一方面，高校分类和设置管理体现地方实际，符合地方需求，提高地方政府和高校自主性；另一方面，通过中央政府宏观管理保障高校分类设置的基本质量，将扩大公平建立在保障基本质量的基础之上。

## 五、利益相关者法治平衡论

不同类型学校的利益诉求往往体现在其学校发展规划和发展目标上。依法治教背景下，不同利益相关者共同参与高校分类发展过程中，是高等教育利益相关者法治平衡原则的重要体现。工科和理科类院校偏向于"关键技术攻关",而文科类院校偏向于"技术授权"。工、理科院校在产学研合作中与企业合作主要在关键技术和专项技术进行合作和开发;而文科类院校与企业合作主要是在管理技能、企业成长及发展方式上的技术指导与合作。

高校分类与设置涉及高校历史积淀与未来发展路径,不同类型高校利益诉求不同,涉及高校所服务的产业、地区、国家,关系到高校、社会、政府之间以及高校内部之间的各个主体的博弈,因此高校分类体系建立在充分考量不同利益相关者的合理利益诉求的基础之上。

总体来看,根据教育规律与功能等相关理论,我国高等教育进入后大众化时期以来,学生、家长、高校、用人单位等利益相关主体的选择增多,对人才的需求、期望的多样化程度大幅提升。高等学校的人才培养理念,归结起来包括符合高等教育的基本规格、契合区域社会经济需求、促进地区的学习型社会构建,同时提升人的素养已然成为人才培养的愿景。因而确立新的分类体系和设置标准,正是要引导不同类型的院校在各自的轨道中落实人才培养的特殊性、科学研究的针对性、服务社会的适切性、院校管理的规范性,才能在不同类型高校的发展路径上有突破。

## 六、高等教育结构动态调整论

从我国社会经济的现实来看,目前影响中国现代化进程和全面小康社会建设的主要矛盾是各地区之间发展的不平衡,以及农村与城市的"二元经济结构"。这一基本矛盾决定了我国在经济与社会、区域与行业、城市与农村对各种类型高级专门人才的需求存在相当程度的差异,因此必须在遵循教育内外部关系规律的基础上,运用高等教育结构优化理论,通过加强分类指导、分类评价,增强高等教育与经济社会发展的联系,不断调整和优化高等教育结构(陈厚丰,2011)。高等教育结构可以分为宏观结构、微观结构和受教育者个体结构(潘懋元,2012)。高等教育结构理论以理论基础的姿态出现在高等学校分类体系的研究中,是描述与分析高等教育分化与重组的脉络与图式,探究高等教育结构与社会,尤其是经济结构良性互动的规律,从而归纳出高等学校分类的基本框架。在结构理论的影响下,高等教育的地方化趋势愈发明显,由此产生对地方本科院校研究的热潮(史秋衡,2006)、对在薄弱地区发展高等教育可行性的思考(史秋衡,2011),并且引发通过资源配置的思路和措施来对我国高等教育的结构进行进一步优化(陈慧青,2011)。

### 七、高等教育质量提升论

全面提高高等教育质量是高等教育的重要任务。高等教育增长的指标主要是大学生数或校均大学生数，而教育发展的内涵除了规模扩大、学生数量增加之外，更重要的是结构、体制的合理与质量、效益的提高（潘懋元，2001）。全面提升高等教育质量，要求构建更加合理的高等教育结构，包括适应经济发展需求的科类结构、分工明确的层次结构、激发活力的形式结构、更加公平的布局结构。高校分类和设置引导高校明确定位，特色办学，从存量高校和增量高校结构调整的角度，构建现代高等教育体系，全面提高高等教育质量。

构建高校分类体系的目的在于引导结合内外部办学条件精准定位，集中优势资源打造有质量的办学特色。一方面，分类体系辅之以分类管理、分类评价制度，针对性地对不同类型高校提出符合其办学特点的管理要求和提供能促进不同类型高校办学发展的适切评价机制，使得不同类型高校能安于所属高校类型的办学路径，充分调动一切有利于办学质量提升的有利因素，吸收行业、企业等社会资源，共同促进高质量办学；另一方面，高校设置标准采用底线思维构建高校设置的最低质量标准，从入口端严控高校办学质量，处于高等教育质量保障的起始端。通过规范高校设置的程序、制定符合不同类型高校办学的质量标准、引入专家评议和科学研究方法，维护高等教育质量保障起始端的准入标准，从而为全面提高高等教育质量打牢基础。

## 第四节　研究设计

基于国内外高校分类体系及设置标准研究及概况，立足于我国高等教育发展实践，本研究以人才为基点，通过研究目标、总体框架、研究内容和相应研究方法等环节，设计高校分类体系及其设置标准研究方案。

### 一、研究目标

本研究需要建立起一套简单、易行的立体化高校分类体系，并根据该体系提出相应的设置标准，从而引导高校合理定位和特色化发展，行政管理部门能够行之有效地进行整体规划和分类管理，同时提高社会认可度和公信力，并能够进行高水平国际合作与交流。

因此，本书从社会对人才的多样化需求出发，以提高人才培养规格与质量来规范高校的分类与设置，以高校的分类发展和政府治理、社会认同作为落脚点，使得无论是高校分类体系的建构，还是高校设置标准的拟定，都回归到"高等教育培养社会需要的各类高级专门人才"的本质。具体目标分解如下：

第一，明确高校分类的标准。我国高校究竟应当参考什么样的标准来进行分类，是根据某一条具体的依据，还是一主多从的"一揽子标准"，从而建立最具普适性、公信力的分类标准？答案显然是后者。

第二，立足中国大地，办好社会主义一流大学，就需要探索适应中国国情的高校分类体系，包括体系的认可度。我国高校的分类体系，是在明确分类依据的基础上建立，从目前的情况来看倾向建立立体的、多维的分类体系，从而厘清高校的多重身份。当然，该体系的设计，一方面在于贯彻学理上、理念上的认可；另一方面必须是简化、易操作。

第三，拟定不同类型高校的设置标准，包括准入基准和质量基准。准入基准的建立是划定不同类型高校设立的基准线，以及和其他类型高校的分水岭，因此具有排他性；质量基准则需要解决各类型下高校的质量底线问题，使其能够符合教育部最新提出的"审核评估"的思想精髓，能够和各种评估方式完成对接，从而对高校的特色发展有所裨益。

## 二、总体框架

高等学校的分类体系及其设置标准，属于我国高等教育事业改革和发展中的顶层设计问题，是设计大学章程、完善现代大学制度道路上亟待解决的重大攻关课题。高校分类体系，是指通过建构一整套科学、合理、可操作的分类依据，对全国高校进行类型整理，促使高校在不同类型下有所归属，避免高校发展的同质化问题，完善我国高等教育体系建设，推动我国由"高等教育大国"迈向"高等教育强国"。在分门别类的基础上，针对各个高校类型制定相应的设置标准，从而促进高校准入机制的优化与完善，在提高高校办学质量的同时，也激发高等教育活力。

就"高等学校的分类体系及其设置标准"，提出以下五个方面的重大研究问题。

### （一）重大研究问题

**1. 当前我国高校分类分层对高等教育结构、高等教育体系的影响及出现的问题**

问题是本研究得以成立的根基。当前我国高等教育结构和高等教育体系出现的问题，以及长期以来我国高校分类分层对于高等教育结构和高等教育体系的影响，凸显高校分类体系研究的必要性和紧迫性。

**2. 高校进行分类的理论起点和逻辑起点**

逻辑起点表明"从哪里出发"。也就是说，需要用什么样的视角切入高校分类研究，需要找出什么样的理论来解释高校分类的必要性和现实性，高校分类的理论框架又是从哪里开始搭建、如何搭建等，这些都是需要通过找准理论的基点和现实的切入点来回答的问题。

**3. 高校进行分类的目的**

目的表明"到哪里去"。这就意味着，通过本课题的研究，必须为高校进行分类找到实践归宿。高校分类的目的，首先是为了行政管理的便利，其次是为了落实高校的发展，当然最终也是最重要的目的是为了实现人的成长。因此，研究中强调人才培养对于高校分类的地位和作用。

**4. 建立高校分类体系**

分类体系表明"如何引导高校"。实质上，这是为了解决高校分类中最为核心的分类依据问题，应该根据什么样的依据对我国诸多高校进行分类？多维、立体的分类体系应该如何建立？因而在简而易行、公信度高的分类体系下，高校能够从不同维度对自身的多重身份进行认定。

**5. 高校分类体系相应的设置标准**

设置标准表明"如何衡量办学成效"。在分类体系建立的基础上，必须对各类型下的高校拟定设置标准，并要注意标准设立的属性，是刚性标准更好抑或是弹性标准更胜一筹，这就涉及高校设立与发展的问题。在本课题的研究中，将以准入机制即高校设立的基准线和质量标准两个方面来对不同类型高校的设置标准进行探讨。

## （二）研究假设

从研究问题出发，提出了以下依次递进的研究假设，需要通过理论梳理和实证调查来判定，使得本课题的研究在遵循科学研究的一般步骤和逻辑的同时，实现研究目标和完成研究需要解决问题的有机统一。

第一，"高等学校分类体系及设置标准"既是一个重大理论问题，又是一个国家实践难题，需要进行应用对策研究。因此，需要厘清的问题是当前高校分类分层对高等教育体系的影响及出现的问题，高等学校实现分类、建构分类体系、设定分类标准的理论发展逻辑点在何处？实践改革的起点在哪里？归宿又在哪里？

第二，高校的发展需要分类，高校的分类是为了满足自身发展需要，更是为了推进社会发展的需要。因此，必须要探究为什么高校需要分类发展，是高等教育系统自身发展的需要？还是高等教育系统与社会大系统相结合，促使高校走向分类发展？现时的分类是为了满足什么层面的需要？才能判定分类发展需要的具体内容和指向。

第三，高校分类是为了更好地适应新时代人才培养的多样性，从而更有效地发挥不同层次、不同类型劳动力在社会的积极作用。社会对于劳动力层次、类型、规模的要求，需要通过调查统计来加以检验；而高校分类对于多样化人才的培养力，需要在本研究中进行验证，从而把握住划分高校类型的核心依据。

第四，高校分类是为了更好地促进质量管理，通过高校分类办学，提高各类人才培养的质量。质量是高等教育的生命线，人才培养是高校最基本的社会职能。因此，通过不同类型高校培养各类人才，不仅在数量上、类型上满足社会对人才的多样化需求，更重要的是验证在分类体系的作用下，是否能够真正提升人才培养质量。

第五，高校分类体系建构，其核心是分类的标准、分类的原则和分类的依据，在此基础上要建立设置标准。因此，研究认为对高校分类体系的建构，还有一个元分类的过程蕴含其中，要厘清什么是内核、本质的分类标准，什么是相对附属、辅助的分类标准。

第六，分类视角下不同类型高校设置标准具有一定差异。本研究首先要探讨是否具有这样的差异，其次是在差异存在的基础上如何制定不同的设置标准，设置标准是刚性的要求，还是可以弹性操作，以解决分类后的设置标准。

第七，分类视角下的不同类型高校应该形成差异化发展，包括不同类型的差异，和同类内部之间的差异。类型之间具有排他性，根据不同类型的基本情况进行办学；类型之内具有先发和后发，根据同类型的不同办学基础进行办学。因此这也就要求形成基本条件标准和质量发展标准。

### （三）整体框架

立德树人是高校人才培养根本任务的中心环节。习近平在2016年全国高校思想政治工作会议上强调"办好我国高校，办出世界一流大学，必须牢牢抓住全面提高人才培养能力这个核心点，并以此来带动高校其他工作"。"人才"是高等教育连接社会的基点，一方面人才培养作为高校的首要社会职能；另一方面人才是劳动力市场分割理论的基本构成单位，因此，"人才"是本研究的切入点。

本研究将从我国人才市场对人才的多样化需求倒推至高等教育人才培养机制，从人才培养的不同规格，再推回高校分类体系建立的必要性和紧迫性，从而以不同的设置标准进行定位与发展，获取基本准入的资格和质量保障的标准。因而本课题的研究存在着纵横两条研究路径，如图1－1所示。

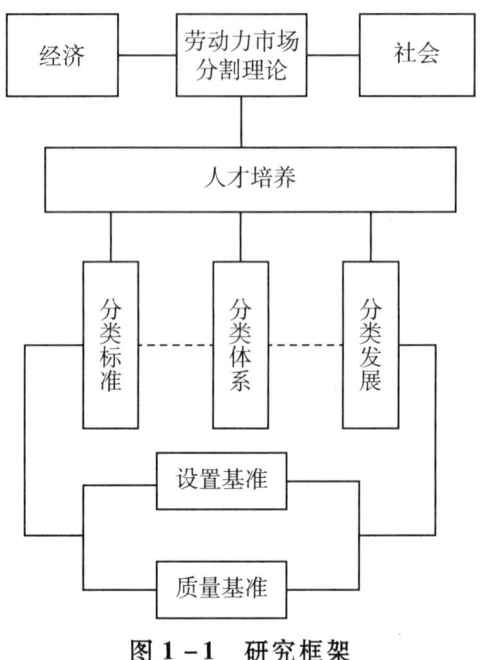

**图1－1 研究框架**

第一，横向路径，研究高校分类体系的建立。涉及高校分类的理论框架梳理，在选取适切的分类依据的基础上，如何构建起我国高校系统受用、受益的分类体系，从而对我国高校进行有效分类，并形成各类高校分类发展的制度逻辑等系列研究内容。

第二，纵向路径，研究不同类型高校设置标准的拟定。涉及基准性标准和质量性标准两个不同的层次。设立标准，是基准线式的标准，主要是用于判定一所学校是否具有成为高等教育机构的资格，从而建立健全不同类型高校的准入机制，目的是为了把好高校的入门关。质量标准，是发展式的标准，主要用于审核一所学校是否达到该类型下的质量规定，从而建设不同类型高校的质量审核机制，目的是把好高校的质量关。

在纵横两条研究路径中，本研究以"人才"视角切入，将高等教育人才培养和社会、经济对人才的多样化需求紧密结合，以此倒推至高校的分类问题，从分类标准的确立来建构立体化的高校分类体系，并顺延至高校的分类发展问题；而在分类体系建立的基础上，探讨高校的设置基准和质量标准，从而将高校人才培养的基本社会职能、高校的分类体系、高校的定位与发展以及高校的设置基准与质量标准统一起来，丰富该领域研究，服务现实需要，解决制约我国高等教育发展中的实际难题。

## 三、研究内容

为了全面、系统地研究高校分类体系各方面的情况，探索切实可行的高校设置标准，经课题组成员在立项前充分讨论并经教育部重大攻关项目评审专家们认同，本项研究分为以下五个专题：

第一，人才需求多样化与高等学校分类问题研究；

第二，立体化高等学校特征分类标准及体系建构研究；

第三，高等学校核心设置标准及分类发展研究；

第四，对高等学校现有设置标准的改革研究；

第五，高等学校分类体系及设置标准的国际化及未来趋向。

这五个专题既相互独立，又相互联系。不仅从劳动力市场出发，倒推至高校的分类问题，以此研究分类体系和设置标准，并从分类和标准两个角度实现高校分类发展，因此"发展"是本研究最终的落脚点和归宿。

从技术路线上来讲，分别从问题描述研究、改革现状研究和应用对策研究三个层次开展研究。

第Ⅰ层次的描述研究主要是为了更好地提出问题。主要内容是了解人才市场的现状和水平、我国高校分类的现状、机制和存在的问题、劳动力市场分割理论对高等教育的作用机制研究、国外高校分类问题、高校分类的依据研究、高校分类的尺度研究。这个层次的研究主要通过文献梳理和远程访谈来获取相关材料，包括对国内外现有分类体系、相关设置标准的整理，对高校分类理论框架的建构，对高校分类体系及设置标准相关政策的解读等，进行文献整理、统计年鉴、政策文本分析和对国外相关人员的采访。

第Ⅱ层次的现状研究主要是为了全面地分析问题。通过大量的实证调查，从高校的各利益相关主体中搜集素材、数据，了解哪些因素会对高校的分类产生实质性的影响、高校分类体系的核心指标是什么、如何构建立体化的我国高校分类体系；在此基础上，探讨不同类型高校的设立基准线、不同类型高校的质量底线在哪里、如何与各类评估进行对接，从质量的角度探讨高校的发展问题。理论基础上的实证调查，一方面需要量化研究，通过调查取证，搜集我国目前的人口数据、经济数据和高校的相关数据，从而为本课题分类体系建构的适用性、操作性和推广做准备；另一方面需要质性研究，通过对不同对象进行不同形式的访谈，搜集不同利益相关主体对高校分类基本问题、分类标准、分类体系建构以及分类发展问题的认识和看法，也为本课题分类体系建构的理论性与认可度打下基础，用立体化的思维、简单易行的操作来解决我国高等教育发展中这个横剖面上的"瓶颈"。

第Ⅲ层次的应用对策研究主要是为了卓有成效地解决攻关难题。根据前两个层次的探讨提出切实可行的政策建议,包括不同类型高校的定位与特色发展问题、各类高校在分类体系下的规划问题、宏观管理政策的调整,以及与经济、社会等利益相关者如何进行调适。在这个层次的研究中,主要采用专家论证的形式进行,利用现代化的通信设施和技术设备,在前述研究的基础上,对智囊型专家、学者型专家和实践型专家进行访谈,从而提升本课题研究的理论深度,从纵深的方向解决攻关难题。

在这三个层次的研究中,第Ⅰ层次的研究是基础,第Ⅱ层次的研究是第Ⅰ层次研究的深化,也是本项研究的重点,而第Ⅲ层次的对策研究是本项研究的目的所在。三个层次的研究既相对独立,又紧密联系,层层递进,如图1-2所示。

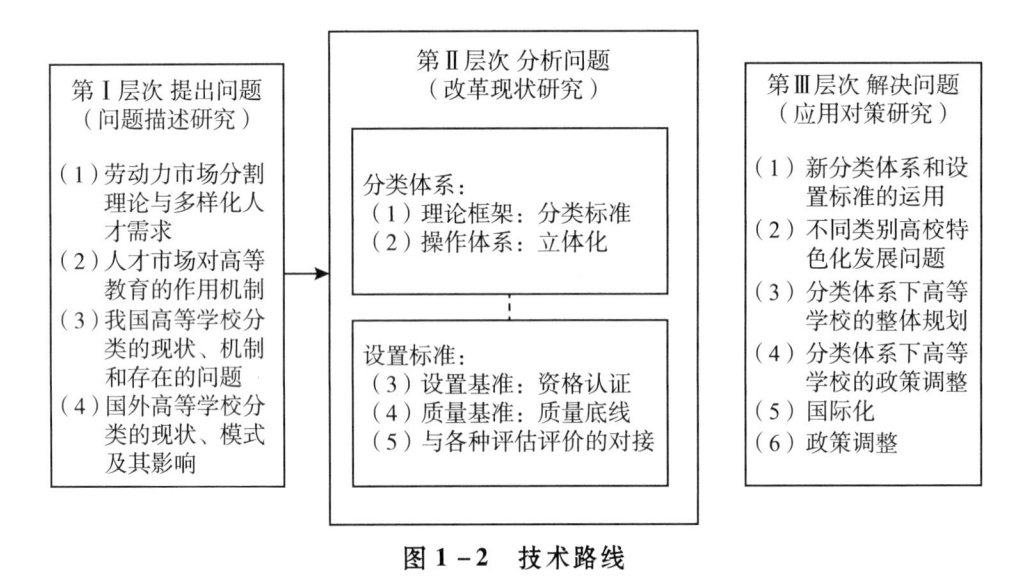

**第Ⅰ层次 提出问题**
（问题描述研究）
（1）劳动力市场分割理论与多样化人才需求
（2）人才市场对高等教育的作用机制
（3）我国高等学校分类的现状、机制和存在的问题
（4）国外高等学校分类的现状、模式及其影响

**第Ⅱ层次 分析问题**
（改革现状研究）
分类体系：
（1）理论框架：分类标准
（2）操作体系：立体化

设置标准：
（3）设置基准：资格认证
（4）质量基准：质量底线
（5）与各种评估评价的对接

**第Ⅲ层次 解决问题**
（应用对策研究）
（1）新分类体系和设置标准的运用
（2）不同类别高校特色化发展问题
（3）分类体系下高等学校的整体规划
（4）分类体系下高等学校的政策调整
（5）国际化
（6）政策调整

图1-2 技术路线

## 四、研究方法

本研究是关于我国高校分类体系及其设置标准的教育政策研究。有学者在拉斯维尔对政策科学经典的"为政策"的研究、有关政策和政策过程的研究两大传统任务划分框架的基础上,提出致力于提出政策备择方案的政策研究的第三大任务作为第三类政策研究类型（卢乃桂、柯政,2007）。第三类政策研究类型关注学理上的可靠性而较少关注研究建议的可行性和经济效率等问题,与基础学术研究具有相似性。但其明显的政策导向,则是其与基础学术研究的差异所在。本研

究试图化解三种政策研究割裂带来的局限，尝试将三种政策研究类型结合起来。在我国高校分类体系及其设置标准中，既形成对备择方案进行分析以直接服务于政策决策的教育政策研究，分析当前我国高校分类和设置法律政策与当前我国高等教育发展现状不相适应的问题、原因；也将政策或政策过程本身作为研究对象以研究有关政策和政策过程知识的教育政策研究，坚持多元参与和协调合作的政策研究原则，深入高等教育场域进行调查，对高校主体、高等教育行政管理部门、高等教育研究者等高校分类体系及其设置标准的政策研究的利益相关者进行深度访谈，运用科学方法对高校办学基础数据进行分析；同时，突出目标明确指向提供具体的教育政策建议的教育政策意义，本研究成果就是致力于在前两种教育政策研究类型的运用和积累基础上形成的政策备择建议。一项完备而全面的教育政策研究也理应建立在将教育政策研究过程中的三类任务紧密结合的基础之上。明确研究类型之后，采用深度访谈、案例研究为主的定性研究，以问卷调查法为辅的定量研究，以及文献研究法和比较研究法。

### （一）研究方法

**1. 以深度访谈和案例研究为主的定性研究**

在本研究抽样及教育部建议的调研名单基础上，课题组成员分赴各受调查的部门、地区和高校，对部分受调查的代表性教育行政部门领导、高校领导、院系责任人、教师和学生、企业行业等相关人员进行深度访谈，内容包括政府、地区、行业、高校的定位、特色和困境等，从供需方获得更多信息。使用案例研究法，对一些重要事件和典型案例进行深入分析，以了解不同类型高校在不同地区的发展情况和作用机制，从而能够从目标管理的"标杆"角度对高等学校的定位和发展作出合理诠释。充分运用现代科技和教育技术的手段，采取个人面谈、群体访谈、远程视频会议等方式连接国际国内的访谈对象，并使用头脑风暴、特尔菲法等决策支持技术的综合运用来获取集思广益，获取专业人士的意见。

**2. 以问卷调查法为辅的定量研究**

本研究设计从两个方面进行量化研究，分析高校和社会经济两大板块的数据。首先是对全国范围内高等学校分类与设置标准基本情况的问卷调查。课题组将设计问卷，针对各地区现存不同类型的高等学校在办学规模、数量、定位、远景及愿景，以及问题和空间等方面展开调查，问卷发放至各高校决策者、教师和学生，从不同的内部利益相关主体最大限度搜集全国高等学校的数据。其次是对参加调查高校的所在地区的社会、经济、人口等数据进行搜集，并对当地政府、高校管理部门、企业行业代表等进行问卷调查，从人才市场和社会匹配的视角搜集相关数据。本次问卷调查将采用"三角矫正法"设计问卷,对所有的受调查对象发放同一问卷,以从外部不同利益相关主体搜集关于高等学校建设与发展方面的信息。

**3. 文献研究法**

文献法的运用体现在三个方面:第一,对课题组全体成员丰富的前期研究成果进行研究统合与深化分析。第二,在研究的准备阶段,文献法用于探索性研究,即运用文献法查阅国内外最新研究情况,特别是高等学校分类和设置标准研究的相关理论,在此基础上访问提纲和设计问卷。第三,在研究的调查阶段,运用文献法收集高校管理部门、地方政府有关高等学校建设的文件、报告、总结以及会议记录等,以及地方社会、经济、人口方面统计年鉴的数据。另外,主要借助文献法对国际高校分类系统和设置标准进行比较研究。

**4. 比较研究法**

前述提及采用文献法搜集国外高等学校分类的相关材料,并赴与本课题签约合作的4个国际著名教育研究机构开展研讨,开展高等学校分类与设置标准相关的比较研究。因此,在本课题的设计中,比较研究的方法主要用于对国外相关经验的探索与研讨,以国际比较的方式进行甄别和借鉴。

### (二) 抽样方法

**1. 访谈与调查方式的确定和样本的抽取**

本研究综合运用各种研究方法,根据不同的具体研究目的,针对不同的利益相关主体,抽取适合的样本进行不同方式的调查。尽管在不同的研究阶段,会采取相应的调查方式,并且针对同样的研究群体也会采取不同的调查方式,以求得各个角度的推进,但是在研究过程中,也会出现研究方法的交叠和融合,对调查对象会运用不止一种调研方式,具体调研过程归纳如表1-1。

表1-1　　　　　　　　研究的抽样方式

| 调查对象 | 调研方式 | 抽样方法 | 说明 |
| --- | --- | --- | --- |
| 高校内部 | 质性访谈 | 整群分层抽样 | 样本高校中继续选取院系负责人、教师、学生访谈 |
| 各级政府、高校管理部门 | 质性访谈 专家调查 | 目的抽样 | 样本高校所在地区有关负责人的访谈 相关专家意见咨询 |
| 企业、行业等 | 质性访谈 | 目的抽样 | 样本高校所在地区代表性企业和行业负责人访谈 |

续表

| 调查对象 | 调研方式 | 抽样方法 | 说明 |
|---|---|---|---|
| 省（直辖市或自治区） | 年鉴搜集 政策研究 问卷调查 | 整群分层抽样 | 将全国所有省份分为东部、中部和西部，各抽取2个省份 |
| 市（部分到县） | 问卷调查 案例研究 | 随机 | 在所选省份抽样"985工程""211工程"、地方本科、高职高专发放问卷 选取代表性高校作案例研究 |

**2. 调查的实施和管理**

全部调查方案由首席专家负责及组织设计，抽取访谈与调查样本后，由课题组成员进行访谈及从调查地点或附近城市挑选、组织和培训大学中的调查员队伍进行调查。调查员培训工作由首席专家和相关地区的专家共同负责，以保证调查员的水平和调查资料的质量。所有调查资料的录入和查错工作都交由首席专家负责进行。

为了保证访谈与问卷调查的质量，在质性访谈和案例研究中，本课题组组织人员进行专项访谈，严格遵守学术研究的规范和纪律，对所有访谈、案例材料进行科学处理，从而保障质性研究的信效度和伦理；并组织调查员对回收的问卷进行复查，编制形成"高等学校分类体系及其设置标准"实证研究数据库并进行数据的整理与修复。

## 第五节 概念界定

明确核心概念界定是指明本研究范围的前提。通过核心概念界定，厘清本研究的高等学校分类体系、教育标准分类、高等学校设置标准等相关概念的内涵。

### 一、高等学校分类体系

**（一）高等学校**

教育部在1950年《高等学校暂行规程》中规定："高等学校包括大学及专

门学院两类。"1952年，中央人民政府政务院在《关于改革学制的决定》中，将"高等学校"界定为："实施高等教育的学校为各种高等学校，即大学、专门学院和专科学校。"1978年，在《国务院批转教育部关于专科学校改为学院的审批权限的请示》中，规定高等学校"包括大学、学院和专科学校"。1986年，《普通高等学校设置暂行条例》规定，"普通高等学校，是指以通过国家规定的专门入学考试的高级中学毕业学生为主要培养对象的全日制大学、独立设置的学院和高等专科学校、高等职业学校。"1998年，《中华人民共和国高等教育法》中区别了高等学校、经批准承担研究生教育任务的科学研究机构，并指出：高等学校是指大学、独立设置的学院和高等专科学校，其中包括高等职业学校和成人高等学校。

由此，本研究所界定的高等学校包括大学、学院、高等职业学校和成人高等学校。

### （二）分类

"分类"一词最早出现在西汉孔安国为战国时期的《尚书·虞书·舜典》三个逸篇所作的序文，"舜生三十，征庸三十，在位五十载，陟方乃死。帝釐下土，设居方，别生分类。作《汩作》《九共》《稾饫》。""别生分类"即按照不同的姓氏将人区分开来。社会人类学家涂尔干等将分类定义为"人们把事物、事件以及有关世界的事实划分成类和种，使之各有归属，并确定它们的包含关系或排斥关系的过程"。根据自然辩证法，以对象为标准，是坚持分类客观性原则的标志。科学分类就是这些运动形态本身依据其内在所固有的次序的分类和排列。

高校分类指基于一定的理论，采用某种分类标准和操作化指标，对高校进行类型和层次的类属划分，以明晰同一类型高校的共同点和不同类型高校之间的区别的过程。

### （三）分类标准

所谓标准，指衡量事物的准则，引申为榜样和规范。在本研究中，分类标准指进行不同类型取舍的准则，使用分类标准来区别高校分类过程中的高校性质、任务、能级的准则和参照系，主要是指对高校进行分类的"要素"，是对高校分类的原则进行的初步判断，是对高校分类依据的具体化，具有示范和导向作用。

### （四）分类指标

所谓指标，是统计指标的简称，反映事物或现象数量特征的概念和数值，指预期中达到的指数、规格和标准。指标体系则反映事物不同侧面的一系列相互联系的指标所构成的整体，常用于综合性的度量和评价。本研究中使用的分类指标，是指在高校分类标准基础上建立的测量或反映高校性质、任务、能级的数量特征和质量特征，是对高校分类标准的具体化。

分类标准是分类指标的基础，分类指标是分类标准实现操作化、实现分类的工具。分类指标是反映不同类型划分的数量和质量标准，通过概念和数值，实现分门别类。

### （五）分类体系

体系是指为达到一定的目的、实现一定的功能，按照一定的本质规律和结构联系组合而成的整体，分类体系是指为实现科学合理分类、使得不同类型各安其位，根据事物的性质差异、功能的不同而形成的类型系统。分类体系包括分类目的、分类主体、分类客体、分类标准、分类制度设计、分类方法、分类指标等。

## 二、教育标准分类

按照联合国教科文组织《国际教育标准分类法》中的解释，教育标准指学前、初等、中等、中等后和高等教育等不同等级教育标准，教育标准分类指对不同等级教育进行类型划定的"要素"的具体化。

高等教育分类是根据一定的理论和标准，将高等教育系统划分为不同的类型和层次，从而确定高等教育系统中各子系统及其各要素之间的相互关系的过程。

一个学校可以存在多个教育标准，一个教育标准也可以存在不同类型学校中。已有研究存在混淆教育标准分类和学校分类的概念，经常将教育标准分类等同于学校分类。

联合国教科文组织1997年版《国际教育标准分类法》（ISCED）将第三级教育（高等教育）的第一阶段（序号为5）分为5A和5B两个类型：5A类是理论型的，按学科分设专业，相当于中国的普通高等教育；5B类是实用性、技术型的，相当于中国的高等职业教育。联合国教科文组织2011年版《国际教育标准分类法》进一步将高等教育分为5级短期高等教育、6级学士或同等水平、7级硕士或同等水平、8级博士或同等水平。2019年1月，中华人民共和国国务院印发《国家职业教育改革实施方案》提出"职业教育与普通教育是两种不同教育类型"，明确全国教育系统分职业教育与普通教育两类。2019年《国家职业教育改革实施方案》对《国际教育标准分类法》具有一定继承性，都属于教育标准分类的研究和实践。

## 三、高等学校设置

### （一）设置标准

《汉典》中"设置"一词解释为"设立"，如设置专门机构；同时，"设置"还有"布置、陈列"之意，如设置障碍。《中华人民共和国高等教育法》第二十九条规定，高等学校设立包括"高等学校和其他高等教育机构分立、合并、终止、变更名称、类型和其他重要事项"。结合教育部《教育部关于"十一五"期间高等学校设置工作的意见》和《教育部关于"十二五"期间高等学校设置工作的意见》，本研究所讨论的高等学校设置工作主要包括高等学校的设立、调整和更名。

设置标准的含义包括两种：测量时的起算标准，或泛指标准。本研究将标准与设置搭配，选取"测量时的起算标准"这一概念，指的是高校设置过程中相关标准的最低线。

### （二）设置指标

设置指标是指在高校设置标准基础上建立的测量或反映高校设立的数量指征，是对高校设置标准的进一步量化。

# 第二章

# 人才需求多样化与高等学校分类问题研究

不同的社会分工和劳动分工带来劳动力市场的分割现象，高等教育通过人才培养满足劳动力市场分割的客观要求，并通过多样类型、多种规格的人才输出，一定程度上弱化了劳动力市场分割，加速了劳动力市场的流动。人是个体化和社会化相结合的存在，人才成长必然要符合经济建设、政治建设、文化建设、社会建设、生态建设的需求，也要满足人才成长的内在规律。社会的多样需求和人才多样的个性发展，决定了人才成长的多种方式和多元路径，带来人才类型的多样化。经济新常态下，我国创新型国家建设要求高等教育支撑和引领国家创新体制建设，形成多样办学特色，培养多种类型人才，促进社会经济发展、助力产业转型升级，提升国家整体文化水平和文化素质，实现人才强国。

## 第一节 劳动力市场分割理论在高等教育中的运用研究

明确劳动力市场与高等教育人才规格的关系是高等教育实现人才培养这一社会功能的基础，也是高等学校进行人才培养类型定位的前提。拥有高等教育学历成为一种市场信号，充当筛选不同类型人才进入劳动力市场的中介，决定毕业生进入的劳动力市场层次。但是，当前我国高等教育人才培养规格与劳动力市场人才需求不相适应的问题产生"就业难""毕业即失业""低层次就业"的尴尬境况，拥有高等教育学历的毕业生并非都能顺利进入高层次劳动力市场。究其原因，高等教育的内在结构失衡，高校定位趋同，带来人才培养同质化问题，导致同一人才类型过饱和，盲目趋向学术型人才的培养模式难以适应劳动力市场对多类型人才的需求。高等教育充当筛选毕业生进入不同层次劳动力市场的信号失灵，急需高等学校合理定位、主动适应市场需求调整人才培养类型和人才培养模式，重新恢复高等教育学历的信号筛选作用，使得不同类型层次劳动力市场的人才需求都得到满足，并弱化劳动力市场分割，推动人才在不同层次劳动力市场之间的自由流动。

## 一、劳动力市场与人才规格的关系

人才是一种特殊的劳动力，人才市场也是一种特殊的劳动力市场。一般而言，劳动力市场被划分为两个彼此少有竞争的市场，即人才市场和一般劳动力市场。精英教育时代的人才市场，由于对高校本科毕业生需求大，且其工资待遇较高，就业相对稳定，工作条件比较理想，未来的升迁机会也比较多，因此一直存在着高校毕业生"有女不愁嫁"的现象。我国自20世纪90年代末期开始，高等教育进行规模扩张，高等教育毛入学率从1998年的9.8%上升至2017年的45.7%。随着科学技术发展综合化和整体化趋势的日益明显，改换门庭、改变专业的现象日渐增多。人才市场也表现出一种新的局面，复合型人才短缺，具有一定专业知识的复合型人才更加成为人才市场的宠儿，使得人才市场愈发表现出对学校教育的渴望，迫切需要一大批能够适应市场变化的复合型人才，人才需求呈现多样化趋势逐渐明显。因此，处理好高等教育与劳动力市场的关系，特别是大学毕业生人尽其才，将关系到我国新时期经济发展方式转变和创新型国家建设的顺利实现。

### (一)高等教育直接与间接式人才培养

高等教育通过人才连接劳动力市场，高等教育为劳动力市场输送人才存在直接和间接两种形式。直接式的人才培养面向具体职业岗位，所提供的人才规格满足特定岗位需求。在培养过程中，一般可以根据岗位的实际需求，直接与行业企业对接设计培养方案、课程体系和教学内容、评价方式，通过加强仿真实训基地建设、顶岗实习直接学习相应的知识和技能，实行"订单式"培养。为劳动力市场量身定制人才规格，实现针对性就业，减少了毕业生入职培训时间，能使毕业生较快适应岗位工作，完成职业社会化。

间接式的人才培养面向整个劳动力市场，不具体指向某一职业岗位。高等教育通过培养大学生专业知识、专业能力、基本素质，毕业生进入劳动力市场之后按照自身能力、兴趣和企业单位的岗位需求进行自主择业。随着市场在资源配置中的基础性作用越来越明显，这一间接式的人才培养在高等教育中更加突出。相比于直接式人才培养的定向和刚性，间接式人才培养大学生的通用能力和专业能力，更强调大学生的核心素养。在知识经济时代，技术改革浪潮袭来，单一的知识和技能难以满足岗位发展的需求，此外，岗位流动速度也随之加快，拥有学习能力和迁移能力，即获得职业发展能力。

### （二）劳动力市场挑战高等教育人才培养规格

审视大学生就业难，既要研究高等教育专业设置的合理性，是否符合劳动力市场的客观需求，也要反思高等教育人才培养模式、人才培养规格、人才培养质量是否符合行业和产业发展的需求，近年来备受关注的"用工短缺"与"大学生就业难"的结构性矛盾，则要思考高等教育人才培养规格与劳动力市场是否相适应，高等教育人才培养的课程设置、教学内容是否与市场脱节，而导致人才规格与劳动力市场格格不入。

人才规格要适应劳动力市场的需求，在高等教育人才培养的过程中，既要明确劳动力市场对人才规格的需求，也要改革高等教育的人才培养模式，调整专业设置、课程结构、教学内容和教学方式。由于高等教育的人才培养需要一定周期，大学生在选择专业之后，还需要 3~4 年的培养过程才能进入劳动力市场，具有滞后性。因此，人才规格满足劳动力市场需求并非一劳永逸，需要动态调整。在前期通过调查劳动力市场的现有结构，了解劳动力市场饱和的人才规格，和劳动力市场紧缺的人才类型，除了劳动力市场之外，还需要关注行业、产业的动态和发展方向，培养过程中密切关注市场变化，合理预测劳动力市场未来需要的人才类型。

## 二、劳动力市场分割理论与高等教育结构

### （一）教育水平影响劳动力市场分割

劳动力市场分割理论的提出和发展，对人力资本理论造成了一定的冲击。该理论认为人力资本理论未能考量劳动力市场的结构和分割，忽视了不同劳动力子市场的特征，教育对工资的影响在不同市场中是不同的。劳动力市场分割理论（labor market segmentation theory）产生于 20 世纪 70 年代初，经历了三种不同的发展形式，即工作竞争理论、二元劳动力市场理论、阶级冲突理论，最终形成了

以二元劳动力市场理论为核心内容的系统理论流派，代表人物为美国经济学家迈克尔·皮奥里（Michael J. Piore）、彼得·多林格（Peter B. Doeringer）等。

二元劳动力市场理论是劳动力市场理论的流派之一。二元劳动力市场认为所有国家的劳动力市场存在两级市场，二元劳动力市场理论把劳动力市场划分为一级市场（primary market）和二级市场（secondary market），或主要劳动力市场和次要劳动力市场。一级市场具有工资高、工作条件好、就业稳定、安全性好、管理过程规范、升迁机会多等特点，往往属于大公司、大企业、大机构的工作岗位；二级市场工资低、工作条件较差、就业不稳定、管理不够精细、缺乏升迁机会，大多是小企业、小公司、小机构为劳动者提供的就业岗位。

一级市场的岗位主要是由内部劳动力市场组成，劳动者的工资、劳动力资源的配置不是由边际生产率决定，而是由其内部管理制度，特别是由内部劳动力市场中劳动者所处阶梯地位等规则来调控和决定的，市场力量基本不发挥作用，劳动者能得到比市场更高的工资，教育与工资有显著的正相关。二级市场雇主由众多中小企业组成，产品需求变动频繁，企业对发展内部劳动力市场不感兴趣，工资由市场上的劳动力供求关系决定，会趋向一个固定水平，教育与工资的相关程度微弱甚至无关。因此，劳动者接受教育只是为进入一级市场并提供给雇主一个培训潜力大的信号，而那些接受教育机会少的人被认为培训潜力低，只能占据劳动力阶梯的末端或留在二级劳动力市场上。

### （二）优化高等教育结构适应劳动力市场分割

现实中的劳动力市场处于分割状态，无论是按照何种标准划分，劳动力市场都分割为多个子市场，且每个子市场的特征和运行规则不尽相同。面对劳动力市场分割的现状，一方面应缓解城乡二元劳动力市场、东中西部劳动力市场分割状态；另一方面应充分发挥高等教育主动适应客观存在的分割市场。劳动力市场分割导致就业问题，解决结构性失业和技能型人才短缺问题的核心任务是提高教育质量，关键在于优化高等教育结构，引导高等学校结合内外部条件进行合理定位，明确自身性质、任务和发展目标，办出特色、办出水平，发挥社会职能，培养适应社会发展需求和个人可持续发展的人才。

适应当前国家和区域经济社会发展需要，优化高等教育结构，为劳动力市场输送相匹配的人才类型和人才规格，是我国成为人力资源强国的重要举措。我国建成了世界最大规模的教育体系，实现了从人口大国向人力资源大国的转变。当前我国正处在改革发展的关键阶段，经济发展方式加快转变，但是由于高等教育结构不合理而产生的学科专业设置趋同，人才培养模式单一，人才结构难以满足市场需求等问题，导致学生适应社会和就业创业能力不强，创新型、实用型、复合型人才紧缺。

高等教育管理者和研究者已经意识到优化高等教育结构的必要性，认识到引导高校分类发展的紧迫性，明确了通过引导高校分类发展形成多样人才培养规格的重要性。《国家中长期教育改革和发展规划纲要（2010-2020年）》提出，"建立高校分类体系，实行分类管理……引导高校合理定位，克服同质化倾向，形成各自的办学理念和风格，在不同层次、不同领域办出特色，争创一流"。教育部发布的《关于全面提高高等教育质量的若干意见》中也强调"探索建立高校分类体系，制定分类管理办法，克服同质化倾向"。国家教育政策对高校分类管理和分类发展的重视，为高等教育结构优化提供了有力的政策支撑，为高校合理定位，构建各司其职、各安其位的发展氛围提供了良好的政策环境，为培养国家和社会需要的创新型、应用型、复合型、技能型等多样人才类型提供了坚实的制度保障。

中国共产党第十八次全国代表大会作出了实施创新驱动发展战略的重大部署，强调科技创新是提高社会生产力和综合国力的战略支撑。实施创新驱动发展战略，建设创新型国家。高等教育已经成为社会的中心，是知识保存、传递、传播、更新、创造的重要场所，担负着培养一批结构合理、创新型人才的重要使命。党的十九大作出了建设教育强国是中华民族伟大复兴的基础工程，必须把教育事业放在优先位置，加快教育现代化，办好人民满意的教育的重大要求。完善职业教育和培训体系，深化产教融合、校企合作。加快一流大学和一流学科建设，实现高等教育内涵式发展。加快建设创新型国家。建设知识型、技能型、创新型劳动者大军。随着高等教育与产业、行业的合作日益加强，高等教育不仅从事具有国家战略意义和科学前沿的基础研究，也增强面向产业和行业发展的应用研究以及应用技术开发。高等教育结构正逐步从以往追求学术型、综合性院校建设，转变为立足区域经济和产业布局积极调整定位，寻求符合国家战略部署、高校特色发展、区域经济发展的多元建设路径，培养研究型人才、应用型人才、技术型人才，以最大限度满足国家战略部署、产业结构调整、劳动力市场的多样需求。

《国家中长期教育改革和发展规划纲要（2010-2020年）》提出职业教育是缓解劳动力供求结构矛盾的关键环节。要解决职业教育人才培养规格与劳动力市场需求难以匹配的问题，核心在于提高职业教育质量。职业教育不仅要适应经济发展方式转变和产业结构调整要求，培养学生的职业技能；也要满足人民群众接受职业教育的需求和终身教育、职业发展的需求，培养学生职业道德和就业创业能力，满足经济社会对高素质劳动者和技能型人才的需要。

优化高等教育结构，引导不同类型高等学校分类发展，形成高校多维发展路径，向不同类型和层次劳动力市场输送相匹配的专门人才，为不同领域、行业、职业、岗位人才的职业发展和可持续发展奠定基础。

## 三、高等教育与劳动力市场人才流动

### （一）高等教育弱化劳动力市场分割

教育的作用不仅在于提高个人的知识技能，更在于它决定个人是在一级或主要劳动力市场，还是在二级或次要劳动力市场上工作。若高学历者不能进入主要劳动力市场，那他就只能拿低工资；反之，若低学历者能够进入主要劳动力市场，那他就有可能拿到高工资。二级劳动力市场由于长期以来消极的工作习惯难以被一级市场所接纳。因此在二级市场就业的人，很难进入一级市场，最终在二元劳动力市场上形成双向流动障碍。在新的时期，劳动力市场分割理论在借鉴新制度经济学、信息经济学以及博弈论等学科的基础上得到发展。信息不对称也是劳动力市场分割的一个主要因素，莱斯特·瑟罗在《教育与经济平等》论文中认为劳动力市场存在信息不对称问题，雇主通过应聘者的教育水平筛选并判断员工未来的培训潜力和表现（Thurow Lester C.，1972）。高等教育实际上在劳动力市场就业中起到信号筛选作用，这一论断否认了高等教育在提高个人认识水平、劳动技能方面的作用。同时，劳动力市场信息不对称也造成地区间、行业间人才流动困难，以及在一定程度上加剧了就业难。

劳动力市场存在信息不对称，高等教育在劳动力市场就业中起到信号筛选作用。美国著名经济学家肯尼斯·阿罗（Kenneth J. Arrow）认为高等教育就是一个过滤器，可以将不同能力的个体进行分类，由此向雇主传递应聘者能力信息（Kenneth J. Arrow，1973）。教育，特别是高等教育，成为劳动者由二级（次要）劳动力市场向一级（主要）劳动力市场流动的基本条件，提高教育水平能够提高具有可培训性的劳动者在劳动力市场的流动性，因此，教育对劳动力市场分割的弱化具有一定作用，为处于次要劳动力市场就业者提供纵向流动的路径和空间。

### （二）高等教育加速劳动力市场的人才流动

就业的结构性矛盾是我国劳动力市场的重要特征之一。一方面，劳动力供给总量过剩。随着国有经济进行战略性改组和结构大调整，经济增长方式的转变，我国大量的劳动力被释放出来；另一方面，劳动力有效供给不足。中国经济面临的劳动力市场供过于求结构性失衡，还表现在低素质或未开发的人力资源过剩，而经过科学开发，具备现代文化素质和先进劳动技能的高质量人力资源又相对缺乏，这反映在就业市场上就是存在大量低质量的劳动力剩余，他们又无法填补许多要求较高技术和技能的工作岗位。此时，高等教育在培养适应市场需求人才方面的功能就显得尤为重要。21世纪，经济发展靠科技，科技进步靠人才，人才培养靠教育。教育影响劳动者的文化知识水平和教育程度，劳动者的文化知识水平和教育程度是解决劳动力结构性就业的基础。由于科学技术日新月异的发展及其在生产中的应用，经济部门的生产设备不断更新，生产工艺加快变革，因而对劳动者的文化知识水平和教育程度的要求越来越高。由此可见，劳动力结构性就业问题的解决与劳动者的教育程度和受教育类型有着直接关系。

一方面劳动力市场饱和影响大学生就业；另一方面劳动力市场出现用工紧缺的两种极端现象，说明高等教育人才培养结构、规格、质量出现了问题，导致毕业生在劳动力市场中供大于求并产生结构性失衡。由于某些劳动力市场过饱和，某些劳动力市场劳动力供给不足，劳动力市场"冰火两重天"导致高等教育促进人才通过次要劳动力市场向主要劳动力市场流动的作用发挥受到限制，不同劳动力市场之间的流动滞缓。

人才培养是高等教育重要的社会功能之一，是高等学校最基本的社会职能。劳动者通过接受高等教育，获得知识和技能，进入劳动力市场，将相匹配的劳动者输送至劳动力市场，也为次级劳动力市场的劳动者进入主要劳动力市场提供了机会和可能性。高等教育培养人才的社会功能要求高等教育要主动适应劳动力市场对人才类型、规格和质量的要求。高等教育人才培养周期较长的特点也决定了高等教育必须要适度超前发展，在满足当前劳动力市场需求的同时，也要立足国家战略和产业转型升级的长远发展需要，与劳动力市场保持良性互动，合理预测劳动力市场对人才规格的要求，及时调整人才培养定位和人才培养模式，形成符合本校办学传统和办学优势的特色化人才，突出人才在劳动力市场的显示度。此外，高等教育人才培养的社会功能的有效发挥，说明高等教育的人才质量受到了保障，进一步加快人才在劳动力市场之间的流动。

## 第二节　人才成长规律与人才分类发展研究

当前社会变革日新月异，科技和产品更新换代速度加快，在一个充满竞争随时都面临落后即遭遇淘汰风险的社会中，对劳动者素质的要求也不断提高。个体接受高等教育，不仅是为了实现高等教育的外部社会功能，获得可持续发展的专业知识和技能，成为一名称职的职业人，还在于通过高等教育满足自身发展的内在需求，获得创造美好生活的能力。只有将个体创造美好生活的愿景和社会对人才的多样需求结合起来，既重视人才成长的一般规律，也重视不同个体的个性特点和不同类型人才成长的特殊规律，才能真正促进人才健康成长，实现个人价值和社会价值。高校是培养人才的重要场所，承载着人才成长的任务，了解人才成长规律，遵循人才成长规律，主动适应不同类型人才成长规律，为人才成长、成才提供有利的教育环境。

## 一、人才成长的基本规律研究

培养人才要遵循人才成长的一般规律，为人人成才营造公平的外部环境，减少教育机会差异的同时，通过激励机制、竞争机制为人才成长带来活力。个体的个性特征和当前个体获得的内外部环境支持差异，要求重视个体之间的差异，分类培养，真正实现人人成才。不同类型能力和人才成长环境也具有一定差异，要求提供的内外部环境根据差异各有侧重，实现各类人才辈出。

### （一）人才成长的一般规律

人才成长规律是指在一定社会历史条件下，人才成长所表现出来的相对稳定的特征。不同类型的人才成长过程既具有人才成长的共性特征，也独具该类型人才的个性特征。根据已有研究和社会共识，人才成长离不开内外部环境的滋养。人才成长需要优良向上的社会环境和社会风气，和谐积极的家庭教育和家庭氛围，助推进步的学校教育，激人奋进的工作岗位，具有激励作用的机制体制，以及个体拥有专业的知识和技能储备，具有浓厚的兴趣和动机等软硬件条件支持。人才成长的内外部条件相辅相成，缺一不可。良好的外部环境是保障人人成才的重要因素，是个人成才的内在条件的物质基础。个人成才的内在条件通过外部环境起作用，与外部环境共同促成人才成长。遵循人才成长的一般规律，为人人成才营造有利的外部环境；为人人成才的内在条件创造积极的支撑力量；为人人成才搭建一个公平、平等与竞争、择优并存的平台。只有以公平为前提，以竞争为动力的制度保障和机制创新，才能创设一个公平有序的社会环境，使得人人可成才具有可能性和现实性，激发人人成才的信心和斗志。

### （二）人才成长的特殊要求

一方面，人具有多元的智力结构，具有兴趣和动机等主观差异，具有多样的能力表现，体现为不同个体在同种能力上存在差异，不同个体在不同种能力各有所长；另一方面，影响人成才的内外部环境十分复杂，不可控、不稳定的影响因素较多，导致难以完全按照理想模型培养人才、塑造人才。不同类型能力发展的需求存在差别，加上个体所受的内外部环境影响难以同等获得，要求人才成长过程中根据不同类型人才成长的需求和不同能力发展的要求，进行分类培养，保证各类人才辈出。人才分类培养、各类人才辈出的理念和实践，既符合人的个性特点差异的现象和个体多样的发展需求，也满足多元的社会分工和劳动分工需求。

《国家中长期教育改革和发展规划纲要（2010－2020年）》提出培养数以千万计信念执着、品德优良、知识丰富、本领过硬的专门人才和一大批拔尖创新人才。针对我国学生适应社会和就业创业能力不强，创新型、实用型、复合型人才紧缺，要求重点扩大应用型、复合型、技能型人才培养规模。大力发展职业教育，形成现代职业教育体系，满足经济社会对高素质劳动者和技能型人才的需要。人才是实现"中国梦"的战略资源，遵循不同类型人才的成长规律，优先培养社会所需人才，是建设人力资源强国，实现在中国共产党成立一百年时全面建成小康社会和在中华人民共和国成立一百年时建成社会主义现代化国家宏伟目标的重要部署。培养拔尖创新人才、应用技术人才、职业技能人才、复合型人才成长既要遵循人才成长的一般规律，也有自身的特殊要求。创新是激发智慧的动力源泉，促进拔尖创新人才成长要遵循创新的规律，充分调动有利于创新的要素。应用技术人才成长的规律体现应用这一核心，为所在区域服务，服务产业转型升级发展需求。职业技能人才成长的规律离不开技能的养成，面向岗位和职业具体需求。复合型人才成长的规律有赖于学科交叉与融合，优化学科和专业类型、层次结构，改革人才培养模式，创设有利于复合型人才成长的环境。

## 二、人才成长的高校适应性问题

高等学校是培养人才的重要场所，拥有丰富多样的办学资源，为人才成长提供肥沃的土壤。不同类型人才成长既要遵循教育的一般规律，也要适应各自的内在需求。高校要遵循人才成长的内在规律和多样需求，创新人才培养模式，适应人才分类发展的多样需求，为不同类型人才成长提供相应的教育环境。高校适应人才成长的核心在于自主。适应多类型人才成长的教育需求，充分给予学生自主权利，尊重学生自主权利。高校深化教育教学改革，创新教育教学方法，探索灵活弹性的学制，改革人才培养模式，建立多元的管理评价机制，才能从根本上保障学生自主权利的获得与实现。

## （一）明确的办学定位适应人才成长需求

明确高校办学定位，构建与之相匹配的组织架构和办学模式，是高校特色发展的前提。清晰的办学定位、突出的办学特色，一方面为学生和家长、社会等高等教育利益相关者选择高校、专业提供了自主选择的空间，保障了受教育主体的知情权和选择权；另一方面，与高校办学定位、办学目标相一致的学生数量增加，高校办学目标与学生发展目标契合度上升，只有当高校所能为学生提供的高等教育资源保持一定的情况下，高校的人才培养成效才可能更大，从这个意义来看，高校满足不同类型人才成长环境需求的适应性随之增强。

## （二）基层学术组织自主创设人才成长环境

高校适应人才成长需求具体体现在落实高校基层学术组织的自主权。由于高校内部学科众多，专业庞杂，不同学科和专业的差异性较大，统一的高校管理评价机制难以有效保障不同学科专业齐头并进，共放异彩。二级学院作为高校基层学术组织，是承担人才培养、促进人才成长的基本单位，是学科建设、专业设置的主体单位，是设计课程体系、创新教学方式、改革人才培养模式、构建评价机制的实施单位。因此，充分给予高校基层学术组织以自主性，提供高校基层学术组织进行教育教学改革和人才培养模式试点试验的自主权利，并辅之以教育资源支持和弹性评价机制，针对不同基层学术组织的学科专业特性、学科专业发展定位和发展目标、教学资源数量和质量动态调整评价方式、评价内容和评价周期，遵循学科的内在发展规律和专业人才的成长规律，通过机制体制创新和自主权利下放基层，为多样类型人才成长提供弹性且灵活的自主空间和教育环境。

# 三、深化高校创新创业教育促进人才成长

创新创业教育是高校主动适应人才成长需求和经济新常态下社会人才需求的切入点。我国普遍存在学生适应社会和就业创业能力不强的问题，高校创新创业教育是推进人才主动掌握专门的知识和技能，适应劳动力市场需求，调适高校人才规格与劳动力市场人才需求不相匹配的重要举措。

## （一）创新创业教育促进人才成长

创新创业能力是衡量人才是否符合国家战略发展和社会劳动力市场需求，是

否创造积极的社会价值的重要标志之一。高校拥有较为成熟的组织架构,也已经形成比较稳定的人才培养机制,高校将创新创业教育融入专业教育之中,培养学生专业知识和能力的同时,激发学生创新创业意识和潜能,培养具有专业素养的创新创业人才,是当前建设人力资源强国和创新型国家的战略需求。促进高校毕业生充分就业,高质量就业创业,2015年国家颁发《国务院办公厅关于深化高等学校创新创业教育改革的实施意见》,提出全面深化高校创新创业教育改革,以创新引领创业,通过创业带动就业。

创新是创新创业教育的核心和灵魂,创新创业教育是高校承担历史使命和社会责任,主动适应社会,发挥高校和人才能动性的改革方向。从传统的就业指导教育转向创新创业教育的人才培养思路,充分调动高校教育教学资源,将创新创业教育融入高校人才培养过程,造就一大批大众创业、万众创新的中坚力量。但是,由于我国创新创业教育起步较晚,创新创业教育从经济领域拓展到各个学科专业领域的时间较短,再加上趋向研究型高校的办学定位导致高校总体上与产业、行业的合作并不紧密,高校定位不清与社会需求不相适应的矛盾带来人才培养模式单一化和趋同化的问题,使得高校开展并推广创新创业教育先天不足,后天积累有限。在新时代,高校深化创新创业教育改革,势在必行。深化创新创业教育,健全衡量高校创新创业教育成效的指导、管理、监督和评价机制,培养具有创新精神、创业意识、创新创业能力和社会责任感,善于创新、乐于创业、懂得守业的创新创业人才。

### (二) 创新创业教育的条件保障

高校创新创业教育是否成功或者成效几何,是一个长期持续的过程,很难通过短期的成果评价成功或失败。外部条件保障相比结果评价更客观,也更直接。通过借鉴高等学校教学工作水平评估的一些关键性指标,从创新创业教育的条件保障是否完善角度来判断和评价高校创新创业教育促进人才成长成效。创新创业教育的条件保障包括创新创业教育主体的基本素质、创新创业教育的资源保障、创新创业教育的管理及评价机制。

第一,创新创业教育主体是学生和教师,创新创业教育主体的基本素质可以反映创新创业主体是否具备创新创业所要求的知识和能力。创新创业教育要培养学生完整的创新创业素质,包括社会责任感、商业和经济意识、创新精神、实践能力、团队合作能力、领导能力、风险意识。创新创业教育师资力量需要具备系统的创业知识体系和风险防范意识,拥有企业管理经验、创业经验。第二,建立创新创业教育课程、指导和实践一体化的创新创业教育的资源保障。从知识到实践的课程设计,包括创新创业教育学科课程和创新创业教育活动课程;从学术指导到专业指导，包括高校内部专业课程师资建设和选聘企业导师师资；从校内到校外的实践方案，包括校内创业模拟竞赛演练和社会小额资金创业实战。第三，创新创业教育管理及评价机制。构建弹性的学分制和人才培养模式，在深化高校创新创业教育改革的同时，引入社会第三方评价，提高创新创业教育与市场、产业的纵深合作，加强创新创业教育评价的专业性和规范性。

## 第三节　人力资本投资与我国人才市场的特征研究

在经济新常态境遇下，我国经济转型升级对高等教育专业设置和人才培养提出优化调整的新需求，毕业生面临的结构性失业问题也对高等教育人才培养定位提出新要求。创新型国家建设是促进新常态经济可持续发展的战略支撑，高等教育主动适应并适度引领创新型人才培养，为创新型国家建设提供人才资源，推动创新驱动发展战略实施。

### 一、经济新常态境遇下专业和产业结构必须动态调整

经济的增长主要依靠生产效率的提高和要素积累（林毅夫、苏剑，2007）。改革开放以来，我国社会主义市场经济实行工业化赶超和出口导向战略，持续了近30年经济高增速时期。经济高速增长时期，传统农业和工业依托低成本和丰腴的自然资源形成了要素投入为主的要素积累增长方式，技术附加值较低，产生资源超负荷问题，对生态环境造成一定破坏，急需调整长期以来依靠要素积累的经济增长方式。我国人口基数大，劳动力成本较低，开展劳动力密集型经济，促进经济快速发展的同时，经济水平提高反向刺激劳动力成本增加，我国人口红利的优势逐渐消失，再加上大量劳动力受教育层次不高，劳动力优势对经济增长速度的拉动作用减弱。我国长期以要素投入和引进技术为主的经济增长方式带来社会和生态系列可持续发展问题，自然资源优势和人口红利逐渐消失，步入经济发展方式调整的关键时期，将较长时期、相对稳定处于经济新常态的发展阶段。2014年5月10日，习近平在河南省考察时指出当前我国经济发展新常态的阶段性特征。我国已经步入中等偏高收入国家行列，调整经济发展方式，从技术引进向自主研发转变，从要素积累向创新驱动转变，是经济新常态下促进国家可持续发展的重要举措。

## (一) 我国经济新常态的主要特征

我国经济发展进入新常态，具有经济发展速度变化、经济发展方式转变、产业经济结构调整、经济发展动力改变等特点。

经济增长速度趋缓。根据图2-1所示，1992~2015年我国国内生产总值逐年递增，但增速呈现上升与下降相互交替的态势。总体上我国国内生产总值总量仍较大，自2010年以来增速明显趋缓，2015年国内生产总值比2014年增长6.9%，为该时间段增速的最低点。

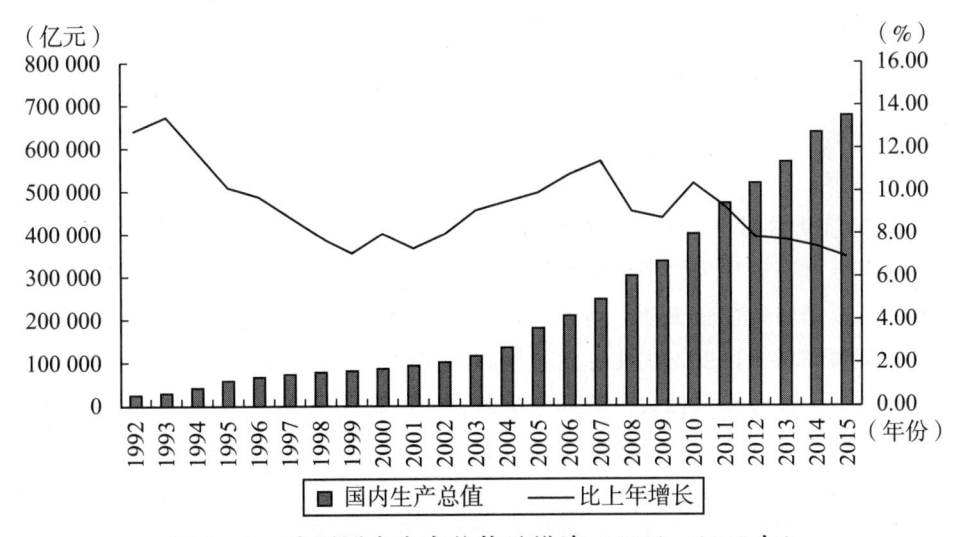

**图2-1 我国国内生产总值及增速（1992~2015年）**

资料来源：国家统计局：《中华人民共和国1992-2015年国民经济和社会发展统计公报》，http://www.stats.gov.cn/tjsj/tjgb/ndtjgb/index.html。

经济增长结构变化。投资、消费和出口是拉动经济增长的"三驾马车"。与经济增长速度趋缓相一致，我国社会固定资产投资、社会消费品零售、货物出口也不同程度出现下滑态势，货物出口尤甚。相比2014年，2015年我国货物出口总额下滑了1.8%，近年来首度出现负增长。

产业增速和结构改变。经济发展速度和发展方式的变化影响产业经济增长速度和结构调整。根据产业数据可知，2013年我国第三产业增加值超过第二产业，并保持较为稳定的增长速度。2013~2015年，第一产业增加值所占比重最低，第二产业增加值次之，第三产业增加值比重超过50%。第一产业、第二产业和第三产业年增加值的增速趋缓，第二产业增加值的增速下降更为明显。

## (二) 经济新常态背景下高等教育亟待调整

**1. 经济基础决定上层建筑**

根据教育的外部关系规律，教育要受到社会的经济、政治、文化等制约，并对社会的经济、政治、文化等的发展起作用。经济发展不同质的阶段性水平决定着不同质的高等教育发展水平，高等教育发展水平和质量反过来也影响经济发展水平和质量。经济发展的阶段性特征和发展趋势决定宏观高等教育政策和高等教育市场需求，高等教育政策及经费投入、市场对高等教育人才需求影响高等教育的规模、结构、质量和效益。高等教育通过培养具有高深学问或者技术技能的专门人才以及对知识文化的选择、传播、传承、创新推动社会经济发展。经济发展水平决定高等教育的结构与规模，如学科结构、专业设置、人才培养规格、科学研究类型等。反之，合理的高等教育发展结构和规模也会促进经济发展。

**2. 经济新常态与高等教育发展的相互关系**

经济新常态表现为经济中高速增长，经济结构不断优化升级，经济动力从要素和投资驱动转向创新驱动。高等教育发展要与经济新常态相适应，通过控制高等教育规模和增长速度，优化存量结构和把控增量，实施高校微观质量建设和保障，有效统一高等教育社会效益和经济效益，使之成为经济发展的动力。高等教育作为社会子系统之一，与外部的经济系统互动，其自身也是一个要素复杂的系统。在关照高等教育与外部经济系统的调适中，也不可忽视高等教育系统自身的规律和特质。高等教育人才培养的周期较长，在主动适应经济发展水平和阶段特征的同时，也要结合高等教育的特点，以适度超越为原则，有效发挥高等教育的社会价值功能。

然而，当前我国高等教育发展态势与经济新常态产生系列冲突。我国高等教育权利格局和发展格局的变化是高等教育顺应社会环境的主动选择与积极适应，调整是动态过程，并非一蹴而就。缺失权利保障格局的相关建制，重点建设导致区域高等教育发展不均衡，规模扩张产生高等教育质量和效益等问题依旧存在。

(1) 缺失保障权利格局的相关建制。虽然我国高等教育管理体制已经出现权力重心下移的端倪，但是权力重心下移的建制仍未健全，权力重心下移尚处于运动阶段，尚未落到实处。第一，近年来，高校纷纷成立学术委员会保障高校内部治理，但高校学术委员会的职权不够清晰，会议制度和规则尚未健全，运行机制亟待完善，声音微乎其微或还未真正发声，难以彰显学术自由的张力和突出教授自主治理学术的地位。第二，从行政指令管理到社会第三方参与的转向还未实现。由于我国缺乏合法、专业、独立、权威的第三方组织力量参与高校治理和质量监督，负责高校教学工作水平评估的单位属于教育部直属的官方性质机构。缺乏推进和落实权利重心下移的保障机制，影响高校自主办学积极性。一方面，自上而下的行政指令不利于激发高校自主办学的活力；另一方面，高校易对统一行政指令及与之相配套的资源产生依附，缺乏自主办学的思考，缺乏面向市场办学的动力。

（2）重点建设导致高等教育发展不平衡问题，包括区域高等教育发展不平衡问题、地区内高等教育发展不平衡问题、部属高校与地方高校资源不平衡问题、高等学校同质化发展现象。高等院校数量多、规模大、类型多，但我国国家财政性教育经费投入不足，且院校面向社会办学的自主性不强，资源投入不足导致高校竞争力不强。我国高校长期以重点高校建设为主的政策，高等教育资源配置受到行政影响巨大，资源投入趋向重点建设高校，东中西部地区重点建设高校布局的差异，产生了区域高等教育发展不平衡问题。除了省部共建高校之外，地区也纷纷出台投入政策和财力资源支持地方重点高校建设，地方高等教育资源的倾斜带来高校发展的"马太效应"。此外，我国教育部直属高校与地方直接管理高校形成相互分割的状态，在办学资源和社会声誉等方面存在较大差异。高等教育资源的有限性导致部分高校纷纷开设文科专业或较热门专业以降低办学成本，高校同质化发展现象较为严重。以上现象产生区域高等教育发展不平衡问题以及地区高等教育质量问题。

（3）规模扩张产生高等教育质量和效益问题。高等学校数量和招生数呈规模扩张，更多受教育者获得了接受高等教育的机会。但是，首先，限于我国教育经费投入占国内生产总值水平较低、高等教育经费投入难以与高校规模扩张速度相匹配、高等教育资源投入不足产生高等教育质量问题。特别是承担高等教育规模扩张主要任务的民办院校和公办高职院校的生存和发展问题，以及在该时期的大批新建高校办学历史较短，较缺乏办学经验和办学资源。在办学理念和资源都比较弱的情况下，难以有效保障人才培养质量，学生接受高等教育的个人效益降低。其次，高校实体短时期内规模上已经产生较大变化，但理念转变未跟上扩张的步伐，习惯用传统精英教育的理念来审视大众化教育，用学术的标准评价不同类型高校，导致高校追求用外部学术评价标准引导办学方向。办学理念模糊不清，办学趋向学术型、综合性的迷失，形成高校办学同质化现象，缺乏办学特色和地方特色，高校科研教学和为社会输送的人才规格不能与地区和产业行业发展需求相适应。一方面毕业生"就业难"，另一方面社会"用工荒"的冰火两重天现象普遍存在，制约了高等教育的个人效益和社会效益。

## 二、人力资本投资失灵境遇下人才结构急需类型匹配

古典经济学理论体系的创立者亚当·斯密（Adam Smith）对人力资本思想进行系统阐述，"如果某种劳动需要非凡的技巧和智能，那为尊重具有这种技能的人，对于他的生产物自然要给予较高的价值，即超过他劳动时间所应得的价值"，"这种技能的获得，常须经过多年苦练，对有技能的人的生产物给予较高的价值，只不过是对获得技能所需费去的劳动与时间，给予合理的报酬"（亚当·斯密，郭大力、王亚南译；1974）。亚当·斯密认为特殊技巧和智能需要进行学习投资并付出一定的成本，在以后的劳动中可以获得较高的收益。除此之外，他还在书中专门有"论青年教育设施的费用"章节，认为国家应当推动国民教育的发展。亚当·斯密有关人力资本思想阐述对现代人力资本理论的提出产生重大影响。

1960年，西奥多·舒尔茨（Theodore W. Schultz）发表《人力资本的投资》（*Investment in Human Capital*）演讲，第一次系统提出了人力资本理论，明确指出人力资本是促进国民经济快速发展的主要要素之一，标志着现代人力资本理论的诞生。舒尔茨认为人力资本投资集中在医疗和保健、在职人员培训、正式建立起来的初等、中等、高等教育，非企业的组织为成年人、提供的学习项目、个人和家庭适应于变换就业机会的迁移五个方面（西奥多·舒尔茨，1990）。此外，他从经济角度对高等教育资源配置进行研究，提出"教育是人力资本的一种形式""教育改变了个人收入的分配"等重要观点（西奥多·舒尔茨，1990）。与舒尔茨从宏观角度对人力资本理论进行研究不同的是，加里·贝克尔（Garys Becker）从微观经济分析的角度对人力资本理论进行分析和建构，并提出"人们为自己或为孩子所支出的各种费用，不仅为了现在获得效用，得到满足，同时也考虑到未来获得的效用，得到满足。而未来的满足可以是货币的，也可以不是货币的"（加里·贝克尔，1987）。20世纪60年代形成的人力资本理论对各国经济发展产生了重大影响，该理论验证了人才在推动经济增长中发挥的特殊作用，世界各国开始重视教育的发展和增加教育领域的投资以培养专门人才。

20世纪80年代，保罗·罗默（Paul M. Romer）和罗伯特·卢卡斯（Robert Lucas）提出了"新经济增长理论"，肯定了技术进步是推动经济增长的主要因素，技术进步取决于研究与开发的人力资本投入的多少。罗伯特·卢卡斯的《论经济发展机制》一文中提出了三种实证数据模型，一是注重物质资本积累和技术变革的模型，二是重视学校人力资本积累的模式，三是强调通过"干中学"专业人力资本积累的模式（罗伯特·卢卡斯，1988）。他认为有两种方式可以促进人力资本的形成，一是"干中学"或是在职培训，二是学校的正规教育，人力资本

的积累能够有效促进经济增长。

综上所述，人力资本理论的出现改变了西方传统经济理论将劳动力视为商品的思想，即"劳动力成为商品是货币转化为资本、进行剩余价值生产的前提条件"（许征帆，1987），不再单纯地将劳动力视为可以买卖的商品，将人力资本概念从传统物质资本概念中区分开，社会开始重新重视人的价值，注重人力资本在推动企业发展、国民经济增长中的重要作用，该观点成为现代经济学理论中重要创新点之一。除此之外，无论是传统人力资本理论时期，还是"新经济增长理论"，都认为教育不仅是一项简单的消费问题，还是一项家庭和个人为获取未来收益进行的投资行为。受到人力资本理论的影响，世界各国政府重视教育的投入特别是高等教育领域的投入，同时企业也加大对培训、研发的投入。

### （一）人力资本投资失灵

人力资本理论的主要论点可以简单概括为一个教育提供人力资本、人力资本促进经济增长和国家发展的链条。理想状态下，这个链条形成相互作用的正向反馈机制，以人力资本为纽带，一方面教育对经济增长起促进作用；另一方面经济增长刺激了对教育的需求。这一作用机制还具有层次性，即教育水平越高，所提高的国家人力资本总量越多，从而为经济增长作出的贡献越大；反过来教育的社会收益率与个人收益率都随其层次的提高而递增，个人收益率引致对高等教育的旺盛需求，社会收益率激发了政府和社会对高等教育的供给。20 世纪后半叶，人力资本理论逐渐获得认可，无论对政府政策还是对家庭教育投资决策都产生了重大影响，世界范围内的高等教育大众化甚至普及化发展正是其影响的结果。

但是需要引起注意的是，在高等教育领域实现正向反馈机制的理想状态需要两个前提条件：一是高等教育培养的人力资本必须处于生产状态，才能对经济增长作出贡献；二是人力资本的拥有者也就是其载体，必须通过生产充分实现其价值，并获得相应的报酬，才能激励他本人接受更高的教育程度提升其人力资本含量，并对社会上的家长和学生群体起到示范作用。正面的示范作用将会增加对高等教育的需求，反之则会对高等教育需求产生抑制作用。

两个前提条件得以实现必然要求高校的毕业生能够在适合其发挥人力资本的工作岗位上就业，并得到充分的报酬。对高等学校而言，则要求在每一个社会经济发展时期，高校培养的人才结构与社会对人才的需求结构相适应。高校培养的人才应从专业结构、类型结构、能力结构方面与社会需求相适应。

当前，我国面临人力资本投资失灵产生的"脑体倒挂"现象。究其根源，在于我国高校向劳动力市场输送的毕业生结构与社会、市场所需的人才结构不相匹配，一方面社会急需领域的技术技能型人才和高精尖人才缺口很大而难以获得满足；另一方面大量群体、特别是接受过高等教育的就业群体产生结构性失业问题，无法得到与教育程度相符合的预期收益。

### （二）人才结构供需矛盾

国家可持续发展的不竭动力，既来自拔尖创新人才的引领，更来自高素质的一线工程师和技术技能人才的支撑。近年来，我国高校人才培养的结构性错位问题突出。一方面造成高校毕业生的就业压力大，就业问题成为关系到国计民生的焦点问题；另一方面，企业既难以找到转型升级所急缺的创新型人才，也难以找到生产服务一线的高素质技术技能人才，经济转型受到人才结构的制约。这种结构性的矛盾体现在以下两个方面。

（1）高校人才培养结构难以迅速适应宏观经济结构的变化。在国际形势飞快变化的时代，我国已经进入新常态新阶段的宏观经济结构变化中。其特点体现在现代服务业成为经济增长的巨大引擎、制造业加快转型升级、现代农业加速发展和社会文化建设日趋重要等方面。这种变化对人才结构、人才素质和人才培养方式都提出了新要求和新需求，而高等教育由于人才培养周期较长，难以迅速适应宏观经济结构变化的新要求。

宏观经济结构的变化要求劳动力结构的相应调整，产业转型升级要求相应的技术进步以及对掌握新技术的人才产生需求。高校在长期积累基础上形成的学科专业结构，与高校的人财物等各项资源配置相适应，具有一定的稳定性。2015年中央经济工作会议提出的供给侧结构性改革的"去产能、去库存、去杠杆、降成本、补短板"的五大任务，"三去一降"势必降低传统产业对人力资源的需求，"一补"带来短板领域对新型专业技术人才需求的增长，高等学校如若不能及时进行人才培养的结构调整和方案调整，则难以避免毕业生的结构性错配问题（陈锋，2017）。为了主动应对这种经济结构变化带来的新要求，高校须深化综合改革，打破原有的学科专业壁垒，将资源有效配置到新经济结构要求的领域上。

（2）传统的人才培养模式难以适应全球科技革命的新趋势。全球科技革命、产业革命出现快速发展快速变化的新趋势，科技对经济社会生活的影响空前深刻，传统的人才培养体制机制模式难以为继。现代科技革命呈现出以下特点：主导技术以技术群落的形式出现；不同的主导技术之间相互联系、彼此渗透；科学技术化、技术科学化，科学与技术呈现一体化特点；科技与经济内在结合及渗透形成不可分割的整体，呈现科技经济一体化的特点；知识数量急剧增长，知识更新速度加快，周期变短，呈现科技革命加速化发展的趋势；对人类生存环境、生活质量和方式产生广泛而深刻影响，人文价值倾向复杂化（马跃进、陈志强等，2005）。

现代科技革命的新特点对高校人才培养提出了更高的要求。自然科学和社会科学之间分明的界限和壁垒已被打破，具有相互交叉和渗透的发展趋势，要求培养拥有专业知识且广博知识、基础扎实的通才；知识创新将成为未来社会文化的基础和核心，需要培养和造就大批具有创新精神和创新能力的高素质科技人才；科技的进步和物质文明的增长对社会各界的价值观和伦理道德观都将产生前所未有的巨大冲击，需要培养具有人文深厚修养和良好个性品格的人才。高校在人才培养方面已经开始转变"重理论、轻应用"的教学过程和管理惯性，更加重视培养理论与实践能力兼具的专门人才。为培养更能主动适应现代科技快速发展的有用人才，高校还应深化人才培养改革，重视学生学习能力和适应未来快速发展能力的养成。

## 三、创新型国家战略境遇下人力资源务求强国之道

创新驱动发展战略和建设创新型国家目标要求创新型人才培养和储备，要求高校紧密对接国家对创新型人才的重大需求，深化高校人才培养模式改革和科研制度改革，增强人才的创新能力发展，不断提高科技进步对经济社会发展的贡献，服务创新型国家建设。

### （一）创新型国家战略要求

美国学者迈克尔·波特等最先提出创新型国家的概念，按照发展阶段将世界上的国家分为要素驱动型国家、投资驱动型国家和创新驱动型国家。创新型国家以科技创新为基本战略，大幅提高资助创新能力，在创新投入、知识产出、创新产出和以我为主的创新能力等方面，远远高于其他国家，形成日益强大的竞争优势。创新型国家主要体现在以下几点：国家发展通过自主创新实现经济社会持续和协调发展而非要素积累；创新成为社会普遍行为，并形成一个有利于创新的社会文化基础；创新活动拥有体制保障，在微观组织内部和宏观社会体系中形成一个有利于创新的制度基础（肖敏，2010）。大力实施创新驱动发展战略，培养知识型、技能型、创新型劳动者，建设创新型国家，是国家的重大战略部署。中国共产党十七次全国代表大会提出进入创新型国家行列的建设目标，中国共产党第十九次全国代表大会提出强化基础研究、加强应用基础研究，加快建设创新型国家，跻身创新型国家前列的要求。创新型国家建设，不仅有利于现代化建设，还有利于提高国家的综合竞争力。

创新型人才是创新型国家战略的必然要求。当前，我国人力资源结构和质量与创新型人才需求还不相适应。一是目前我国劳动力的平均技术含量较低。二是

高素质高技术的劳动者较为缺乏。三是高精尖科技人才储备不足。以上人力资源方面的劣势都将严重影响我国的国际竞争力和创新发展。在日趋激烈的国际竞争环境下，培养创新型人才，成为亟待解决的关键问题。2010年6月，为更好实施人才强国战略和推进创新型国家建设，中共中央、国务院颁布了《国家中长期人才发展规划纲要（2010－2020年）》，提出"围绕提高自主创新能力、建设创新型国家，以高层次创新型科技人才为重点，努力造就一批世界水平的科学家、科技领军人才、工程师和高水平创新团队，注重培养一线创新人才和青年科技人才，建设宏大的创新型科技人才队伍"的要求。

### （二）高校服务创新型国家

2015年，国务院先后印发了《国务院办公厅关于发展众创空间 推进大众创新创业的指导意见》和《中国制造2025》两个行动纲领，标志着我国经济向创新创业经济、发展信息化和工业化融合推动下的制造业战略转向。在推动整个社会向创业型经济和发展制造业转型升级的过程中，人才是经济和产业转型升级的关键所在。《中国制造2025》指出，实现中国由制造大国向制造强国转变的战略目标，应当加快培养支撑制造业转型发展的专业基础人才、精英管理人才和技能人才，建设一支素质优良、结构合理的制造业人才队伍，走上人才引领社会发展的道路。国家创新驱动发展战略和建设创新型国家的目标形成对不同类型人才的需求，成为高校分类发展的重要外部推动力之一。

在新时代，建设创新型国家是中国由"大国"迈向"强国"的必由之路。国家创新发展目标要求高校履行社会职能，主动适应创新发展目标培养大批创新型人才。人力资本理论的新主流"新经济增长理论"将经济长远增长的源泉归结为技术进步，支撑应用技术增长的原动力是基础科学知识。作为国家创新体系最重要的基础，知识创新是技术创新和管理创新的前提，是科技进步和社会经济发展的支撑力量。1998年教育部《面向21世纪教育振兴行动计划》描绘我国跨世纪教育改革和发展的施工蓝图，提出"瞄准国家创新体系的目标，培养造就一批高水平的具有创新能力的人才；加强科学研究并使高校高新技术产业为培育经济发展新的增长点做贡献"。我国高校作为人才培养的专门场所和知识选择、创新、传播、传承、传递的重要场所，是服务创新驱动发展和建设创新型国家的主力军。

高校主动适应社会发展、经济建设和国家创新需求，主动探索适应新时代要求的办学形式和人才培养模式。随着经济社会"新常态"模式的建立，我国产业结构的调整，以及部分城市专属的产业链的逐渐成形，产业界从市场的角度对高等教育提出了新的要求。新需求的出现，倒逼着高等学校对其定位和路线进行进一步的梳理，不少院校的领导层和管理层在高等教育的一般规律和院校管理的具体实践中进行理性思考，他们在探索最适合自身院校发展的内生逻辑，并将其付诸实践。调研中受访的典型的、新兴的、具有代表性的院校的领导们认为，高校设置的基础，已经从过去"行政统一指令性"，演变到"市场需求多样性"。意味着现阶段产生的高等学校的类型，开始意识并在行动上注重立足当地社会发展、经济建设的需要，并且高校社会职能的开展，也是根据当地社会之所需。我国高等学校已经在试图摆脱过去计划体制的束缚，更愿意尝试市场体制下的办学模式。

## 第四节 我国人才市场的结构及类型嬗变研究

科技、教育和人才是我国实现社会主义现代化道路上的三大基石，科技强国、教育强国和人才强国成为中国崛起的重要推动力。2006 年我国制定了《国家中长期科学和技术发展规划纲要（2006－2020 年）》，指出我国要全面实施科教兴国战略和人才强国战略，建设一支与经济社会发展和国防建设相适应的规模宏大、结构合理的高素质科技人才队伍，为我国科学技术发展提供充分的人才支撑和智力保证。随后，2010 年我国又先后制定了《国家中长期人才发展规划纲要（2010－2020 年）》和《国家中长期教育改革和发展规划纲要（2010－2020 年）》。前者提出了人才建设的首要任务，后者明确了高等教育在培养高级专门人才、发展科学技术文化、促进社会主义现代化建设方面的重要作用，并希望通过调整高等教育结构、形成高校特色，实现高等教育质量的全面提升。可以说，调整高等教育结构、培养高素质人才、提高自主创新能力作为一个统一的整体，已成为实现我国社会主义现代化强国的关键所在。因此，高校分类体系研究离不开国家重大战略的支撑。

### 一、我国人才结构及类型与科技发展关系研究

《国家中长期科学和技术发展规划纲要（2006－2020 年）》（以下简称《纲要》）将"自主创新，重点跨越，支撑发展，引领未来"作为这一时期内我国科技工作的指导方针，从学科发展、科学前沿问题、面向国家重大战略需求的基础研究、重大科学研究计划四个方面进行了基础研究的部署。这一系列目标的实现都离不开人才的培养，"科技人才是提高我国自主创新能力的关键所在"，因此

《纲要》指出应当"加快培养造就一批具有世界前沿水平的高级专家""充分发挥教育在创新人才培养中的作用"。在具体措施方面,"鼓励科研院所与高等院校合作培养研究型人才""支持研究生参与或承担科研项目,鼓励本科生投入科研工作"。

《中共中央关于制定国民经济和社会发展第十三个五年规划的建议》指出,要深入实施创新驱动发展战略。发挥科技创新在全面创新中的引领作用,加强基础研究,强化原始创新、集成创新和引进消化吸收再创新。推进有特色高水平大学和科研院所建设,实施一批国家重大科技项目,在重大创新领域组建一批国家实验室。积极提出并牵头组织国际大科学计划和大科学工程。2014年6月9日上午,国家主席习近平出席了中国科学院第十七次院士大会、中国工程院第十二次院士大会并发表重要讲话。他指出,创新的事业呼唤创新的人才,知识就是力量,人才就是未来。我国要在科技创新方面走在世界前列,必须在创新实践中发现人才、在创新活动中培育人才、在创新事业中凝聚人才,必须大力培养造就规模宏大、结构合理、素质优良的创新型科技人才。要把人才资源开发放在科技创新最优先的位置,改革人才培养、引进、使用等机制,努力造就一批世界水平的科学家、科技领军人才、工程师和高水平创新团队,注重培养一线创新人才和青年科技人才。因此,创新型、研究型是我国人才需求的重要主题之一。

中国崛起,关键在人,核心在人才。对于一个具有13亿多人口的发展中大国而言,人才不仅是我国经济社会发展的第一资源,而且也是我国具有比较优势的资源。人才培养观念决定人才培养目标,人才培养目标决定人才培养模式,人才培养模式又影响人才培养质量。发展靠引进人才是不可能的也是不现实的,关键还是要注重人才的培养。这也是我国《国家中长期教育改革和发展规划纲要(2010－2020年)》和《国家中长期人才发展规划纲要(2010－2020年)》的主旨——人才培养。《国家中长期人才发展规划纲要(2010－2020年)》是专门针对我国人才需求制定的指导性文件,是人才分类的重要现实依据。该文件提出的国家人才发展主要指标包括:人才资源总量、每万劳动力中研发人员数量、高技能人才占技能劳动者比例、主要劳动年龄人口受过高等教育比例、人力资本投资占国内生产总值比例、人才贡献率。在人才类型方面,重点列出了创新性科技人才、领军人才和复合型人才,社会发展重点领域急需紧缺专门人才,以及党政人才、企业经营管理人才、专业技术人才、高技能人才、农村实用人才以及社会工作人才。在人才层次方面,表现为数以亿计的各类人才、数以千万计的专门人才和一批拔尖创新人才。培养数以亿计的各类人才,数以千万计的专门人才和一大批拔尖创新人才是截至2020年我国人才发展的战略目标。《中共中央关于制定国民经济和社会发展第十三个五年规划的建议》指出,要加快人才强国。深入实施人才优先发展战略，推进人才发展体制改革和政策创新，形成具有国际竞争力的人才制度优势。如今，推动人才结构战略性调整，突出"高精尖缺"导向，实施重大人才工程，着力发现、培养、集聚战略科学家、科技领军人才、企业家人才、高技能人才队伍。发挥政府投入引导作用，鼓励企业、高校、科研院所、社会组织、个人等有序参与人才资源开发和人才引进。实现现代化必须依靠人才强国，高层次人才永远都是稀缺资源。"十年树木，百年树人"，加大人才培养力度必须坚持优先发展教育。当务之急就是要解决高等教育与经济社会发展相结合问题。

## 二、我国人才规格需求与高等教育结构优化

当前，我国正处于全面建成小康社会的决胜阶段，既要全面建成小康社会、实现第一个百年奋斗目标，又要乘势而上，开启全面建设社会主义现代化国家新征程。国家建设和发展目标的实现，需要依靠一大批多类型多层次的专门人才。当前，我国高校发展出现"千校一路"的发展路径和求大求全的发展惯性，难以有效满足国家建设和经济社会发展对人才规格的多样需求。因此，我国多类型、多层次、多规格的人才培养要求从高等教育体系出发，优化高等教育结构，形成更加合理的高等教育结构，包括适应经济发展需求的科类结构、分工明确的层次结构、激发活力的形式结构、更加公平的布局结构。

### （一）构建更加适应需求的高等教育科类结构

高等教育科类结构与产业结构的调适是高校发展的重要方面。我国正处于工业化后期阶段，与第二产业相关的理学和工学、土建大类和制造大类专业占较大比重。经济新常态下，传统的资源要素投入转变为创新驱动的经济发展方式，与工业相关的学科专业也需要与时俱进地调整人才培养模式，在人才培养与科学研究中创新教学内容、精进技术技能。2020年基本实现工业化阶段，与产业转型相适应，优化与第二产业相关的学科和专业设置，及时增设与工业创新、第二产业与第三产业交叉的新兴学科或专业；调整学生规模和修订培养目标，培养一大批具有创新精神、实践能力和社会责任感的创新人才，为2025年实现新型工业化提供知识基础和人才资源。当前，我国普通本科的工学、管理学、文学、艺术学、经济学毕业生数占了较大比重且逐年增多，与我国第三产业增加值所占比重增加趋势较为相符。科类结构和产业结构的发展趋势较为一致，经济新常态下高等教育科类结构需要与产业结构调整方向相一致，培养更多从事高附加值的第三产业专门人才，适度降低第二产业高耗能的相关学科和专业的招生比例，发展高

科技含量的现代化农业。

当前，我国普通专科的财经大类、制造大类、文化教育大类、电子信息大类、土建大类、医药卫生大类毕业生数占较大比重。从高等职业教育的职业性来看，普通专科开设财经大类专业可能过多，需要形成财经大类专业的特色。交通运输大类、文化教育、电子信息和医药卫生大类、旅游业、艺术设计传媒大类、公共事业大类所占比重，应随第三产业不断增加。根据产业结构发展规律，第二产业比重先上升后保持稳定再持续下降，制造大类、土建大类专业毕业生数所占比重较大与第二产业所占比重相关，需要与第二产业调整动态联系，严控规模并提高专业质量，助推"工业制造2025"实现，并随工业化后期产业结构调整逐渐降低比重。农林牧渔大类专业与第一产业增加值比重逐年降低相适应。

## （二）构建分工更加明确的高等教育层次结构

高等教育的层次结构在一定程度上是由国民经济的技术结构决定的，反映了社会分工的纵断面（潘懋元、王伟廉，1995）。我国高等教育分为专科、本科、研究生教育三个层次，每个层次的高等教育都体现了社会分工。

现代高等教育系统的一个必不可少的原则是功能的分化（克拉克·克尔，2001）。在高等教育发展的不同阶段，高等教育功能分化满足社会不同发展需求。《国家中长期人才发展规划纲要（2010－2020年）》提出，突出培养造就创新型科技人才、大力开发经济社会发展重点领域急需紧缺专门人才，统筹推进党政人才、企业经营人才、专业技术人才、高技能人才、农村实用人才、社会工作人才等各类人才队伍建设。经济新常态的动力是创新，截至2020年，我国急需一大批创新人才、数以千万计的专门人才和数以亿计的各类人才。要求高等学校优化层次结构，精准对接国家、地方、产业、行业的发展需求，发挥高等教育功能，提高高等教育的整体社会效益。

经济新常态要求高校调整办学类型进行合理定位，集中优势资源办好教育，不盲目"升格"。引导不同类型高等学校合理定位，开展符合高校发展水平、具有高校特色的不同层次教育。我国研究型高校开展本科和研究生层次教育，是国家创新驱动发展战略实施的主要力量；应用型高校以本科层次教育为主，也可以开展应用型的硕士研究生层次教育，服务地方和产业转型升级需要；高等职业院校为专科层次教育，对接生产、管理和服务一线。高等教育层次结构，推进人才培养分工，从多角度促进新常态经济发展。研究型高校从事原始创新研究，培养创新人才，提升国家竞争力；应用型高校适应社会转型发展需要，也是高等教育大众化阶段的时代需求，对接地方、产业、行业，根据行业标准设置课程体系、开展实践教学，培养适应产业转型升级的应用型技术技能人才，是新建院校共同的发展方向；高等职业院校以促进就业为导向，主动适应经济社会发展，特别是技术进步和生产方式变革以及社会公共服务的需要，适应各地、各行业对技术技能人才培养的需求。

### （三）构建增加活力的高等教育形式结构

高等教育是创新驱动发展的重要一环，作为第三产业的组成部分之一。经济新常态的阶段性特征要求增加高等教育财政投入，并激发社会活力、多渠道引进社会资源等参与办学。经济新常态呈现中高速增长，短时期内教育财政投入不会有较大改善，鼓励财政投入和社会力量办学并举的多元高等教育投资形式，有利于经济新常态下高等教育稳定、可持续发展。经济新常态和高等教育发展的客观规律要求推进公办高校面向社会自主办学，保障民办高校的生存和发展空间，优化公办高校与民办高校共同发展的高等教育形式结构，增加高等学校的办学活力。

经济新常态下，公办高校管理者要转变依靠政府投入建设的办学思路，明确办学目标和服务方向，多方位寻求与国家、地区、产业、行业、企业协同合作，更新人才培养模式、教学形式、管理方式，增强科学研究的目的性和指向性，服务社会，与社会多主体形成和谐共赢的互利局面。

民办高等教育是我国高等教育的重要组成部分，2017年我国普通高等学校2 631所，其中民办高校747所，占普通高校的28.39%。2017年普通高等教育本专科共招生761.49万人，其中民办高校（含独立学院）招生175.37万人，占招生总数的23.03%。高等教育大规模扩张时期，我国民办高校经历了短时期内的快速增长，质量建设跟不上数量增长的速度。与公立高校相比，特别是与历史悠久、实力雄厚的重点高校相比，无论是社会声誉还是办学资源都比较欠缺。经济新常态要激发社会资源活力，满足社会经济对应用型人才和技能型人才的多样需求，必然要充分调动民办高校的办学积极性和主动性。2018年修正的《中华人民共和国民办教育促进法》已经发布，在这一指导下提出与之相配套的具体规定以对民办高等教育举办者关心的产权归属和法人属性作出清晰的安排和机制保障，通过合法、合理、合情的法律法规引导民办高等教育健康发展，扶持民办高等教育，保障民办高等教育举办主体的合法、合理利益，关乎我国高等教育形式结构活力与创新。

### （四）构建更加公平的高等教育布局结构

区域经济发展速度、区域产业结构、区域资源差异，构成影响高校发展的外部环境因素。我国幅员辽阔，不同地区的生产力水平和经济发展水平存在较大差异。在高等教育资源配置和高等教育发展过程中，也存在较为明显的地域差异。

受我国地理条件差异、经济发展水平不平衡、人口分布稀疏程度等社会经济条件影响,我国重点建设高校主要布局在东部沿海,中部和西部地区高等教育发展相对薄弱。

经济新常态下,经济发展增速减缓,高等教育资源投入增速可能也相对减慢,中西部高等教育规模也可能保持相对稳定的状态。要实现高等教育合理布局,需着眼于教育公平和质量提升,加强高等学校的内涵建设。继续推进和完善东部高校与中西部高校共建制度,传播高水平大学的先进高等教育管理理念和制度设计。对中西部基础薄弱高校实施倾斜式的政策支持和必要的财政支持,改善中西部高等教育教学环境,从而努力实现缩小高等教育质量差异的公平布局。

## 三、我国人才结构及类型与科教关系的发展预测

科技发展需要人力资本的支持,不同的科技产业结构需要不同类型的人才,人才则须依赖高校的培养。有代表性的发达国家的实践表明科技发展、人才结构和高等教育之间存在着一定的规律。高校是人才培养的专门场所,随着我国社会经济发展和高等教育体系日渐完善,要求高校由支撑社会经济发展转变为引领和支撑社会创新发展,继续发挥支撑作用的同时,也要更加强调高等教育对社会经济发展和科技创新发展的引领作用。

### (一)高等教育通过人力资本影响科技发展的机理分析

**1. 高等教育为科技发展培养必需的人力资本**

劳动者的人力资本含量越高,其科技创新的能力越高,假定影响科技创新的其他因素投入量及其效率保持不变,科技创新只由物质资本投入和人力资本投入决定,图2-2阐述了这方面的效应变化。

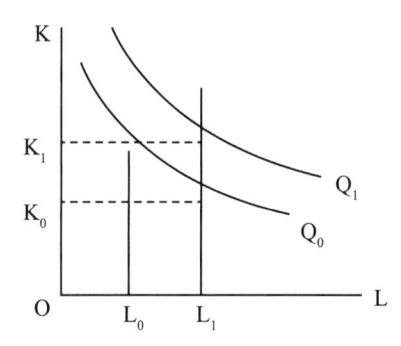

图2-2 物质资本投入和人力资本投入对科技创新产出的影响

图 2-2 中的 Q 代表科技创新产出曲线，K 代表物质资本投入量，L 代表人力资本投入量，当物质资本投入量保持在 $K_1$ 不变时，人力资本投入量从 $L_0$ 提高至 $L_1$，这时科技创新产出从 $Q_0$ 增加至 $Q_1$。除此之外，在物质资本投入量减少的情况下，由于人力资本投入量的提高，会起到一定替代作用，仍然能够保持科技创新产出水平的不变，当物质资本投入量由 $K_1$ 减少至 $K_0$ 时，若人力资本投入量从 $L_0$ 提高至 $L_1$，就可以保证科技创新产出水平不变，仍保持在 $Q_0$ 的水平上（张凤林，2007）。

**2. 高等教育直接产出科技创新的成果**

高等教育的主要载体是大学，大学的主要职能是通过教学培养专门人才和发展研究，除去教学为科技创新培养人力资本以外，大学的研究成果也是科技创新成果的一部分，大学的研究成果可以分为两部分，一部分是基础研究成果，提供整个国家科技创新的研究基础支持，另一部分是应用研究成果，即大学教师和产业界合作，研发一些应用研究成果，直接满足经济发展对科技创新的要求。综上所述，高等教育对科技创新的影响机理可以用图 2-3 来揭示。

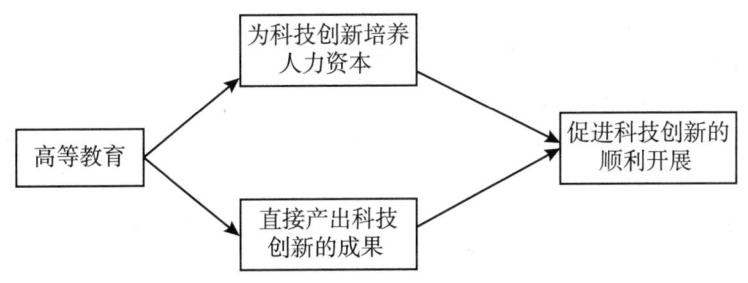

**图 2-3 高等教育对科技创新的影响机理**

**3. 高等教育培养的人才结构要匹配本国的科技发展特征**

分工的出现大大提升了生产的效率，极大促进了经济的发展，每个国家在世界经济体系中都处于不同的分工地位，扮演着不同的分工角色，发达国家处于价值链的顶端，一般拥有世界知名品牌，负责科学技术的研发、品牌的管理等高附加值环节，发展中国家往往处于价值链的低端，由于自己在人工成本等方面具有比较优势，往往负责制造环节，只能获得整个产业链中很少的利润，但即使是发达国家，其内部不同产业结构和科技发展方向也是不同的，如美国主要发展信息技术产业，基本把制造业都转移到了国外，本土只负责研发；德国则保留了绝大部分制造业在本土，走的是提升技术含量，提高产品质量来抵消人工成本高的影响这条发展路径。因此美国和德国的高校也体现出完全不同的特征，以适合本国产业结构和科技发展的特征，并取得了很好的效果，发展中国家作为后进国家，要想跟随发达国家的步伐，需要基于本国的国情，制定可行的科技发展路径，形成匹配的人才结构，并要求高校根据这个人才结构来培养，形成这样一个良性循环，才能在世界科技领域占有自己的一席之地（李彬，2005）。

### （二）经济发展结构要求多样的人才结构与类型

20世纪末以来的科技革命，重新塑造了经济和产业结构，一定程度上导致了发达国家的经济产业转移和经济结构转型，给人力资本的形成和积累提出了更高的要求。作为人力资本形成和积累的主要来源，高等教育面临着更大的挑战，如何培养足够多的科技、管理、技术人才，同时保障他们的质量，是世界各国高校面临的挑战，同时不同的国家，在科学技术需要的人才结构，以及高校如何来培养人才，并形成不同的结构体系上，呈现出不同的特征。德国和美国等代表性的发达国家凭借其厚实的科技基础，良好的生活环境，发达的高等教育体系，吸纳了世界上绝大部分的高端人才，形成了科学技术、人才结构与高校之间的良性循环。

**1. 德国的科技发展、人才结构与高等教育培养的传导机制**

德国是发达国家中第三大强国，欧洲第一大国，以制造业闻名于世，拥有宝马、博世、大众、巴斯夫、西门子、拜耳、安联、保时捷、阿迪达斯等世界一流品牌，虽然在20世纪末21世纪初的互联网技术革命中，落后于美国，但作为制造业的大国，其制造业一直保持世界领先地位，而且其制造业基本留在本土，具有高附加值，走出了完全不同于其他发达国家的发展道路。与制造业科技发展相对应的是研发人才、制造人才和管理人才，不同类型人才形成了一个有机的整体，构成了推动德国科技发展的人才结构。

研发人才主要通过德国高质量的普通本科教育来保障，德国的理工科本科教育要求很高，从严培养，与德国人严谨的民族文化相耦合，培养了德国做事严谨、质量可靠的研发人才。德国本科普通教育具有很高的淘汰率。此外，德国的产学研合作非常发达，理工科的教师必须具有实业界的经验，教师参与产业界的课题，解决实践中的科技创新，直接参与研发，并且在这个过程中带领学生参与实践，尤其是博士层次，必须解决实业界的一个实践问题，才可以获得博士学位。德国科技发展、人才结构和高等教育培养的传导机制的主要特征可以归纳为：分类型的培养层次；综合性大学和应用科学大学双轨；产学研紧密融合，很好地契合了德国制造业为主的产业结构和科技发展，保障了德国制造业人才的培养。

**2. 美国的科技发展、人才结构与高等教育培养的传导机制**

美国是世界上科技和经济最发达的国家，其发达的高等教育体系为美国培养了不同类型的科技人才，形成了一个高等教育体系培养科技人才，进而作用于科技发展的良性循环,这甚至可能是美国的核心竞争力。

美国和德国不同,美国的制造业基本上都外包到了第三世界发展中国家,本土仅保留了研发部门及少量高端制造业。研发是美国最大的优势,最近的几次科技革命都发生在美国,美国引领着世界科技创新的趋势,以硅谷为代表的科技创新区域,集合了世界上最优秀的科技创新研发人才,不断提出商业新模式,这也是软科技创新的一部分,研发出新技术,而硅谷周边的斯坦福等高校,通过人员流动、会议、科研人员创业等方式和硅谷保持着密切的联系,从而保证了新的科技发展方向立即会传递到高校,为高校培养人才类型指明了方向,仅斯坦福大学就产生了很多高科技公司的 CEO,这也是产学研联系紧密的表现。

另外,美国高等教育体系还有明显的虹吸效应,全世界最优秀的科技人才,甚至最优秀的理工类高中生(如世界各国参加奥林匹克理科竞赛的冠军)和本科生,都被吸纳到美国来就读本科、硕士、博士,美国高校为他们提供高额奖学金,全世界的优秀科技人才汇聚到美国,其他国家如德国也在世界范围内吸引科技人才,但明显没有美国规模大,效果明显(Jessica Guth,2006)。不同文化背景人才思想火花的碰撞,高科技公司的实习,产学研的紧密,是一个互相作用的过程,新的科技革命,提出自己需要的人才类型,高校则会顺应科技革命的要求,将人才培养的中心往新科技革命转移,同时新的人才进入高科技公司,又会引领科技革命的新趋势。

美国高校中除工学院和理学院闻名之外,还有商学院和法学院在全球处于领先水平。美国商学院的研究和教学引领着全球的发展趋势,其师资一般在欧美国家获得博士学位,但来源于世界各地,具有不同的文化背景,国际化水平高且具有企业的实践经验。美国商学院的教授经常从事教学与研究若干年后,会暂时搁置教职,如果有好的创业机会去创立公司,或直接到实业界已有的公司任职,因此其理论和实践结合比较好,商学院的学生生源如 MBA 则大多来自一线企业,有着不错的本科教育背景和实业界的丰富实践经验(一流商学院的 MBA 普遍有八年以上工作经历)。而美国大学的法学院则培养了全世界最优秀的律师和法官(法官一般具有多年律师实践经历),为科技发展制定了发达的产权保障体系、投资保障体系等法律层面的制度保障。

美国在创业领域,尤其是互联网行业领域的创业,十分发达。其中风险投资的发展尤其典型,很多创业在初创期都是风险很大的,很难获得资金支持,这时候就需要风险投资的注资,美国的金融体系中风险投资是科技企业创业成功的非常重要的资金保障,这又归功于美国高等教育体系中金融业的理论贡献和人才培养,商学院和经济学系(往往不在商学院中)每年培养大量的财务金融人才和经济学理论人才,他们毕业后进入金融机构,获得实践经验,能够有效地辨别出初创企业的未来发展，为风险投资提供决策参考，资助了一个又一个高科技企业。

美国高等教育体系中的职业教育处于相对劣势（目前这部分的职能主要是由美国高等教育体系中的社区学院承担的），尤其是制造业领域的职业教育，目前较为欠缺，其职业教育主要覆盖服务业领域，这又是和制造业整体外移、制造业人才没有市场需求有关的，奥巴马第二个任期后半段，已经开始推进制造业回流，特朗普刚刚上任，已经吸引了鸿海集团等大企业到美国投资设厂，预计今后美国制造业回流趋势会加大，对制造人才的需求也会回升，美国高等教育体系也应主动适应这一变化。

美国科技发展、人才结构和高等教育培养的传导机制的主要特征可以归纳为：重视研发人才的培养；全世界范围内吸纳人才；职业学院如商学院和法学院发达，培养了科技创新的金融和法律支持人才；制造业领域的职业教育略微欠缺。

### （三）我国科技发展、人才结构与高等教育发展

改革开放40多年来，中国的经济和科技获得了巨大的发展，经济总量已经跃居世界第二，随着经济的发展，中国的科技也在稳步推进，在一些领域已经达到较高水平，甚至处于世界领先地位，一些高科技企业代表着中国科技的水平，但整体而言，科技水平还赶不上美国、德国、日本等发达国家。改革开放以来，由于中国的人工成本较低，土地、税收政策扶持方面有比较优势，发达国家纷纷把制造业迁到中国来，给中国的经济增长带来了资金投入和先进技术，外资企业技术一定程度上外溢到了中国这个经济体。但是，中国沿着传统的技术吸收、技术模仿到自主创新这个路径来实现自己的科技发展却不是非常理想，中国自主的核心技术较为缺乏，这说明以市场换技术的战略在大部分产业领域都很难实现。

展望未来，中国的产业结构应该主要建立在制造业的基础上，因为只有制造业，才能够吸纳如此大的就业人口，中国也已经在制造业领域打好了基础，但也并不意味着在互联网领域就没有新的追求。未来的中国的产业结构，应该继续把握住制造业的基本盘，但同时也要争取互联网领域的技术主导权，充分利用好中国有着巨大的市场、充足的人力资源、巨大的资金投入、稳定的政局等优势。

对应这样的科技发展目标，在制造业基础上，争取互联网领域科技的主导权，那么就需要在人才结构上也采取一些相应的配合举措，研发人才、制造人才、金融人才、管理人才、法律人才，等等，都需要得到适当而有效的培养，这对高校形成了巨大的挑战。高校需要根据科技发展的趋势，及早进行规划，为科技发展所需要的人才结构提供高等教育支持。

当前我国高校人才培养结构还不能很好地起到为科技发展服务的作用，尤其是培养的人才不具有很强的预测性，分类不够科学化，宏观上规划性不强，微观上对接不畅，大学生毕业以后还需要和用人单位和科技产业对接和磨合，很多人甚至不能找到合适的单位就业，造成了很大的资源和效率的损失，因此高等教育主动适应社会需求的人才培养还不到位。此外，目前我国还缺乏美国等代表性发达国家的科研环境和经济环境，虽然近年来随着"千人计划"等一些人才计划的实施，但从吸引高层次人才的角度来看，与美国等代表性发达国家还存在一定差距，进一步制约了科技发展。随着我国高等教育规模的扩大，高校入学学生人数不断走高，从总量上看，我国高等教育培养人才服务科技发展，似乎与高等教育强国差距不大，但也需要精确的预测来确定。我国高校人才培养结构上还存在较大问题，匹配科技发展的人才需求方面急需改革，人才的培养质量也需要相应提高。

### （四）高校应结合国家的科技发展目标预测和引领人才的培养

**1. 总量上高等教育应结合科技发展目标做好总量预测和结构规划**

当前中国的高校，对科技发展所需要的人才总量和结构，都还不能精准地为科技发展提供人力资本支持，因此，未来改革的第一步，是要根据以制造业为主体的，互联网科技为重点的科技发展结构，做好总量预测，这其中还要考虑到培养人才的时间滞后效应，然后根据不同高校的特点，做好不同类型高校配合、地区配合和学科及专业搭配，依托已有的产业结构，充分发挥发达地区和强势学科的结合（傅维利、刘靖华，2014）。同时要充分考虑生源因素，在人口大省和高考大省，投放较多的招生指标，另外还要考虑到大学毕业生的省际流动因素，东部发达地区具有较强的虹吸效应，但东部发达地区已经呈现人才供给大于需求的局面，应采取适当的措施，合理布局产业结构，鼓励西部高校本土培养的人才，优先留在本地工作，并从东部地区吸引人才回流，但总体仍然应该采用市场的手段，而不是行政的手段，使用职位、收入等优惠政策，促进人才流动（张延平、李明生，2011）。

**2. 制造业为主的产业结构决定了严格的工程教育和职业教育配套**

长远来看，中国这样的大国有13多亿人口和广阔的领土，蕴藏丰富的资源，从解决就业的角度考虑，从整个经济产业充实的角度考虑，制造业不但不能放弃，而且还应该成为经济产业的主体，而制造业需要的人才主要是研发人才和制造人才，在今后较长时期内，都将是我国人才结构中的主要群体。高校依托自身的政策实践经验和外部智库的智力支持，必须从宏观上加强对制造业整体发展的预测，预测出大致的数量。教育主管部门在制订招生计划时，应大致遵从这个总体数量，尤其要加强对制造业大省的招生计划支持。在质量方面，加强产学研的实践，出台配套举措，鼓励高校教师到产业界挂职锻炼，鼓励高校教师的科技成果应用于实践，鼓励高校教师创业。在学生培养方面，加强实践教学，加强国际化，鼓励大学生多进行一些有技术含量的创业，和企业合作进行订单式人才培养。同时大力推进职业教育，在社会倡导重视职业教育的观念，鼓励在这方面有所长的学生加入工匠行列。调整和改变学院趋向建设综合性大学的趋势，营造就读学院，尤其是职业学院同样学有所成的社会氛围，加大对职业院校教师的扶持力度，从职称政策、收入政策等多方面予以倾斜，并加强他们同产业界产学研的联系，鼓励他们把制造工艺中的发明创造用于实践。

**3. 互联网科技领域要善于利用我国市场规模来吸引人才**

中国的市场规模广阔是互联网科技发展的厚实土壤。高校要做好互联网科技领域的人才结构预测，探索复合型的人才培养模式，如探索培养本科就读计算机专业，硕士就读金融专业，再读一个MBA专业学位的知识结构，以培养既懂技术、又懂金融、同时懂管理的互联网科技人才。金融和法律人才，对互联网科技也有很大的助力作用，我国在这方面还比较欠缺，这是高校责无旁贷的使命。金融领域人才的培养，一方面要尽快和世界接轨，另一方面也可以结合中国国情，推进科技和金融的创新，推动法律领域人才的国际化，加强对知识产权的保护，使科技创新有完善的产权保护，提高创新人员的积极性。

党的十九大报告提出，从现在到2020年全面建成小康社会，实现第一个百年奋斗目标；到2035年基本实现社会主义现代化。经济的发展需要科学技术的引领，未来的经济增长必然依靠科技进步和产业升级，这都需要人力资本的支持，来源于高校的人才培养，这既给高等教育提出了巨大的挑战，也是一个很大的机遇。依据科技发展的趋势，充分满足经济增长和科技发展对人才的需求，甚至作出精准预测，分类培养好各种人才，引领科技发展的方向，对高校来说非常重要，这些都离不开科技发展、人才结构与高等教育培养的传导机制的良好运行。

## 第五节　不同类型人才的培养方式及生成机制研究

人才培养是高等学校的根本任务，是大学存在的价值所在，人才培养的水平和质量是衡量高校办学水平的重要标志。不同类型高校的人才培养体现该类型高校特色。当前，我国研究型、应用型、高职高专院校作为三种不同类型的高等教育机构，肩负着不同的使命，其办学定位、人才培养目标、教学方式、管理模式不尽相同。

## 一、研究型高校人才培养方式及生成机制

当前，我国乃至世界范围内的研究型高校通常以国家高端、创新人才为培养目标，构建注重交叉、多元融合的学科专业设置，致力于打造宽厚基础、通识教育与专业教育相结合的课程体系，形成科教融合、寓教于研的培养模式。研究型高校的成功经验表明，精英主义教育理念的战略机制、汇聚全球优质师生的资源机制、贯通本—硕—博培养的发展机制和科教融合育人的运行机制是研究型高校建设和发展的关键要素。

### （一）研究型高校人才培养方式

**1. 国家高端、创新人才的培养目标**

研究型大学是国家创新体系的重要组成部分，培养拔尖创新人才是高水平研究型大学的根本任务、首要职责，这既是时代发展所提出的新要求，也是研究型大学自身所肩负的历史使命。

纵观世界高水平研究型大学，无不精英荟萃、人才辈出，哈佛大学、牛津大学、麻省理工学院等均培养出大批诺贝尔奖获得者。一流研究型大学都把培养能为人类发展进步作出突出贡献的一流人才、未来的世界领袖作为人才培养的根本目标。1998年美国卡内基教学促进基金会下属的博耶研究型大学本科教育委员会发表的题为《重建本科生教育：美国研究型大学发展蓝图》报告明确提出："研究型大学应通过一种综合教育造就出一种特殊的人才，他们富有探索精神并渴望解决问题，拥有丰富的多样化的经验，这样的人将是下一个世纪科学、技术、学术、政治和富于创造性的领袖"。耶鲁大学提出不仅要为美国培养领袖，还要为世界培养各方面的领袖人才和有影响力的公民。英国牛津大学明确把人才培养目标定位为"培养各领域的领袖人才和未来的学者精英"。

面对高等教育改革发展的新趋势，着眼于未来世界和国家发展对拔尖创新人才的新需求，我国研究型大学必须重新定位人才培养目标，从全球视角出发，更加注重培养学生的领导力、国际竞争力、批判思维能力、社会责任感，并以此驱动未来的教育教学改革。目前，众多研究型高校已经纷纷确立了与自身定位相契合的人才培养目标，例如，北京大学确立"培养以天下为己任，具有健康体魄与健全人格、独立思考与创新精神、实践能力与全球视野的卓越人才"的目标；清华大学强调"厚基础、重实践、求创新"，致力于培养未来世界的领袖；浙江大

学人才培养目标是具有求是创新精神和国际视野的拔尖创新人才及未来领导者；复旦大学注重培养具有人文情怀、科学精神、国际视野、专业素质的领袖人才。

研究型大学以培养具有优秀综合素质、宽广国际视野和卓越领导能力的创新型拔尖人才为目标，注重学生"知、情、意、行"多维度健康成长和全面发展，使学生具有创新能力、卓越品质和全球视野。美国《21世纪技能框架》指出：21世纪的大学应培养学生学习和创新的"高级能力"，而不是掌握了多少知识的"基础能力"。哈佛大学前校长博克主张围绕提高学生的批判性思维能力来进行课程改革，使学生学会有效思考。《斯坦福大学本科生教育研究》报告将"丰富的创造力"作为其本科人才培养的核心目标。普林斯顿大学在新一轮的本科教学改革中也主要聚焦学生批判性思维能力的提升。我国研究型大学实施的人才培养模式创新实验区、大学生创新性实验计划、研究生教育创新计划等不断涌现，北京大学"元培学院"、清华大学"清华学堂"、上海交通大学"致远学院"、浙江大学"竺可桢学院"等，均瞄准培养拔尖创新人才这一目标定位。

**2. 注重交叉、多元融合的学科专业**

学科建设是大学建设的核心和永恒主题。交叉学科是由不同学科或不同门类学科领域的理论渗透、相互吸收、有机融合、方法互补等方式形成的新兴学科。历史表明，当今世界学科前沿的重大突破和创新成果，大多都有多学科交叉、融合和汇聚的印记。如今，交叉学科是学科知识高度分化和融合的体现。最近25年，交叉性的合作研究获得诺贝尔奖项的比例已接近50%。研究型大学作为培养拔尖人才和知识创新的重要阵地，多学科交叉融合和综合能力养成是促进新兴学科和重大创新的突破点，也是培养拔尖人才、促进学术创新的重要途径，有利于培养学生多学科的知识背景，形成综合性的知识结构。

目前，研究型大学存在学科交叉融合度低、学科之间壁垒森严；教师和研究人员多学科交叉融合意识不强，科学研究分散、封闭，资源共享不足，成果低水平重复；适应多学科交叉融合的体制机制尚未建立，得不到应有的重视和支持等问题。研究型大学应进一步培育多学科交叉融合的意识，积极探索有效途径，激发创新活力，提升创新能力。研究型大学学科专业交叉融合主要有以下几种途径：

一是培育新兴学科。以优势学科为轴心，引导其他学科向优势学科进行相应的交叉渗透，在优势学科方向上凝练出新的增长点；强化多学科间的横向交叉和融合，在新兴、边缘、交叉学科方面培育出新的学科增长点。芝加哥大学的社会学研究与政治学、教育学、经济学结合，形成了城市社会发展理论，开创了城市社会学。北京航空航天大学生物医学工程是力生物学与化学交叉研究及应用重点学科建设项目，着眼于国家航空航天和医学工程产业的需求，通过对力生物学、生物力学和化学等学科实质性地交叉融合，解决领域中的关键科学问题，部分研究成果发表于 Nature。

二是打造跨学科研究平台。以重大项目为牵引，将多学科资源有效整合起来，从学科队伍、平台资源、技术条件等多个方面支撑研究平台建设。麻省理工学院（MIT）充分利用在第二次世界大战中进行雷达研制的机会进行跨学科研究，此后 MIT 大力兴建跨系、跨学科的研究机构和实验室、研究中心、跨学科课题组，其中跨学科研究中心和实验室已超过 64 个。上海交通大学在面向世界科技前沿方面，组建暗物质直接探测、青蒿素人工合成、激光核聚变研究协同创新中心等研究团队；在文理交叉学科方面，形成了跨学院的国家战略研究、城市治理研究、海洋战略研究等研究团队和研究院。

三是实行交叉融合培养。研究型大学依托多学科优势，对接创新型人才培养需求，结合交叉学科战略布局，将各学科的学习、研究和实践整合成一体，让学生获得不同专业之间的跨学科学习和研究的体验，不断拓宽人才培养路径。普林斯顿大学实行跨学科的专业教育，在 47 个本科专业的基础上，设立 10 个跨学科的教育项目。上海交通大学开设数学—金融、工科—管理、法学—外语、生物—信息等学科贯通试点班，探索依托传统学科优势和新型学科优势的贯通，培养学术精英和产业领袖人才。此外，可以通过建立跨学科人才培养实体机构，培养创新人才。例如，中山大学中法核工程技术学院横跨物理学、力学、工程学、化学等学科领域；中（中山大学）卡（卡内基梅隆大学）联合工程学院横跨电子信息、计算机工程、材料工程、生物医学工程等专业领域。

四是建立交叉融合的基层学术组织。现代大学学科建设的趋势是学科界限逐步模糊，交叉学科增多，文理学科向综合化发展，推动综合性、交叉性、集成性的学术组织形成。大连理工大学围绕学科前沿以及国家建设和区域建设的目标，以基层学术组织创新为牵引，积极推动学科交叉融合和有机分化，试点学部制改革，将原有的 30 多个二级实体院系转设为 7 个学部、5 个学院共 12 个二级实体教学科研单位。

**3. 宽厚基础、通识教育的课程体系**

研究型大学培养领袖型人才，应按照"厚基础、宽口径、强实践、重创新"的理念优化课程体系，因材施教，培养全面发展的人才。世界一流研究型大学课程体系均强调综合化、多样化、可选择性，注重通识教育，培养学生宽厚的基础。

哈佛大学委员会《自由社会中的通识教育》报告中首次将通识教育定义为"学生在整个教育过程中，首先作为人类的一个成员和一个公民所接受的那部分教育"。2009 年哈佛大学启动新的教育方案，以"通识教育"取代盛行达 30 年之久的专业教育，让学生通过八个领域核心课程的学习，培养学生全球意识，关注现实问题，重视科学教育，强调多元价值。国内研究型大学借鉴国际经验，近年来对通识教育进行了大胆探索。复旦大学构建由七大模块组成的课程体系，建立了"模块—基本课程单元—课程"三级课程结构，推出"科学与人文"通识教育名师讲堂系列；浙江大学构建以人文与艺术、数学与自然科学、社会科学、技术与工程为主题的通识核心课程体系；清华大学实施通识教育基础上的宽口径专业教育。

研究型大学重视文理互补，设置交叉课程，构建博、专结合的综合化课程体系，实现普通教育与专业教育的融合。美国研究型大学要求主修理工科的学生学习一定比例的人文课程，主修人文社会科学的学生也要学习一定比例的自然科学课程。麻省理工学院坚持科学与艺术教育并重的指导原则，在工程教育中通过艺术类课程来开发学生右脑形象思维功能，培养学生将产品设计现实化的能力。研究型大学通常开设多种形式的实践类课程。斯坦福大学实践活动课程包括有社会服务、工作实习、项目训练等形式，明确要求本科生必须修满8学分的实践活动课程。同时，开设创新创业教育课程，实施全程、全员、全面参与的创新创业教育。欧盟早在2000年就强调将创新创业精神作为学生必备的核心素养。哈佛大学商学院学生至少选修过一门创业课程。此外，研究型大学还通过设立主、辅修制度，设置第二学士学位、辅修专业供学生选修，合格者可获得相应第二学士学位证书或辅修专业证书。

**4. 科教融合、寓教于研的培养模式**

研究型大学培养拔尖创新人才的优势，在于科研与教学的结合，寓教于研、实现教学活动与科研活动的有机结合是提高创新人才培养质量的重要途径。教学研究型大学的本科教育教学重点是以研究、探索为基础的教学，采用现代教学方法，使学生变成知识和文化的探索者。科研与教学的结合，将创新思维和研究能力的培养贯穿于教育的全过程，为学生的禀赋和潜能的充分开发创造宽松的环境。

一是构建研究型教学模式。拔尖创新人才的培养必须有高水平的科研做基础和保障。欧洲研究型大学推进"研究导向的教育""基于研究的教育"。在教育内容上，不断将新的研究成果引入课堂教学中；结合教师承担的科研课题，开展基于项目的学习，指导本科生毕业设计；在教育方式上，坚持"以研促教、以教助研"，在探究式学习过程中获取知识、训练思维、培养能力、及早介入科学研究，促进学生熟练掌握创新思维、创新方法和创新工具，着力培养学生的科学精神和创新能力。

二是开展本科生科研计划。众多研究型大学鼓励学生参与科研训练，鼓励学生加入教师科研课题，实现教师科研活动与学生科研训练计划的对接。美国研究型大学从本科生开始强化科研训练，普遍设立了各式各样的"本科生科研计划"。如 MIT 实施的"本科生研究机会计划（UROP）"、加州理工学院开展的"夏季大学生研究计划（SURF）"、加州伯克利大学设立的"本科生科研学徒计划（URAP）"等。为了建立本科生科研的长效机制，许多研究型大学还成立了直接负责本科生研究活动的指导中心，为本科生研究与创新活动提供经费与政策支持、寻找合作研究机构、对其成就进行奖励等。

三是实行新生研讨课。研究型大学实行新生研讨课最早源自《博耶报告》，该教学模式以研究讨论为主，主要通过教授引导，以师生互动、小组学习的方式，师生一起体验、共同参与研究性学习，从而建立一种教授与新生沟通的新型渠道。美国研究型大学为低年级本科生开设讨论课，如伯克利大学的"新生讨论课项目"，斯坦福大学的"斯坦福导读"等。清华大学 2003 年开始设置由院士或知名教授主持、面向一年级学生的"新生研讨课"（freshman seminar），由知名教授为本科新生开设小班研讨课，每门课程人数不超过 15 人。

四是把科研成果对人才培养的贡献度作为科研工作评价的重要因素。把科研优势转化为教学优势，把科研成果转化为教学资源，促进科研与教学的融合、促进科研团队与教学团队的融合、促进科研基地与教学基地的融合，重点实验室、研究基地等向本专科学生开放。

## （二）研究型高校生成机制

纵观世界各国一流研究型高校的发展脉络，精英主义的教育理念、汇集全球优质师资和生源、贯通本—硕—博培养机制和科教融合育人的运行机制构成高水平研究型高校创新发展机制。

**1. 精英主义教育理念的战略机制**

当今世界，创新驱动实质上是人才驱动，综合国力的竞争说到底是人才的竞争，而人才竞争的核心则是拔尖创新人才的竞争。拔尖创新人才处在人才金字塔的顶端，是人才队伍中的领军人才，属于人才资源中最宝贵、最稀缺的资源。

历史和现实昭示，唯有抢占人才竞争的制高点，才能立于科技革命的不败之地。目前新一轮科技革命和产业变革正在蓬勃兴起，全球进入一个创新密集时代。为了抢占未来发展战略制高点，世界各国纷纷出台计划，加快培养拔尖创新人才。如韩国的"BK21 工程"、日本的"21 世纪 COE 计划"、德国的"卓越计划"、俄罗斯的"联邦创新型大学计划"、美国的"美国竞争力计划"、欧盟的"欧洲 2020 计划"，等等。

《国家中长期人才发展规划纲要（2010-2020 年）》提出，"培养造就数以亿计的各类人才，数以千万计的专门人才和一大批拔尖创新人才"。中共中央《关于深化人才发展体制机制改革的意见》提出，解放和增强人才活力，形成具有国际竞争力的人才制度优势，加快建设人才强国。目前尽管我国人才总量位居世界第一位，但是拔尖创新人才严重匮乏。在世界一流科学家中，我国仅有100多人，仅占世界的4.1%，而美国高达42%。能否培养出一大批拔尖创新人才，是我国实现"两个百年"战略目标，建设科技与人才强国的关键性因素，也是我国研究型大学改革和发展刻不容缓的重要战略任务。

研究型大学具有学科门类齐全、人才荟萃、教学与科研密切结合、国际合作交流广泛等优势，是培养高层次人才的基地，对培养和造就拔尖创新人才肩负着义不容辞的历史重任。据1946～1981年的统计，在世界荣获诺贝尔奖的科学及理论成果有70%是在大学中产生的，特别是在世界一流的大学中产生的。英国18世纪的崛起，德国在19世纪的超越，美国在20世纪的引领，均离不开研究型大学在国家崛起、民族复兴、产业革命中发挥的重要作用。

马丁·特罗指出"大众高等教育的发展不一定要破坏精英高等教育机构及其组成部分，或者是一定要其转变成大众型高等教育机构。精英高等教育确实仍在发挥着大众高等教育所不能发挥的作用，其中的一些功用是教育和训练经过严格选拔的学生，以使他们适应高标准和高度创造性的脑力工作"。追求卓越是世界一流大学的共同品质。阿什比认为，大学是一个有机体，是遗传和环境的产物。在高等教育大众化时代，研究型大学秉持精英主义教育理念，实施高水平的教育，培养具有强烈的责任意识、高尚的道德品质、宽厚的知识基础、突出的能力潜质、优秀的综合素质、开阔的国际视野的精英人才，既是传承大学理念和宗旨的需要，也是现实发展的需要。

在精英主义教育理念驱动下，研究型大学培养创新人才呈现出独有的特点：控制办学规模，学生人数一般在2万人以内，本科生与研究生保持合理比例；重视本科教学，最优秀的教授给本科生上课；保持较低的师生比，维持着较小的班级规模；教学模式不是单一传授知识，追求科研与教学相结合；发展高水平的学科和科研，培养学生探索未知的兴趣、创造性能力等。北京大学、清华大学等19所高水平研究型大学实施"基础学科拔尖学生培养试验计划"，培养数学、物理等五个基础学科拔尖创新人才；部分研究型大学组建跨学科的实验班，成立"试点学院"，均是研究型大学精英主义教育理念的体现。

**2. 汇聚全球优质师生的资源机制**

从资源配置和投入的角度来看，研究型大学拥有优质的资源、一流的学科、卓越的师资、高质量的生源、先进的科研平台、完善的教学设施、充足的科研经费，具备将优质资源转化为育人资源的良好基础。

首先，研究型大学拥有高水平师资队伍。曾任哈佛大学校长的科南特说过："大学的荣誉不在它的校舍和人数，而在于它一代又一代教师的质量。"国际化、高端化师资队伍是建设世界一流大学的关键，对于建设一流学科、开展国际学术合作、提高课程国际化水准、培养学生跨文化能力具有决定性作用。香港科技大学之所以在短短20多年能够一跃成为世界一流大学，秘诀就在于面向全球延揽顶尖人才，近500名教师来自世界各地，各级教授全部拥有著名大学的博士学位，大部分教授在北美研究型大学取得博士学位或从事教研工作。近年来，研究型大学纷纷开展改革探索，通过组建新的学术机构，高薪聘请海外高层次人才，试点终身教职制度，改革教师评价办法等，提升师资队伍水平。上海交通大学以制度激励为核心，深化人事制度改革，打破了传统的"终身制"，向以"Tenure-Track"体系为核心的师资队伍过渡，从海外引进大规模人才。

其次，研究型大学拥有优秀的生源。世界知名研究型大学注重吸引本国乃至世界范围内最优秀的学生来校就读，入学考核非常严格，录取率低，生源质量好。研究型大学都具有"国际化"的育人环境，学生可以接触不同国家的文化，与来自不同国家的教师、学生交往相处。德国有关部门在对大学进行评估时把欧盟国家以外的国际学生所占比例作为重要指标之一。研究型大学通过发展高水平留学生教育、推进全英文授课、拓展学生赴国外访学和研究实习机会、举办暑期国际课程等多种途径，为学生营造国际化的成长环境，培养学生的跨文化交流与学习能力。复旦大学接受来自123个国家的各类外国留学生，派出海外交流本科生约占本科年级平均人数的45%。

### 3. 本—硕—博贯通式培养的发展机制

研究型大学人才培养的重要特点是坚持本—硕—博贯通培养，将培养阶段设计成一个前后呼应、由浅入深、循序渐进的有机整体，打破本科生与研究生教育之间的阻隔，使学习过程具有系统性、统一性和交叉性。本—硕—博课程贯通是整体人才培养体系的重新设计，统筹安排课程学习、科学研究、学位论文，优化学科内、学科间课程体系结构和课程设置，可以体现学科的深入性与交叉性，让学生直接进入博士阶段的培养，了解本学科领域更深入的知识结构，确定发展目标，向自己感兴趣的领域发展，较早就开始进行课题研究，接触学科前沿，避免部分环节的重复，缩短培养周期。

在国外一流大学的课程体系中，许多专业实施本—硕—博课程贯通。哈佛大学生命科学学科在本科阶段实行平台化培养，大一主要学习专业基础知识及通识核心课程，专业基础课程包括生命科学、自然科学、数学等，这些基础课程基本能够达到学生在大二进入不同专业方向的要求。进入大二，学生可以在涉及7个系、部的9个专业中选择课程。进入专业学习之后，学生只要满足该专业的修业要求，即可获得学士学位，各专业大多要求学生修读 12~15 门课程。哈佛大学生命科学专业在硕、博士阶段细化出 12 个方向，每个项目只要求申请者在本科期间修读过哪些类别的课程，并不会规定申请者必须来自哪个专业。生命科学专业的学生在本科阶段几乎都会修读上面提到的几门基础课程，也就是说本科阶段的 9 个方向几乎都可以朝着 12 个硕、博士方向交叉发展。美国研究型大学许多专业均有相似的特性，即具有非常明确的专业基础课程，一旦完成了这些专业基础课程的学习，就基本掌握了本领域的专业基础知识。后续的专业方向课程、相关交叉学科的方向课程可以把学生引入各自感兴趣的领域。

纵观国内，研究型大学"本科、硕士、博士"存在明显的阶段性，传统的本科与研究生课程相对独立，缺乏统一的整体，无论基础课程还是专业课程均没有实现由本科到硕士、再到博士的由浅入深、由易到难、由简到繁的课程学习体系。一些研究型大学进行了有益探索，建立本科生与研究生课程能够互选互认、共建共享机制。课程向不同学习能力、学习需求的学生开放，学习能力强的本科生，可以修习直达博士水平的课程，也可以同时修习多个学科专业的课程。对于一些本、硕、博士阶段能打通的外语类、政治类课程，建成不同等级的系列课程，实现本、硕、博课程资源统一管理、统一安排、统一选用。建立学分转换机制，消除本科生选修硕士生课程和硕士生选修本科生课程的障碍。上海交通大学全面推进本、硕、博课程体系贯通建设，按照培养目标、培养方案和教学内容对本科生、硕士生、博士生的课程进行整体设置和建设，首批 6 个试点院系已完成本—硕—博课程体系梳理，制定了编码细则并重新编制了所有本科课程代码，建立本、硕、博课程库与选课系统。哈尔滨工业大学适应高考招生制度改革和学校大类招生与培养的新趋势，打通本—硕—博课程，建立全校性平台课程，允许学生在本科阶段选择硕士研究生课程作为其个性化发展课程；硕士生可跨学院、跨学科选修本科生专业核心课和专业选修课作为其选修课程，并记入学分；博士研究生可选择硕士研究生的学科核心课作为其学位课程，也可选择其他研究生课程作为其选修课程。

**4. 科教融合育人的运行机制**

科教融合是世界一流大学办学的核心理念。坚持科学研究与教学相结合，协同育人，发挥科学研究对人才培养的支撑和引领作用，体现了知识的产生、传播、传承和创新，是高水平研究型大学的基本特征、运行规律、内在机理。

追溯大学发展历史，1810 年创办的柏林大学被称为"现代大学之母"，洪堡提出，教学与研究应同时在大学内进行，现代大学自创建起就确定了科研与教学并举，教学与科研为一体的原则。世界大学特别是高水平研究型大学无不是遵照这一原则发展起来的。高水平科学研究与教育教学互为依托、相互促进，科研可以反哺教学，带来教学内容的优化、前沿知识的更新和教学方法的改进，也必将有利于学生创新思维和实践能力的提升。

我国传统大学教育受苏联模式影响，实行科学研究与教育教学相分离政策。在科教融合视角下，研究型大学人才培养过程应融入教学与科研两大支撑性因素，从这两个维度构建高层次人才培养模式的制度框架，注重科研对教学的渗透，使最前沿的科学研究成果源源不断为教学提供不竭源头"活水"。南京大学把评价机制作为撬动改革的杠杆，持续重申和强化"四个一视同仁"的教师业绩考核标准，即坚持教学工作与科研工作一视同仁、教学研究项目与科研项目一视同仁、教学成果与科研成果一视同仁、教学带头人与科研带头人一视同仁。

科教融合的另一个重要体现就是大学与科研机构资源共享、优势互补、协同育人。研究型大学培养拔尖创新人才是一个复杂的系统工程，需要方方面面的共同努力。科研机构和研究型大学都是国家创新体系的组成部分，有着不同的体制机制和特色优势，呈现不同的文化传统和人才培养模式。科教融合能够整合研究型大学与科研院所的资源，包括整合学科、科研平台、导师、教学等多方资源，是培养拔尖创新人才的重要途径。近年来，国家深入实施"拔尖计划""科教结合协同育人行动计划""卓越计划"，整合科研资源、行业资源、社会资源、国际资源，推进研究型大学与国家部委、行业企业等不同类型、不同层次的协同育人工作，正是科教融合、协同育人的体现。例如，中科院研究所与研究型大学共同创办"英才班"、举办暑期学校、联合培养博士生等。华南理工大学与深圳华大基因研究院共建生命科学创新学院，其中基因组科学创新班迄今有 21 人次以并列第一或署名作者身份在 Nature、Science 等国际刊物发表学术论文 16 篇。山东大学与中科院合作实施科教协同育人计划，与 12 个科研院（所、中心）签署合作协议，设立华罗庚班、严济慈班等 10 余个本科人才特色班，推进拔尖创新人才培养。吉林大学 14 个学院与中科院所属 16 家院（所）合作协同培养本科生，数十位专家成为吉林大学的双聘院士和兼职教授。

## 二、应用型高校人才培养方式及生成机制

应用型高校以应用为导向，将注重实践的应用人才作为培养目标，学科专业对接需求并形成专业集群，课程体系突出能力本位观念进行模块组合，构建产教融合、校企合作的培养模式。实用主义教育理念的战略机制、实践教师与行业企业的资源机制保障、应用研究引领教学的发展机制和产教融合协同育人的运行机制是应用型高校建设和发展的核心要素。

## （一）应用型高校人才培养方式

### 1. 注重实践、应用人才的培养目标

应用型高校人才培养目标是具有扎实专业理论基础，较强的知识应用、实践创新能力，经济社会发展需要的高素质应用型人才。这一定位是合目的性与合规律性的辩证统一办学理念的具体呈现，契合了人才分类理论和经济社会对不同人才的需要。

从经济社会发展外部环境来看，技术进步和产业升级导致对应用型人才的需求更加旺盛，要求更高，包括地方本科院校在内的应用型高校转型发展，培养应用型人才，既是我国经济发展方式转变、产业结构转型升级、建设创新型国家的需要，也是国家人才培养战略调整，深化我国高等教育供给侧改革，解决新增劳动力就业结构性矛盾的迫切要求。

从高等教育体系内部看，《国家中长期教育改革和发展规划纲要（2010－2020年）》明确提出"重点扩大应用型、复合型、技能型人才培养规模。"定位于培养应用型人才，是优化高等教育结构，破解地方本科院校办学定位趋同，学科专业无特色，与地方产业结构脱节，增强服务区域经济社会发展能力，促进高校持续健康发展的客观需要。

应用型人才体现出鲜明的实践性、应用性、技术性、研发型等特征。在知识方面，强调"专业、实用、复合"；在能力方面，强调"应用、技术、转化"；在素质方面，强调"职业、敬业、创新"。应用型人才是相对于理论型或研究型人才而言的。与研究型人才重在培养其发现和探索客观规律、创新知识的能力相比，应用型人才不过分要求知识的深厚，重在培养熟练运用应用专业知识解决实际生产问题，特别是将高新科技知识转化为生产力，为社会创造直接利益的能力，需要具备从事具有一定代表性且面向高端应用的生产和技术的能力。应用型人才和研究型人才不是层次的差异，只是类型的不同，都是一个国家不可缺少的人才，从提高生产效益和工艺水平上讲，应用型人才的作用更为显著。

应用型学院与应用型大学虽然均培养应用型人才，但两者的具体培养规格有所不同。例如，金陵科技学院提出，培养适应地方经济社会发展需要的专业基础扎实、职业素养好、实践能力强、发展后劲足的高级应用型人才；上海工程技术大学提出培养熟悉国际规则，具有社会责任感，具备综合能力，拥有创新意识、创新能力和奉献精神的高等工程应用型人才；北方工业大学的培养目标是德智体美全面发展、具有创新精神、基础扎实、实践能力强、综合素质高、适应社会发展需要的应用型高级专门人才；德国应用科学大学应用型硕士培养目标则要求学生在学业完成后有独立完成科技或工程项目的能力，独立实施以科学为基础且面

向应用的研究和开发。

**2. 需求导向、形成集群的学科专业**

应用型高校的主要任务是培养应用型人才，既强调较强的专业应用性，又需要具备适度的学科基础作为支撑，因此，应以专业建设为根本，以应用型学科建设为重点，通过学科建设带动和服务专业发展，最终达到学科专业建设反映区域经济建设和社会发展的要求，培养的人才适应社会需求的目的。

应用型高校学科专业建设具有自身的特点：一是应用型高校学科专业建设的地方性。许多应用型高校是扎根地方、立足地方、服务地方的地方本科院校，培养面向地方、行业急需的应用型人才，先要在专业设置上体现地方特色。要围绕地方经济社会发展调整与优化学校的专业体系，有力支撑区域重点产业和战略性新兴产业发展需要。德国应用科学大学注重将地区经济产业优势转化为学科专业特色。例如，莱茵美茵应用科学大学利用地处德国著名的葡萄种植区，开设了全国唯一的葡萄种植和国际葡萄经济专业。安康学院紧密对接安康区域发展需求，凝练出陕南民间文化研究、秦巴资源保护与开发、农业资源与环境3个特色学科方向进行重点建设。

二是应用型高校学科专业建设的应用性。应用型高校在学科专业建设应转变"重理论探究、轻实践应用"的传统思路，依据人才培养定位，把学科专业建设的重点放在实践应用上，把学术研究向知识的开发和应用性知识的转化，加强应用科学研究，产生高水平的应用型科研成果，凸显学科专业建设的应用性特色。北京工商大学加强应用型学科专业建设，食品科学与工程是国家级特色专业，"食品添加剂与安全"获批服务国家特殊需求博士人才培养项目，拥有"农产品质量安全追溯技术及应用国家工程实验室"。

三是应用型高校学科专业建设的灵活性。要注重依据地方（行业）经济和社会发展需要及时调整专业学科布局，重点建设对地方经济发展特别是对地方产业升级和支柱产业具有人才技术支撑作用的应用性专业，集中力量办好一批与区域经济结构匹配度较高的应用型学科专业；关停并转经济社会需求饱和、就业困难、缺乏竞争力的专业；巩固传统优势学科专业。德国应用科学大学创造性开发新专业，将分离的不同学科整合，建成诸多跨学科的专业，汉诺威应用科学大学开设的机械经济工程、医疗教育学等6个双元制专业，均体现了跨学科的特点。

四是应用型高校学科专业建设的集群性。应用型高校专业建设走"专业群对接产业链、创新链"之路，是提升专业集群服务经济社会发展的贡献度和应用型人才竞争力的重要举措。专业集群是对应产业集群上同一产业链、创新链的岗位（群）需求，以与主干学科关联度高的核心专业为龙头，充分融合若干个学科基础、工程对象与技术领域相同或相近的若干专业的有机集合，与产业结构相适应，为区域产业培养应用型人才。如武汉纺织大学确立"专业嵌入产业链，产业哺育专业群"思路，立足纺织材料、纺织技术的现代发展和纺织产业链的高端延伸，拓宽纺织学科应用领域，形成了"现代纺织技术学科群"。重庆第二师范学院各专业关注0~12岁年龄段儿童的教育、健康、生活、娱乐和文化需求，构建教育服务、健康服务和营商服务三大专业集群。

### 3. 模块组合、能力本位的课程体系

应用型本科的课程在课程内容和教材方面与研究型本科有所区别，在培养目标、课程结构、课程实施等方面都要注重加强应用性。研究型大学遵循"学科本位"的课程体系开发，高职院校则坚持"基于工作过程"的课程体系开发。应用型本科院校课程开发既不应与研究型高校强调学科知识逻辑的"理论与实践并行的课程"一致，也不应与高职专科强调实践能力的"理论为实践服务的课程"并行，而是应该建立"理论与实践一体化的课程"类型，实行"依托学科，面向应用"的课程开发。

一是应用型高校要把专业应用能力作为专业课程体系设计的起点，打破先理论后实践，先基础内容后综合内容的串行模式，实行认知与实践同步、基本教学与综合设计同步的并行模式。推进课程体系改革，整合优化课程结构，利用"互联网+课程"线上线下形式，通过信息技术推进课程体系改革，构建由理论课程、实践课程、综合素质拓展课程组成的三大课程体系，突出学生实践能力的培养。

二是加强公共基础课与专业课之间的衔接。公共基础课程的设置要为专业培养目标服务，要为专业课程的学习奠定基础。除了思想政治理论课等教育部统一规定的公共基础课以外，地方本科院校可以依据各专业的人才培养目标自主规定其他公共基础课的学分、学时、教学重点，实行分层分类教学。

三是以专业能力为主线构建实践课程体系。德国应用型大学课程设置最显著的特点是实践训练和教学形式的多样化，如讲座、研讨、实践练习、工作实习和小组研学旅行。德国应用科学大学工科类专业毕业论文课题来自企业，并在企业中完成的占60%~70%。培养应用型人才关键在于加强实践教学，必须增加实践性课时的学时、学分比例，强化以综合性、设计性实验为主的实践教学体系，大力推行项目教学，形成从低级到高级的能力进阶的项目教学系列。

四是构建模块化选修课程。马丁·特罗认为，大众化高等教育阶段的课程特点是"灵活的模块化课程"。应用型高校要推进课程体系模块化改革，以专业核心能力为中心，将传统课程体系划分为课程模块，取消对专业培养目标支撑力度较小的基础课程，优化整合教学内容，突破原有知识框架的线性逻辑，给学生更多自由选择的空间。

五是推动课程设置与职业标准挂钩。以国际化职业岗位标准开发课程教学资源，课程内容对接职业资格要求，增强职业技能训练和应用能力培养。湖南文理学院全校共开设"一专多证"课程149门。我国台湾地区将科技大学和技术学院职业资格证书通过率作为教学评估的重要指标。

### 4. 产教融合、校企合作的培养模式

应用型高校人才培养模式一个本质特征是高校与行业产企业协同育人，开展全方位、全职能、全过程的合作。教育部启动的"卓越工程师教育培养计划""十三五"应用型本科产教融合发展工程规划项目、"教育部—中兴通讯ICT产教融合创新基地"、数据中国"百校工程"产教融合创新项目，均体现了国家对产教融合的倡导。

应用型高校实行产教融合、校企合作的教学模式多种多样，最具代表性的有以下几类：

第一，校企合作培养人才。应用型高校与企业联合设置专业、共同制订培养目标、确定人才培养方案、组建教学团队、培养适销对路的应用型人才，是校企合作的常见方式之一。深圳大学与深圳市地铁集团有限公司有着长期的合作，机电与控制工程学院与地铁集团联合开设地铁集团定向班，为地铁集团专门培养人才。武汉纺织大学建设了一批企业冠名的"服装工程以纯班""轻化工程润禾班"等。

第二，校企共建实验中心。应用型人才培养需要优良的硬件条件支撑。应用型高校与企业联合共建重点实验室、实习实训基地、实践教学共享平台、技术研发中心、工程技术中心、协同创新中心等，有利于改善教学基础设施建设，强化实践育人环节，推进技术集成与创新。

第三，校企共建行业学院。行业学院是应用型高校与行业、企业合作建设的以新机制运行的二级学院，往往在"订单培养式""嵌入课程""定向冠名班"等合作教育模式的基础上，按照合作方的共同意愿建立而成。如以常熟理工学院与地方政府、行业企业合作共建了光伏学院、电梯学院、服装学院等。

## （二）应用型高校生成机制

以实用主义教育理念作为战略机制，实践教师和行业企业资源机制为支撑，应用研究引领教学的发展机制和产教融合协同育人的运行机制，共同促进应用型高校建设和发展。

### 1. 实用主义教育理念的战略机制

应用型高校定位于培养应用型人才，是实用主义教育理念的体现，有着深刻的历史依据和强烈的现实召唤。

从高等教育发展历史来看，大学从培养绅士到重视实用是经济社会发展和哲学思想影响的结果。实用主义强调对实际生活是否有用，以是否有实际价值为判断标准。美国著名教育家杜威认为，哲学的意义在于解决实际的生活问题，"有用即真理"是杜威实用主义哲学的经典表述。受实用主义哲学以及教育民主化思想的影响，1862年美国《莫雷尔法案》获得批准，联邦政府拨赠公地给各州，设立学院进行农业及工艺教育，开创高等教育直接为社会服务的先河。随后，美国实用主义教育思想在威斯康星大学进一步发扬光大，高等教育的政治论哲学盛行。威斯康星大学校长范海斯非常重视大学在社会经济文化发展中的作用，认为大学就是要把知识、技术传授给广大民众，使他们解决社会生产、生活中所遇到的问题，甚至认为"服务应该成为大学的唯一理想"，从而使为社会服务成为大学的第三大职能。

当前，顺应经济社会发展产生的应用型高校在世界范围内蓬勃发展，成为相对于研究型高校的一种新的高等教育类型。德国、瑞士、芬兰等欧洲国家的应用科学大学，英国的多科技术学院，美国的专业性学院、工程技术大学，日本的"地域发展贡献"类大学，我国台湾地区的科技大学和技术学院，这些均是应用型高校的典型代表。

此类高校深受实用主义文化影响，办学直接指向市场需求和社会经济发展的根本需要，教学具有很强的实践性，实践训练突出技术的应用与开发，人才培养受到市场欢迎。通过科技服务、技术转化、联合攻关等渠道服务区域技术技能创新积累。总之，致力于学以致用、服务社会成为应用型高校的价值追求，是其生存之基和活力之源。

**2. 实践教师与行业企业的资源机制**

建设应用型高校的关键在于教师，培养目标的不同决定了教师队伍必须具备不一样的素质特征，那就是既需要教师资格，又需要行业职业技术资格；既需要教学能力，又需要实践应用能力。德国高等教育总法对应用科学大学教授的聘任条件有明确规定，一是高校毕业；二是具有教学才能；三是具有从事科学工作的特殊能力，一般通过博士学位加以证明，或具有从事艺术工作的特殊能力；四是在科学知识和方法的应用或开发方面具有至少5年的职业实践经验，其中至少3年在高校以外的领域里工作，取得卓越的成绩。从聘任条件可以看出，应用科学大学的教授除了具有较高的理论知识水平外，还须具有丰富的理论联系实践的能力。德国下萨克森州应用科学大学要求师资队伍中有大量工程师，教授与工程师的比例是1∶0.75。台湾科技大学对教师实务教学能力提出严格要求，规定新进教师应具备在其任教的专业领域岗位上从事3年以上或兼职6年以上的资历，且需经服务单位或劳保单位出具证明，在职教师要在寒暑假或期中到企业进行短期研习。

可见，应用型高校的教师应具备双重资格、双重能力，一方面要具备独立从事高深学术性工作的能力；另一方面要有将科学知识和方法成功用于实践的能力，与研究型大学教授相比，应用型高校教师要具有更强的工程实践和应用研究能力，专任教师中"双师型"师资、来自行业企业的兼职教师均应占据较大比例。

同时，行业产业企业资源对于应用型人才培养必不可少，应用型高校只有将区域行业企业资源转化为教学资源，依照企业的实践原则来进行教学，让学生置身于真实职业场景，对企业内部结构和情况，包括企业主要产品、生产工艺、设备操作、市场客户、文化精神、团队发展等都有所了解，才能真正培养出满足企业需要的设计工程师、生产工程师、服务工程师等应用型人才。

**3. 应用研究引领教学的发展机制**

高水平应用型大学是国家竞争力的助推器、区域技术研发的策源地、企业创新的人才库和技术革新的思想库。应用研究是广大地方本科院校向应用型高校转变过程中联系教学与地方服务的重要中介、桥梁纽带。通过应用研究，可以提升教师的实践创新能力，培养一支适应应用型人才培养需求的教师队伍，更好地推动教育教学，提升课堂效果，改进教学质量，培养学生的知识应用和技术研发能力。因而，应用研究引领教学，是应用型高校培养人才、服务社会的重要特点和必由之路。

我国应用型高校大多数由高职院校合并升格而成，办学历史短、高水平教师短缺、研究平台匮乏，科研成为应用型高校的薄弱环节。从 2016 年的统计数据看，地方本科院校在硬件设施、科研产出和成果转化等方面都处于明显劣势。从科技人力看，地方本科院校的科技人才数量相对落后，校均教学与科研人员数量未达到教育部直属院校的 1/5；研究与发展人员、R&D 成果应用及科技服务人员的校均数量相对较少；从科研经费看，短缺现象十分严重，地方本科院校校均科研投入约为教育部直属院校的 5%；从研究类型看，地方本科院校的研究与发展课题数量约为教育部直属院校的 10%。德国联邦政府出台应用科学大学科研资助计划，高校成立研究所、产品研发中心，吸收学生加入科研团队，为提升国家整体创新活力贡献了巨大力量。

应用型高校要积极开展应用研究，积极区域、行业技术创新体系，以解决生产生活的实际问题为导向，广泛开展科技服务和应用性创新活动，促进科技创新成果的转化和先进技术的转移、应用、积累。探索科研服务教学及区域发展的有效途径，使科研在服务中培养师资，凝聚团队，促进学科建设，培养人才。上海工程技术大学建立了"轨道交通运营安全检测与评估服务中心"等 10 余个知识服务和研究开发中心，搭建创新人才培养平台。

**4. 产教融合协同育人的运行机制**

应用型人才具备专业理论基础和跨学科或行业视野，能够解决某一行业的具体问题，其培养途径关键在于高等教育与地方产业"双主体"协同发展，因此，完善产教融合协同育人机制尤为重要。

第一，完善产学研合作机制。建立由应用型高校、行业、企业、政府相关领导和专家参与的产学研合作联盟，统筹协调合作重大事宜，整合各方优势资源，共同制订合作方案，完善产学研合作创新的风险分担和利益分配机制，引导各方加大对产学研结合的投入。鼓励应用型高校从企业聘请教师和科研人员，支持高校教师与企业技术人员的双向交流。

第二，探索建立由政府、行业、企业参与的二级学院理事会（董事会）、专业建设指导委员会。完善人才协同培养、共建共管的保障机制。如宁波工程学院与中科院材料研究所、中石化镇海炼化、宁波市安监局共建材料与化学工程学院；与宁波市交通委、交警总队、住建委、建设集团共建建筑与交通工程学院；与象山县政府共建象山研究院。

第三，建立健全校地合作组织机制。应用型高校与地方政府加强校地合作，对于落实创新驱动发展战略，促进高校与地方科技资源开放共享、优势互补，加快区域创新体系建设，实现"共建、共享"，具有重要现实意义。纵观世界，硅谷的崛起、波士顿128号公路的兴盛、法国里尔科技创新区、日本筑波科学城等，无一不是高校与区域科技发展紧密结合从而实现双赢的典范。目前，已有部分应用型高校开始探索校地长效合作机制，河南省许昌市政府成立支持许昌学院转型发展的协调小组，常熟理工学院与江苏省常熟市政府成立校地合作领导小组，政府出台《常熟市·常熟理工学院"十三五"校地互动发展规划》。

## 三、高职高专院校人才培养方式及生成机制

高职高专院校以培养生产一线的技能型人才为人才培养目标，学科和专业设置以就业为导向、面向市场需求，基于工作过程构建课程体系，形成校企合作和工学结合的人才培养模式。高职高专院校的办学以面向所有人的教育理念为战略机制，以"双师型"教师和企业真实教学环境作为资源支撑，形成"中职—高职专科—应用本科—专业学位研究生"相衔接的人才培养机制和校企深度参与协同育人的运行机制是其建设和发展的核心要素。

## (一) 高职高专院校的人才培养方式

### 1. 生产一线、技能人才的培养目标

当前,我国正处于深化改革开放、加快转变经济发展方式的攻坚时期,建设现代产业体系急需大量技能型人才。职业技能型高校是高等教育体系中的一个类型,以直接服务职业分类发展为宗旨,以促进就业为导向,适应技术进步和生产方式变革以及社会公共服务的需要,肩负着培养面向生产、建设、服务和管理第一线需要的高技能人才的使命,对于促进就业、改善民生、服务企业技术进步、建设学习型社会具有不可替代的作用。高技能人才是在生产、运输和服务等领域岗位一线从业者中,具备精湛专业技能,能够解决生产操作难题的人员,主要包括技能劳动者中取得高级技工、技师和高级技师职业资格及相应职级的人员。

职业技能型高校人才培养目标在不同历史时期有不同表述,如"较高级技术员和相应层次的技术、管理人员""高等技术应用性专门人才""高端技能型人才"等,2014年国务院《关于加快发展现代职业教育的决定》提出"专科高等职业院校要密切产学研合作,培养服务区域发展的技术技能人才"。虽然表述不同,但其内涵是基本一致的。如深圳职业技术学院的培养目标是"德业并进、学思并举、脑手并用"的复合式创新型高素质高技能人才。

综合来看,职业技能型高校培养的高技能人才具有三个重要特征:一是职业性,高职院校以就业为导向,具有职业定向性,培养的学生具有较好的职业素养,满足企业需求,同时也着眼于学生未来职业发展。二是技能性,高职院校注重实践操作和技能训练,在进行理论教学的同时,注重对学生操作技能、管理技能、服务技能的培养,要求学生掌握一技之长。三是一线性,高职院校培养生产、建设、管理、服务第一线岗位技术技能人才的明确定位,决定了高职院校毕业生的基本去向是企业一线。

### 2. 面向市场、就业导向的专业建设

专业建设是高职院校强化内涵、提升人才培养质量的突破点和着力点,是对接社会需求、主动适应经济发展和产业升级的桥梁和纽带,也是特色办学的逻辑起点。

从院校层面上看,职业技能型高校专业建设当前还存在专业发展整体规划不够、专业结构与学校办学服务面向契合度不高、专业动态调整机制不健全、专业特色不鲜明等问题。一些高职院校还不能灵敏、准确地把握市场变化,依据产业发展需求与变化及时设立或调整专业,造成专业结构与产业结构不匹配,影响到学生就业。

由于市场需求和产业结构始终处于动态发展中，对技术技能人才规格、结构和质量的需求不断变化，职业技能型高校应将当地产业结构和社会对人才需要的变化趋势作为确定专业结构主体框架的依据，这是专业开发的基本原则。职业技能型高校需根据地方产业需要，建立常态化的专业动态调整机制，使专业设置与区域产业发展需要结合更加紧密。

高职院校要加强市场调研，摸清产业发展情况，明晰国家及区域的产业政策、产业发展规划、产业发展现状及前景、行业企业规模、产业对各类人才的需求情况、岗位设置等，紧贴市场、紧贴产业、紧贴职业，紧紧跟上产业振兴、调整、升级、发展的步伐。推进行业、企业全程参与专业建设的新机制，发挥行业企业和专业建设指导委员会的作用，加强专业教学标准建设。集中力量办好当地需要的特色优势专业和专业群，使学校专业与区域产业良性互动、同步发展。停招或撤销与地方产业相关度低、重复设置率高和就业率低的专业点，如就业水平比较低的文秘、计算机信息管理、计算机多媒体技术、法律事务等专业；新增与新产业和新业态密切相关的专业，如物联网应用技术等新产业，老年服务、康复治疗、社区管理等与民生密切相关的领域，新能源应用技术、软件外包服务、城市轨道交通等与地方主导产业关联度高的专业领域。

**3. 基于工作过程进行开发的课程体系**

长期以来，职业教育课程内容的设计与编排远未跳出学科体系的藩篱，在传统观念束缚下编写的教材始终不能适应职业工作的需要。按照工作过程的顺序开发课程，成为职业技能型高校课程开发的突破口。

以就业为导向的高等职业教育，其课程内容应以过程性知识为主、陈述性知识为辅，即以实际应用的经验和策略的习得为主、以适度够用的概念和原理的理解为辅。按照工作过程来序化知识，即以工作过程为参照系，将陈述性知识与过程性知识整合、理论知识与实践知识整合，意味着适度、够用的陈述性知识的总量没有变化，而是这类知识在课程中的排序方式发生了变化。课程不再是静态的学科体系的显性理论知识的复制与再现，而是着眼于动态的行动体系的隐性知识的生成与构建。高职院校针对行动顺序的每一个工作过程环节来传授相关课程内容，而不是按照由浅入深、由易到难、由表及里、逻辑严密的学科顺序传授内容，学习过程中学生认知的心理顺序与专业所对应的典型职业工作顺序是一致的，可以实现实践技能与理论知识的整合，将取得事半功倍的效果。

随着职业技能型高校从传统的学科知识课程体系转型为工作导向的课程体系课程理念、课程实施、教学模式、评价方式也应随之改变。编制课程教学标准时，应将企业真实任务对职业能力的要求纳入其中，把职业素养的培养融入专业课程中。对教学目标的叙写应以职业能力来描述，而不是掌握知识程度的描述；

教学内容的选取范围、教学组织的顺序应基于职业岗位的工作过程的分析，将课程按工作任务设置成多个情境，融"教、学、做"为一体；教学内容陈述的方式应以工作任务或工作项目的形式来叙写，采取情境探究、任务驱动、案例教学、项目教学等教学方法，让学生在一个完整的工作过程中理解每一个工作任务。

**4. 校企合作、工学结合的培养模式**

高等职业教育属于跨界的教育类型，企业是职业教育重要的办学主体，为增强学生的"职业性"和"技能性"，需要"校企"在人才培养的全过程进行深度的合作。

校企合作、工学结合是一种学校与企业合作，工作和学习相结合的教育模式。目的是实现专业设置与产业需求对接、课程内容与职业标准对接、教学过程与生产过程对接、毕业证书与职业资格证书对接、职业教育与终身学习对接、提高人才培养质量和针对性。

从目前来看，我国高职院校开展校企合作、工学结合主要有五种类型：

一是工学交替模式。该模式就是把整个学习过程分离为学校学习和企业工作交替进行的过程，高职院校与联合办学企业签订协议，在教学组织上采取分段式教学，实行工学交替或边学习边工作的模式，合作企业为该专业学生留出一部分工学交替工作岗位，并随着学生学习进度轮换岗位。

二是订单式教育。订单式教育由用人单位根据其对不同规格人才的需求情况提出订单，与学校签订培养协议，然后由学校按照用人单位提出的人才规格和数量进行培养，学生毕业后主要面向协议单位就业的教育模式。

三是顶岗实习模式。该模式是指学生根据学校与行业、企业共同制定的职业培养目标和人才培养方案的要求，在完成部分专业课程学习以后，有目的、有计划地安排到企业生产、服务的第一线参加生产实践活动，在具体的专业岗位上进行锻炼。

四是校企联合培养模式。企业参与制定高职院校培养目标、教学计划、教学内容和培养方式，并将企业产品设计、生产、经营、管理和服务与学生的教学过程有机结合。金华职业技术学院在校内建成了"众泰汽车学院""皇冠学院""浙中建筑装饰技术联盟"等10个校企利益共同体，作为校企合作人才培养的平台。

五是现代学徒制。现代学徒制即坚持校企双主体育人、学校教师和企业师傅双导师教学，明确学徒的企业员工和职业院校学生双重身份，签好学生与企业、学校与企业两个合同，校企"联合招生、联合培养"一体化育人。南京信息职业技术学院与昆山开发区人力资源和社会保障局及4家知名企业联合，成立昆山学院，共同培养现代学徒。

## （二）高职高专院校生成机制

高职高专院校的办学秉持面向社会开放的教育理念为发展战略，建设"双师型"教师和企业真实教学环境作为人才培养的资源机制，形成"中职—高职专科—应用本科—专业学位研究生"相衔接的发展机制，构建校企深度参与协同育人的运行机制。

### 1. 面向人人教育理念的战略机制

职业教育是面向人人的教育、面向全社会开放的大众教育，具有典型的平民性特点。由黄炎培先生提出的"使无业者有业，使有业者乐业"的宗旨，最充分和深刻地体现了职业教育的平民性。黄炎培先生将"平民化"定为推行职业教育最重要的办学方针和原则。他反复强调，职业教育必须"从平民社会入手"，"办职业教育，须下决心为大多数平民谋幸福"。他指出"职业教育应该是面向人人的教育，使更多的人能够找到适合自己学习和发展的空间，从而使教育关注人人成为可能"。这与孔子提出的"有教无类"有异曲同工之妙。

高职高专院校作为职业教育的高级阶段，其发展壮大正蕴涵着面向人人的教育理念。

首先，教育对象的开放性。职业教育体系和岗位培训的特殊性，决定了高职高专院校的生源具有广泛性。高等职业教育的对象，不应仅仅面向学龄青少年，而应面向其他所有人，特别是一些特殊人群，包括需要继续接受学习或即将转岗的在职职工、向城市转移的农村劳动力、城市下岗职工、残疾人等等。任何人都可以接受职业岗位培训，以获得岗位资格证，增强技能，顺利就业。

其次，教育思想的开放。高等职业教育是以就业为主要目标、以从事某种职业或生产劳动所需要的知识和技能为主要教学内容的教育，职业教育会根据社会行业、职业发展的需求随时调整教学计划和招生计划，以培养符合社会和企业要求的人才，办学思想体现鲜明的开放性、市场化。

最后，入学条件的开放。职业教育接受来自社会各阶层和各层次的生源，在入学条件上放宽，只要想接受职业教育或职业培训，都能接受一定程度的职业教育。目前，全国已有上海、江苏、山东等众多省份的公办、民办高职院校实行面向高级中等教育学校毕业生注册入学的录取模式，学生只要参加高考，无论分数多少，可直接申请注册入学。

### 2. "双师型"教师和企业真实教学环境的资源机制

高职高专院校培养的是知识、能力、素质协调发展的高技能人才，这就要求教师不仅要精通专业理论知识，更重要的是要具有十分熟练的动手操作能力和技术应用能力，教师必须具备"双师型"素质，这就是高职教师区别于普通高校教师的独特性。"双师型"教师成为影响学校人才培养质量的关键因素。

"双师型"教师不仅具备较强的教育教学能力,还要具备较强的专业示范技能、良好的职业道德和丰富的实践经验,能够将职业技能、职业素质吸收内化,并可以将这些知识有效地再现、传授给学生,促进学生知识、技能和职业素质等方面的提升。一些发达国家高职教育对教师资格的规定非常严格。美国要求高职教育教师不仅要具有学士以上学位,而且必须具备1年以上的工作经验才能够传授技术课程。丹麦、澳大利亚要求高职教育教师至少有5年以上专业实践经历。

当前我国高职高专院校"双师型"比例偏低,大部分教师毕业于普通高校,从校门走向校门,虽然具备高校教师资格,但普遍缺乏实践经验,动手能力、实践能力、实训能力、现场教学能力都处于弱势。"双师型"教师的缺失,制约了高职教育的发展。应通过业务培训、考察学习、企业挂职锻炼、选聘兼职教师等多种方式,加强"双师型"教师队伍的培养。

除了"双师型"教师,高等职业教育人才培养的另一重要资源就是企业真实教学环境。培养技术技能人才需坚持"学中做、做中学、学做统一、学训一体",追求"真设备操作、真项目训练、真环境育人"。德国双元制职业教育模式之所以取得成功,就在于以企业为课堂,使学生在真实的企业环境中学习训练,在学校学到的知识可以在企业得到验证和加深,毕业时可以上岗工作。新加坡南洋理工学院"教学工厂"模式将实际的企业环境引入教学环境之中,在教学环境中营造企业实践环境,以企业实际研发项目和企业实习作为载体将教学环境和企业环境紧密、有机的融合,使学生能将所学知识和技能应用于多元化、多层次的工作环境里,深受欢迎。

因此,高职高专院校应切实加强实验、实训场所建设,在学校建设具有教学、生产、培训、技术服务和技能鉴定"五位一体"功能的校内生产性实训基地,让师生在真实的企业环境中提高解决实际问题的能力及创新能力,营造企业真实教学环境。例如,北京工业职业技术学院把过去的专业教室全部改造成了学训一体的教室,教师讲授知识之后,让学生在做中掌握知识,在动手中学会动脑,取得明显成效。

**3. "中职—高职专科—应用本科—专业学位研究生"相衔接的发展机制**

随着经济社会的发展,推进现代职业教育体系建设,打通职业教育学生从中职、专科、本科到研究生的上升通道,成为一种职业院校的内在诉求和时代的必然趋势。《国务院关于加快发展现代职业教育的决定》提出,适度提高专科高等职业院校招收中等职业学校毕业生的比例、本科高等学校招收职业院校毕业生的比例,"到2020年,要形成适应发展需求、产教深度融合、中职高职衔接、职业教育与普通教育相互沟通,体现终身教育理念,具有中国特色、世界水平的现代职业教育体系。"

职业教育体系贯通中职和应用型本科,有利于培养适应先进制造业、现代服务业、战略性新兴产业等符合劳动力市场新需求的技术技能人才,打造"现代鲁班"和"大国工匠"群体;有利于优势互补、资源共享,增强学校办学活力;也有利于破解职业教育上升通道不顺畅的难题。

目前,全国已有不少省份开始探索建立现代职业教育体系。江苏省从学制改革入手,率先探索建立中职—高职—应用型本科的职业教育学制体系,推动学制体系由现行的"h"向"H"型转变,培养模式有:中职与高职"3+3"分段培养;高职与应用型本科"3+2"分段培养;高职与应用型本科联合培养。中高职分段培养、中职与本科分段培养、升学统一纳入普通高校对口单招,高职与本科分段培养、升学统一纳入"专转本"范畴。江苏省提出,到2020年,本科院校招收中、高职毕业生比例达30%左右,高职院校招收中职毕业生比例达50%左右。江西省自2014年开始启动高职院校与普通本科高校开展联合培养应用型人才试点工作,经过2015年第二批试点工作,目前参与试点本科高校10所,高职院校12所,年招生计划达1 080人。上海市出台了《上海"专科高等职业教育-应用型本科教育"人才贯通培养试点实施方案》,根据上海市经济社会发展和适应产业转型升级对高素质劳动者和技术技能人才迫切需求这一形势,选择合适专业,在高职高专院校和应用型本科高校开展"专科高等职业教育-应用型本科教育"人才贯通培养试点,学习借鉴国际先进专业教学标准,探索高职院校和本科院校一体化培养高素质劳动者和技术技能人才的有效机制。

**4. 校企深度参与协同育人的运行机制**

高职高专院校培养技术技能人才最主要的运行模式是校企合作,协同育人。校企深度合作培养技能型人才体现了"教育与劳动相结合"的教育方针,体现了职业教育"以服务为宗旨,以就业为导向"的指导思想。国外校企合作教育已有一百多年的历史,比较典型的主要有德国的"双元制"、美国的"合作教育"、英国的"现代学徒制"、澳大利亚学徒制。以德国为例,其职业技术人才主要来自其实行二元制教育的职业学校,即学校理论知识的学习与工厂的实践操作相结合的教育模式,这就使得德国的职业教育面向市场,职业技术人才的工作技能根据市场的需要及时进行调整。

我国高等职业教育在校企合作方面取得了一定成效。在合作办学实践中,不断深化对校企协同育人规律的认识,研究和探索校企一体化合作的有效途径,进一步建立健全具有中国特色的校企深度参与的协同育人机制,是高职高专院校良性运行和教育教学的根本保障。

首先,创新校企合作体制机制。高职高专院校应加强与政府、行业、企业合作，成立由行业主管部门、企事业合作单位、所在地政府等组成的校企合作育人理事会或指导委员会，落实企业重要办学主体地位，探索"政校行企协同，学产研用一体"的办学模式，鼓励多元主体共建职业教育集团，形成以"校企协同育人指导委员会为主体实施指导，以职能部门为主体实施管理，以教学部门为主体实施执行"的校企合作治理结构，共同推进校企合作工作，提升治理体系和治理能力现代化建设水平。

其次，搭建校企合作平台。坚持合作共建、资源共享、互利共赢的原则，不断健全校企合作平台建设，创新校企合作模式。通过定向培养班、合作基地、大学生创新创业中心、培训机构等校企合作平台，探索现代学徒制实践、工学交替、技术研发与服务、技术技能培训等校企合作模式。东莞职业技术学院累计开办了21个定向培养班，共建了2个二级学院、5个培训学院、7个校中厂、20多个厂中校，建立有6个职教联盟、6个技术研发与服务中心。

最后，深化办学体制改革。在公办高职院校中积极探索发展不同所有制权共享的混合所有制的实现形式，同时对学校和教师的知识、技术、管理等要素要进行科学合理的认定，作为股份参与办学并享有相应权利；公办和社会力量举办的职业院校之间，可以根据各自优势开展相互委托管理和购买服务；顺应"大众创业、万众创新"的要求，鼓励职业院校教师和学生将拥有知识产权的技术和设计成果，依法依规在企业作价入股。

## 四、高校人才培养方式及生成机制的理念和实践取向

总体而言，高等教育优化结构和调整规模，使得不同类型高校的人才培养机制体现的是追求效率与公平的统一、数量与质量相匹配、学术性与应用性相补充、竞争性与开放性相促进的价值取向和重点建设与特色建设相结合、学科建设与产业建设相协调的实践取向。

### （一）高校人才培养方式及生成机制的理念取向

**1. 追求效率与公平的统一**

经济新常态下，高等教育政策要追求效率与公平的统一。高等教育效率是整体的效率，通过调整结构、提升质量、形成办学特色、兼顾高等教育内在发展和服务外部社会来保障。高等教育公平是全面的公平，通过平衡区域布局以及全面提升多类型、多层次、多性质的院校质量来获得。经济新常态下，高等教育在规模扩张后已经初具规模，既要保持数量的稳定也要追求质量的提升。不仅是寻求重点高校、重点区域、公办院校卓越式的质量，而是形成整体性的高等教育质量

提升。效率与公平价值相统一下的高等教育政策价值取向，应引导高等学校职能明确分工，有的服务国家战略、有的服务区域经济、有的服务所在县市市民的继续教育和职业发展需求。

**2. 数量与质量相匹配**

从不同性质高校的发展状况来看，民办院校、公办高职院校是推进高等教育规模扩张的主要力量。当院校数量和招生数量达到一定规模之后，需要关注生存发展空间和建设质量。制定符合民办高等教育发展规律和发展需求的相关政策，高等教育资源分配相应倾斜，给予民办高等学校办学活力和创造力。

**3. 学术性与应用性相补充**

从高校职能分化的角度来看，不同类型高校分工不同，高校内部有不同学科的分工，学科内部有不同层次的分工，不同类型高校、学科、专业培养专门人才、发展科学研究和直接为社会服务的社会职能是相互结合，互为补充的。从人才培养的角度来看，社会经济发展不仅需要学术型人才，也需要适应产业的生产、管理、服务的一大批应用型人才。经济发展方式转变，产业结构转型升级，对人才多样化、多层次提出了需求，推动高校在尊重教育发展规律的同时，主动适应社会需求变化，调整专业设置和教学组织形式，密切区域和产业行业，培养多类型人才，打造有区域优势、行业产业优势的特色高校。截至2015年，我国新建院校（含独立学院275所）数量为678所，占全国普通本科高校（1 219所）一半以上，新建院校是培养应用型人才的主要力量。

**4. 竞争性与开放性相促进**

我国财政支持建设重点高校的政策在短时间内促进高等教育现有发展格局的形成。经济新常态时期高等教育如果仅仅依靠财政拨款这种单一的资源配置方式难以实现可持续发展，需要充分调动社会上有利于办学的合理因素，面向社会自主办学、竞争办学。这种竞争不仅是对国家财政投入的单一内部竞争，还包括提高开放性，走进社会，依靠高校优势竞争社会资源。

### （二）高校人才培养方式及生成机制的实践取向

**1. 重点式与特色式建设相结合**

区域经济发展速度、区域产业结构、区域资源、人口分布、文化水平差异，构成影响高校发展的外部环境因素。在社会主义初级阶段，我国经济发展水平的地区差异和高等教育需求决定了重点高校建设存在较为明显的地域差异。重点建设高校一定程度上提高了我国部分高等学校的质量并引导形成我国现阶段高等教育格局，经济新常态阶段高等教育发展更要关注特色建设，关注区域差异和需求差异。2011年国务院颁布《全国主体功能区规划》，根据不同区域的资源环境承载能力、现有开发强度和发展潜力，将我国国土空间分为优化开发区域、重点开发区域、限制开发区域和禁止开发区域。构建与区域布局结构优化相适应的区域高等教育是区域发展的现实需求，合理规划高等教育层次，推动高校根据所在区域功能特点对自身办学使命、办学目标进行合理定位。

**2. 学科建设与产业发展相协调**

从高校与社会的关系来看，高校内部学科建设和高校服务外部社会相协调。将学科建设、人才培养、社会服务融于一体，促进知识、人、社会发展，实现工具价值和人本价值的统一。当前我国正处于工业化后期，既要适应工业化发展需求设置理工学科，培养应用型人才和技术技能人才，也要从国家长远发展的角度和高校本质和规律的角度，平衡人文社科与理工学科，优化学科结构，避免矫枉过正。

# 第三章

# 立体化高等学校特征分类标准及体系建构研究

根据不同类型高校核心特征，构建立体化高校分类体系，是本研究的重要内容。立体化高校分类体系为高校分类设置和分类设置标准制定提供基础和依据。

## 第一节 高等学校分类体系建构的供给和需求

高校分类体系供给侧和需求侧的耦合适应是构建立体化设计的保障。一方面，教授治学的质量观奠定高校治理结构，也提出了不同内涵的学术水平要求；另一方面，随着高校职能不断丰富发展，高等教育机构分工需求增强。外部社会影响高校社会职能发展和高校内部自发的发展意识，均推动高校多样、特色发展。

### 一、高等学校分类体系建构的供给

#### （一）教授治学的质量观

大学自中世纪诞生以来，高等学校职能的内涵不断丰富。中世纪的大学是学生和教师为追求高深学问而建立的学者行会，教学是大学自建立时就带有的职能，最初的大学拥有许多特权，与外部社会相对独立。19世纪初期德国洪堡从新人文主义的观点提出教学与科研相统一的原则并在柏林大学进行实践。在洪堡时代及后来较长的时间里，传播和研究纯粹的高深学问是大学的主要职能。随着科学的不断发展和高等教育大众化阶段的来临，闲暇好奇产生的"小科学"已然发展为衡量国家竞争力的"大科学"，高校类型分化多样，高校专业设置、教学组织形式也根据学生规模变化和水平差异发生了调整，面向社会需求培养实用人才（周川，2005）。不同类型高校的学术水平内涵也随着高校性质和使命的差异产生了分化变得更为丰富。美国高等教育的学术活动发展带来学术水平内涵的演变，由单一的教学发展到教学、应用服务和科学研究的多样交织（欧内斯特·波伊尔，1994）。对学术水平评价局限在某种功能的等级上，导致美国高校盲目追求高级研究院建设，学术职能的矛盾影响高校教师的积极性。拓宽教学、服务、科研功能的严格分类，给予学术水平以更为丰富的解释，将使学术工作的全面内容合法化。在此基础上，博耶对四种不同又互相重叠的功能划分，提出四种学术水平：发现的学术水平、综合的学术水平、运用的学术水平、教学的学术水平（欧内斯特·波伊尔，1994）。博耶提出四种学术水平概念，其中，他认为发现的学术水平最接近"研究"的内涵，由此研究应作为高等教育工作的中心，对知识本身的追求是学术界最高的宗旨。他所提出的综合的学术水平，更为强调建立学科之间的联系，与发现的学术水平密切相关，在某一学科领域的边缘寻找问题，进而扩展到不同学科相互交叠的部分，促进新知识的发现。他所提出的运用的学术水平，不是指发现知识然后运用知识的单向过程，而是在知识运用于现实生活中，实现理论与实践有机结合和相互促进。另一种教学的学术水平，主要是指传播知识。教学作为一种学术性事业，不仅教育也培育着未来的学者。教师在专业领域广泛涉猎，在传授的过程中改造和扩展知识。

承认学术内涵的多样性，认可不同教师的独特才能，不同高校根据自身定位，选择与之相适应的学术水平作为发展目标，是高校实现特色发展、保持竞争力的重要方法（欧内斯特·波伊尔，1994）。在21世纪，学术内涵的丰富和分化，为高校分类体系提供了多样划分依据。

## （二）高等学校职能的发展观

现代高等教育系统的一个必不可少的原则是功能的分化（克拉克·克尔，2001）。在高等教育发展的不同阶段，高等教育功能分化满足社会不同发展需求。

克拉克·克尔认为，大众化高等教育、普及化高等教育不一定必然是精英高等教育的敌人。大众化高等教育和普及高等教育能够使得精英部门变得更加精英成为可能，能够在一个民主国家建立社会分层的基础，减少受教育阶级和没有受教育的群众之间的尖锐区分。同时，精英高等教育是社会需要和对社会有用的（克拉克·克尔，2001）。克拉克·克尔按照高等教育功能区分，将美国21世纪高等教育划分为三类：高度选择型的高等教育、选择型的高等教育、非选择型的高等教育。高度选择型的高等教育承担为以高层次高理智训练为基础的专业招收和培养人才，进行与训练相关的科学研究，并使用经过这种训练的人才。选择型的高等教育承担为依靠或者至少能利用"本科生教育"所传授的高级知识和技能的现代社会为数众多的职业培养人才。非选择型的后中等教育，向以前受过教育的或者就业达到一定年龄或有工作经历的所有人员开放（克拉克·克尔，2001）。

按照高校功能分化的原则，提出高等教育最低限度应有三种模式。第一种模式（模式X）是研究生训练和科研的"核心部门"，并根据美国高校特点进行适度调整，将选择型的文理学院也纳入该模式。第二种模式（模式Y）将正规地或非正规地为本科生训练围绕社会的职业需要和学生的"普通教育"的利益进行组织。第三种模式（模式Z）适应基于任何理由的社会需求，只服从消费者的选择。三种模式在学生的入学资格、教授遴选、学生及教师资助、学术自由等方面彼此区别，但也有相互交叠的地方。第一种模式在全国和国际的层次操作最好；第二种模式在全国的或者地区的层次；第三种模式在地区的和地方的层次。第一种模式的中心主题是学问、第二种模式的中心主题是正规或者不正规地注意劳动力市场和人力资本的预备、第三种模式的中心主题是满足个人自我发展的愿望（克拉克·克尔，2001）。在此基础上，提出21世纪的高等教育趋同模式。在内部按照学术工作的层次进行分化，在比较高的智力活动层次，非常强调优秀，但是在不那么高级的学术层次有一个大众化和普遍入学部门——从而做到同样地既为培养高级人才又为扩大入学机会的现代需求服务（克拉克·克尔，2001）。

### （三）高等学校分工规划的全局观

伯顿·R.克拉克提出工作、信念和权利是高等教育的基本要素。高等教育工作以学科（通过知识领域实现专门化）和院校单位构成纵横交叉的模式。他认为机构内部分为横向结合的部类和纵向联系的层次，机构之间分为横向的部门和纵向的等级。在机构内部，不同的层次结构机构的入学机会、工作安排及高等教育与就业市场的联系、对研究的支持都是不同的。在机构之间，学术系统在不同程度上将其活动分设在不同类型的机构里，高等教育系统划分成高等院校部门具有多种形式，分类形式根据分类主体而各有不同。机构和部门分为以任务层次为基础划分的次第等级、以声望为基础划分地位等级的两种纵向分类形式（伯顿·R.克拉克，1994）。总之，院校分工理论认为不同类型的机构的任务和活动不同，机构之间按照任务层次或声望进行纵向划分，为院校分类的可行性和必要性提供理论依据。机构内部各异的发展情况说明高校系统内部的复杂性，院校类型划分不能过于绝对，要符合高校学科专业的发展规律和办学条件，也就是说高校分类要基于高校的特点和发展规律。

## 二、高等学校分类体系建构的需求

构建高校分类核心指标，引导高校分类发展，既是社会发展阶段的必然需求，也是高校发展的必由之路。我国经济社会发展和区域结构布局优化，推动高校多样发展。20世纪90年代以来高等教育规模扩张，高校总量多、规模大，高校发展与资源投入速度不匹配的发展现状，要求高校特色发展。管、办、评分离和高校章程建设促进高校内外部治理结构改革，引导高校自主发展，为构建高校分类核心指标提供现实依据。

### （一）社会经济发展和区域布局优化促进高校多样发展

我国正处于全面建设小康社会的攻坚时期，科教兴国和人才强国是驱动社会发展的重要战略。科技创新既是人类文明进步的不竭动力，也是推动社会经济发展的关键。高校作为培养高级专门人才的主要场所，适应和引领社会发展需求，培养拔尖创新人才，是部分高水平高校的重要使命。社会经济发展不仅需要创新人才，也需要适应产业的生产、管理、服务的一大批应用型人才。经济发展方式转变，产业结构转型升级，对人才多样化、多层次提出了需求，推动高校在尊重教育发展规律的同时，主动适应社会需求变化，调整专业设置和教学组织形式，密切区域和产业行业，培养多类型人才，打造有区域优势、行业产业优势的特色高校。

我国幅员辽阔，不同地区的生产力水平和经济发展水平存在较大差异。在高等教育资源配置和高等教育发展过程中，也存在较为明显的地域差异。区域经济发展速度、区域产业结构、区域资源差异，构成影响高校发展的外部环境因素。2011年国务院颁布《全国主体功能区规划》，根据不同区域的资源环境承载能力、现有开发强度和发展潜力，将我国国土空间分为优化开发区域、重点开发区域、限制开发区域和禁止开发区域。构建与区域布局结构优化相适应的区域高等教育是区域发展的现实需求，推动高校根据所在区域功能特点对自身办学使命、办学目标进行合理定位。

### （二）高等教育资源的有效配置要求高校特色发展

20世纪90年代末的高等教育规模扩张带动我国高等教育的快速增长，步入高等教育大众化阶段。截至2017年，全国高等院校共计2 913所，普通高等院校2 631所，其中包含独立设置的民办普通院校747所，独立学院265所，成人高等院校282所。我国高等院校数量多、规模大、类型多，但我国国家财政性教育经费投入不足，总体竞争力不强。直至2012年才实现国家财政性教育经费占国内生产总值4%的目标。庞大的发展需求和有限的优质高等教育资源不足的矛盾决定了高等教育分类发展、高等院校错位发展的必要性和紧迫性。有限的高等教育资源要求高校增强自主办学意识，积极开拓社会资源，集中优势资源打造高校特色品牌，实现高校特色发展，多样化满足社会人才培养需求，促进社会发展，提升高校竞争力和社会声誉。

### （三）高等教育内外部治理结构改革引导高校自主发展

管、办、评分离的高等教育外部治理结构改革激发高校自主发展的活力，高校章程建设推动高校内部治理结构改革，有助于增强高校自主办学意识、提升自主办学能力，为高校分类核心指标构建提供制度基础。一方面，管、办、评分离推进外部治理结构改革。推进管办评分离，构建政府、学校、社会之间新型关系，是全面深化教育领域综合改革的重要内容，是全面推进依法治教的必然要求（王蕾，2015）。政府职能角色由管理者转变为引导者、监督者、服务者，通过自上而下的权利下放，减少行政干预，实行依法治理，地方教育行政部门和高校获得了更多自主权利，同时也承担更多的责任。实行"五位一体"教学评估制度分类引导高校，通过院校自我评估、合格评估、审核评估改变过去"一把尺子量不同高校"的评估标准，促进高校自主定位、自主发展（邬大光、李国强，2016）。管理、办学、评估权利的分离，明晰教育行政部门、高校、第三方及社会的相互关系和权利界限，为高校提供自由探索的空间，推动高校自我约束、自主发展，激发高校办学活力。外部治理结构改革要求构建高校分类核心指标，引导高校分类特色发展。另一方面，高校章程建设推进内部治理结构改革。《中华人民共和国教育法》提出设立学校必须具备章程，按照章程自主管理。《中华人民共和国高等教育法》明确提出高校章程应当规定学校名称、校址；办学宗旨；学科门类的设置；教育形式；内部管理体制；经费来源、财产和财务制度；举办者与学校之间的权利、义务；章程修改程序其他必须由章程规定的事项。2001年颁布的《高等学校章程制定暂行办法》更为具体地规定高校章程内容、程序、核准与监督。国家从立法层面为高校制定章程提供法律依据。高校章程是高校依法自主办学的基本准则，推动建立健全高校内部管理体制，为高校分类管理提供制度支撑。"一校一章程"的高校章程格局的建设和形成，要求高校理顺高校权利主体之间的关系和权利、高校与其他社会主体的关系和权利，依法制定体现高校自身特色的章程，为高校分类发展提供内在动力，为构建高校分类核心指标提供内在制度基础。

## 第二节 国外高等学校分类特征的比较与借鉴

选择代表性发达国家与我国发展程度相当的金砖国家的高校分类特征的实践经验进行分析，以期从高校分类特征为核心，把握我国高校分类体系设计。

### 一、发达国家高等学校分类特征的实践经验

#### （一）美国高等学校分类特征

主要从美国加利福尼亚高等教育系统的高校分类核心指标研究、美国卡内基教学促进基金会的高校分类标准研究管窥美国高校分类标准相关研究的进展。

**1. 加利福尼亚高等教育系统的高校分类特征**

按照高等教育功能，将高校分为不同层次和类型是美国加利福尼亚州公立高等教育系统保持竞争力的关键。被称为美国高等教育改革的总设计师克拉克·克尔于1960年主持了《美国加利福尼亚州高等教育总体规划》，针对加利福尼亚州高等院校存在的升格要求而导致的高等教育系统功能划分不明问题，根据高等教育功能的划分，赋予不同类型高校面向不同学生群体提供高等教育的任务，建立了包括负责博士教育和科学研究的加州大学；四年制本科教育、职业教育和研究生课程的加州州立学院；提供两年转学或者职业性教育的加州社区学院三级模式的公立高等教育系统。在这个高等教育系统中，三种院校各得其所、分工明确（教育部国家教育发展研究中心组，2005）。虽然中美两国高等教育系统面向市场的程度不同，但《美国加利福尼亚州高等教育总体规划》基于州立学院与加州大学之间的竞争导致的资源浪费这一政策出台背景与我国现阶段高校无序定位发展目标有一定相似度，且这一规划致力于院校分类完成后高等教育系统内外部的协调以实现长远发展，对于我国构建高校分类体系有借鉴意义。

**2. 卡内基教学促进基金会的高校分类特征**

美国卡内基教学促进基金会较早对高校分类进行系统研究，这一分类在中国高校分类研究的影响力深远且持久（Joseph C. Hermanowicz，2005）。早在20世纪70年代，美国卡内基教学促进基金会为了便于研究和政策分析，发布了美国

大学和学院的分类。利用高校的基本数据，发布了 1973 年版本的卡内基分类，随后于 1976 年、1987 年、1994 年、2000 年、2005 年和 2010 年根据高校发展变化对分类进行了更新。这项分类框架被广泛地运用于高等教育研究。2010 年分类更新版本保留 2005 年采用的六个平行的分类结构，包括：基本分类（传统的卡内基分类框架）、本科和研究生教学计划分类研究、注册人数和本科档案分类、规模和设置分类。更新版本的分类使用的是美国 2010 年的国家数据，从分类中可以看到美国高校全景。

根据 2005 年版的基本分类标准，该分类将学位层次、结构及比例，研究和发展经费，研究人员数量作为分类标准（宋中英、周慧，2011）。从 2010 年分类结构图可以发现，《卡内基高等教育机构分类》将所有的高等教育机构分为四年制和两年制。将四年制高等教育机构分为博士学位授予机构、硕士型机构、学士学位机构、专门机构和部落机构五种类型。博士学位授予机构进一步细分为研究活动极强、研究活动强、研究型大学。硕士型机构进一步细分为大型、中型、较小型。将学士学位机构分为文理、多科、学士和副学士院校。将专门机构分为神学、医学、其他保健、工程、技术、商学、艺术、法学和其他院校（Carnegie Commission，2010）。

## （二）欧盟高等学校分类研究项目特征[①]

2005 年欧盟欧洲高等教育机构分类项目（Classifying European Institute of Higher Education，CEIHE）正式启动"大学地图"（U-Map），旨在促进欧洲高等教育机构多样化（Ulrich Teichler，2008）。该分类借鉴美国卡内基分类的原则和方法，逐步将欧洲高等教育机构的分类信息收录进 U-Map 数据库。该分类根据大学的基本活动制定纵横相结合的理论基础。横向视角分为教学、科研和知识转化，高等教育三种基本功能形成的社会影响力，包括大学参与国际化和地方服务的程度，具体分类时增加了学生情况。纵向视角包括投入、生产、产出过程要素以及投入与产出结果的比较（执行绩效）。此外，分类还囊括学校所属国家、性质（公办还是民办）、历史、办学特色等背景信息。U-Map 属于描述性的分类工具，指标选取的重点是对学校活动过程的描述。U-Map 分类关注高等教育利益主体的多样性，不仅政府主导参与，多元利益主体也可参与分类（茹宁，2012）。

学生情况的标准包括学生数，包括授予博士学位学生；学生结构和年龄，包

---

① 欧盟高校分类项目（U-Map）属于描述性分类，是第三方研究性质的高校分类，且高校自愿选择参与与否，与英国和德国等国家规定性的高校分类体系并不冲突。欧盟并非指欧盟地区，而是指 U-Map 资助来源。参与 U-Map 的高校不仅限于欧盟，还包括非欧盟的欧洲国家和非欧洲国家。

括全日制和非全日制、超过 30 岁的学生数、接受远程教育的学生数；学生国际化情况，指招收国际留学生情况及学生出国交换情况；本地区学生招收比例。毕业生情况，包括授予不同层次学位的数量、学位方向、学科范围，毕业生服务在当地就业比例。教师，包括国内和外籍学术教师、博士申请者数量。投入情况，包括高校收入总量、类型、地域来源。其中，活动类型分为教学收入中的政府资助教学的经费、学费、用于课程组织的费用；科研收入中的政府投入科研的经费、科研项目、其他国际化研究项目、研究委员会、外部资助等；许可协议、专利产品、其他捐赠等来源。来源分为国际、国内、本地区。支出情况，包括支出和全成本核算。其中，支出总量分为按教学科研和知识转换及其他支出、大学是否承担大部分教师工资、楼堂馆所归属权。科研和第三级使命部分包括科研和知识转化，科研分为同行评审的学术刊物和研究产品、专业出版数；知识转化分为新申请专利、组织召开的会议活动、创建创业公司（The European Classification of Higher Education Institute，2012）。

### （三）日本高等学校分类特征

日本高校分为四年一贯制的国立、公立、私立大学，二至三年制的以私立为主的短期大学，五年一贯制的高等专门学校和修业年限为一年以上的专修学校。截至 2016 年日本文部科学省统计数据，日本共有全日制高等教育机构数 1 175 所，其中大学、大学院（研究生院）共 777 所，短期大学 341 所，高等专门学校 57 所。其中，国立大学 86 所，公立大学 91 所，私立大学 600 所（日本文部科学省，2016）。

1952 年日本建立新制大学（多级、英才向民主式、扩大机会）。20 世纪 60 年代，与日本经济高速发展相适应，1960 年发展短期大学培养职业或实际生活中的能力，建设对接产业界的高等专门学校并于 1976 年建立高专毕业生升学的技术科学大学以及以职业为主的实用教育的专修学校。与日本工业化转型的发展态势相适应，日本文部科学省于 20 世纪 70 年代后半期实行由扩大数量转为提高质量的政策，政府出资资助私立大学以限制私立大学扩大学生规模和增设专业。

可以看出，一方面，日本高等教育与经济发展和产业结构调整相适应，增加为产业结构（特别是工业）服务的职业型高等教育机构；另一方面，日本严控数量的无序增加，注重分类质量建设。

### （四）英国高等学校分类特征

20 世纪 60~90 年代，英国形成多科技术学院和大学两种不同类型高等教育，形成高等教育二元体系。英国高等教育二元体系于 20 世纪 90 年代合并为高等教育一元体系。

英国一流大学和一流学术水平得益于基础学科和基础研究的优秀传统。20世纪末 21 世纪初期，英国高等教育开始在基础研究的优秀传统基础之上，进行面向市场办学的尝试。20 世纪 60 年代，为扩大高等教育规模，英国相继颁布系列法案进行高等教育改革，建立与传统大学定位相区别的应用型多科技术学院。1969～1973 年设立 30 多所多科技术学院，加强高等职业技术教育（张建新，2006）。多科技术学院和大学两种类型院校在招生、学位授予权、教师聘用、经费使用等方面要求不同。为打通多科技术学院和大学之间的界限，1986 年构建"国家职业资格体系"（NVQ），尝试建立与学术性证书对等的地位，提升职业教育的社会地位。1992 年英国颁布《继续教育和高等教育法 1992》（Further and Higher Education Act 1992）目的在于建立高等教育一元体系，废除英国大学与多科技术学院、高等教育学院之间日渐突出的人为二元区分，促进高等教育面向市场自主办学。根据该法令，英国多科技术学院可以申请更名为大学，与大学具有同等地位。

英国高等教育机构分为不能提供完整学位课程的高等教育机构、提供学位课程并授予学位的高等教育机构（recognised bodies）和提供学位课程但不能独立授予学位的高等教育机构（listed bodies）。英国教育部官方网站更新的数据显示，截至 2018 年 2 月底英国授予学位的高等教育机构共 175 所（含 6 所授予预科学位的高等教育机构），不能独立授予学位的高等教育机构有 657 所（Department for Education，2018）。为了给学生提供透明的信息，英国商业创新和技能部（Department for Business Innovation and Skills）2016 年 5 月发表白皮书《成功作为一种知识经济：卓越教学、社会流动和学生选择》提出 2016 年和 2017 年将设计和实施"卓越教学框架"（Department for Business Innovation and Skills，2016）。英国女王随后发表演讲宣布颁布新法案支持白皮书的改革政策，《高等教育和研究法案》于 2017 年 4 月经议会通过（The Houses of Parliament，2017）。为使学生行使学习选择权利，提高卓越教学，并更好满足雇主、产业和专业的需求，英国教育部于 2017 年将"卓越教学框架"更名为"卓越教学和学生成果框架"（The Teaching Excellence and Student Outcomes Framework），根据学生学习成果、课程给予学生的挑战性、雇主评价、学生投入度、教学资源支持和学生参与研究或活动、高质量就业或深造等具体体现高校教学质量标准将英格兰高等教育机构分为铜、银、金不同等级，同时为符合英国高等教育质量标准但由于数据限制无法参与等级评判的提供临时评级。英国高校教学质量指标的分类属于层级分类，且高校教学质量等级结果与英国高校被允许的学费涨幅挂钩（Department for Education，2017）。

**（五）韩国高等学校分类特征**

韩国教育部统计表明，韩国主要从办学性质和教授课程层次两个维度对高校进行类型划分，受到联合国教科文组织国际教育标准分类的影响。每种类型高校的办学定位和面向群体各不相同。

韩国实施高等教育的高校类型分为大学和学院、产业大学、教育学院、初级学院、广播大学、技术学院等。从办学性质上来看，韩国大学又可以进一步分为国立大学、公立大学和私立大学（National law information center，2016）。韩国《高等教育法》明确提出高校宗旨在于培养学生个性、教授和研究国家和人类社会发展所必需的深厚的科学和人文理论。韩国初级学院学制为2~4年，大学的学制为4年，医学专业方向需要2年预备课程因此学制为6年。韩国不同高等教育机构的职能和要求不同，大学要求拥有3个或以上学科的教学和科研学院或研究生院。初级学院教授和研究社会各领域的专业知识和理论，培养学生适应国家发展所需技能和专业技能培训。教育大学负责为小学和初高中教师提供教育。产业大学提供专门知识教育或科研服务产业，为产业培训劳动力并为希望继续学习的个体提供教育机会。广播大学或网络大学使用电脑或信息技术及通信技术，借助远程学习进行教学、学术活动和学术管理。空中函授大学为没有高等教育机会完成大学课程或追求大学后教育的个体提供远程学习。技术学院为产业雇用的劳动者提供高等教育，培训从事产业所必需的专门理论和实践技能，实行3年学制，与4年制的产业大学相区别。设立在公司中的大学指产业为雇员设立的大学，以终身教育学习法案为基础，毕业生可以获得学士学位或专业证书。多科技术大学为学校退学生、未就业、下岗的个人提供职业技术教育，以工人职业技能发展法案为基础，培养国家产业和新兴产业领域所需的拥有高超技能的人力资源、多任务技术人员和熟练工匠（Ministry of Education，2016）。

2016年韩国高等教育机构共有432所，其中包括189所大学、138所初级学院、46所研究生院等。在韩国教育部官方网站上，韩国根据教授课程层次和办学性质两个层面标准进行高等教育机构分类，教授初级学院课程的国立、公立或私立的初级学院、技术学院、广播学院或大学、公司中的学院等；教授本科生课程的国立、公立或私立的大学、教育大学、产业大学、技术学院、广播学院或大学、空中大学、公司中的学院等；有研究生院的国立、公立或私立的独立建制研究生院或大学下设的研究生院。根据这一分类，韩国教授本科生课程的学校数量多于教授初级学院课程的学校数量，教授研究生课程的高校数量最少（Ministry of Education，2016）。

### （六）德国高等学校分类特征

德国根据研究导向以及定位形成综合性大学和应用科学大学两轨并存的双类型高等教育体系。德国高校分为综合性大学、应用科学大学、高等艺术与音乐学院和职业学院（合作教育大学）。德国的综合性大学拥有博士学位授予权，应用科学大学只有硕士学位授予权，目前德国境内只有8个州有职业学院并拥有州审批的本科学位授予权。综合性大学教授的研究任务较多，教学任务相比应用科学大学少，博士生居多。应用科学大学服务地方，对接产业，教师的教学任务比研究型大学更多，教师科研主要为应用研究导向。三种类型高校中，职业学院的教学任务最多，以教学为主。应用科学大学要求学生具有实践经验，学生完成职业学院教育之后，经过1年补习教育，就可以申请就读应用科学大学。

## 二、金砖国家高等学校分类特征的实践经验

巴西高等教育机构按照经费来源、办学性质、举办者类型等三个维度或高校职能侧重差异对高校进行类型划分。俄罗斯高等教育机构分类既有按照授予学位层次和举办者类型的划分，也具有明显按人才培养类型划分研究型和职业型高等教育机构的特点。印度高等教育机构主要根据举办者性质差异或者高等教育机构附属模式进行分类，附属大学是印度高等教育体系有别于其他金砖国家的重要特征。根据举办者差异划分的公立和私立高等教育机构也是南非高等教育体系与其他金砖国家共同的特点，此外，南非高等教育机构由于数量规模较小，高校类型有限。

### （一）巴西高等学校分类特征的实践经验

巴西教育部（MEC）主管巴西教育机构并直接对联邦大进行拨款，巴西国家教育委员会负责设置各层次教育标准和核心课程。州教育部门通过州议会设置州内教育标准，管理州立大学。巴西国家高等教育评估系统（SINAES）负责对国家高等教育体系进行测量和评价（Ministry of Education，2016）。

巴西高等教育按经费来源、办学性质和管理部门三个维度可以分为公立高等教育和私立高等教育，联邦高等教育机构、州高等教育机构和市立高等教育机构都属于公立高等教育，宗教附属的高等教育机构、社区高等教育机构都属于私立高等教育。此外，联邦高等教育机构可进一步分为政府拨款的高等教育机构和基金会拨款的高等教育机构（黄志成，2000）。根据高校社会职能侧重点差异，巴西高等教育机构分为大学、大学中心（university centres）、技术学院（technological institutes）、非大学机构（nonuniversity institutions）。大学培养专门人才、发展科学研究和直接为社会服务，大学的专任教师超过1/3具有博士学位，大学在学术、财政和管理方面具有自主权。多科学院以教学为主，在课程和教学项目设置上具有自主权。2008年巴西教育部设计了联邦技术、科学和教育作为职业和技术教育的新模式。非大学机构是教学组织，无自主权，由国家教育委员会批准课

程和聘任。为了获取办学自主权，私立机构联合获得调整课程的更大自主权。由于巴西公立高校投入高而且学术导向较强，巴西公立高校规模较小，而私立高校应对市场需求增长较快。截至 2013 年，巴西有 2 365 所高等教育机构，其中公立高等教育机构仅有 284 所，89% 为私立高等教育机构。75% 的学生进入私立高校。公立联邦和州立大学差异性较大，公立研究型大学进行教学、科学研究和提供高质量研究生课程，90% 的师资具有博士学位、70% 为专任师资。其他公立大学则主要定位于本科教育层次，师资主要为全日制但很少一部分教师具有博士学位。公立高等教育机构的差异性也很大，一小部分的精英私立高等教育机构，例如，在巴西约占 10% 的商学院和经济等专门学院，集学术和创业于一体。另一大部分为大众化导向的私立大学、很多分散的小学院。巴西超过 90% 是非大学的高等教育机构。标准化的本科教育为四年制，培养基础教育师资的学士学位也为四年制，技术课程学制一般为三年，远程课程则各有不同。研究生层次的学术和专业学位为两年制，博士学位为四年制（Neves C E B, 2015）。

### （二）俄罗斯高等学校分类特征的实践经验

俄罗斯高等教育机构提供专门教育，分为大学水平的高等教育、非大学水平的高等教育、职业教育。高等教育分为提供学士学位、硕士学位和培养学术人员的研究生教育、助理研究员项目（National Accreditation Agency of Russia, 2016）。俄罗斯《联邦教育法》第二十三条规定高等教育机构以进行高等教育和科研活动的教育课程为主要目标。第二十四条规定俄罗斯联邦高等教育机构通过联邦政府可以建立"联邦大学"和"国立研究型大学"（俄罗斯联邦，2012）。当前俄罗斯根据高等教育机构分为联邦大学、大学、国立研究型大学、研究所和学院等。联邦大学指在俄罗斯联邦境内领先的高等教育机构、科学教育机构。截至 2016 年，俄罗斯共有 10 所联邦大学。大学指多学科教育机构，囊括多种学科知识有大量可选的教育方案。特殊特权类科学教育综合体、国家最古老的大学、拥有丰富的知识发展俄罗斯社会的教育机构，目前为止有莫斯科国立大学和彼得堡国立大学两所。国立研究型大学是同时有效地将教育和科研一体化的高等教育机构。2009 年俄罗斯联邦教育科学部通过竞赛评定国立研究型大学 12 所，2010 年增至 15 所，2015 年达 21 所。研究所为多种人类活动培养农业、卫生、艺术、旅游、经济、金融等专业领域人才和专家。学院为特定职业领域工作培养专业人才和专家。所有类型的高等教育机构都从事科研活动，值得注意的是，称为大学的高等教育机构一般从事基础研究。

俄罗斯的高等教育发展可以分为三个阶段：第一阶段从 1990 年、1991 年开始并一直延续至 2002 年、2003 年。该阶段的特点为私立大学大量建立，自费生的数量明显增加，各种不同类型的学院成立，俄罗斯教育部注重市场对高校设立的自我调节，基本放弃了监管职能。该时期高等教育开始引入商业成分，原因在于市场经济模式的革新出现了众多新兴产业，劳务市场对新人才的需求开始增多，而国立大学未能迅速调整学科方向，或者新学科建设未完善，导致人才缺口不断扩大，而且由于经济困难，国家经费对教育的支持也出现了一定困难，高中毕业生公费入学或者享有高额补贴的情况也进一步钳制了高校学生的数量。在此背景下，俄罗斯开始放宽了一些政策限制，私立大学或院校开始出现，各个国立大学的分支教育机构也开始不断涌现，这些教育机构设置的就是新兴人才对口的专业。此外，1994年，俄罗斯第一次制定了国家高等教育标准。1994~1996年第一版国家高等职业教育标准制定实施，目标为所有高校，其主要包含的内容为：一是基本教育项目中最低限度所必须掌握的内容；二是受教育者学习范围的上限；三是对毕业生专业能力掌握的要求。第一代国家教育标准的一个重要特征是，不仅有对毕业生自身专业领域水平的要求，也包含对个人发展的要求。国家高等教育规定了毕业生循序渐进地发展学科能力，这也使得它成为高校中教育质量评估的重要工具。第一版国家高等教育标准是针对不同阶段的学士和专家，而且经常采用不同的方法，这使得在高校中组织教学的技术异常复杂，实现教学项目也异常困难。而硕士一开始由于受到相关文件的制约没有指定标准，直到1994年才正式确认硕士和专家是同一水平的学位，共享统一标准。2000年推出第二版国家高等教育标准，第二代国家教育标准在原有的基础上提出了新的要求：一是要与联邦劳务部的技术评定等级的特点相一致；二是根据雇主的要求对毕业生的技术掌握水平和教学方向进行调整；三是同时开展细化所有学位的标准，提高毕业生实践能力，适应职业需求；四是详细制定了技术领域专业毕业生的教育标准（Сорокина Т. С., 2015）。

第二阶段从2002年末2003年初，延续至2008年。该时期有以下三个特点：一是高校发生了质的变化，由国立高校实际上变为半商业化的教育机构，更加面向公开教育、人才市场需求，自费生的比例大量增加。二是高校制度发生改变，行政管理部门与教师、学生相互独立，前者对教育商业化有兴趣，而后两者则结成了隐形同盟。三是俄罗斯教育部摒弃了第一个阶段放任不管完全依靠市场自己调节的态度，开始从教育的主体出发，模仿现代化高等教育模式开始发展本国高等教育，同时开始重视教师团队资质考评，提出教师入职需要通过职业培训，同时对教师学术文章发表及科研活动提出了相应要求。

2003年9月俄罗斯签署了《博洛尼亚宣言》，正式加入"博洛尼亚进程"。为了更好地适应博洛尼亚进程的需求以及加入世界贸易组织的必要条件，俄罗斯联邦科学与教育部于2007年底修订了《教育法》《高等和大学后职业教育法》

等法令，将学士教育、硕士教育等作为高等教育的基本框架写入法律中，正式建设现代化的高等教育制度。在此时期俄罗斯教育部通过法规并建立了第三版国家高等教育标准并开始施行。第三版国家高等教育标准的构成具体包括以下几部分：一是标准的适用范围；二是毕业生专业水平的评定；三是专业活动的评定；四是对基本教育项目掌握结果的具体要求；五是对教育项目构成的具体要求；六是对实施基本教育项目的条件的具体要求；七是对基本教育项目掌握的质量进行评估（俄罗斯联邦法，2007）。根据俄罗斯联邦国家统计局统计，到2008年为止国立大学的数量提升至660所，私立大学增加至474所。

第三阶段为2008年至今，该时期的特点为俄罗斯教育部积极推动高等教育改革，推动高校裁撤或者重组，同时广大教师对高校监管改革需求迫切。截至2014年初，俄罗斯共有593所国立大学和486所私立大学，而与之对应的分支机构则分别为1 376所和682所。

俄罗斯高等教育机构分为国有或非国有（私立），这取决于它们自身的所有制。因此，国家高等教育机构是由政府或执行机构建立的教育机构，融资由国家从联邦或市政预算中提供。非政府机构是由商业组织、公共机构或个人创立的教育机构组成。商业大学的融资来源是这些机构的预算和学生的费用。国立大学必须符合国家通过的教育标准，每5年通过国家评定方可继续办学，颁发国家高等教育学历证书。此外，国立大学的文凭上带有国徽的政府机构公章，而私立大学的文凭则只盖有本学校的公章。还有些私立大学尚未通过国家认证，但也根据自己的培训计划和规则进行教育活动，不过并不总是符合国家标准，这些大学只能颁发既定类型的文凭。国立大学和私立大学之间的另一个区别是，通过国家考试获得高分的学生可以在国立高校获得公费生资格，而后者只提供有偿培训。教育机构的支付费用由国家和非国家高等教育机构自身决定。

加入博洛尼亚进程后，俄罗斯的高等教育形成了以下三级结构。俄罗斯高等教育分为三个等级：第一级学士教育、第二级专家和硕士教育、第三级博士教育。学士等级教育只招收中学毕业生或者完成中等职业教育的学生，学制4年。学生完成毕业论文答辩后，根据结果授予相应的学位证书。第二级的专家学位教育与本科生教育的区别在于主导学生学习和从事行业实践工作。该项教育只招收中学毕业生或者完成中等职业教育的学生，学制不得少于5年。根据考试结果以及通过专家毕业论文答辩等相关要求授予专家学位证书（如天文学家、教师、信息安全专家等）。取得专家学位的毕业生有权从事相关专业的工作或者继续攻读研究生、博士生的学位。第二级硕士教育的目的在于加强所选学科的专业性。取得学士学位和专家学位的学生可以申请硕士教育，学制不得少于2年，教导学生从事科研活动。学生通过硕士毕业论文答辩后可授予硕士学位。第三级博士生教育是培养科研和教学人才的教育模式，招收硕士毕业生和专家学位毕业生。教育形式包括授课学习、自身教学活动、教学实践、科研工作。全日制学生学制不得少于3年，函授学生不得少于4年。毕业后可获得学位毕业证书（研究员、教师研究员）。根据毕业论文答辩的结果授予副博士学位，该学位初步确立了其学者的地位（第一级别）。取得副博士学位的学生可以继续攻读博士学位，通过博士论文答辩后获得博士学位（第二级别，正式确立其学者的地位）。第三级的高等军事学校研究班，是教育科学部与俄罗斯内政部和国防部门合作举办的类似博士生教育的教育机构。医学院毕业生毕业后还应进行临床实习的教育形式，通过后则有权从事专业工作。该教育持续1年，在高职称同行的指导下在医疗机构进行实践活动。临床医学研究科是医学（药学）领域的最后一个培训阶段。只有接受过高等医学（药学）教育的人员才可以申请该教育。学制为2年，在医疗机构的实践中深入学习医学，使学生掌握必要的能力和技巧。提供三级考试，对毕业生授予专业文凭并取得在医疗机构从事专业工作的专家资格（俄罗斯联邦教育科学部，2015）。

俄罗斯的教育结构为与世界、欧洲接轨进行相应调整，如建立学士—硕士—博士在世界通用的高等教育体系，同时也保留了自身教育发展特色，如苏联时期设置的专家、副博士学位和特殊学科学位培训等注重实践和职业技能培养的学位。

## （三）印度高等学校分类特征的实践经验

20世纪60年代之前，印度并没有国家层面的高等教育体系，每个邦都有自己的行政管理要求。1966年，印度教育委员会科塔里向政府提交建立三级高等教育体系的请求。由此，印度形成了3年学制的学士学位教育，两年学制的硕士学位教育和3~4年的博士学位教育这样的三级高等教育体系。1986年印度修订教育政策，基于大学面向所有人开放的理念，提出了"农村大学（Rural University）"的构想，目的在于促进农村地区的社会经济发展（National Informatics Centre，1986）。与其他金砖国家一样，印度也根据联合国教育标准制定国家高等教育标准分类，并在硕士学位和学术型博士学位中间制定学术型硕士学位制度（Government of India，2014）。

印度高校按照举办者主体的差异，分为中央大学、邦立大学、荣誉大学（准大学）、国家重点研究机构和邦立研究机构等类型，邦立大学和准大学下设公立和私立不同办学形式（Joshi K M，2015）。印度传统大学的举办者为中央或邦政府，这一类型高校占印度高校比重达50%。职业大学由邦政府举办，职业大学主要为工程、药学或法学领域。准大学的举办主体较为多元，既有中央政府、也可能是私立或公私混合形式，准大学也要从事教学和科研活动。其他类型的高校也分中央政府举办或私立、公私混合形式，集中于法学或信息技术领域。印度开放大学分为中央政府和邦政府举办两种形式，开展远程教育（Gretchen Rhines Cheney et al.，2015）。印度大学根据有无附属关系的标准，可以分为单一型大学和附属型大学。附属型大学下设众多附属学院，是作为教学实体的大学学院。这些教学导向的附属学院按照教学方向，分为普通学院和专门学院。根据拨款情况，分为公立学院、受资助的私立学院和未受资助的私立学院（陈恒敏，2017）。

2014~2015 年，印度共有大学 760 所，其中 43 所中央大学、316 所邦公立大学、122 所准大学、181 所邦私立大学、1 所中央开放大学、13 所邦立开放大学、75 所国家重点机构、1 所州私立开放大学、5 所州研究机构和 3 所其他大学。印度学院数量远远超过大学数量，学院数量为 38 498 所。单一型机构共有 12 276 所，例如，颁发技术毕业证书的机构为 3 845 所，431 所颁发管理研究生毕业证书的机构，3 114 所颁发护理毕业证书的机构，4 730 所颁发教师教育毕业证书的机构，156 所政府部门下属机构（Government of India Ministry of Human Resource Development，2018）。

### （四）南非高等学校分类特征的实践经验

在种族隔离时期，南非根据学生人种及语言的差异形成多种类型高校。实现种族平等之后，南非推行了大规模高校合并，形成传统大学、综合大学及技术学院并存的高等教育体系。南非高等教育从 1994 年的 39 所公立高校和 300 余所私立高校的零散结构转变为相对体系化的高等教育结构。2015 年，南非共有 26 所公立大学和 95 所私立高等教育机构，200 多所职业技术教育与培训学院。南非的私立高等教育机构大部分都是营利性组织。

南非高等教育体系包括既传统大学（研究型大学）、技术大学、综合大学，也包括职业技术教育与培训。技术大学提供学位和非学位层次的教育。综合大学授予研究型学位课程和专业型课程，并提供教师培训。根据授予学位层次及证书差异，南非高等教育机构可以分为授予学士、荣誉、硕士、博士学位证书和毕业文凭的学院和大学；颁发毕业文凭的技术学院；只颁发短期培训毕业证明的社区学院。其中，颁发毕业证明和毕业证书的高等教育机构一般为 1~2 年学制，完成学士学位需 3~6 年，学士学位教育完成之后再继续完成 1 年教育可以获得荣誉学位，硕士教育为 2 年学制，博士教育为 3 年学制（Naziema Jappie，2017）。

## 三、国外高等学校分类特征的比较与启示

金砖国家的高等教育体系主要根据联合国教科文组织的教育标准方法进行分类统计,除了俄罗斯之外其他金砖国家还较为缺乏从高等教育管理意义和未来高等教育发展规划层面的高等教育分类体系。因此,发展中国家在高校分类健全高等教育体系还亟须进行顶层设计,建立高校分类发展的制度规范和保障机制。

梳理发达国家高校分类的基本情况可以发现:当前世界高校分类的基本趋势是分类标准的精细化、分类框架的多维化;高校分类的主要功能是既发挥对高等教育系统的描述作用,又越来越多地体现出对高等教育系统发展的引导作用;高校分类设置的原则导向是保护高等教育机构多样性,既鼓励研究型大学的发展,又维护高校社会服务、本科教学等职能的发挥,既重视大学教育的理论培养,又认可应用导向、职业技术教育的重要地位,为高等职业教育、技术教育的发展提供适当的空间,并引导其合理定位。

概括起来,以下几个方面,值得我国在构建高等学校分类体系的过程中予以借鉴。

**1. 多元路径,鼓励高校多样发展**

纵观国际发达国家高校分类,通常采用多元的分类维度对存量高校进行分类,分类标准各有侧重,各类型高校之间是平行的关系,其目的在于引导高校坚持特色发展,维护高校发展多样性。在坚持多样性的基础上,鼓励高校沿着各自的定位和分类路径合法、有序、卓越、持久发展。

**2. 多维分类,关注发展核心要素**

世界上建立较为成熟高校分类体系的国家,都将与高校定位密切相关的核心要素作为高校分类的重要标准,实现多维分类。教学作为高校最基本的社会职能,是各分类标准中最为关切的要素。学位授予层次、数量及比重,学科覆盖面、教学支出等是反映教学情况的重要指标。此外,科研项目及成果转化、国际化和服务地区、学生主体也是重要的分类标准。

**3. 立法先行,行政引导合规设置**

在高校设置标准上,各发达国家呈现国家政府、地方政府、高校之间的博弈与协调的特点。有法可依是保障各国高校依法设置的前提,具有普遍性、兼容性、指导性和统括性的法律文件和基本指导政策成为各国高校设置的重要基石。在立法框架下,国家政府教育行政部门在高校设置标准上行使宏观的行政权力,包括核准和监督权。高校则拥有较为具体和自由的运行权力,包括设置高校发展

目标、开展课程教学项目等。

**4. 量身定位，明确高校发展特色**

从发达国家的院校设置标准指标类型来看，基本按照高校基本信息、师资结构、学生学习及学生结构、组织管理、招生考试、专业和课程等相关标准和要素来对高校的成立和建设进行具体的管辖、限制和治理。不同类型高校的设置标准各有不同，或者依据高校类型赋予相同指标不同权重。

## 第三节 我国高等学校分类研究与实践尺度

高校分类研究既有深厚的研究基础，也有体现地区特征的实践方案，研究和实践共同构成我国高等学校分类制度设计的宝贵经验。

### 一、我国高等学校分类的研究经验

从已有研究成果来看，我国关于高校分类核心指标的研究主要从逻辑分类和操作分类两个层面进行。逻辑分类主要从方法论、理论基础等角度搭建我国高校分类核心指标的理论框架，为我国高校分类核心指标提供理论探索与分类原则。操作分类是建基于逻辑分类的技术分类，不少学者在构建理论框架的基础上，提出不同维度的分类核心指标，进而采用实证的研究方法为高校分类核心指标提供数据支撑。

#### （一）逻辑层面的高校分类核心指标研究

社会需求是探索高校分类核心指标的源源动力，分类体系存在的问题突显探索高校分类核心指标的紧迫性，方法论角度则为探索高校分类核心指标提供方法指导，分类思维为高校分类核心指标探索提供指导。

**1. 从社会需求的角度探索高校分类核心指标**

随着社会经济的发展和科学技术的进步，不断细化的社会分工趋向多样化的人才结构需求，也催生了学科知识的分化。高校作为社会人才聚集地和知识中心，主动适应社会需求是履行社会职能的重要体现。社会需求是进行高校分类核心指标研究的外部直接动因。

从人才结构多样化的需求探索高校分类核心指标。高校当前面临经济和社会发展对多层次、多类型人才的需求与高校单一的人才培养模式之间的问题，合理分类是正确定位的前提（潘懋元，2012）。根据高校培养人才的职能，人才区分为学术性研究人才、专业性科技人才、实用性职业技术人才（潘懋元、吴玫，2003）。在人才结构分类的理念下，从高等教育大众化的发展阶段出发，根据联合国教科文组织《国际教育标准分类法》对第三级教育理论按照理论型和实用型的分类，理论型高校分为按照学科设置专业以培养研究人员和按照行业设置专业以培养科技人才两类。我国高校划分为综合性学术型大学、多科性或单科性的应用型本科高校、多科性或单科性高职（潘懋元、董立平，2009）。也有学者从高校职能、资源配置、知识分化和社会需求等角度分析高校分类的理论问题（曹赛先，2005）。从知识分化的角度探索高校分类核心指标。从高等教育发展史的角度，知识是高等教育发展的直接动力。以知识活动系统的全息性作为高校分类的理论基础，将知识生产（创新）、知识传播、知识应用作为高校分类的依据，以知识能力导向指标和知识布局学科综合性系数为分类核心指标。并认为在提出分类框架后，应该运用量化分析方法进行实证分析，得出我国高校分类结果（潘黎，2010）。基于高校自身发展需求探索高校分类核心指标。随着高等教育的功能、属性和高校与社会关系的变化，基于高校稳定发展、同类高校之间进行开放性竞争、不同类别高校合作发展的需要，教育分类应作为高校发展分类的首要依据，通过教育模式的明确人才培养目标分类符合高校发展是分类的根本。以学位层次为分类依据，根据学术性学位、专业性学位和职业性学位，将我国高校分为授予学术性学位的研究型大学和文理学院、授予专业性学位的综合性大学和专业学院、授予职业性学位的应用科技大学和职业技术学院（邹晓平，2012）。

**2. 从分类体系的问题探索高校分类核心指标**

我国高校分类存在的问题体现了进行高校分类研究的必要性和紧迫性，是构建高校分类核心指标的现实依据。

高校分类应以事实描述为主要取向，建立一以贯之的分类原则。高校分类过程存在着事实描述与价值判断之间的矛盾、精确性与模糊性之间的矛盾、官方性与民间性之间的矛盾、规定性指标与形成性指标之间的矛盾、稳定性与权宜性之间的矛盾等现象（曹赛先、沈红，2004）。有学者认为从分类的角度，我国高校可以分为公办重点院校、公办本科院校、公办高职院校、民办本科院校、民办高职院校和公办独立学院六种类型。他们提出，其中一所学校可能是集中类型并存，高校类型的边界是模糊的。从定位的角度提出中国高校呈现"圈层结构"的现状。圈层结构以政府认定和高校传统形成的社会声望为基础，与政府财政投入和人才培养层次密切相关。圈层结构的第一层是北京大学、清华大学为首的"2+7"所"985工程"高校，第二层是"985工程"余下的高校；接下来的层次依次为设置研究生院高校、"211工程"高校、设置博士专业学位点高校、设置硕士专业学位点高校、一般本科院校以及高职高专院校（陈武元、洪真裁，2007）。已有研究对教学和科研的内涵把握较为清晰，但我国现有高校类型划分缺少侧重基于社会服务核心指标分类的高校类型。在我国现有研究型大学、教学研究型大学、教学型本科院校、专科学校和高等职业学校的分类基础上，应该增加教学开放型大学（地方高校）（刘献君，2007）。

从我国高校分类依据的角度出发，我国高校分类依据和分类核心指标过于偏向学术取向，在高校分类理论引进中对我国国情联系不够紧密，缺乏可靠数据支持。因此，我国高校分类应适应多样化的社会需求，在分类时采用多维度分类，在理论构建分类框架的同时采用聚类分析、因子分析、相关分析等定量方法构建分类核心指标（宋中英、雷庆，2008）。

**3. 从方法论的角度探索高校分类核心指标**

从方法论角度探索我国高校分类核心指标，为我国高校分类研究提供研究工具和研究理念支撑。

从方法论的角度，逻辑分类应该建立在对高等教育分化和重组的描述与归纳的基础上，而高等教育的操作分类应该以逻辑分类为前提，在逻辑分类框架的基础上设计具体可行的分类核心指标，采用定性分析的研究方式。操作分类以演绎推理作为思维路径，采用一定数量的高等教育和高等教育机构样本对分类核心指标进行定量分析。高等教育分类应该遵循高等教育类型分类—高等教育层次分类—高等学校类型分类—高等学校层次分类的发展规律，横向分类是科学合理的高等教育分类的前提。在方法论的基础上，以人才培养类型和学科专业设置为分类核心指标，将我国高校横向分为学科型（根据学科设置专业）、专业型（根据社会行业设置专业）、职业型（根据岗位和岗位群设置专业）三种类型。以高校学科专业的内部关系为依据，将我国高校横向分为综合性、多科性、单科性三种类型。以高校履行社会职能的能级为依据，进一步将学科型、专业型高校纵向分为研究型、教学科研型、教学型三种层次。并进一步将职业型高校纵向分为教学科研型和教学型两种层次（潘懋元、陈厚丰，2006）。

从方法论的角度研究如何对高等教育进行分类，有学者提出完整的分类体系应该是相互联系又各自独立的高等教育分类核心指标，不同的高校分类应该形成互补关系。从分类路径上说，高校分类核心指标建立在多样化的高校这一事实和现状的基础上，因此高校分类是归纳的结果，但也不能忽视演绎方法在构建高校分类核心指标过程中发挥的引导作用。根据分类的定义，提出分类的技术准则，包括属种概念之间进行的分类坚持唯一标准，属种概念不能并列，各子项的外延之和应等于母项的外延（陆正林、顾永安，2011）。分类常用的分类学和类型学两种范式，分类学以经验为基础，所有高等教育利益相关者是分类主体，采用实证方法、聚类分析的分类技术描述高等教育发展现状和高校表现，分类核心指标较为细致。而类型学更多运用思辨的方法，以高校和高等教育管理者及专职研究人员为主体，以调整高等教育结构、预测高等教育发展趋势、探索高校本质为目的，最终提出理想型抽象的概念体系。通过不同范式的比较，为我国高校分类核心指标构建提供方法和工具（雷家彬，2011）。

**4. 从分类思维的角度探索高校分类核心指标**

分类思维从认识论的角度，为进行高校分类核心指标研究提供理念指导和启示。

有学者提出了型、类、级的分类框架。从学生的角度，按照人才培养目标（具有授予学士学位权利的学科门类）分类核心指标给高校分"类"，可分为学术类、专业类和职业类。从教师的角度，根据师资结构（专任教师与学生之比）分类核心指标给高校定"型"，将我国高校分为教学型、研究型、开放型。从人才培养的规格（所授予学位规格）分类核心指标为高校分"级"，将学术类、专业类、职业类各分为三级（邹晓平，2004）。

从劳动力市场分割理论和学校能级理论构建高校分类核心指标的理论基础，有学者基于这两种理论提出按照层次和类型框架构建高校分类体系的理念。在层次上，按照教学型学院—研究型大学的思维路径，分为研究型大学、教学科研型大学、本科教学型学院、专科教学型学院。在类型上，按照学术型人才培养、应用型人才培养等分类核心指标划分我国高校类型（马陆亭，2005）。

## （二）操作层面的高校分类核心指标研究

已有研究关于高校分类的操作性分类，既包括以单一维度为分类依据构建分类核心指标，也包括两维度、三维度、四维度、多维度为分类依据构建分类核心指标。

**1. 一维度基础上的高校分类核心指标**

以学科专业为分类依据，采用归纳推理的思维路径，采取规模和质量相结合的分类方式，即以学科覆盖（高校设置学科或专业覆盖学科门类的情况）和学科层次（高校博士点学科开设科目覆盖学科门类情况）为分类核心指标，对教育部直属高校与地方共建的94所高校进行分类，并对分类结果做进一步验证。按照学科覆盖情况的分类核心指标确定"类"，将我国高校分为综合大学、多科大学、单科大学。按照学科层次情况的分类核心指标确定"型"，将我国高校分为研究型大学和教学型大学。在分类结果的基础上进行特征分析，从而确定我国高校类型划分（刘向东、吕艳，2010）。以上研究体现了学者们达成的几点共识，首先是对高校进行"类"和"型"的划分,其次是通过归纳的方法构建高校分类体系,如表3-1所示。

表3-1　　　一维度基础上的操作性高校分类核心指标

| 研究者 | 理论基础/<br>分类方法 | 分类依据 | 分类核心指标 | 分类结果 |
|---|---|---|---|---|
| 刘向东和吕艳（2010） | "类"和"型" | 人才培养 | 学科覆盖（高校设置学科或专业覆盖学科门类的情况）；学科层次（高校博士点学科开设科目覆盖学科门类情况） | 类：综合大学、多科大学、单科大学；型：研究型大学、教学型大学 |

**2. 两维度基础上的高校分类核心指标**

已有研究大多采用两维度的分类依据构建分类核心指标对我国高校进行分类,两维度主要围绕高校人才培养和科学研究的社会职能,分类核心指标是教学和科研活动的具体体现,如表3-2所示。

表3-2　　　两维度基础上的操作性高校分类核心指标

| 研究者 | 理论基础/<br>分类方法 | 分类依据 | 分类核心指标 | 分类结果 |
|---|---|---|---|---|
| 武书连（2002） | "类"和"型" | 学科门类；科学研究 | 学科门类及学科比例情况；研究生创新环境、授予博士学位人数、授予硕士学位人数、培养的学士质量、授予学士学位人数、文理科的科研得分比重、文理科在校生比例、博导数量 | 类：综合类、文理类、理科类、文科类、理学类、工学类、农学类、医学类、法学类、文学类、管理类、体育类、艺术类；型：研究型、研究教学型、教学研究型、教学型 |
| 马陆亭（2004） | 劳动力市场分割理论、学校能级理论/聚类分析 | 人才培养；科学研究 | 高校拥有硕、博士学位授予数量；国外及全国性刊物发表学术论文数、科技经费获取数 | 研究型大学、教学科研型大学、教学型本科院校、高职学校、社区学院 |
| 刘少雪、刘念才（2005） | 借鉴美国卡内基教学促进基金会的大学分类标准 | 人才培养；科学研究 | 不同层次学生招生数量、最高层次学生与本科生的招生比例；主要科研成果产出、政府资助科研经费 | 研究型大学、博士型大学、硕士型大学、本科型大学/学院、专科/职业型院校 |

续表

| 研究者 | 理论基础/分类方法 | 分类依据 | 分类核心指标 | 分类结果 |
|--------|-----------------|---------|-------------|---------|
| 宋中英、雷庆（2009）（2010） | 高等教育职能 | 人才培养；科学研究 | 博士学位授予数量（采用招生数据）、硕士学位授予数量（采用招生数据）、本科生招生数、国家重点学科数、硕士招生学科覆盖面、学校规模；国家基金课题数 | 博士型大学、硕士型大学、学士型大学/学院、专科（职业）学院 |

2002 年广东管理科学研究院武书连及课题组是新中国成立以来我国最早提出大学分类法的民间机构（陈厚丰，2004）。该分类在教育部颁布的学科门类划分的基础上，提出类和型划分的高校分类思路。按照我国学科门类及学科比例情况等分类核心指标，将我国高校分为综合类、文理类、理科类、文科类、理学类、工学类、农学类、医学类、法学类、文学类、管理类、体育类、艺术类十三类。按照科研规模的总分进行降序排列，以科研得分、研究生创新环境、授予博士学位人数、授予硕士学位人数、培养的学士质量、授予学士学位人数、文理科的科研得分比重、文理科在校生比例、博导数量作为分类指标，利用三个黄金分割点 61.8%，将我国高校分为研究型、研究教学型、教学研究型、教学型四种型。但是也有学者认为这一分类容易引起学术性研究型大学建设发展目标的趋向性，不利于高校各安其位，走特色发展之路。

以劳动力市场分割理论和学校能级理论为高等学校分类的理论基础，将体现人才培养的高校拥有硕、博士学位授予数量及体现科学研究的国外及全国性刊物发表学术论文数、科技经费获取数作为高校分类核心指标。通过实证分析，构建高等学校层次结构的模型，我国高校可以划分为研究型大学、教学科研型大学、教学型本科院校、高职学校和社区学院（马陆亭，2004）。这一研究立足于高校组织管理和宏观政策，对高校进行层次结构分类。

以人才培养和科学研究作为分类依据，按照不同层次学生招生数、最高层次学生与本科生的招生比例、主要科研成果产出、政府资助科研经费等分类核心指标，我国高校分为研究型大学、博士型大学、硕士型大学、本科型大学/学院、专科/职业型院校五种类型。其中，主要科研成果产出和政府资助科研经费是研究型大学的重要分类依据（刘少雪、刘念才，2005）。

按照高等教育职能设计我国高校分类依据，以高校授予学位的层次命名我国高校类型，并将这一理念运用于实证研究（宋中英、雷庆，2009）。有研究将高等教育职能中的人才培养和科学研究作为我国高校分类核心指标选择的基本依据,以北京市 58 所普通高校为样本,根据博士学位授予数量(采用招生数据)、硕士学位授予数量(采用招生数据)、本科生招生数和国家基金课题数、国家重点学科数、硕士招生学科覆盖面、学校规模作为实证分析的分类核心指标。以授予学位的层次为高校分类命名的原则,我国高校可以分为博士型大学、硕士型大学、学士型大学/学院、专科(职业)学院(宋中英、雷庆,2010)。

**3. 三维度基础上的高校分类核心指标**

高校是以知识活动为中心的组织。从知识生产、传播和应用作为高校分类的理论基础,构建教育、研究、职业三维度的分类模型,我国高校可以分为研究生院大学、普通本科院校、高等职业院校。人才培养的教育计划(学科)的分类核心指标体现教育维度的基本分类,高校教师知识生产的分类核心指标反映研究维度,按照学科属性的分类核心指标分为文理类和专业类。人才培养目标定位的重要依据是相应的专门职业,因此职业维度考虑了毕业生的就业去向要求,将我国高校人才培养分为专门职业型(理论型、实践型)、中间型、技术技能型。研究生院大学分类核心指标包括博士点数、国家重点学科数、国家重点研究基地(重点实验室、工程研究中心、工程技术研究中心、技术转移中心)、(年度)办学经费、发明专利授权量、SCI 论文引用频次等。其中,专业类研究生院大学按照科类分布的相对集中程度,分为专业综合和专业多科两种型。根据学科构成重心和人才培养职能倾向等分类依据采集普通本科院校的核心分类指标,具体指标包括学位授予权学科或本专科专业数量,将我国普通本科院校进一步分为文科类、理科类或综合类(浙江大学课题组,2009),如表 3-3 所示。

表 3-3　　三维度基础上的操作性高校分类核心指标

| 研究者 | 理论基础/分类方法 | 分类依据 | 分类核心指标 | 分类结果 |
| --- | --- | --- | --- | --- |
| 浙江大学课题组(2009) | 知识的生产、传播和应用 | 教育维度;研究维度;职业维度 | 博士点数、国家重点学科数;国家重点研究基地(重点实验室、工程研究中心、工程技术研究中心、技术转移中心)、(年度)办学经费、发明专利授权量、SCI 论文引用频次;学位授予权学科或本专科专业数量 | 研究生院大学、普通本科院校、高等职业院校 |

**4. 四维度基础上的高校分类核心指标**

以高等教育职能分化理论作为构建高校分类核心指标的理论基础,高校价值要通过三大职能的履行情况得以体现。以人才培养、科学研究、政府的目标定位、办学条件四个维度作为高校分类依据,我国高校可以分为博士或研究型大学、硕士型大学、学士型大学、高职高专院校四种类型。以授予学位层次(博士生占总规模的比例、研究生占总规模的比例、授予博士学位数、全国百篇博士论文数);研究基础(博士点数、国家级重点学科数、国家重点实验室、国家工程研究中心数、国家人文社科重点研究基地数)、科研经费(师均科研经费数)、科研成果(科研总得分—仿照武书连的计算方法);政府的目标定位(是否设有研究生院、是否是"985 工程"和"211 工程");师资水平(博士生导师数量、长江学者特聘教授)、物质条件(办学经费、图书总量、生均图书量)作为分类核心指标,将拥有博士学位授予权的高校进一步分为研究Ⅰ、研究Ⅱ、研究Ⅲ。按照人才培养(本科以上学生总规模、授予硕士学位数)、科学研究(研究基础、硕士点数、研究成果、科研得分)和师资水平(教师中拥有博士学位的比例)进一步将只有硕士学位授予权的高校分为Ⅰ类、Ⅱ类。将学士学位授予高校分为一般本科院校和高职类本科院校,其中一般本科院校分为文理型和专业型,高职类本科院校以四年制本科为主,三年制专科为辅的应用性本科院校;高职高专院校分为高等职业技术院校和高等专科院校(戚业国、杜瑛,2005),如表3-4 所示。

表3-4　四维度基础上的操作性高校分类核心指标

| 研究者 | 理论基础/分类方法 | 分类依据 | 分类核心指标 | 分类结果 |
| --- | --- | --- | --- | --- |
| 戚业国、杜瑛(2005) | 高等教育职能分化理论 | 人才培养;科学研究;政府的目标定位;办学条件 | 授予学位层次(博士生占总规模的比例、研究生占总规模的比例、授予博士学位数、全国百篇博士论文数);研究基础(博士点数、国家级重点学科数、国家重点实验室、国家工程研究中心数、国家人文社科重点研究基地数)、科研经费(师均科研经费数)、科研成果(科研总得分-仿照武书连的计算方法);政府的目标定位(是否设有研究生院、是否是"985 工程"和"211 工程");师资水平(博士生导师数量、长江学者特聘教授)、物质条件(办学经费、图书总量、生均图书量) | 博士/研究型大学(研究Ⅰ、研究Ⅱ、研究Ⅲ)、硕士型大学(Ⅰ类、Ⅱ类)、学士型大学(一般本科院校、高职类本科院校)、高职高专院校(高等职业技术院校、高等专科院校) |

**5. 多维度基础上的高校分类核心指标**

多维度分类以科学技术与学科分化理论、社会分工理论、人的个性差异理论、人才分类理论、学位分类理论、高校职能理论作为高等教育分类的理论基础。从高等教育系统分化与重组、高等教育分类趋势和规律出发，构建我国高校分类核心指标。以学科专业、人才培养、科学研究、社会服务、学生成分、教师资源、地理（经济）区域、宏观管理八个维度作为切入点，设计我国普通高校分类核心指标。通过《中国教育统计年鉴》为数据依据进行总体验证，并选择 105 所普通高校为代表分类验证。以人才类型和学科专业为分类依据，选取人才培养类型、学科专业设置面向、本专科专业中的基础专业所占比例为分类核心指标，将我国高校划分为学科类、专业类、职业类高校；以学科专业为分类依据，选择所设学科专业覆盖的学科门数和本专科招生专业数、学院（学系）设置的结构、本专科专业设置的结构作为分类核心指标，将我国高校分为综合性高校、多科性高校和单科性高校；以学生结构和科学研究作为分类依据，选择本科生与研究生之比或专科生与本科生之比、横向与纵向科研经费之比作为分类核心指标，将我国高校分为研究型、教学科研型和教学型高校。以社会服务、教师资源、地理（经济）区域、宏观管理作为辅助性的分类依据，对以上高校类型进行更为具体和深入的分类（陈厚丰，2011）。这种高校分类结果既兼顾了学校"类"的划分，也对高校进行"层"的划分。但这这种多维度的高校分类核心指标主要是高校输入（投入）指标，不涉及高校输出（产出）指标，如表 3 - 5 所示。

表 3 - 5　　　八维度基础上的操作性高校分类核心指标

| 研究者 | 理论基础/分类方法 | 分类依据 | 分类核心指标 | 分类结果 |
|---|---|---|---|---|
| 陈厚丰（2011） | 科学技术与学科分化理论、社会分工理论、人的个性差异理论、人才分类理论、学位分类理论、高校职能理论 | 学科专业；人才培养；科学研究；社会服务；学生成分；教师资源；地理（经济）区域；宏观管理 | 人才培养类型、学科专业设置面向、本专科专业中的基础专业所占比例为分类指标；所设学科专业覆盖的学科门数和本专科招生专业数、学院（学系）设置的结构、本专科专业设置的结构；本科生与研究生之比或专科生与本科生之比、横向与纵向科研经费之比；招生面向、科研课题面向；学制类型、招生选择性；生师比；经济区域；投资主体及比例、主管部门、建设层次 | 学科类、专业类、职业类高校；综合性高校、多科性高校和单科性高校；研究型、教学科研型和教学型高校 |

国际上已经形成较为成熟的高校分类核心指标。我国学者对于高校分类核心指标构建的方法论、理论基础、分类依据和分类结果等方面的研究也较为全面、翔实。从研究综述来看，学者对我国高校分类核心指标的划分并不是一蹴而就的，而是形成性的渐进过程，处于不断变化发展之中。

第一，从研究内容来看，已有研究关于高校分类核心指标主要以高等学校社会职能作为依据，更侧重人才培养和科学研究的指标，由于社会服务和文化创新引领的标准较难以量化，因此已有研究对于社会服务指标和文化引领创新的指标关注较少。第二，从研究和分析方法来看，已有研究主要从理论基础出发构建高校分类核心指标的框架，不乏研究者采用量化分析方法和案例分析法对分类框架进行实证研究，但由于一些相关数据的可获得性较小，导致数据与分类框架的适应性不高或者采用的分析方法较为简单。第三，从研究主体来看，已有研究中关于我国分类框架大多建基于学者构建的理想型框架或者教育管理者基于管理角度的划分，缺乏作为高等教育的利益相关者的高校主体各学科一线教师对高校分类核心指标的认识和评价。第四，从分类核心指标来看，已有研究主要从普遍意义提出一套高校分类的核心指标，但并未对不同类型高校的指标提出区分，也就是说没法很好地凸显足以体现不同类型高校不同特点的关键性的核心指标。

现有关于高校分类核心指标的研究是对已有高校的再分类。从分类核心指标对高校进行分类，分得过细，高校被动成为某种类型，缺少实证数据对院校类型的发展定位和组织结构进行了解，院校缺乏选择的自主权。对不同类型高校缺乏分类选择指标的思想，用统一的一套指标对不同类型高校进行分类，尚未突出和构建出适用于不同类型高校的分类核心指标。

一是从研究内容来看，已有研究较少从高校社会职能中的社会服务和文化引领创新职能的角度探讨高校分类核心指标的构建，本研究认为应更多关注社会服务和文化引领两大高校职能，对这两项分类基础进行操作化指标分解，分析影响高校分类发展的核心指标。二是从研究方法来看，已有研究更多从逻辑层面构建高校分类核心指标框架，使用数据验证分类框架过程中所使用的分析方法较为简单。本研究认为采用访谈法、案例法和量化分析法相结合的实证研究方式，能进一步验证高校分类核心指标框架，构建符合不同类型高校特点的分类核心指标。三是从分类主体来看，已有研究较少基于高校主体的角度构建高校分类核心指标，但高校领导者和学科带头人作为高校分类发展的直接利益相关者，应该享有发表自己观点的权利。本研究通过问卷调查了解作为高等教育利益相关者的高校领导者和高校学科带头人对高校分类核心指标的认识，立足于高校主体，构建高校分类核心指标。四是从分类核心指标来看，已有研究更多从普适性的角度提出我国高校分类指标，缺乏一套针对不同高校类型差异和特点，适用于不同高校的多样化核心指标。本研究认为不同类型高校特点是构建高校分类核心指标的重要基础，也是区分不同类型高校分类发展路径的关键所在，基于实证研究方式，采用描述性分类方法，通过对高校职能、高等教育功能等理论基础的分析提出具有普遍意义的高校分类核心指标，并根据不同类型高校特点抽取出不同类型高校分类的个性化分类核心指标，适应不同类型高校特色发展需求，同时推进不同类型高校分类发展。

## 二、我国高等学校分类的地区方案特点

从不同地区和研究产生的高校分类方案来看，具体的方案设计围绕高校的社会职能展开，采用人才培养结构、学科覆盖面、科学研究差异等作为高校分类的标准。虽然不同方案分别从高等教育自身的角度和高等教育与社会关系的角度提出了不同的高校类型命名，以及分类指标的具体数值存在一定差异，但总体上均能有效反映出所分类的高校性质、定位和任务，具有一致性。

### （一）上海市高校分类方案特点

2015 年《上海高等教育布局结构与发展规划（2015 - 2030 年）》提出上海市以坚持控制学科门类、明确人才培养主体功能、避免高校追求"高大全"的管理导向为原则和依据。按照人才培养主体功能和承担学术研究的差异，根据研本比、博士点集中度、基础性科研投入占比等指标，将高等学校划分为"学术研究、应用研究、应用技术和应用技能"四种类型。按照主干学科门类，即本科学科门类和专科专业大类发展情况，将高校划分为"综合性、多科性、特色性"三个类别。

上海市高校分类方案将所在地区本科院校分为三类，分别命名为学术研究型、应用研究型、应用技术型，并将专科层次的院校单独一类，命名为应用技能型。上海市高校分类方案主要从人才培养和科学研究制定高校分类标准，如表 3 - 6 所示。

### （二）浙江省高校分类方案特点

浙江省为优化本省高等教育结构，加快构建现代高等教育体系，实现"不同类型的高校，不同的建设任务、不同的政策支持、不同的考核要求"，按二维结构，根据人才培养、学科建设、科学研究、师资队伍等，将本科高校分为研究为主型、教学研究型、教学为主型；根据学科门类、专业数量等分为多科性和综合性。

表 3-6　　　　　　　　　　上海市高校分类标准

| 一级指标 | 二级指标 | 学术研究型高校指标 | 应用研究型高校指标 | 应用技术型高校指标 | 应用技能型高校指标 |
|---|---|---|---|---|---|
| 办学目标 | 办学目标 |  |  |  |  |
|  | 组织构架 |  |  |  | 培养专科层次操作型技能应用人才。研本比：研究生在校生/本科生在校生数＝0，博士点集中度（一级学科）：博士学位点数/学校学位点（含本硕博）总数＝0 |
| 人才培养 | 人才培养定位 | 博士点集中度（一级学科）：博士学位点数/学校学位点（含本硕博）总数≥30% | 博士点集中度（一级学科）：博士学位点数/学校学位点（含本硕博）总数＞0 |  |  |
|  | 学位授予层次 | 以培养学术研究人才为主，可授予博士、硕士和学士学位 | 以培养学术研究人才为主，可授予博士、硕士和学士学位 | 以培养应用技术人才为主，可授予专业硕士和学士学位。研本比：研究生在校生/本科生在校生数≥0，博士点集中度（一级学科）：博士学位点数/学校学位点（含本硕博）总数＝0 |  |

续表

| 一级指标 | 二级指标 | 学术研究型高校指标 | 应用研究型高校指标 | 应用技术型高校指标 | 应用技能型高校指标 |
|---|---|---|---|---|---|
| 人才培养 | 研究生数量及比例 | 研本比：研究生在校生/本科生在校生数≥0.7 | 研本比：研究生在校生/本科生在校生数≥0.2 | | |
| 科学研究 | 科学研究定位 | | | 基础性科研投入占比：基础研究投入经费/当年科研投入经费≥0 | |
| | 科研经费投入 | 基础性科研投入占比：基础研究投入经费/当年科研投入经费≥30% | 基础性科研投入占比：基础研究投入经费/当年科研投入经费≥10% | | |

浙江省将本科高校分为研究为主型、教学研究型、教学为主型三种类型，根据高等教育本位提出高校类型命名。其分类指标的重点在于人才培养、学科建设、科学研究和师资队伍等方面，比较突出的特点是强调学科建设，如表3-7所示。

表3-7    浙江省高校分类标准

| 一级指标 | 二级指标 | 研究为主型高校指标 | 教学研究型为主高校指标 | 教学为主型高校指标 |
|---|---|---|---|---|
| 办学目标 | 办学目标 | | | |
| | 组织构架 | | | |
| 人才培养 | 人才培养定位 | 国内同类学科竞争力情况，学科排名前30%学科数≥3个，或基本科学指标数据库（ESI）前1%学科领域≥2个 | | |

续表

| 一级指标 | 二级指标 | 研究为主型高校指标 | 教学研究型为主高校指标 | 教学为主型高校指标 |
|---|---|---|---|---|
| 人才培养 | 学位授予层次 | 以本科生、硕士、博士研究生培养为主的高校 | 以本科生、硕士研究生培养为主的高校 | 以本科生培养为主的高校 |
| | 研究生数量及比例 | 研究生在校生/本科生在校生比例20%以上 | | |
| 科学研究 | 科学研究定位 | | | |
| | 科研经费投入 | 科学研究：<br>a. 专任教师人均科研经费10万元以上，计算公式：（人文社科类经费×3＋科技类经费）÷专任教师数<br>b. 专任教师每百人拥有4项国家自然基金或0.5项国家社科基金<br>c. 有国家级科技成果奖（含教育部高等学校科学研究优秀成果奖（人文社会科学）一等奖） | 科学研究：<br>a. 专任教师人均科研经费10万元以上，计算公式：（人文社科类经费×3＋科技类经费）÷专任教师数<br>b. 专任教师每百人拥有4项国家自然基金或0.5项国家社科基金<br>c. 有国家级科技成果奖（含教育部高等学校科学研究优秀成果奖（人文社会科学）一等奖） | |
| | | 备注：3个观察点满足2个以上 | 备注：3个观察点满足2个以上 | |
| 师资队伍 | 专任教师比例 | 师资队伍：<br>a. 有国家级人才；<br>b. 专任教师硕博士学位占85%以上；<br>c. 专任教师博士学位占45%以上 | | |
| | | 备注：3个观察点满足2个以上 | | |

## 三、我国高等学校分类的部省关系特点

"以存量为主、兼顾增量""国家指导、省级统筹""按地区经济社会人力发展水平制定差异化高校分类政策",建立中央指导性与地方规定性相结合的高等学校国家三大类、分区域多路径发展的分类体系,在多样中求质量,在稳定中求发展,是在研究基础上提出的构建我国高校分类体系的指导原则。

国家指导和省级统筹相统一,是我国高校分类体系的指导原则之一,体现国家和省级人民政府在高校分类中的权力关系。省级人民政府和教育主管部门在教育部提出的研究型、应用型和职业技能型三路分类体系指导下,自主根据本地区社会、经济、文化、生态实际,统筹设计符合本地区发展需求的高等学校分类方案和实施细则,引导本地区高等学校多样、特色、长效发展。省级高等学校分类方案要体现中央高等学校分类体系的原则和指导意见,适当微调本专科学校数量和学生规模,理顺中央与地方政府的管理、服务和监督权责。

在本研究基础和资政建议下,2017年《教育部关于"十三五"时期高等学校设置工作的意见》提出省级统筹、分区指导高校分类设置的要求,"完善两级管理、以省级人民政府为主管理高等教育的体制,强化省级人民政府在推动高等教育分类管理和投入保障等方面的责任。教育部将根据区域间经济社会发展水平和人口结构、财政能力等差异因素,加强分区指导,推动高等教育协调发展。"

## 第四节 我国本科高等学校分类的核心指标及特征研究

本部分采用科学的研究方法,结合深度访谈的质性分析和调查问卷的量化分析,从高校主体的角度探索我国本科高校分类核心指标设计(康敏,2016)。

### 一、我国本科高校分类核心指标的质性研究

采用质性研究的编码方式,以高校分类和高校分类核心指标主题作为编码焦点,对高校管理人员的访谈资料进行分析。首先,进行开放式编码。将访谈文本拆分成片段,为每个片段拟定合适的代码,比较不同片段,整合代码,去掉重复的代码,形成编码清单。其次,进行主轴编码。确定研究中的主导因素和次要因素,减少并重组资料集,删除意思相近的编码,选择最具有代表性的编码,确定

范畴清单。最后，进行选择性编码。寻找范畴清单的关联性，确定重要范畴，以回答研究问题和实现研究目标（Hennie Boeije，2013）。进行开放式编码和主轴编码之间的区分是出于解释的目的的"人为"行为，开放式编码和主轴编码可以同时进行（朱丽叶·M. 科宾、安塞尔姆·L. 施特劳斯，2015）。主轴编码和选择性编码也常常可以合二为一（Hennie Boeije，2013）。

采用归类一致性指数和编码信度系数衡量质性编码信度。归类一致性指数指编码归类相同数占归类总数的百分比，计算公式为 $CA = 2 \times S/(T_1 + T_2)$，S 代表两名编码者归类一致数，$T_1$，$T_2$ 代表每人的编码总数（徐建平、张厚粲，2005）。采用内容分析信度的计算方法作为编码信度的计算方法。内容分析信度指两个或两个以上的研究者按照相同的分析维度，对同一材料进行评判分析结果的一致性程度。因此，本研究的编码信度系数计算公式为 $R = (n \times CA)/[1 + (n-1) \times CA]$，其中归类一致性指数 $CA = 2 \times S/(T_1 + T_2)$，S 代表两名编码者归类一致数，$T_1$，$T_2$ 代表每人的编码总数，n 代表评判者数（董奇，2004）。以"高校分类核心指标构建的必要性""高校分类核心指标构建的影响因素""高校分类核心指标构建的目的""高校分类核心指标构建的原则""高校分类核心指标构建的保障机制"为主题，两名编码者分别进行编码，编码清单如表 3-8 所示。

表 3-8　　　　　　　　两名编码者的编码清单比较

| 主题 | 编码者 1 | 编码者 2 |
| --- | --- | --- |
| 高校分类核心指标构建的必要性 | 政府管理下现有评价导向不利于高校发展：<br>对高校进行层级划分；<br>统一的评价标准与高校实际发展不相符合；<br>统一的评价标准导向人才培养的同质性、缺乏创新和实践能力；<br>政府政策误导社会舆论，代表学科建设水平的工程被社会认为是高校分等 | 政策的压力和社会的压力：<br>面临一些歧视政策；<br>社会不认可的压力 |
| | 高校自主办学意识薄弱：<br>高校依附政府；<br>高校办学盲目趋同无序，不能科学定位；<br>高校趋于大而全的学科专业；<br>建设导致专业设置、人才培养与社会需求脱节<br>评价体系导向的大而全学科建设；<br>排名导向的办学价值偏差；<br>市场导向（缺乏统筹的战略思想，教育规律，高校特色） | 高校自身的困境：<br>还处于过去向研究型大学学习和靠拢的阶段 |

续表

| 主题 | 编码者1 | 编码者2 |
|---|---|---|
| 高校分类核心指标构建的必要性 | 高等教育公平问题：<br>社会问题在高等教育领域的反映；<br>资源配置与高校发展需求的矛盾 | — |
| | 高等教育质量问题：<br>高等教育大众化；<br>不同层次高等教育发展不尽如人意；<br>有限资源浪费与人才培养质量低下 | — |
| 高校分类核心指标构建的影响因素 | 社会环境：<br>分化是事物发展的普遍规律；<br>社会产业分级和转型升级； | 中国社会政治经济文化的变革：<br>社会发展 |
| | 国际化趋势 | 发达国家和地区高等教育的趋势 |
| | 高等教育内在发展：<br>高等教育规模扩张；<br>高等教育质量；<br>高校主体意识；<br>高校传统 | 我国高等学校发展的阶段特征：<br>我国高校分类发展还面临一些困境；<br>我国高校分类体系建立的时机成熟 |
| 高校分类核心指标构建的目的 | 社会发展：<br>服务社会经济发展和改革、适应产业结构需要，培养不同类型人才 | 适应社会多样化需求：<br>多维的一流高教分类体系才能引导社会舆论认可 |
| | 个体发展：<br>人的个性发展 | — |
| | 高等教育发展：<br>高校自主；<br>高校整体质量 | 引导高校合理定位；<br>建设世界一流大学；<br>建设一流高教体系 |
| | 政府、社会、高校关系：<br>政府分类管理服务；<br>社会分类选择 | 促成政策多维引导 |
| 高校分类核心指标构建的原则 | 政府主导； | 指导性构建原则：<br>政府指导 |
| | 高校主体；<br>社会参与 | 民主性自主原则：<br>高校解读类型，公众评价 |

续表

| 主题 | 编码者1 | 编码者2 |
|---|---|---|
| 高校分类核心指标构建的原则 | 分类多样性 | 多维性基准原则：高等学校多样化的发展现状要求多维的分类基准 |
|  | 分类价值中立 | — |
|  | 分类稳定性与变动性 | — |
|  | 分类不宜过细 | — |
|  | 分类要有空间 | — |
|  | 分类是"人为"的抓主流 | — |
|  |  | 发展性动力原则：能够预见未来 |
| 高校分类核心指标构建的保障机制 | — | 厘清分类关系，科学合理分类 |
|  | — | 立体多维分类，独立平行指标 |
|  | 政府分类进行拨款、信息服务、监督、评价，发挥导向作用； | 明确主体权责，找准各自定位 |
|  | 分类绩效考核；国家配置资源要兼顾不同类型高校；引导性政策使各安其位，不同类型高校中发展得好的都获得社会认可 | 实事求是，制定多元标准 |
|  | 竞争机制：高校凭借能力竞争社会资源，引入竞争机制分配资源；打破终身制，实行流动制；形成社会贡献光荣的评价标准；政策支持根据市场调整专业，停办过剩专业 | — |
|  | 权责对等：国际专业认证；通过支撑材料证明目标是否实现、如何实现 | — |
|  | 社会衔接：政策导向，扶持，通过给企业促进性政策联系高校与企业；大学阶段养成的能力、入职后由企业培养的能力 | — |

根据表3-8的编码结果，高校分类核心指标构建的必要性、高校分类核心指标构建的影响因素、高校分类核心指标构建的目的、高校分类核心指标构建的原则、高校分类核心指标构建的保障机制具体维度的归类一致性指数和编码信度系数分别为0.667和0.800，0.727和0.842，0.857和0.923，0.500和0.667，0.444和0.615。总体的归类一致性指数和编码信度系数分别为0.639和0.769。分层面的内部一致性信度系数最好能高于0.6，总体的内部一致性信度系数0.7以上较佳（吴明隆，2010）。本研究质性编码的五个分主题R值均高于0.6，总体R值高于0.7，表明质性编码具有较高信度，如表3-9所示。

表3-9　　　　　　　　　质性编码信度分析

| 高校分类主题 | CA | R |
| --- | --- | --- |
| 高校分类核心指标构建必要性 | 0.667 | 0.800 |
| 高校分类核心指标构建的影响因素 | 0.727 | 0.842 |
| 高校分类核心指标构建的目的 | 0.857 | 0.923 |
| 高校分类核心指标构建的原则 | 0.500 | 0.667 |
| 高校分类核心指标构建的保障机制 | 0.444 | 0.615 |
| 总体 | 0.639 | 0.769 |

## （一）我国高等学校分类指标的确认原则

以"高校分类"和"高校分类核心指标"为主题对高校管理者进行半结构式访谈，高校管理者普遍关心高校分类和高校分类核心指标构建的必要性、影响因素、目的、原则、保障机制。从访谈资料分析中发现，高校分类核心指标构建的现实意义建立在政府、高校、社会等高等教育利益相关者冲突、协调的基础之上。政府、高校、社会等利益主体的博弈是高校分类核心指标构建的驱动力。高校发展过程中出现的问题往往是社会发展阶段性特点的反映，反映高等教育与社会的密切关系。基于一定的目的和原则最终构建高校分类核心指标则是高等教育利益相关者博弈的最终结果。高校分类核心指标始终以质量和公平作为核心价值追求。根据分类核心指标建立分类保障机制是最终实现质量突破和维护公平的关键，如表3-10所示。

表 3-10　　　　　　　　高校分类核心指标为主题的编码

| 核心编码 | 主轴编码 | 开放式编码 |
| --- | --- | --- |
| 高校分类核心指标构建的必要性 | 政府管理下现有评价导向不利于高校发展 | 对高校进行层级划分；<br>统一的评价标准与高校实际发展不相符合；<br>统一的评价标准导向人才培养的同质性、缺乏创新和实践能力；<br>政府政策误导社会舆论，代表学科建设水平的工程被社会认为是高校分等 |
| | 高校自主办学意识薄弱 | 高校依附政府；<br>高校办学盲目趋同无序（不能科学定位）；<br>高校趋于大而全的学科专业建设导致专业设置、人才培养与社会需求脱节；<br>评价体系导向的大而全学科建设；<br>排名导向的办学价值偏差；<br>市场导向（缺乏统筹的战略思想，教育规律，高校特色） |
| | 高等教育公平问题 | 社会问题在高等教育领域的反映；<br>资源配置与高校发展需求的矛盾 |
| | 高等教育质量问题 | 高等教育大众化；<br>不同层次高等教育发展不尽如人意；<br>有限资源浪费与人才培养质量低下 |
| 高校分类核心指标构建的影响因素 | 社会环境 | 分化是事物发展的普遍规律；<br>社会产业分级和转型升级；<br>国际化趋势 |
| | 高等教育内在发展 | 高等教育规模扩张；<br>高等教育质量；<br>高校主体意识；<br>高校传统 |
| 高校分类核心指标构建的目的 | 社会发展 | 服务社会经济发展和改革、适应产业结构需要，培养不同类型人才 |
| | 个体发展 | 人的个性发展 |
| | 高等教育发展 | 高校自主；<br>高校整体质量 |
| | 政府、社会、高校关系 | 政府分类管理服务；<br>社会分类选择 |

续表

| 核心编码 | 主轴编码 | 开放式编码 |
| --- | --- | --- |
| 高校分类核心指标构建的原则 | 利益主体的关系 | 政府主导；<br>高校主体；<br>社会参与 |
|  | 分类不是目的 | 分类多样性；<br>分类价值中立；<br>分类稳定性与变动性；<br>分类不宜过细；<br>分类要有空间；<br>分类是"人为"的抓主流 |
| 高校分类核心指标构建的保障机制 | 分类评价 | 政府分类进行拨款、信息服务、监督、评价，发挥导向作用；<br>分类绩效考核；<br>国家配置资源要兼顾不同类型高校；<br>引导性政策使各安其位，不同类型高校中发展得好的都获得社会认可 |
|  | 竞争机制 | 高校凭借能力竞争社会资源，引入竞争机制分配资源；<br>打破终身制，实行流动制；<br>形成社会贡献光荣的评价标准；<br>政策支持根据市场调整专业，停办过剩专业 |
|  | 权责对等 | 国际专业认证：通过支撑材料证明目标是否实现、如何实现 |
|  | 社会衔接 | 政策导向：扶持，通过给企业促进性政策联系高校与企业；<br>大学阶段养成的能力、入职后由企业培养的能力（企业责任） |

**1. 高校分类核心指标构建的必要性**

自上而下的管理评价和政策导向不利于高校长远发展。长久以来，我国教育行政部门的权力较为集中，其自上而下行政管理机制和教育政策对高校和社会具有较强的影响力和向导作用。由于不同教育政策之间具有竞争性，在公平、效率、质量、成本、效益等价值追求中往往不能很好地实现兼容（涂端午，2010），高校发展路径趋向具有实体价值、权力价值和经济价值的政策，对政府形成较强的依赖关系，导致高等教育政策在执行过程中的"变味"。此外，教育政策自上而下传递的渠道不畅和传递过程中的信息损耗，导致社会舆论对政策的误读与误解。

高校自主办学意识薄弱不利于高校健康发展。行政导向下，高校发展受到统一的指令性安排，导致高校盲目趋同，不能科学定位，高等教育无序发展。由于行政指令往往与资源配置相联系，高校趋利心理崇尚追求大而全的学科专业建设，忽视社会对专业和人才培养的实际需求，导致高校发展与社会发展不相适应。除了行政指令外，多样的大学排行榜形成的社会舆论也一定程度上影响着高校获取生源、师资、社会捐赠、毕业生就业机会等社会资源的能力（伍宸、洪成文，2012）。大学排名初衷是面向社会、面向高等教育未来。通过合理的指标对高校进行评价，使社会对高校形成客观全面的认识，并进一步引导高等教育发展方向。但由于排名指标不分类型、忽视特色等自身的局限性造成不合理的排名，商业利益驱动的大学排行对社会舆论产生的强烈影响（申超，2011），导致高校盲目追求排名指标的办学定位，片面迎合社会需要，即使大学排行榜失去了教育评估的意义，也使得高校丧失办学的自主性。

高等教育大众化阶段的质量和公平问题是高校分类发展的终极目标，也是高校分类核心指标构建的价值追求。20世纪末，为了适应经济发展的需求，我国高等教育进行了规模扩张，提高高等教育毛入学率，保证一定数量的适龄青年接受高等教育。高等教育入学人数急速扩招，但教育资源投入的增速却没有与之匹配，导致高等教育实现了数量的增长却尚未达成质量的发展。高校为了保证毕业生就业，迎合社会热点过度招生；为了降低资源投入，选择办学成本较低的专业进行办学；受教育资源有限的环境限制，教学环节投入不足等问题导致办学效果不尽如人意，人才培养质量难以适应社会发展需要。由于高校对市场需求的反应具有滞后性，人才培养类型与社会需求不相适应。办学模式的多样化、教育质量的多样化是高等教育大众化的前提，因此为适应现代化建设对人才的多样需求，要求构建一套立体化的高校分类核心指标引导不同类型高校特色发展。不同类型高校应当具有不同的人才培养目标与规格，采用不同的培养方式和方法，进行教育资源开发、投入和合理配置，保障高等教育大众化顺利发展（潘懋元，2001）。

**2. 高校分类核心指标构建的影响因素**

社会环境是影响高校分类核心指标构建的外部因素。事物处于不断变化发展之中，分化是事物发展的客观规律，分化促进事物的多样性。大学分化推动新的大学组织形态出现，高等教育系统日趋复杂，传统大学分类已然跟不上大学分化的速度（邬大光，2010）。多样化的大学组织形态是高校分类的组织基础。我国正处于经济发展的新常态，经济发展方式正从规模速度型粗放增长转向质量效率型集约增长，产业结构优化和转型升级加快（李文，2015），对人才类型需求也随之发生变化。高校是高层次专门人才培养的重要组织机构，学生就业是衡量人才培养成效的重要标志。因此，培养更加适应经济发展需求的多样化人才，是高校分类的动力。《2009年世界高等教育大会公报》将国际化、区域化、全球化作为高等教育的重要议题（赵叶珠、游蠡，2009），国际化是高等教育发展的趋势、目标和任务。国际化是提高国际地位的必经之路，国际化也深刻影响着高等教育的发展。欧美等发达国家已经具备成熟或者正在完善高校分类体系，并且国际经验也证明多样的高校分类体系有助于高校各安其位，高等教育系统有序运行，满足社会大众自由选择的需求。因此，国际化为我国高校分类提供启示和经验，是我国高校分类的推动力，是构建高校分类核心指标的动力。

高等教育内在发展需求是推动高校分类核心指标构建的内部因素。我国高等教育进入大众化阶段，高等教育规模扩张产生数量的增长，量的增长积聚到一定程度，引发质的变化。对高等教育质量发展的目标体现于既追求高等教育系统整体质量提升，也注重个体高校的发展。高校分类核心指标引导高校分类发展，关注高校的共性和个性问题，为高校自由发展提供了空间。对高等教育质量的诉求推动高等教育领域综合改革，政府角色由管理者转变为引导者、监督者、服务者，高校在改革中获得更多自主权利。要合理行使高校自主权，一方面要求高校增强主体意识，另一方面要求高校提升治理能力。高校分类核心指标的构建与高校利益息息相关，随着高校主体意识的强化和治理能力的提升，高校作为高等教育的重要主体，根据高等教育办学规律，制定符合高等教育发展规律、人才培养规律、面向社会需求的高校分类核心指标，力所能及也义不容辞。外部权利关系变化为高校自主发展减少阻力，内部的特色传统为高校自主发展提供基础。每所高校的办学时间长短不同、办学经历各异，文化传统和历史积淀具有较强异质性，统一的发展目标和评价体系忽视高校的个体差异，造成高校发展同质化，不利于打造多样的高等教育格局。高校办学主体意识加强、治理能力提升、历史传统的差异、对高等教育质量的终极追求，共同对高校分类提出了诉求，反映构建高校分类核心指标的现实意义。

**3. 高校分类核心指标构建的目的和原则**

高校分类核心指标的构建是政府、高校、社会等高等教育利益主体博弈的结果，协调三者的关系，兼顾不同主体的需求，最终实现高等教育发展，是高校分类核心指标的目的和原则。大学自中世纪诞生以来，逐步进入社会中心，成为社会发展的动力站，与社会发生千丝万缕的关系。高校是人才培养的重要场所，适应社会经济发展要求和产业结构转型升级需要，为各行各业输送专门人才，是高校履行社会职能的重要体现。根据一定标准对高校进行类型划分，能集中资源培养专门人才，提高人才培养质量和人才培养针对性、适应性。高等教育大众化阶段，更加强调每个人的参与，更关注每个受教育个体的权利，学生已经成为高等教育权利关系的重要主体。对不同类型高校进行划分，为学生和家长提供多样、明晰的入学选择，是尊重不同学生发展需求的体现。政府也是高等教育权利主体中的重要一极，通过构建高校分类核心指标引导高校类型划分，促进政府分类治理、分类监督，提高治理效率。

基于高等教育多样的权利主体，高校分类核心指标的构建坚持政府主导、高校主体、社会参与的基本原则，将分类作为一种手段而非目的。高等教育作为社会发展的一部分，理应由政府进行宏观统筹，顶层设计高校发展大框架，政府从学科和社会需求提出宏观维度，制定基本条件适当引导高校，各省政府根据国家宏观框架对区域高等教育规划统筹部署，各高校自主定位选择适合高校的发展方向，基于高校目标定位、高校传统、特色强势学科、社会和区域需求、人才培养规格等选择高校归属的类型，自主赋予衡量高校类型的指标以不同权重，高校最终的类型选择结果就成为高校的使命和管理模式的指导。在高校分类核心指标构建过程中，社会参与体现在社会通过舆论影响力和人才需求及资源投入作用于高校，以行业现状需求为依据，通过市场机制，调节与行业相关类型高校的数量，促进相关专业教师的横向流动，而非通过强制性的行政指令对高校进行分类。为高校划定类型并不是高校分类的目的，高校分类是缓解高校发展同质化问题，改善人才培养与社会脱节的矛盾，增强高校发展自主权利的手段。第一，多样分类。分类核心指标体系要尽可能丰富、多元、包容，使高校找到各自的位置。不同高校分类核心指标要有所不同，不同高校的指标权重也应该以高校需求为转移。体现科学研究、社会服务、文化引领与创新等高校职能的分类核心指标要因"校"制宜，不同类型高校各有侧重。第二，价值中立。高校类型划分的目的不是为了高校排名。尽量从类型上进行分类，减少进行层次性分类与结构性分类。第三，高校分类核心指标要坚持稳定性与变动性的统一。高校分类核心指标作为一种制度设计，要有一定的稳定性，但同时也要考虑社会需求变化对高校产生的影响，提供高校类型变动的机会和应对方法。第四，高校分类核心指标要有空间。不要急于为高校定下类型，允许高校在允许的范围内尝试定位，为高校提供自由探索类型的空间。高校分类核心指标应侧重类型评价，观察不同高校在所属类型上的分类指标实现结果，而不过分强调起点上的类型归属。第五，高校分类核心指标应是宽泛层面上的类型划分。过细的类型划分对高校发展没有指导意义，不能过多地进行人为的、过多行政化的高校分类。第六，高校分类核心指标是人为的抓主流。高校分类不是绝对的，高校归属于某一类型表示高校总体发展方向以该类型为主，主要类型不代表全部类型，由于高校内部学科专业发展情况差异较大，需要根据实际情况具体判别。此外，无论什么高校类型都要注重应用性，以社会需求为导向。

**4. 高校分类核心指标的保障机制**

建立健全分类保障机制能保证高校分类核心指标顺利运行、发挥有效作用。分类保障机制通过实施分类评价，引入竞争机制，制定权责对等原则，完善社会衔接体系，理顺政府、高校、社会、企业行业等高等教育主体的关系。第一，根据高校分类核心指标引导下的不同高校类型，实施分类评价。教育行政部门根据不同高校类型对政策和资源的需求，差别化地制定分类支持政策，分类进行经费拨款、办学监督、信息服务、绩效考核、质量评估，发挥引导高校分类发展和社会舆论分类评价的作用，使不同类型高校都能根据发展需求获得相匹配的资源投入，各司其职，使不同类型高校中办学质量较高的高校都可以获得社会认可，各安其位。第二，面向市场，引入竞争机制。高校与社会关系日益密切，社会是高等教育系统中的重要一极，高校为了获得长足发展，必须要提升自主发展能力，自主发展能力要经得起社会的考验。面向市场，引入市场机制，打破政策和资源配置终身制，实行自由流动制，通过高校竞争力获取社会资源，形成贡献度和竞争力的评价标准，推动高校通过内部治理和外部服务，不断提升办学能力和提高办学质量。此外，也要通过市场淘汰机制，根据市场需求变化，及时调整专业设置和人才培养类型，校正高校发展类型。第三，制定权责对等原则。高校是高校分类的主体，在类型选择、分类核心指标权重方面具有较大自主性，但同时也要对高校发展路径选择及发展情况承担相应的责任，对认证和评估结果负责。第四，完善社会衔接体系。通过制定促进性政策，增进高校与企业的合作与交流，高校主动走出"象牙塔"，通过研究成果转化寻找与企业联系的桥梁，增强不同类型高校与企业的互动，为高校人才培养目标、社会服务定位等目标实现奠定基础。此外，为了保障人才培养质量和保持人才终身发展能力，激发企业的社会责任，应制定与大学阶段能力养成相互衔接的入职后的继续教育。

### （二）我国高等学校分类核心指标的质性分析

高校分类核心指标的选择是多维度的，既可以按照科类划分，也可以按照办学性质划分，也有高校管理者认为可以从人才培养类型进行划分，也可以基于社会职能的角度划分。本研究基于院校分工理论、学术内涵的丰富和高等教育功能分化理论，认为社会职能反映高校分工、学术内涵的定义以及在高等教育功能分化的方向选择，是高校价值的最终体现，因此选择从社会职能的视角，对我国高校进行分类，选取不同类型高校分类的核心指标。高校区别于其他组织机构的特点就在于其为培养人才的专门性高等教育机构，因此人才培养职能是这三大类型高校共同具备的，也是基本职能。根据高校在培养人才、科学研究和直接为社会服务职能的倾向，探索研究型、应用型、开放型三种类型高校分类核心指标。

研究型高校以知识发现、知识创新的学科发展规律，侧重理论研究、规律性发现、高精尖研发、培养创新型、复合型人才，也有高校管理者将之称为学科型。研究型高校对科学研究水平的要求较高，该类型高校占我国高校总量的比重较小。

应用型高校强调通过理论指导开发应用技术以服务于生产，培养高素质的劳动者或者行业领域的管理者。应用型高校是适应我国产业结构转型升级需要而发展的一种类型，更为强调科学研究、教学与生产劳动和社会实践的紧密相连，该类型高校占我国高校总量的比重较大。

研究型高校和应用型高校都是比较普遍且已经被广为接受的高校类型。以开放大学为主体的开放型高校作为一种新出现的特殊院校，在招生对象、科学研究等方面面临着许多限制。但不容置疑的是，开放型高校作为我国终身教育理念与实践以及学习型社会的重要平台，服务性和开放性特点凸显，服务面向广泛，服务人群多样，教学和科学研究围绕服务社会展开。因此，考虑到开放型高校与研究型、应用型高校具有较为明显的差异性和对我国高等教育发展具有较大意义，尝试将以开放大学为主体的开放型高校作为一种新的高校类型进行分类核心指标探索。

我国高校分类指标研究与不同类型高校的内在发展逻辑和外在特点息息相关，只有厘清不同类型高校发展特点与共性，对不同类型高校形成较为直观的感受和内在办学规律的认识，才能从根本上找出我国高校分类的核心指标。因此，我国高校分类的核心指标研究必须建立在我国高校办学特点和发展规律的基础之上。采用案例法，对我国研究型、应用型、开放型高校的办学定位与发展特点进行分析，为分类核心指标研究提供数据支撑。

**1. 研究型高校发展的核心指标**

大学最初是作为追求知识的学者行会而诞生的，学术是大学生存和发展的动力。学生在大学里不仅要学习知识，而且要从教师的教诲中学习研究事务的态度，培养影响其一生的科学思维（雅斯贝尔斯，1991）。1810 年洪堡将科学研究引入大学，提出科研与教学相统一的大学理念之后，科学研究一直作为大学的重要职能发挥着作用。我国正处于全面深化改革的时期，推动一批高水平大学和学科进入世界一流行列或前列，提升我国高等教育综合实力和国际竞争力成为我国重要发展战略。科学研究是推进高水平大学和学科建设的战略要素。研究表明，开展重大原创性研究，产出重大原创性成果，增强高水平的国际学术交流是建设一流大学的突破基点（朱军文、刘念才，2009）。采用案例法就办学定位与发展为主题，选择研究型作为办学定位的编号 20、52、53、54 的高校，从中抽取研究型高校的发展指标。通过案例分析发现，创新性、跨学科、国际性是研究型高校的共同办学定位。研究型高校主要为"985 工程"院校，科学研究的体制机制建设取得一定进展，因此对于研究型高校的发展目标定位清晰。研究型高校发展的核心指标如表 3-11 所示。

表 3-11　　　　　　　　　　研究型高校发展的核心指标

| 一级指标 | 二级指标 | 二级指标操作化定义 |
| --- | --- | --- |
| 办学定位 | 服务面向 | 国家、区域 |
| | 发展目标 | 具有广泛国际影响力/国际知名/特色显著的世界一流大学 |
| | 办学类型 | 研究型、综合型 |
| | 人才培养目标 | 培养具有创新精神、实践能力、国际竞争力的高素质精英人才 |
| 学科建设 | 学科体系 | 一级学科种类；<br>二级学科数量；<br>拥有硕士/博士学位授权点的数量 |
| | 优势学科 | 进入美国基本科学指标数据库（ESI）排名前1%的学科数；<br>国内前5/前10名的一级学科数 |
| | 跨学科 | 交叉学科研究协作 |
| 师资队伍 | 师资结构 | 拥有科研岗位的专业教师数量及比例；<br>拥有博士学位的教师数量及比例；<br>高级专业技术职称的教师数量及比例；<br>拥有1年以上海外学术经历的教师比例；<br>外籍教师的数量及比例 |
| | 学科带头人 | 学科带头人数量 |
| 人才培养 | 人才培养理念 | 宽口径、厚基础、复合型、实践创新型 |
| | 人才培养模式 | 书院制/导师制/小班教学/模块教学（跨学科） |
| | 学生与教师结构 | 生师比 |
| | 学生结构 | 硕士生/博士生入学人数、每年毕业人数、所占比例 |
| | 人才培养成效 | 本科生参与科技创新项目的比例；<br>国家教学成果奖数量 |
| 科学研究 | 研究类型 | 基础理论研究；<br>技术创新研究 |
| | 科研成果 | 在国际顶级会议/顶级期刊发表的高质量论文数量、论文篇被引次数；<br>在国内优秀会议/CSSCI/SCI发表的高质量论文数量、论文篇被引次数；<br>每年获授权发明专利项数量；<br>国家科学技术奖项数量；<br>教育部人文社会科学奖项数量；<br>科研课题/项目类型、数量、经费 |

续表

| 一级指标 | 二级指标 | 二级指标操作化定义 |
| --- | --- | --- |
| 支撑平台 | 创新人才培养 | 试点学院；<br>创新教育实验区 |
| | 科学研究及转化 | 博士后流动站；<br>国家级（重点）实验室、国家级重点研究基地；<br>科技园；<br>研究所 |
| 社会服务 | 科学研究应用 | 建立基础、应用、转化的科技创新链 |
| | 国家政策咨询 | 为国家和区域决策提供战略咨询 |
| 国际交流与合作 | 学生交流 | 拥有海外访学经历的本科生/研究生数量及比例；<br>国际学生数量及比例 |

第一，办学定位指标。研究型高校以科学研究和人才培养作为提高国际竞争力的核心要素。以建设世界一流大学为战略目标，对内依托齐全的学科和平台从事基础科学研究、高新技术研究等原始创新，对外以开放的姿态自主开展国际交流与合作。科学研究支持人才培养，国际化发展思路开阔学生视野，培养具有创新精神、实践能力、国际竞争力的高素质人才。

第二，学科建设指标。学科建设是院校建设的核心，是提升院校教学水平、科研能力和社会服务质量的基础（谢桂华，2002）。研究型高校的学科门类齐全，优势学科突出，跨学科协作水平高。一级、二级学科数量等指标都能体现高校学科建设的整体情况。进入国内前5或前10名的一级学科数、美国基本科学指标数据库（ESI）排名前1%的学科数、拥有硕士或博士学位授权点的数量反映高校学科建设的质量水平。交叉学科协作水平的高低，是一所高校不同学科资源整合有效程度的标志，也是创新研究得以推进、新兴学科得以诞生的前提。多学科协同研究，有利于复杂社会问题的解决，也有助于学科建设的精进。

第三，师资队伍指标。高校办学和人才培养离不开师资队伍建设，研究型高校的专业教师亦是高水平的研究人员。扎实的专业素养、优秀的教学能力、科研创新精神、开阔的国际视野是研究型高校师资队伍的建设目标。专业教师中从事科研岗位的教师数量，拥有博士学位、高级专业技术职称教师的比例，学科带头人数量，拥有海外1年及以上学术经历的教师数量及比例，外籍教师数量及比例，反映一所高校教师整体专业素质、教学能力、科研水平。

第四，人才培养指标。研究型高校的人才培养具有宽口径、厚基础、重实践创新的特点。采用小班化、模块化的教学管理形式，融通识教育、专业教育、创新教育于一体，贯通第一课堂和第二课堂，注重前沿性与实践性，培养学生人文精神与科学素养。采用书院制、导师制的人才培养模式，寓教于乐，密切师生关系，言传身教，进行人格熏陶。师生比、入学及毕业研究生数量、入学及毕业博士生数量、本科生参与科技创新项目的比例、国家教学成果奖，均反映研究型高校人才培养质量。

第五，科学研究指标。教学和科学研究是研究型高校的重要职能，科学研究创新教学形式和内容，为教学补充前沿和热点，支撑教学发展。研究型高校的科学研究分为基础理论研究、技术创新的原创研究，是"为知识而知识"的理性主义大学理念的延续，攀登科学前沿，攻坚核心技术。高质量论文数量及被引用数量、获奖情况、授权发明专利数、国家科学技术奖项数、教育部人文社会科学奖项的数量、科研课题和项目类别及经费，都是衡量科学研究投入和产出的核心指标。

第六，支撑平台指标。支撑平台创新机制体制通过汇聚各类资源，为人才培养和科学研究提供物质和制度支持。整齐划一的传统教学模式已经难以满足拔尖创新人才培养的需求，对部分学院进行试点改革，突破原有机制体制，建立试点学院或设立创新教育实验区，培养具有创新精神、专业基础夯实、实践能力强的精英人才。利用地域优势，高校国家级实验室、研究基地、博士后流动站联动地方科技园，实现知识、信息、技术、人员、物质资源共享，科学前沿研究与产业发展需求相结合，通过产业需求推动科研发展，通过科学研究的转化应用推动产业转型升级。

第七，社会服务指标。研究型高校通过知识溢出服务社会。创新是推动社会进步的内在动力，科学技术是提升国家战略地位的硬实力。研究型高校依托优势学科和支撑平台，进行前沿科学研究和创新型人才培养，建立从基础、应用到转化的科技创新链的体制机制，通过基础理论和科学技术的突破创新，提高社会生产效率、促进产业转型升级、降低能耗保护生态环境，提升自主创新研发能力。在信息社会和知识社会，文化软实力的重要性日益突出，研究型高校引领文化创新，向社会大众普及文化研究成果，提升公民整体素养。大学自诞生以来就是知识中心，研究型高校作为国家发展的智库资源，将先进的科学研究成果运用于社会治理，为国家和区域决策提供战略咨询等方面发挥重大作用。

第八，国际交流与合作指标。"走出去"是一所高校开放性和国际视野的象征，"引进来"代表一所高校的国际竞争力和国际吸引力。研究型高校的办学定位是建设世界一流大学，要成为世界的大学，我国研究型高校必然要以开放包容的心态和战略眼光，广纳海外学子。要培养具有创新精神和学术潜质的人才，我国研究型高校必然要积极主动与世界名校合作，拓展学生的国际视野，提升学生的科学研究水平。国际学生数量及比例、海外访学经历的学生数量及比例，是衡量研究型高校国际交流合作水平的核心指标。

**2. 应用型高校发展的核心指标**

应用型是高等教育体系发展到一定阶段的必然取向（王建华，2013）。随着20世纪90年代末高等教育规模扩张，高等教育进入大众化阶段，高等教育毛入学率已经突破45.7%（中华人民共和国教育部，2018），高等教育已然并非纯粹培养精英型人才，办好人民满意的高等教育成为主流。知识型社会的发展和知识经济的洪流下，高等教育已经从社会边缘走向社会中心，既受到社会的冲击而不断调整办学定位和发展规划，也通过高等教育固有的知识传播、知识生产和知识转化深刻地影响着社会进步。应用性成为镌刻在高校骨子里的重要标志，大批应用型高校的形成和发展成为高等教育适应社会经济发展的时代产物，是我国高等院校不可或缺的类型之一。

采用案例法就办学定位与发展为主题，对具有明确应用型高校定位且取得一定办学成效的编号为16、17、18、19的四所新建本科院校进行实地调查，从中抽取应用型高校发展的核心指标，如表3-12所示。

表3-12　　　　　　　　应用型高校发展的核心指标

| 一级指标 | 二级指标 | 二级指标操作化定义 |
| --- | --- | --- |
| 办学定位 | 服务面向 | 以地方、产业、行业、企业为服务面向制定高校发展规划 |
| | 发展目标 | 高校近期发展目标和长远发展目标：办学层次、水平、特色 |
| | 办学类型 | 高校类型：应用型 |
| | 人才培养目标 | 培养基于服务面向的专门的技术技能型人才 |
| 专业建设 | 专业群建设 | 面向地方、产业、行业、企业需求，以解决问题、跨学科为导向，建立特色专业及与之相关的专业，形成专业群 |
| 课程设置 | 课程结构 | 行业共通的公共课程、专业基础课程、实践操作课程学分的比例 |
| | 课程内容 | 课程内容与行业标准的适应性 |
| | 课时安排 | 理论课程与实践操作课程学分的比例 |
| 教学资源 | 教材 | 适合应用型高校教学的教材，校本教材 |
| | 实验实训设备 | 实验实训设备与教学内容配套；<br>实验实训设备的使用率，包括次数和效果；<br>实习实训设备仿真度、更新周期；<br>实习实训设备的经费投入 |

续表

| 一级指标 | 二级指标 | 二级指标操作化定义 |
| --- | --- | --- |
| 教学资源 | 实习实训基地 | 校内实训基地仿真度；<br>校内实训基地的经费投入；<br>校外实习实训基地，包括数量和质量 |
| | 实习实训活动 | 学生分别进行校内实训和校外实训活动的频率、时间；<br>学生校内实训和校外实训所取得的成效：第一课堂知识与第二课堂实践的融合，如知识收获、实践体验、参与课题及承担工作、参与项目及承担工作 |
| | 师资结构 | "双师型"教师比例，即拥有行业企业生产实践经验的教师占高校教师的比例 |
| | 师资培训 | 在岗教师进入企业挂职的比例、在岗教师进入企业挂职的时间 |
| 应用科学研究 | 应用研究投入 | 应用科研经费投入数量；应用科研经费投入占事业经费投入的比例 |
| | 应用研究结构 | 横向和纵向课题、项目数量及比例 |
| 协同合作 | 协作模式 | 根据高校专业特色与企业、行业、同类高校、地方区域特点开展协作的顶层设计，包括高校分析、协作方特点分析、开展协作的可能性、机遇与挑战、风险规避 |
| | 协作组织 | 校内建设产教融合平台、创新产业平台的数量、发展合作企业的数量、高校联盟、与不同协作方的协作程度及各自的分工情况 |
| | 协作运行 | 高校与企业：企业派经验丰富的专家入驻高校提供教学指导，高校为企业提供教师辅助研发及获得实操经验；学生进入企业实习实训；<br>高校与行业：为行业协会提供智库资源；<br>高校与其他同类高校：利用不同专业所长取长补短共同参与项目或课题；<br>高校与地方、区域：提供政策咨询、进行社会培训、开放讲座、会演等文化建设服务 |
| 国际化 | 学生交流 | 派出出国交流学生数量、比例；国际留学生数量、比例 |
| | 教师交流 | 教师出国访问数量、比例；邀请国际教师到校交流数量 |
| | 院校交流 | 举办校际国际会议数量；国际校际调研参访数量 |

续表

| 一级指标 | 二级指标 | 二级指标操作化定义 |
| --- | --- | --- |
| 评价机制 | 人事聘任晋升 | 教师聘任要求有企业行业实习实训经验，或者在一定时间内进入企业行业实习，教师与相关企业行业合作项目、课题 |
|  | 人才培养成效 | 毕业论文或毕业设计面向企业或产品；<br>学生就业率；<br>雇主满意度 |
|  | 办学成效 | 高校办学典型和办学特色；<br>成果产出对社会发展的贡献，包括产生新知识、新技术、新工艺并应用于经济建设 |

通过案例分析发现，地方性、应用型、行业特色是新建应用型高校的共同办学定位。在办学过程中，基于地方、行业产业的服务面向，逐渐形成了一整套特色鲜明的核心指标。

第一，办学定位指标。办学定位是高校面向社会行使自主权的重要体现，高校根据社会政治、经济、文化发展需要，从办学条件出发，明确高校发展方向、办学目标、建设重点和发展特色是依法办学的前提（郭桂英、姚林，2002）。应用型高校作为高等教育适应社会经济发展的产物，转变传统办学思想观念是进行科学、合理定位的关键。应用型高校以应用性为办学导向，服务面向地方、产业、行业、企业，高校办学者分析高校发展现状和发展条件，提出短期办学目标和长期战略目标，包括办学层次、办学水平和办学特色。我国正处于全面建设小康社会的攻坚时期，社会经济发展迅速，技术产业面临转型升级，迫切需要一大批技术技能型人才，应用型高校坚持应用性的办学定位，抓住发展机遇，主动适应市场需要办学。以能力为核心，培养"够用""管用"的专业技术技能专门人才。

第二，专业建设指标。学科制度是高校生存与发展的基础，专业遵循学科规律的前提下根据社会需求的进一步划分。随着社会经济快速发展，产业结构转型升级，与之相对应的人才类型需求也趋于多样，要求高校在依据学科规律，审时度势把握社会发展动向，转变知识生产模式，及时调整、更新专业设置。突破学科知识追求系统化的传统定势，以解决问题为导向，采用模块化教学，密切职业、区域、产业、行业，主动适应社会发展需求。应用型高校强调地方性、行业特色，更应该具备市场敏锐度，提高应变能力。以专业为基础，以应用为重点，根据地方需求、产业结构、行业企业发展需要，建立与之联系密切的特色专业及与之相关的专业，形成专业群。专业群以问题和跨学科为导向，运用多学科交叉知识解决实践问题（王建华，2013）。专业群是保证应用型高校与地方、行业、企业相互依存，相互促进的重要前提，因此是衡量应用型高校的重要指标之一。

第三，课程设置指标。课程设置是人才培养的重要环节。应用型高校以培养专门的技术技能型人才作为办学定位，课程设置环节也遵循应用导向，平衡理论知识与应用知识，协调应用知识与实践操作。专门人才并非局限于特定岗位需求的人才，而是指可以广泛从事某一行业产业需求的人才，为保证人才对岗位流动和岗位提升的适应性，行业产业需要的通用知识和通用技能知识与专业基础知识和专业技能知识一样，都是课程的重要内容。实践操作课程的设置能保证学生学有所用，是学生从书本知识转化为操作技能的中介，既检验学生知识能力的掌握程度和熟练程度，也贴合企业行业的生产环境。在课程结构方面，增加实践操作性质课程的学分。围绕专业方向，以项目为依托，丰富实践操作课程内容，开发校本课程，突出高校办学特色。"用"是应用型高校进行课程设置的终极目标，课程内容与行业标准的适应性是课程内容的不懈追求。

第四，教学资源指标。个体知识既包括显性知识也包括与之相对的缄默知识。相比于从教材中获得的显性知识，缄默知识通过"学徒制"得以传递，通过科学实践中科学新手对作为科学权威的指导教师的观察学习获得（石中英，2001）。应用型高校人才培养以应用为导向，编制适合应用型高校教学的教材，使学生获得相匹配的显性知识；加强实践教学体系建设，丰富学生的缄默知识。从实习实训环境、教师队伍建设两方面进行实践教学体系建设。实习实训设备与教学内容和专业需求相配套，淘汰老旧设施，面向岗位一线发展，及时更新。将企业环境真正引入实验室和实训基地，创设与生产过程实际问题紧密联系的综合性实验模拟，提高实训环境的仿真度。实习实训活动过程中，应打破实践教学"直接动手操作"的误区，培养"先动脑再动手的应用型人才"，合理使用实训资源。创造更多职业化的顶岗实习机会，统一组织专业实习，打通第一课堂与第二课堂，使学生获得真正的工程实践经验和社会实践经验。此外，作为学生知识来源的重要主体之一，教师应有企业行业实践背景。这也是保障学生获取更多有效缄默知识的前提条件。

第五，应用科学研究指标。应用型高校的遵循职业发展需要的应用逻辑，需要改变"知识本身就是目的"的学科中心倾向，形成以问题为中心、实践导向的知识生产模式，关注社会热点，发现社会问题，承担社会必需的应用科学研究（曹广祥，2015）。应用科学研究的主题来自社会或生产一线，是亟待解决的热点问题，研究知识成果或技术成果又作用于一线，注重研究成果的转化与运用，社会贡献度是其价值得以体现的衡量标准。应用研究的成效较难用量化指标衡量，只能从外部的应用研究投入和应用研究结构对高校应用科学研究获得表面数据的了解。不过，应用研究的进展与发挥的作用也可以通过应用型高校开展协同合作的指标进行整体感知。

第六，协同合作指标。应用型高校与企业、行业、同类院校、地方区域开展协同合作需要系统地进行顶层设计，形成具有高校特色、行业特色、地区特色的协作模式、组织和运行体系。高校与企业共同研讨形成目标明确的教育实习实训制度，探索出一套将企业行业成熟技艺传承的教学模式。企业派经验丰富的专家入驻高校提供教学指导，高校提供教师为企业辅助研发的同时也获得实操经验，了解企业行业最新动向丰富研究教学。此外，也可以通过校企合作帮助企业形成与高校有效衔接的职业培训体系。学生也可以通过这一平台，进入企业实习实训获得与职业发展相匹配的技能，更好服务行业。高校参与行业协会活动，并提供智库资源。高校与其他同类高校组成联盟，利用不同专业所长取长补短共同参与项目或课题。高校利用研究成果为地方提供政策咨询、进行社会培训、开放讲座、举办会演等文化建设服务，都是应用型高校与地方协同合作的形式。

第七，国际交流与合作指标。除了积极与地方互动之外，面向国际的开放性也是应用型高校取得长足发展的动力。国际交流与合作要求应用型高校持开放的心态，具有广阔的国际视野，研究与学习国外相同定位高校的办学发展，分析优势与劣势，与产业企业融合的经验、服务地方的策略。开展国际交流与合作，进行应用研究合作，力求步入应用研究的世界前沿，发现更多新知识、创造更多新的研究空间，发挥应用价值，提高高校对社会发展的贡献度。派出出国交流学生数量、比例；国际留学生数量、比例；教师出国访问数量、比例；邀请国际教师到校交流数量；举办校际国际会议数量；国际校际调研参访次数等都是衡量应用型高校国际交流合作程度的核心指标。

第八，评价机制指标。过程性指标通过诊断过程控制投入，及时调整方向，结果导向的指标则能从全局对质量进行认定与评价。不少应用型高校管理者认为，师资的转型是应用性得以最终实现的关键要素。因此，在教师人事聘任晋升制度中，教师聘任要求有企业行业实习实训经验，已经入职的教师在一定时间内进入企业行业实习，教师与相关企业行业进行项目、课题合作或者发挥智库咨询作用等都作为应用型高校教师晋升的敲门砖。高校通过人才与市场发生联系，面向企业或产品撰写毕业论文或毕业设计是人才迈进市场的小试牛刀，学生就业率、雇主满意度则是应用型高校人才培养成效的可量化指标。此外，形成对应用型高校的整体感知得益于高校办学特色和成果产出对社会发展的贡献，包括产生新知识、新技术、新工艺并应用于经济建设。

### 3. 开放型高校发展的核心指标

1972 年，联合国教科文组织发表报告分析了终身教育和学习化社会的内涵，提出在教育与社会、政治与经济组织密切交织的学习化社会,公民享有在任何情况下都可以自由取得学习、训练和培养自己的各种手段。公民通过整个教育活动范围内的发展智力、情绪、美感、社会的和政治的修养教育,充分发挥潜力,为社会的、经济的、文化方面发展作贡献(联合国教科文组织国际教育发展委员会,华东师范大学比较教育研究所译,1989)。党的十八大指出"完善终身教育体系,建设学习型社会"是实现全面建成小康社会重大战略任务的根本保障。我国开放大学的产生和发展,是我国发展终身教育理念与实践、构建学习型社会的重要载体。2012年开放大学揭牌,作为一种新型的开放性大学,利用网络平台和数字化学习资源库,本科专业试点、学历教育与非学历教育并举,无论是信息化的办学形式,或是服务社会的核心理念,抑或终身教育和学习型社会的实现平台,开放大学在社会经济发展和信息科学技术发展的洪流中顺势而生,满足社会各类人员多样的教育需求和终身教育需求。

考虑到以开放大学为主体的开放型高校带有明显的服务性和开放性,与专注于科学研究的研究型高校及致力于应用研究的应用型高校相区别,故将之称为开放型高校。相比于研究型和应用型高校,开放型高校的服务特征和开放性更为典型与明显,服务覆盖面更广,办学形式更为开放。开放大学作为新兴高校类型,数量较为有限,对于开放型高校的探索尚处于起步阶段。在我国探索构建高校分类体系初步阶段,渐进性和稳定性是高校分类体系构建的重要原则,由于开放型高校规模与研究型高校和应用型高校规模相差较大且定位较为清晰,考虑到我国当前高等教育结构问题主要为高校定位不清、寻位精准性较低,因此在后续高校分类体系的尝试构建中并未将开放型高校纳入。且高校分类体系是行政导向下的国家体系建构,影响我国高校分类体系建构的因素复杂多样,基于学术研究成果仅能作为其中的一个要素。但是不可否认的是,随着高等教育规模不断发展,希望高等教育需求的群体范围不断扩展,作为促进终身教育和学习型社会发展的开放型高校的地位和作用将日益突出。当前,在探索构建高校分类体系的前期,若立即将开放型高校作为一种与研究型、应用型高校齐头并进的类型构成我国高校分类体系,则既不符合当前我国高等教育发展实际,也未抓住我国高等教育结构问题的主要矛盾。随着高校分类体系逐步成熟,未来我国高等教育也将更为多样,开放型高校是逐渐壮大抑或与研究型和应用型高校交融,充满未知,也值得期待。因此,形成高校分类体系的"三分法"之后,本研究也提出不同经济社会发展和高等教育发展地区可以尝试探索"三分法"框架下的符合本地区特点的分类尝试。在此,本研究仅将开放型高校作为一种新兴类型高校做了学术性探索尝试,在后文关于高校分类体系中并未将开放型高校纳入。

采用案例法就办学定位与发展为主题,对编号为36、37的开放大学进行实地调查，从中抽取开放型高校发展的核心指标，如表3-13所示。

表3-13　　　　　　　　开放型高校发展的核心指标

| 一级指标 | 二级指标 | 二级指标操作化定义 |
| --- | --- | --- |
| 办学定位 | 服务面向 | 面向地方（省市区县乡）、社区，服务市民、在职人员、老年人、残疾人等特殊群体 |
| | 发展目标 | 坚持开放性、公益性，整合社会各类教育资源，形成覆盖城乡、各类群体的办学系统和服务体系 |
| | 办学类型 | 以现代信息技术为支撑，面向成人开展远程开放教育的新型高等学校 |
| | 人才培养目标 | 培养具有自主学习和终身发展能力的专业人才 |
| 平台与资源 | 教学平台 | 与地区、高校优质师资团队合作，建设网络教学团队、设计网络课程 |
| | 服务平台 | 建立教学指导服务系统对学生进行及时反馈与评价，进行课后的作业辅导、学习成果评价、转换学分 |
| | 资源类型 | 线上资源（信息化的教学课程、服务指导）；<br>线下资源（实体的教学课程、服务指导） |
| | 资源结构 | 资源（课程）覆盖不同专业；<br>资源（课程）形成每个专业的课程体系 |
| | 资源数量 | 电子资源的数量及比例，如生均电子图书、网络课程数量 |
| | 平台与资源的适应度 | 适应市民教育、老年人教育、残疾人教育、在职培训的职业和能力发展需求 |
| 教师队伍 | 教学队伍 | 参与课程编制的教师类型构成；<br>每门课程中课程与教学专业方向的专门教师、专业或学科带头人、教学名师、企业行业一线人员、管理者、专门从事信息科学技术的教师的数量及比例 |
| | 技术队伍 | 拥有技术背景进行课程制作及维护的专门教师数量及比例 |
| | 服务队伍 | 为学生进行针对性的课后辅导与支持、学分认定与转换管理的教师数量及比例 |
| 社会服务 | 注册学生 | 注册/在学学生数量；注册/在学学生类型 |
| | 培训服务 | 提供培训服务的种类；<br>每年为社会进行培训服务的数量 |
| | 信息化服务 | 定期发布国际最新信息化动态 |

续表

| 一级指标 | 二级指标 | 二级指标操作化定义 |
| --- | --- | --- |
| 教学研究 | 信息化与教学融合研究 | 研究方向为远程信息化技术在教育中的应用,探索新的技术、新的理论、新的方法与教学的结合。相关主题的研究成效：创新教学资源、扩大服务面向等情况 |
|  | 科研合作 | 与高校或企业合作的研究基地、研究项目的数量 |
| 国际交流与合作 | 国际交流 | 与国际同类型高校进行交流的次数 |
|  | 国际合作 | 合作设计开发课程数量；<br>引进有知识产权的国际教学资源（课程、教学管理系统）的数量、类型 |

通过案例分析发现,开放性、公益性、服务性是以开放大学为主体的开放型高校的共同办学定位。在办学过程中,基于学习型社会的架构,逐渐形成了一整套特色鲜明的核心指标。

第一,办学定位指标。以开放大学为主的开放型高校遵循开放性、公益性的办学逻辑,立足地方,覆盖城乡,服务群体多样,为城乡人员、老年人群体、残疾人群体、在职人员提供学历教育与非学历教育。以现代信息技术为支撑,广泛开展合作,整合社会各类教育资源,建设覆盖城乡、各类群体的办学系统和服务体系,培养具有自主学习和终身发展能力的专业人才,满足城乡人民、在职人员、特殊人群能力发展、职业发展、终身学习的需要。

第二,平台与资源指标。开放型高校开展线上教育和线下教育,与以实体教学为主的传统高校不同。因此,线上与线下教学平台与资源的互相配合、有效管理,是开放型高校正常运行的关键。由于开放型高校师资、办学条件的限制,需要依托社会优势教育资源的整合,深化与不同高校和行业企业的合作,广泛调查服务对象的学习需求,利用信息化技术集智慧结晶,设计专业课程体系,组合专业课程内容、编制课程教学视频便于不同地区、不同人群在不同时间自主学习。除了教学之外,专业的服务平台提供课后及时的学习支持与辅导,保障在线学习质量。

第三,教师队伍指标。线上教育与线下教育相结合的教学特点决定了开放型高校教师队伍中由教学、技术、服务三类教师群体构成。教学队伍从事教学资源的建设工作；技术队伍拥有专业的技术背景,协助教学资源编制及系统维护支持；服务队伍为学生提供学习方面的辅导与支持,负责疑难解答、学习成果评价、学分认定等环节。

第四,社会服务指标。从开放型社会的整体架构出发,为尽可能多的人群提供不受时空限制的学习资源和学习机会是开放型高校设立的初衷。教育资源多样化、覆盖不同地区、满足不同人群需求是开展服务的策略。除了教学资源之外，开放型高校以信息化技术见长，更快捷获取国际最新信息化动态，为当地社会和政府提供信息化服务。

第五，教学研究指标。信息化是开放型高校开展远程教学服务的手段，紧跟国际科学前沿，不断革新技术，革新方法，才能更好为开放型高校的教学和服务建设提供强有力的支撑。有效整合社会教育资源可以弥补开放型高校办学基础薄弱的先天不足，科学研究是有效整合社会资源的强大助力，保持科学研究的敏锐度，与高校合作建立研究基地、项目合作，创新优质教学资源，密切行业企业发展动态，关注不同人群学习需求，提高开放型高校教学和服务的应用性与实践性。

第六，国际交流与合作指标。开放型高校是特殊院校，办学时间短，在办学资源、发展战略方面处于弱势，既需要立足国内服务地方，也需要发展国际视野，学习国际上同类型高校的发展思路、办学特色。主动与国际上的开放型高校开展交流与合作，根据国际经验科学设置教学资源，共同参与教学资源的设计与开发，引进国外优质的教学资源。

## 二、我国高校分类核心指标的量化研究

通过访谈法和案例法的质性研究，编制面向全国高校调查的《高校分类核心指标调查问卷》，分析我国高校主体对高校分类核心指标的选择意向和同意度情况。

### （一）样本分布情况

抽样调查全国88所高校管理者及学科带头人，回收586份问卷，有效样本数量为472，有效回收率为80.546%。在区域分布方面，东、中、西部地区的样本数量分别为236、130、106，分别占有效样本总量的50.000%、27.542%、22.458%。华东、华南、华中、华北、西北、西南、东北地区调查的样本数量分别为144、44、62、62、44、62、54，分别占有效样本总量的30.508%、9.322%、13.136%、13.136%、9.322%、13.136%、11.440%。在高校学科类型分布方面，财经、理工、林业、农业、师范、体育、医药、语文、政法、综合类高校调查的样本数量分别为33、97、10、12、56、13、38、20、6、177，分别占有效样本总量的6.992%、20.551%、2.119%、2.542%、11.864%、2.754%、8.051%、4.237%、1.271%、37.500%，此外，开放大学作为一种新

型大学，调查的样本数量为 10，所占有效样本总量比例为 2.119%，如表 3-14 所示。

表 3-14　　高校分类核心指标的样本分布情况

| 样本分布 | | 样本数量 | 所占百分比（%） |
|---|---|---|---|
| 高校所在地区 | 东部 | 236 | 50.000 |
| | 中部 | 130 | 27.542 |
| | 西部 | 106 | 22.458 |
| | 合计 | 472 | 100 |
| | 华东 | 144 | 30.508 |
| | 华南 | 44 | 9.322 |
| | 华中 | 62 | 13.136 |
| | 华北 | 62 | 13.136 |
| | 西北 | 44 | 9.322 |
| | 西南 | 62 | 13.136 |
| | 东北 | 54 | 11.440 |
| | 合计 | 472 | 100 |
| 高校类型 | 财经 | 33 | 6.992 |
| | 理工 | 97 | 20.551 |
| | 林业 | 10 | 2.119 |
| | 农业 | 12 | 2.542 |
| | 师范 | 56 | 11.864 |
| | 体育 | 13 | 2.754 |
| | 医药 | 38 | 8.051 |
| | 语文 | 20 | 4.237 |
| | 政法 | 6 | 1.271 |
| | 综合 | 177 | 37.500 |
| | 开放大学 | 10 | 2.119 |
| | 合计 | 472 | 100 |

## （二）信效度检验

采用李克特 5 点计分法。调查问卷的结构效度使用探索性因子来对其进行检验。通过因子分析可知，KMO 值为 0.888，Bartlett's 球形检验卡方值为 11 320.819，$p <$

0.001，达到显著，认为数据适合进行因子分析。因子提取采用主成分分析法，旋转因子负荷矩阵使用极大方差法（Varimax）求出。因子的提取标准为特征值大于1，项目的选取标准为因子负荷大于0.45。因子分析结果表明（见表3-15）可提取9个因子，累积贡献率为66.059%，高于50%的最低要求，方差解释率较高。9个因子分别为社会服务（F1）、国际合作交流（F2）、科学研究（F3）、人才培养社会适应度（F4）、人才培养结构（F5）、教师教学（F6）、文化引领（F7）、人才培养类型层次（F8）、地方招生及就业（F9）。

表 3-15 因子负荷旋转矩阵

| 项目 | 因子 | | | | | | | | |
|---|---|---|---|---|---|---|---|---|---|
| | F1 | F2 | F3 | F4 | F5 | F6 | F7 | F8 | F9 |
| 社会或企业进校培训情况 | 0.755 | | | | | | | | |
| 省级及以下政策咨询报告采纳数 | 0.701 | | | | | | | | |
| 校企合作项目数 | 0.786 | | | | | | | | |
| 横向科研课题经费占研究经费比例 | 0.602 | | | | | | | | |
| 成果转化产生的社会效益 | 0.573 | | | | | | | | |
| 专利项目数 | 0.543 | | | | | | | | |
| 国家级或部级政策咨询报告采纳数 | 0.538 | | | | | | | | |
| 接收国际交流学生比例 | | 0.820 | | | | | | | |
| 派出国际交流学生比例 | | 0.808 | | | | | | | |
| 国际生数量 | | 0.739 | | | | | | | |
| 来自国外的研究项目数 | | 0.600 | | | | | | | |
| 国际合作研究项目数 | | 0.596 | | | | | | | |
| 论文发表级别 | | | 0.724 | | | | | | |
| 论文发表引用率 | | | 0.710 | | | | | | |

续表

| 项目 | 因子 ||||||||| 
| --- | --- | --- | --- | --- | --- | --- | --- | --- | --- |
|  | F1 | F2 | F3 | F4 | F5 | F6 | F7 | F8 | F9 |
| 国家级部级研究经费占总研究经费比例 |  |  | 0.695 |  |  |  |  |  |  |
| 省级及以下研究经费占总研究经费比例 |  |  | 0.485 |  |  |  |  |  |  |
| 毕业生社会表现 |  |  |  | 0.782 |  |  |  |  |  |
| 毕业生的社会声誉 |  |  |  | 0.720 |  |  |  |  |  |
| 毕业生就业质量 |  |  |  | 0.665 |  |  |  |  |  |
| 毕业生职业发展情况 |  |  |  | 0.651 |  |  |  |  |  |
| 用人单位对毕业生的满意度 |  |  |  | 0.622 |  |  |  |  |  |
| 招生规模 |  |  |  |  | 0.775 |  |  |  |  |
| 在校生人数 |  |  |  |  | 0.771 |  |  |  |  |
| 成年学生比例 |  |  |  |  | 0.708 |  |  |  |  |
| 非全日制学生比例 |  |  |  |  | 0.654 |  |  |  |  |
| 远程教育学生比例 |  |  |  |  | 0.543 |  |  |  |  |
| 课程设置 |  |  |  |  |  | 0.704 |  |  |  |
| 教学支出占总经费支出 |  |  |  |  |  | 0.678 |  |  |  |
| 生师比 |  |  |  |  |  | 0.652 |  |  |  |
| 主要教学方向 |  |  |  |  |  | 0.617 |  |  |  |
| 实践教学课时数占总课时数比例 |  |  |  |  |  | 0.524 |  |  |  |
| 长期积淀的校园历史文化 |  |  |  |  |  |  | 0.775 |  |  |
| 校园育人文化氛围 |  |  |  |  |  |  | 0.770 |  |  |
| 学校学风或校风 |  |  |  |  |  |  | 0.751 |  |  |
| 是否成为所在地区的文化中心 |  |  |  |  |  |  | 0.541 |  |  |
| 本科生学位结构学科大类 |  |  |  |  |  |  |  | 0.830 |  |

续表

| 项目 | 因子 ||||||||| 
|---|---|---|---|---|---|---|---|---|---|
| | F1 | F2 | F3 | F4 | F5 | F6 | F7 | F8 | F9 |
| 在校生结构专本硕博 | | | | | | | | 0.683 | |
| 学位授予学科数 | | | | | | | | 0.624 | |
| 本科生毕业去向 | | | | | | | | 0.583 | |
| 本省或本市一年级学生情况 | | | | | | | | | 0.849 |
| 在本省或本市工作的毕业生比例 | | | | | | | | | 0.788 |
| 特征值 | 12.004 | 3.385 | 2.853 | 1.999 | 1.641 | 1.474 | 1.340 | 1.286 | 1.101 |
| 解释变异量（%） | 29.277 | 8.256 | 6.959 | 4.876 | 4.002 | 3.596 | 3.269 | 3.137 | 2.686 |
| 累积解释变异量（%） | 29.277 | 37.534 | 44.493 | 49.369 | 53.371 | 56.967 | 60.236 | 63.373 | 66.059 |

社会服务因子具体包括成果转化产生的社会效益、校企合作项目数、横向科研课题经费占研究经费比例、专利项目数、国家级和部级政策咨询报告采纳数、社会和企业进校培训情况、省级及以下政策咨询报告采纳数。国际合作交流因子具体包括国际合作研究项目数、派出国际交流学生比例、接收国际交流学生比例、国际生数量、来自国外的研究项目数。科学研究因子具体包括论文发表引用率、论文发表级别、国家级和部级研究经费占总研究经费比例、省级及以下研究经费占总研究经费比例。人才培养适应度因子具体包括用人单位对毕业生的满意度、毕业生的社会声誉、毕业生社会表现、毕业生就业质量、毕业生职业发展情况。人才培养结构因子具体包括在校生人数、招生规模、成年学生比例、非全日制学生比例、远程教育学生比例。教师教学因子具体包括课程设置、教学支出占总经费支出、主要教学方向、生师比、实践教学课时数占总课时数比例。文化引领因子具体包括学校学风和校风、校园育人文化氛围、长期积淀的校园历史文化、是否成为所在地区的文化中心。人才培养类型层次因子具体包括本科生学位结构（学科大类）、在校生结构（专、本、硕、博）、本科生毕业去向、学位授予学科数。地方招生及就业因子具体包括在本省（区）或本市工作的毕业生比例、本省（区）或本市一年级学生情况。

对数据进行因子分析后，一般使用内部一致性系数（Cronbach's α 系数）观察各因子的信度。调查问卷的 Cronbach's α 系数值为 0.937，其中社会服务（F1）、国际合作交流（F2）、科学研究（F3）、人才培养社会适应度（F4）、人才培养结构（F5）、教师教学（F6）、文化引领（F7）、人才培养类型层次

(F8)、地方招生及就业（F9）的 Cronbach's α 的系数值分别为 0.883、0.894、0.805、0.817、0.817、0.805、0.810、0.770、0.807，均大于 0.7，具有较好的信度，如表 3-16 所示。

表 3-16　　　　　　　　　　量表信度分析

| 因子 | F1 | F2 | F3 | F4 | F5 | F6 | F7 | F8 | F9 |
|---|---|---|---|---|---|---|---|---|---|
| 内部一致性系数 | 0.883 | 0.894 | 0.805 | 0.817 | 0.817 | 0.805 | 0.810 | 0.770 | 0.807 |

采用均值、标准差、百分位数反映高校分类指标的集中情况，采用重要度百分比衡量高校管理者和学科带头人所认可的高校分类指标重要程度。重要度百分比的计算公式为：重要度百分比=（均值-1）/（量表点数-1）（吴明隆，2010）。根据表 3-17 的数据可知，高校管理者和学科带头人对文化引领方面的学校学风、校风，教师教学方面的课程设置等高校分类核心指标，持较高的重要度百分比，分别为 89.75%、88.50%。高校管理者和学科带头人对人才培养结构方面的成年学生比例、非全日制学生比例、远程教育学生比例作为高校分类核心指标的重要度百分比较低，分别为 45.75%、43.25%、40.25%。

表 3-17　　　　高校分类核心指标的重要度及百分位数

| 高校分类依据 | 高校分类的核心指标 | 均值（M） | 标准差（SD） | 重要度百分比（%） | 第25百分位数 | 第75百分位数 |
|---|---|---|---|---|---|---|
| 人才培养的社会适应度 | 用人单位对毕业生的满意度 | 4.44 | 0.763 | 86.00 | 4 | 5 |
| | 毕业生的社会声誉 | 4.42 | 0.815 | 85.50 | 4 | 5 |
| | 毕业生社会表现 | 4.39 | 0.837 | 84.75 | 4 | 5 |
| | 毕业生就业质量 | 4.22 | 0.864 | 80.50 | 4 | 5 |
| | 毕业生职业发展情况 | 4.21 | 0.841 | 80.25 | 4 | 5 |
| 人才培养结构 | 在校生人数 | 3.36 | 1.046 | 59.00 | 3 | 4 |
| | 招生规模 | 3.34 | 1.028 | 58.50 | 3 | 4 |
| | 成年学生比例 | 2.83 | 1.062 | 45.75 | 2 | 4 |
| | 非全日制学生比例 | 2.73 | 1.083 | 43.25 | 2 | 3 |
| | 远程教育学生比例 | 2.61 | 1.105 | 40.25 | 2 | 3 |
| | 本科生学位结构（学科大类） | 3.66 | 0.942 | 66.50 | 3 | 4 |

续表

| 高校分类依据 | 高校分类的核心指标 | 均值（M） | 标准差（SD） | 重要度百分比（%） | 集中情况 第25百分位数 | 集中情况 第75百分位数 |
|---|---|---|---|---|---|---|
| 人才培养类型层次 | 在校生结构（专/本/硕/博） | 3.66 | 0.954 | 66.50 | 3 | 4 |
| | 本科生毕业去向 | 3.63 | 0.891 | 65.75 | 3 | 4 |
| | 学位授予学科数 | 3.51 | 1.057 | 62.75 | 3 | 4 |
| 教师教学 | 课程设置 | 4.54 | 0.756 | 88.50 | 4 | 5 |
| | 教学支出占总经费支出 | 4.37 | 0.779 | 84.25 | 4 | 5 |
| | 主要教学方向 | 4.34 | 0.824 | 83.50 | 4 | 5 |
| | 生师比 | 4.32 | 0.848 | 83.00 | 4 | 5 |
| | 实践教学课时数占总课时数比例 | 4.18 | 0.814 | 79.50 | 4 | 5 |
| 科学研究 | 论文发表引用率 | 4.08 | 0.990 | 77.00 | 4 | 5 |
| | 论文发表级别 | 4.03 | 0.968 | 75.75 | 3 | 5 |
| | 国家级、部级研究经费占总研究经费比例 | 3.90 | 1.010 | 72.50 | 3 | 5 |
| | 省级及以下研究经费占总研究经费比例 | 3.70 | 0.939 | 67.50 | 3 | 4 |
| 社会服务 | 成果转化产生的社会效益 | 4.17 | 0.994 | 79.25 | 4 | 5 |
| | 校企合作项目数 | 3.93 | 0.908 | 73.25 | 3 | 5 |
| | 横向科研课题经费占研究经费比例 | 3.79 | 0.921 | 69.75 | 3 | 4 |
| | 专利项目数 | 3.78 | 1.040 | 69.50 | 3 | 5 |
| | 国家级、部级政策咨询报告采纳数 | 3.78 | 1.047 | 69.50 | 3 | 5 |
| | 社会、企业进校培训情况 | 3.76 | 0.985 | 69.00 | 3 | 4 |
| | 省级及以下政策咨询报告采纳数 | 3.72 | 0.977 | 68.00 | 3 | 4 |
| 地方招生及就业 | 在本省/本市工作的毕业生比例 | 3.35 | 1.014 | 58.75 | 3 | 4 |
| | 本省/本市一年级学生情况 | 3.18 | 1.072 | 54.50 | 3 | 5 |
| 国际合作交流 | 国际合作研究项目数 | 3.53 | 1.076 | 63.25 | 3 | 4 |
| | 派出国际交流学生比例 | 3.45 | 0.981 | 61.25 | 3 | 4 |
| | 接收国际交流学生比例 | 3.43 | 1.018 | 60.75 | 3 | 4 |
| | 国际生数量 | 3.31 | 1.167 | 57.75 | 3 | 4 |
| | 来自国外的研究项目数 | 3.22 | 1.137 | 55.50 | 3 | 4 |

续表

| 高校分类依据 | 高校分类的核心指标 | 均值（M） | 标准差（SD） | 重要度百分比（%） | 集中情况 第25百分位数 | 集中情况 第75百分位数 |
|---|---|---|---|---|---|---|
| 文化引领 | 学校学风、校风 | 4.59 | 0.728 | 89.75 | 4 | 5 |
| | 校园育人文化氛围 | 4.50 | 0.771 | 87.50 | 4 | 5 |
| | 长期积淀的校园历史文化 | 4.47 | 0.771 | 86.75 | 4 | 5 |
| | 是否成为所在地区的文化中心 | 4.11 | 0.891 | 77.75 | 4 | 5 |

根据调查高校的类型定位，通过方差分析进一步了解不同类型高校的分类核心指标是否具有共性和个性差异。社会服务、国际合作交流、科学研究 F 值分别为 3.753、4.241、5.475，P 值分别为 0.024 < 0.05、0.015 < 0.05、0.004 < 0.05，达到 0.05 显著水平，方差不具有同质性。运用 Tamhane's T2（M）法进行方差异质的事后比较方法。如表 3-18 的数据结果表明，研究型高校更强调国际交流与合作、科学研究作为该类型高校分类的核心指标。开放型高校更倾向于将社会服务、人才培养结构作为该类型高校分类的核心指标。

表 3-18　　　　　　　　高校分类核心指标方差分析

| 检验变量 | 变异来源 | 平方和（SS） | 自由度（df） | 平均平方和（MS） | F 检验 | 事后比较 |
|---|---|---|---|---|---|---|
| 社会服务 | 组间 | 5.339 | 2 | 2.670 | 4.777** | 开放型＞研究型、应用型 |
| | 组内 | 261.548 | 468 | 0.559 | | |
| | 总数 | 266.887 | 470 | | | |
| 国际合作交流 | 组间 | 27.013 | 2 | 13.507 | 17.708*** | 研究型＞应用型 |
| | 组内 | 357.729 | 469 | 0.763 | | |
| | 总数 | 384.743 | 471 | | | |
| 科学研究 | 组间 | 7.914 | 2 | 3.957 | 6.727** | 研究型＞应用型 |
| | 组内 | 275.887 | 469 | 0.588 | | |
| | 总数 | 283.801 | 471 | | | |
| 人才培养适应度 | 组间 | 0.559 | 2 | 0.279 | 0.710n.s. | |
| | 组内 | 184.465 | 469 | 0.393 | | |
| | 总数 | 185.024 | 471 | | | |

续表

| 检验变量 | 变异来源 | 平方和（SS） | 自由度（df） | 平均平方和（MS） | F 检验 | 事后比较 |
|---|---|---|---|---|---|---|
| 人才培养结构 | 组间 | 5.904 | 2 | 2.952 | 4.572* | 开放型 > 研究型、应用型 |
|  | 组内 | 302.789 | 469 | 0.646 |  |  |
|  | 总数 | 308.693 | 471 |  |  |  |
| 教师教学 | 组间 | 0.803 | 2 | 0.402 | 1.104n.s. |  |
|  | 组内 | 170.556 | 469 | 0.364 |  |  |
|  | 总数 | 171.359 | 471 |  |  |  |
| 文化引领 | 组间 | 0.780 | 2 | 0.390 | 0.973n.s. |  |
|  | 组内 | 187.830 | 469 | 0.400 |  |  |
|  | 总数 | 188.610 | 471 |  |  |  |
| 人才培养类型层次 | 组间 | 2.091 | 2 | 1.046 | 1.913n.s. |  |
|  | 组内 | 256.356 | 469 | 0.547 |  |  |
|  | 总数 | 258.447 | 471 |  |  |  |
| 地方招生及就业 | 组间 | 4.827 | 2 | 2.413 | 2.663n.s. |  |
|  | 组内 | 425.109 | 469 | 0.906 |  |  |
|  | 总数 | 429.936 | 471 |  |  |  |

注：***$P<0.001$、**$P<0.01$、*$P<0.05$、n.s. $P>0.05$。

高校管理者和学科带头人普遍认为文化引领指标是高校分类的重要核心指标，高校管理者和学科带头人对人才培养的社会适应度指标、教师教学指标所持的重要度也较高。学界比较通用的科学研究指标和社会服务指标也被高校主体纳入较为重要的高校分类核心指标。在传统通用指标的基础上引入文化引领、人才培养的社会适应度、国际合作交流等指标，高校主体下的分类核心指标趋于多维度。高校分类核心指标呈现定量指标与定性指标相结合的特点，高校主体下的分类指标趋于多元化。

**1. 社会职能是重要的高校分类核心指标**

文化引领、教师教学、社会服务、科学研究是高校主体视角下重要的分类核心指标。高校作为重要的社会机构，承担着培养人才、发展科学、为社会服务、文化创新引领的社会职能，文化引领、教师教学、社会服务、科学研究是高校实现社会职能的主要活动。社会职能作为重要的高校分类核心指标，是高校内在发展逻辑的体现，是社会发展需求的表现，也是高校主体对高等教育发展规律的认识。文化是国家的软实力，在综合国力竞争中发挥着日益重要的作用。高校是知识保存、传递、传播、创新的重要场所，随着高校渐渐走进社会的中心，高校主体与社会的关系更趋密切，高校切实关注社会人才类型需求和智力服务需求，并将之渗透在教师教学、科研活动、人才培养过程之中。

### 2. 国际合作交流是较为重要的高校分类核心指标

经济全球化的浪潮打破地理空间的局限，将全球紧密联系在一起。高校作为知识发展、科技创新的前沿阵线，主动参与国际交流合作，密切关注国际学术最新动态，才能使高校保持源源不断的创新活力和发展动力。高校主体普遍具备开展国际合作与交流的国际视野和国际眼光，认为"引进来"和"走出去"的发展情况应当作为高校类型划分的较为重要的核心指标。国际合作研究项目数、来自国外的研究项目数、派出国际交流学生比例、接收国际交流学生比例、国际生数量等核心指标体现高校在培养人才、发展科学等方面进行的国际合作与交流的水平和主要方向。

### 3. 人才培养类型层次指标相比于人才培养结构指标更重要

高校注重反映人才培养类型层次的核心指标，不过分强调反映人才培养结构的核心指标。高校主体认为反映人才培养结构的在校生人数、招生规模、成年学生比例、非全日制学生比例、远程教育学生比例等指标在高校分类核心指标中的重要度较低。说明高校主体意识到高校分类是多角度、多方面的类型划分，学生规模和全日制或远程与否只能反映高校的表层结构，唯有触及高校深层内部的机制体制运行的分类核心指标才对高校定位和分类发展有根本作用，高校主体已经开始自觉探索有效进行高校分类的核心指标。本科生学位结构（学科大类）、在校生结构（专、本、硕、博）、本科生毕业去向、学位授予学科数等指标，从学科分布、培养层次反映人才培养规格和培养质量，成为高校主体关注的高校分类核心指标。

### 4. 人才培养的社会适应度相比于地方招生及就业指标更重要

高校不仅关注地方人才培养和输送规模，也重视人才的社会适应度，地方招生及就业已经不是衡量高校社会职能的唯一标准。体现地方招生及就业的在本省（区）或本市工作的毕业生比例、本省（区）或本市一年级学生情况等指标的重要度也较低，将生源比例或毕业生服务本地区比例作为高校分类核心指标的地位降低。说明高校分类不仅仅局限于针对不同高校所在地区的类型划分，也不仅仅看重人才输出的数量，其内涵更加丰富，更关注人才输出的质和可持续发展能力。高校主体不仅关心为本地区培养人才的数量和规模，也更加关注培养人才的社会适应度，包括用人单位对毕业生的满意度、毕业生的社会声誉、毕业生社会表现、毕业生就业质量、毕业生职业发展情况。高校主体的地区服务由浅层次进入深层次，注重培养人才进入社会的职业适应能力和职业发展能力。此外，地方招生及就业已经不是高校履行社会职能的唯一途径，高校实现社会职能的途径更加多元，包括开展校企合作、进行科研成果社会转化、为地区战略布局提供智力支持、引领地区文化发展等。

**5. 不同类型高校核心指标的共性与个性差异**

研究型高校比应用型高校更强调国际交流与合作、科学研究作为该类型高校分类的核心指标。应用型高校相比于研究型高校和应用型高校更强调将社会服务作为该类型高校分类的核心指标。开放型高校更倾向于人才培养结构作为该类型高校分类的核心指标。研究型高校、应用型高校和开放型高校在人才培养适应度、人才培养类型层次、地方招生及就业、教师教学、文化引领等核心指标上不存在显著差异。也就是说，从量化分析来看，人才培养适应度、人才培养类型层次、地方招生及就业、教师教学、文化引领等核心指标是这三种类型高校制定分类核心指标的共性特点。此外，研究型高校应更为侧重国际交流与合作和科学研究核心指标的构建，开放型高校则要强调社会服务、人才培养结构核心指标的重要地位。

## 三、我国本科高等学校分类核心指标的评价

在高校分类研究中，常常采用分类学和类型学的两种研究范式。分类学一般通过实证的研究方式，呈现高等教育发展现状，评价高等学校表现。类型学则通过思辨研究方法，探索高等学校本质，预测高等教育趋势（雷家彬，2011）。本研究通过访谈法获得高校管理者和学科带头人比较认可的研究型高校、应用型高校和开放型高校三种高校类型，结合案例法以及量化分析的数据结果，进一步研究研究型、应用型、开放型三种类型高校的本质，并尝试根据高校自身特点和社会需求构建我国研究型、应用型、开放型高校的核心指标，为引导不同类型高校特色发展、分类管理提供研究支持。

### （一）我国本科高校分类核心指标的认定

方法论是院校分类核心指标设计的基础，分类主体的价值取向构建高校分类核心指标的方法论，这一价值取向建立在分类主体对高校分类的认识和高校本身的理解之上（伍宸、洪成文，2012）。本研究认为高校分类的目的在于实现政府引导分类管理、高校自主分类发展、社会分类选择，不同高校履行社会职能情况是高校分类目的达成与否的重要标志，不同类型高校在社会职能履行过程中侧重点不同，实现高校分类发展，分类管理，提供分类选择。因此选择高校社会职能作为设计高校分类核心指标的分类依据。高校分类引导高校明确办学定位、充分调动高校内部资源和外部资源，办出特色；教育行政部门进行分类管理、分类支持、实现教育资源的合理配置；高等学校分类办学，形成我国高等教育分类发展

体系，满足国家战略布局、社会经济发展、产业转型升级、社会大众的不同教育需求；社会大众根据个体需求、兴趣偏向、岗位需要、分类选择。教学、科学研究、社会服务、文化传承创新作为高校的基本职能，影响不同类型高校的办学规划和发展布局，是不同类型高校共同的发展方向。在大方向下的具体办学中，基于多样的社会需求、地域特点、高校历史传统积淀差异，不同类型高校的办学定位、高校内部体制机制建制各异，高校职能发挥的方向各有侧重，高校类型趋于多样，高校分类的核心指标各有不同。不同类型高校分类依据和高校分类核心指标如表 3-19 所示。

表 3-19　　　不同类型高校分类依据与分类核心指标

|  | 研究型高校 | 应用型高校 | 开放型高校 |
| --- | --- | --- | --- |
| 社会需求 | 国家战略 | 社会转型发展 | 学习型社会 |
| 社会需求指标 | 培养具有创新精神、较强实践能力的精英人才，提升国家竞争力 | 对接地方、产业、行业，培养适应产业转型升级的应用型人才 | 坚持开放性与公益性，为社会不同人群提供终身教育机会 |
| 办学定位 | 学术 | 应用 | 服务 |
| 办学定位指标 | 具有广泛国际影响力/国际知名/特色显著/综合型、研究型/的世界一流大学 | 国内知名、地方一流的应用型大学 | 以现代信息技术为支撑，面向成人开展远程开放教育的开放型高等学校 |
| 服务面向 | 国家、区域 | 地方、产业、行业、企业 | 地方；在职、特殊人群 |
| 服务面向指标 | 从事基础理论研究和技术创新研究；培养创新型人才 | 行业共通的公共课程、专业基础课程、实践操作课程学分的比例；课程内容与行业标准的适应性；实习实训设备/基地仿真度 | 建立覆盖城乡、各类群体的办学系统和服务体系；提供线上和线下教学、培训服务的种类和数量 |
| 知识逻辑 | 学科体系 | 专业群 | 基于能力的课程组合 |
| 知识逻辑指标 | 学科体系：一级学科种类；二级学科数量；拥有硕士/博士学位授权点的数量；优势学科：进入 ESI（美国基本科学指标数据库）排名前 1% 的学科数；国内前 5/前 10 名的一级学科数；跨学科：交叉学科研究的协作项目数量 | 与行业产业相关的特色专业数量；围绕特色专业及与之相关的专业，形成专业群的规模 | 适应市民教育、农村教育、老年人教育、残疾人教育、在职培训的职业和能力发展需求组合课程类型及数量 |

续表

| | 研究型高校 | 应用型高校 | 开放型高校 |
|---|---|---|---|
| 科学研究 | 创新研究 | 应用研究 | 服务教学的信息化研究 |
| 科学研究指标 | 被国际顶级会议/N&S、SCI（美国《科技引文索引》）、SSCI、EI（英国《工程索引》）、ISTP索引收录的高质量论文数量、篇被引次数；被国内优秀会议/CSSCI索引收录的高质量论文数量、篇被引次数；每年获授权发明专利项数、国家科学技术奖数量、教育部人文社会科学奖数量；研究基地数量、经费投入；科研课题/项目类型、数量；科研经费所占比例 | 应用研究投入：应用科研经费投入数量；应用科研经费投入占事业经费投入的比例产学研合作：校内建设产教融合平台、创新产业平台的数量、发展合作企业的数量、院校联盟、与不同协作方的协作程度及各自的分工情况 | 研究方向为远程信息化技术在教育中的应用，探索新的技术、新的理论、新的方法与教学的结合。相关主题的研究成效：创新教学资源、扩大服务面向等情况 |
| 师资队伍 | 从事科研的教师队伍 | 双师型教师队伍 | 教学、技术、服务队伍 |
| 师资队伍指标 | 拥有科研岗位的专业教师数量及比例；拥有博士学位的教师数量及比例；高级专业技术职称的教师数量及比例；拥有1年以上海外学术经历的教师比例；外籍教师的数量及比例；学科带头人数量 | 拥有行业企业生产实践经验的教师占高校教师的比例；在岗教师进入企业挂职的比例；在岗教师进入企业挂职的时间 | 教学队伍：参与课程编制的教师类型构成；每门课程中课程与教学专业方向的专门教师、专业或学科带头人、教学名师、企业行业一线人员、管理者、专门从事信息科学技术的教师的数量及比例；技术队伍：拥有技术背景进行课程制作及维护的专门教师数量及比例；服务队伍：为学生进行针对性的课后辅导与支持、学分认定与转换管理的教师数量及比例 |

续表

| | 研究型高校 | 应用型高校 | 开放型高校 |
|---|---|---|---|
| 人才培养类型 | 学术型 | 技术技能型 | 具有持续职业发展能力、追求更高生活品质能力 |
| 人才培养指标 | 生师比；本科生参与科技创新项目的比例；硕士生/博士生入学人数、每年毕业人数、所占比例；国家教学成果奖数量 | 学生进行校内实训和校外实训活动的频率、时间；毕业论文或毕业设计面向企业或产品 | 建立教学指导服务系统对学生进行及时反馈与评价，进行课后的作业辅导、学习成果评价、转换学分 |
| 社会服务 | 国家、区域 | 区域、地方、行业、企业、同类院校 | 多群体 |
| 社会服务指标 | 建立基础、应用、转化的科技创新链；成为国家和区域发展战略决策的智库 | 高校与地方、区域：提供政策咨询、进行社会培训、开放讲座、会演等文化建设服务；高校与行业：为行业协会提供智库资源；高校与企业：企业派经验丰富的专家入驻高校提供教学指导，高校为企业提供教师辅助研发及获得实操经验；学生进入企业实习实训；高校与其他同类院校：利用不同专业所长取长补短共同参与项目或课题 | 注册学生情况：注册/在学学生数量；注册/在学学生类型；提供培训服务的种类；培训服务：每年为社会进行培训服务的数量；信息化服务：定期发布国际最新信息动态 |
| 国际交流与合作指标 | 派出出国交流学生数量、比例；国际留学生数量、比例；教师出国访问数量、比例；邀请国际教师到校交流数量；举办校际国际会议数量；国际校际调研参访数量 | 派出出国交流学生数量、比例；国际留学生数量、比例；教师出国访问数量、比例；邀请国际教师到校交流数量；举办校际国际会议数量；国际校际调研参访数量 | 与国际同类型高校开展交流的次数；合作设计开发课程数量；引进有知识产权的国际教学资源（课程、教学管理系统）的数量、类型 |
| 发展路径 | 高、精、尖 | 扩大合作广度与纵深应用 | 扩大社会覆盖面 |

续表

| | 研究型高校 | 应用型高校 | 开放型高校 |
|---|---|---|---|
| 发展路径指标 | 新理论、新技术、人才培养等成果产出对科学前沿发展和国家综合竞争力提升的贡献 | 成果产出对社会发展的贡献，包括产生新知识、新技术、新工艺并应用于经济建设 | 整合社会各类教育资源，与地区、高校优质师资团队合作，建设网络教学团队、设计网络课程，满足社会不同人群终身教育需求 |

**1. 社会需求与服务面向**

社会经济发展对高校多样发展提出了需求，并为高校发展提供支持，因此要求高校适应社会发展的阶段性需求，充分发挥大学作为保存、传递、选择、更新、创造知识的中心作用，作为培养高素质专门人才场所，利用高校各自的特色和优势，主动承担一定的社会责任和历史使命，最终实现高校多样化发展。在社会需求、办学定位、服务面向、发展路径方面，高校分类指标呈现较大不同。研究型高校是国家支撑创新驱动发展战略，建设一流大学和一流学科的主要力量。从事原始创新研究，培养创新型人才，打造世界一流大学和一流学科，提升国家竞争力，是我国研究型高校共同的发展方向。衡量研究型高校新理论、新技术、人才培养等成果产出对科学前沿发展和国家综合竞争力提升的贡献是评价研究型高校发展的关键导向。应用型高校适应社会转型发展需要，也是高等教育大众化阶段的时代需求。对接地方、产业、行业，根据行业标准设置课程体系、开展实践教学，培养适应产业转型升级的应用型技术技能人才，建设国内知名、地方一流的应用型高校，是应用型高校共同的发展方向。衡量应用型高校新知识、新技术、新工艺等成果产出及应用于经济建设和社会发展的贡献情况是评价应用型高校发展的关键导向。开放型高校满足了我国学习型社会建设和践行终身教育理念的需求，是提升全民职业能力和文化水平的重要机构。坚持开放性与公益性，以现代信息技术为支撑，建立覆盖城乡、各类群体的办学系统和服务体系，提供线上和线下教学、培训服务，为不同社会人群提供终身教育机会，是开放型高校的发展方向。衡量开放型高校整合社会各类教育资源，与地区、高校优质师资团队合作建设网络教学团队、设计网络课程，满足社会不同人群终身教育的需求情况，是评价开放型高校发展的关键导向。

**2. 知识逻辑与办学定位**

理性主义与实用主义的价值理念的动态平衡过程，影响不同类型高校内在发展逻辑。理性主义从知识内在发展的角度出发，认为大学致力于研究高深学问，是培养学术精英、追求真理的场所。实用主义的价值立场则从社会功用的角度认为大学应走出"象牙塔",成为社会发展的中心,用知识服务社会。随着大学与社会的联系日益密切,大学已经不能脱离社会而存在,社会也赖于大学培养人才、产学研合作推动生产力进步。大学价值理念在理性主义与实用主义中寻求一种动态平衡,既恪守研究高深学问的初衷,也履行服务社会的职能。研究型高校在动态平衡中更偏向理性主义的价值理念,以学科建设作为人才培养、科学研究、师资队伍建设的内在发展逻辑,一级、二级学科数量、拥有硕士和博士学位授权点的数量指标体现高校学科体系建设,进入 ESI 排名前 1% 的学科数、国内前 5 或前 10 名的一级学科数指标体现优势学科建设,交叉学科研究的协作项目数量指标体现跨学科建设。应用型高校在动态平衡中更偏向实用主义的价值理念,面向地方、产业、行业、企业需求,以解决问题、跨专业为导向,结合高校历史优势和区域特点,形成与社会经济发展相关的特色专业及相关专业形成专业群,是应用型高校培养高级专门人才、发展应用研究、履行社会服务职能的知识基础。与行业产业相关的特色专业数量、围绕特色专业及相关专业形成专业群的规模指标体现应用型高校与地方和行业产业对接的有效性。相比于应用型高校,开放型高校在动态平衡中更倾向于实用主义的价值理念。以培养能力为核心进行课程组合,是开放型高校面向城乡大众的教育需求开展教学和服务的基础。适应市民教育、农村教育、老年人教育、残疾人教育、在职培训的职业和能力发展需求组合课程类型及数量指标体现开放型高校服务社会的覆盖面和支持度。

### 3. 社会职能与发展路径

高校发展目标的多样化推动不同类型高校多样发展、特色发展。研究型、应用型、开放型从宽泛角度对高校类型进行划分,在明确类型归属后,高校可结合高校历史积淀、社会发展需求、所在区域特点自主提出高校发展具体目标,设计并构建与高校发展目标相一致的管理机制,合理布局组织结构和运行机理。科学研究、师资队伍建设、人才培养模式、社会服务、国际合作与交流是高校发展的着力点,不同类型高校各有侧重。从调查结果来看,科学研究投入经费、成果产出及转化数量;拥有博士学位、高级专业技术职称、海外背景教师、学科带头人数量及比例;人才培养成效;国际交流与合作是研究型高校的核心分类指标。研究型高校以科学研究为基础贯通人才培养、社会服务和国际合作交流,应用型高校则更强调实践教学,围绕实践教学的理念建设师资队伍、培养应用型人才、从事应用研究、进行社会服务、开展国际交流与合作。拥有行业企业生产实践经验的教师所占比例;在岗教师进入企业挂职时间;学生进行校内实训和校外实训实习活动的频率、时间;毕业论文或毕业设计面向企业或产品的数量;应用研究经费占事业经费比例;产教融合平台数量;高校与企业、行业、地方区域开展合作与服务;师生国际交流等都是应用型高校的核心分类指标。开放型高校立足服务社会的理念，打造教学、技术、服务教师队伍，开展服务教学的信息化研究，开展国际交流与合作，培养具有持续职业发展能力、追求更高生活品质能力的学生。参与课程编制的教师类型构成；每门课程中课程与教学专业方向的专门教师、专业或学科带头人、教学名师、企业行业一线人员、管理者、专门从事信息科学技术的教师的数量及比例，是体现开放型高校整合社会名师资源的核心指标。拥有技术背景进行课程制作及维护；为学生进行针对性的课后辅导与支持、学分认定与转换管理的教师数量及比例，是开放型高校技术和服务教师队伍建设的核心指标。研究远程信息化技术在教育中的应用；探索新的技术、新的理论、新的方法与教学的结合；实现创新教学资源、扩大服务面向是衡量开放型高校科学研究水平的核心指标。建立教学指导服务系统对学生进行及时反馈与评价；及时进行课后的作业辅导、学习成果评价、转换学分是培养人才的过程性监控指标。课程覆盖的学生类型和数量；为社会提供的培训服务数量；定期发布国际最新信息化动态，是开放型高校服务社会的核心指标。与国际同类型高校开展交流、合作设计开发课程、引进有知识产权的国际教学资源的数量，是其国际交流与合作的核心指标。

## （二）我国本科高校分类核心指标的评介

高校发展的知识逻辑本质上是一致的，高校类型划分区别在于价值理性主导或是工具理性主导。从认识论的角度出发，高等教育的本质是追求知识的发展（史秋衡、王爱萍，2010）。在知识逻辑的高校核心分类指标中，专业与学科不是对立的关系，学科是专业的基础，专业与市场联系更密切，课程则要求根据学习主体能力需求进行设置。专业群则更强调对接行业企业的主体专业及与之相关的专业建设，不过分强调学科的完整性。无论是从学科体系出发，或是从专业的角度出发，抑或是从课程出发，最终都通过理论研究或者实践反思推动了知识发展。研究型高校基于大学发展的内在需求强调学科体系发展、应用型高校基于产学研的大学内在发展需求和社会需求注重专业群建设，开放型高校基于终身教育理念传播、学习型社会构建的社会发展和个体发展需求围绕能力组合课程，在价值理性和工具理性的理念下寻求发展。

### 1. 我国本科高校分类核心指标的相互关系

如果把每种类型高校的核心指标看成一个圆，圆之间可能相切或相离，也可能相交。当圆之间相切或相离时，表明核心指标之间没有交叠，也就是说高校类型是绝对的，核心指标是不同类型高校所具有的独特指标。当圆相交时，核心指标之间出现了交叠，交叠部分表明高校分类的核心指标并非绝对化，交叠部分既具有第一种类型高校的部分核心指标，也具有第二种甚至第三种类型高校的部分核心指标，可以视为这种绝对类型划分内部还有需要进一步细分的新的高校类型或者介于这些圆代表的高校类型之间的模糊类型高校。

第一，高校分类核心指标的相切或相离关系。如果代表核心指标的圆之间是相切或相离的关系，表明高校类型的核心指标之间没有交叠，高校类型划分是绝对化的。即这部分核心指标是不同类型高校各自的发展目标和发展路径，彰显不同类型高校的特色之处，如研究型高校创新研究和学科体系，应用型高校实训设备仿真度、学生和教师企业实操经验，开放型高校的线上和线下课程体系和培训服务数量、教学—技术—服务结构的师资队伍。

第二，高校分类核心指标的相交关系。如果代表核心指标的圆之间是相交的关系，交叠部分表明核心指标重复，即可能在已有的类型划分中还存在着一种或几种未被划分出来的高校类型，或者存在着一种模糊的高校类型，同时具有其他几种高校类型的部分核心指标。从高校的社会职能来看，高校分类的核心指标也理应有相交关系。高校作为培养高等专门人才的场所和社会智库所带有的职能，属于高校本质上的共通之处，如学生和教师的国际交流与合作、高校利用教学和研究成果服务社会等核心指标。

**2. 我国本科高校分类核心指标的重要特点**

我国高校分类核心指标特点反映培养人才、发展科学、为社会服务的高校职能以及国际交流合作与文化传承创新，由输入指标与输出指标、定量指标与定性指标相结合。高校分类核心指标突出高校重要主体，体现高校共性与个性特点。

第一，培养人才的高校职能是重要的分类核心指标。开展教学活动培养高素质人才是高校的基本职能，衡量教学规模和质量的指标是高校分类的核心之一。高等学校三个主要社会职能的历史发展顺序，也是它们的重要性顺序，培养人才的社会职能是基本的（潘懋元，2012）。应用型、开放型、研究型高校的学科专业和课程建设、科学研究、国际交流与合作服务于教学，以人才培养为中心。师资队伍水平是影响教学质量和人才培养成效的关键因素，研究型教师、双师型教师、教学—技术—服务教师队伍，应成为不同高校类型划分的分类标准。多样的高校类型划分带来多样的人才培养定位，因此根据人才培养类型对高校类型进行划分时，也须将学术型、技术技能型、具有持续职业发展能力和追求更高生活品质能力的培养类型作为分类核心标准。

第二，发展科学研究的高校职能是重要的分类核心指标。发展科学研究是高校不可或缺的重要职能，科学研究是高校重要的活动，衡量科学研究投入和成果的指标是高校分类的核心指标之一。大学主要从事与教学紧密结合、生产新知识、创造新理论的基础研究，同时数据也表明，大学通过应用研究和开发研究对技术的贡献，在推进现代社会发展发挥着愈加积极的作用（胡建华，2006）。随着高校与社会生产的关系日益紧密和基础研究成果转化的需要，应用研究已经成为高校科学研究的重要形式。已有研究大多以基础性、原创性研究的成果产出作为高校分类核心指标，是研究型高校本位、基础研究本位的分类思想。在分类核心指标的选择中，应该结合我国高校发展现状与时俱进，兼顾代表应用研究水平的分类核心指标。

第三，为社会服务的高校职能是重要的分类核心指标。为社会开展多种多样的服务也是高校分类的重要核心标准，衡量高校产学研成果、社会文化和信息服务的贡献度是高校分类的核心指标之一。作为社会发展的动力站，高校依托师资队伍建设、科学研究成果、人才培养成效为国家发展提供战略支持、为产业发展提供科技创新和人力资源、为国民文化素养发展提供全民教育机会和文化活动。在社会服务的分类标准中，文化职能开始受到高校主体的关注，开放讲座、文艺汇演等服务大众的文化传播形式成为高校主体服务社会的途径，但如何更好发挥文化传承与创新的社会职能，还需要进一步细化操作性指标，高校主体对高校如何更好发挥文化传承创新职能还未形成成熟的认识。

第四，国际交流合作与文化传承创新是重要的分类核心指标。从社会职能的角度出发，将衡量培养人才、发展科学、为社会服务的传统指标作为高校分类的核心指标是高校主体的共识。在继承传统认识的基础上，高校主体日趋关注国际交流与合作指标，学生、教师的双向国际流动，课程教学与科学研究的国际合作，都是高校共同关注的国际交流与合作指标。通过分析也可以发现，高校开始重视高校文化传承与创新，在访谈中许多高校认为高校历史文化积淀是高校类型定位、分类发展的传统根基。但文化传承与创新指标如何在高校分类中发挥作用，高校尚未完全形成基于文化传承与创新指标进行分类的自觉意识。

第五，输入指标与输出指标相结合的分类核心指标。高校分类的核心指标以输入指标为主，输出指标为辅。通过分析发现，高校主体重视输入指标和输出指标，以教师、学生、经费、平台等资源的输入指标为主，更为关注影响高校发展的过程性要素，对科学研究产出、人才培养成效、社会服务影响等结果导向的输出指标的关涉较少。输出指标更多考虑高校发展和地区、企业、行业需求，欠缺对学生个体发展的关照，缺少从学生个体角度出发的指标设计。学生作为高等教育的重要主体，其对个体学习和发展情况的满意度能有效反映高校总体目标是否顺利实现、培养过程是否符合教育规律。学生基于能力发展的自评可以衡量一所高校教学水平、科学研究质量和人才培养成效，因此重视学生主体作用，将学生学习成果自评纳入高校分类核心指标是必要且有意义的。

第六，定量指标与定性指标相结合的分类核心指标。高校分类指标将定量指标与定性指标相结合，以定量指标为主，定性指标是定量指标的重要补充。研究型高校普遍认同衡量学科体系建设、科学研究成果、师资队伍结构、国际交流与合作的传统指标，研究型高校的分类以定量指标为主。应用型高校的分类核心指标带有很强的研究型高校分类指标的惯性，也较为关注师资队伍结构、产学研成果、国际交流与合作等传统定量指标。开放型高校的核心分类指标在师资队伍结构、社会服务、国际交流与合作方面趋于量化，其他方面则趋于定质描述，这与开放型高校仍处于探索的发展阶段有关。量化指标从整体上反映高校发展情况，但定性指标则对无法量化的内容进行有效补充，二者相互结合，能更好地折射高校发展全貌。

第七，高校是制定分类核心指标的重要主体。高校是选择高校分类核心指标的重要权利主体，对分类核心指标的思考是高校自觉、自主办学意识觉醒的表现。《中华人民共和国高等教育法》赋予高校办学的主体地位，规定高校依法行使招生自主权、专业设置权、教学管理权、自主进行科学研究权、国际学术交流自主权、教师评聘权、财务自主权七项办学自主权。因此，高校在对关乎自身类型定位与发展目标的选择中拥有自主权。以往，受计划经济影响，高等教育由政府集中管理通过行政指令统一配置资源，高校缺乏自主办学的意识和独立发展的能力。如今，理顺政府与高校的权责关系，是高校发挥办学自主权的有效保障。政府由高等教育发展的管理者转变为规划者、服务者、协调者、监督者，实行有限治理、间接治理、依法治理，发挥社会和市场的作用，加强高校办学主体的战略能力，进行自下而上的高等教育发展。从调查中发现，高校已经具备结合社会背景和高校特点进行类型定位和核心指标设计的积极性与能力，在高等教育事业的重要战略决策和制度设计中倾听高校主体的声音是必要的。

第八，根据高校共性与个性制定平行的分类核心指标。高校分类核心指标是平行的，指标权重设置灵活，高校可以根据发展需求和特点自主确定每项分类指标的权重。高校由于历史传统文化和区域经济发展差异等原因，形成不同的发展特色，因此高校分类核心指标仅仅为高校发展提供方向性引导，指标之间是平行的关系。为体现高校办学自主性、引导高校特色发展、构建高等教育分类体系，确定办学类型后，高校可以根据高校发展情况和办学定位，自主选择符合自身发展特点的类型指标，并赋予每个核心指标的测算系数，最终形成具有高校特色的核心指标。根据最高权重确定高校发展方向，如研究型高校中对教学力量投入多且发展好的则可称为教学研究型高校，可以根据不同高校选择对研究型、应用型、开放型类型自主进一步细化。在评价环节，可以采用审核评估的方式，重视高校的自我评价，评估高校最初设定核心分类指标计算公式的发展目标是否达成。

### （三）我国高校分类核心指标共同特征与发展趋势

根据半结构式访谈法、案例法和问卷调查法等研究方法分析得出，高校管理者和学科带头人认为，高校社会职能是构建高校分类核心指标的主要依据，在具体高校分类核心指标构建过程中，不同高校类型的分类核心指标既有共性又突显个性，作为高等教育主体的社会、政府和高校在构建高校分类核心指标构建中扮演重要角色。

**1. 我国高校分类核心指标的共同特征**

以高校社会职能为标准，以多样的高校类型为前提，以高校主体作为重要利益相关者是构建我国高校分类核心指标的共同特征。

第一，基于高校社会职能构建分类核心指标。高校社会职能是高校分类核心指标构建的基本要素，培养人才、发展科学、为社会服务、文化创新引领是高校分类核心指标的重要依据。高校社会职能是高校在一定历史时期和社会背景下，高校根据自身特点和发展情况、社会对高校的角色期待和需求，对高校与社会关系进行定位，明确高校对社会发展的作用。社会经济转型发展的需要要求高校分类发展，适应社会对多样化、多层次的人才需求，通过科学技术进步和科学研究成果转化应用推动创新能力发展和提升社会生产力水平。高校社会职能是高校面对不断变化发展的社会需求的积极回应。高校作为重要的社会组织机构，社会职能是高校适应社会经济、政治、文化发展需求的体现。因此，高校社会职能作为构建高校分类核心指标的基本要素，已经成为高校主体的共识。

社会职能是高校发挥作用的共同目标，但社会多样化的需求也使得不同类型高校履行社会职能的具体方向各有不同，因此不同类型高校分类中基于社会职能构建的核心指标侧重点各异，核心指标的权重赋值也大相径庭。研究型高校的分类核心指标观测点在于体现学科体系建设情况、原始创新研究和基础研究及人才培养对科学前沿发展和国家综合国力提升的贡献情况。应用型高校的分类核心指标观测点在于反映培养对接地方、产业、行业，适应产业转型升级的应用型技术技能型人才，运用新知识、新技术、新工艺等应用研究成果产出并应用于经济建设和社会发展的贡献情况。开放型高校的分类核心指标观测点在于体现覆盖多地区、多群体的办学系统和服务体系，信息教学研究为提升全民职业能力和文化水平的贡献情况。多样化的高校类型履行多元的高校社会职能，适应多样化的社会发展需求。

第二，基于高校多样类型构建分类核心指标。多样化的高校类型是立体化高校分类核心指标构建的重要依据。高校履行社会职能的多维度和履行社会职能侧重点的不同，形成办学目标和定位各异的类型高校。高校分类目的在于使各个高校找准定位、各安其位，根据不同高校类型构建多种分类指标，呈现立体化的高校分类核心指标。高校分类核心指标是引导不同类型高校自主办学、特色办学的举措，在制定高校分类核心指标进行规范引导的同时，也要避免"一刀切"的强制政策使高校丧失自主探索的空间。规范引导与弹性空间是高校分类政策的特点，立体多元是高校分类核心指标的特点。由于高校系统内部层级复杂，高校与社会其他子系统的关系多样并存，难以简单地用几种类型将复杂多样的高校发展情况全部囊括。因此，高校分类核心指标作为高等教育发展规划中的重要一环，是宽泛意义上的大类分类，不进一步细分。

第三，基于高校重要主体构建分类核心指标。高校是高校分类核心指标构建的重要主体。高校分类的目的在于引导高校分类发展、进行分类管理、为社会提供分类选择，适应社会发展需求实现高等教育分类发展，提升高等教育质量。高校分类关系到高校定位和发展，高校自身传统、特点、发展环境和发展情况是影响高校定位和办学目标的关键因素，高校作为高等教育的重要利益相关主体，是分类核心指标构建的主要力量。在广泛调查和研究的基础上，依据不同高校的发展特点构建具有类型共性的高校分类核心指标，在充分尊重高校主体的办学自主权利的基础上，允许高校主体根据办学定位选择某一种高校类型，根据自身发展特点和发展环境自主对该类型的核心分类指标进行权重赋值。高校按照履行社会职能具体方向自主确定核心指标的权重，构成高校独特的分类核心指标。值得说明的是，高校主体构建的核心指标反映的是高校整体的类型定位，高校内部不同学科、不同专业发展水平参差，具体学科专业的定位应根据实际发展情况进一步研究和判定。

**2. 我国高校分类核心指标的发展趋势**

随着高校与社会关系日益紧密，高校办学主体地位日益强化，高校分类核心指标明显呈现高校服务社会需求、更为强调政府服务职能、高校主体地位日趋突出、第三方评估作用日趋重要的发展趋势。

第一，反映高校服务社会需求。高校服务社会发展需求，是高校分类核心指标的发展趋势。作为知识保存、传递、传播、创造、更新的重镇，21世纪的高校不再是封闭的"象牙塔"，已经走进社会的中心，成为社会发展进步不可或缺的支撑力量。高校分类核心指标的形成建立在高校社会职能的基础之上，随着社会经济转型发展和高校社会地位的转变，为社会服务的高校职能在高校分类核心指标也趋于明显和突出，高校分类核心指标反映社会发展趋势和社会需求。高校分类核心指标反映国家重视发展文化软实力的战略任务。文化引领的社会职能已经开始受到高校主体的重视，并将之作为不同高校类型所共有的社会职能。高校分类核心指标反映深化对外开放的国家政策。全球经济一体化的进程打破地理空间的局限，高校适应社会发展趋势，主动开展国际合作交流，保持创新活力和发展动力。高校分类核心指标反映高校服务于社会的人才培养需求。随着社会分工的精密化和岗位的专门化，要求高校培养适应不同分工和岗位需求的专门人才。人才培养类型层次多样作为高校分类核心指标，是高校面向社会多样化人才类型需求的表现。科技发展促进产业转型升级，推动岗位转化、职业流动的速度，既要培养专门人才，又要注重培养人才的通用能力和职业发展潜力。高校分类核心指标强调人才培养的社会适应度，反映了社会对人才输出的质量要求和可持续发展能力要求。

第二，强调政府服务职能。强调政府服务职能，是高校分类核心指标构建的发展趋势。高校分类核心指标构建，体现政府的职能转变，突出教育行政部门发挥引导、监督、服务作用。高校分类核心指标的构建、实施、保障，离不开政府服务职能的履行。政府是政策制定的主体，在广泛调查和研究的基础上，制定高校分类核心指标对高校进行宏观引导。简政放权，促进高校办学自主性和积极性。发挥监督作用，对高校自主进行的类型定位和分类指标相符程度进行监督检查，并配之以对应的奖惩措施和办法，对未能合理科学定位的高校和缺乏类型选择能力的高校进行引导，对合理定位、办出特色的高校进行肯定与支持，使得高校在法律框架内行使有限度的自主权，并承担权利对应的责任。高校分类核心指标构建，引导高校分类发展，进行规范的分类管理，需要政府发挥服务和支持的作用。高校主体认为，政府出台与高校分类配套的分类评价机制，分类进行经费支持、办学监督、信息服务、绩效考核、质量评估，使不同类型高校都能根据发展需求获得资源投入和政策支持，才能真正保障不同类型高校各安其位，走出有特色的发展之路。

第三，凸显高校主体作用。高校主体在高校分类核心指标构建中发挥日益关键的作用。高校分类核心指标是基于高校利益主体的实际出发构建而成的。高校主体作为高等教育发展的重要利益相关者，对自身历史、发展条件、办学水平更为了解，在制定关乎高校特色发展的政策中也更有发言权。政府主导、高校主体、社会参与的高校分类核心指标中，高校在类型定位、指标权重赋值等方面拥有自主性。高校可以根据高校办学目标、发展定位、文化传统、特色学科、社会和区域合作基础和发展需求、人才培养类型等自主选择高校类型，在大类的类型定位后，还可以根据自身发展特点和特色，灵活赋予高校分类核心指标以不同权重分数，最终形成具有高校特色的分类核心指标，体现高校自主性。在高校类型选择和指标权重赋值之后，在法律政策允许的条件下，高校拥有选择、变更类型的机会，为高校提供自主探索的空间。

第四，注重第三方评估作用。社会是高等教育的又一利益相关者，构建高等教育核心分类体系实现高校分类管理和分类发展，促进社会分类选择，第三方正发挥着日益重要的作用。高校主体认为高校分类核心指标由量化指标和定性指标构成，定性指标是定量指标的重要补充。定性指标由于难以用客观数据量化，需要通过第三方评价来实现，进行长期监测、收集信息、总结报告。如文化引领分类标准中的学校学风、校风、校园育人文化氛围、长期积淀的校园历史文化、是否成为所在地区的文化中心等定性指标，需要通过社会第三方组织从高校外部进行评估。此外，一些反映社会舆论和社会评价的核心指标也离不开第三方评估的作用。如高校日益重视的人才培养的社会适应度分类标准，包括用人单位对毕业生的满意度、毕业生的社会声誉、毕业生社会表现、毕业生就业质量、毕业生职业发展情况等，需要借助专业的第三方力量收集社会雇主评价，以客观反映高校培养人才的社会适应度。第三方评估结果的社会影响力高低，也可能成为高校人才培养目标制定和调整的参考。第三方评估结果向社会公开，保障社会民众知情权、选择权，是发展社会主义民主的重要表现。

## 第五节 我国高等学校分类体系的立体化设计和论证

我国学界关于高校分类有不同的维度标准和划分方法，关于高校分类体系的立体化设计在充分分析学术界的高校分类研究中，进一步通过历史政策文本梳理、高校基础数据分析和代表性高校主要管理者的访谈结果，在国家法规政策框架下建立我国立体化的高校分类体系设计。立体化的高校分类体系设计的最终成型，离不开前期的巨大投入和开展的大规模工作，在攻关点不断变化状态中摸索前行，在反复论证中逐步推进，是高校分类研究理论与高校分类体系政策设计实践相结合的艰难而有益的探索。

### 一、我国高等学校分类体系的法规政策框架

形成法律法规、政策文本和战略规划相结合的高校设置法规政策体系。法律法规、政策文本和战略规划三者层次不同，效力和侧重点也应当有所区别。其中，法律法规具有法律效力，因此应当具有全局性和稳定性，规定高等学校分类的基本内容，如分类原则、学校类型、分类程序等。政策文本应当具有时代性和针对性，体现当前我国社会经济发展的实际情况和高等学校发展的实际水平。战略规划应当具有区域性和阶段性，重点针对各地不同类型高等学校办学的主要

问题。

当前，全面依法治教背景下，我国初步形成了以《中华人民共和国高等教育法》《中华人民共和国民办教育促进法》《普通高等学校设置暂行条例》《普通本科学校设置暂行规定》《高等职业学校设置标准（暂行）》《独立学院设置与管理办法》等高校设置的法律法规，以上高校设置相关法律法规是从法的角度全局把握和规范高等教育体系和高等学校结构发展方向。

在系列高校设置法律法规约束下，中央政府通过一批高校设置规定和基本办学条件指标等行政指令保障高校设置，如《国家中长期教育改革和发展规划纲要（2010—2020年）》《"十二五"期间高等学校设置工作的意见》《"十三五"期间高等学校设置工作的意见》《普通高等学校基本办学条件指标（试行）》《营利性民办学校名称登记管理有关工作的通知》《关于深化教育体制机制改革的意见》，高校设置的行政指令是对高校设置法律法规的实施提供行政支持，目的在于依法规范高校设置。

国家发展规划是促进高校分类办学和分类管理的全局性政策导向。《国家中长期科学和技术发展规划纲要（2006—2020年）》《国家中长期人才发展规划纲要（2010—2020年）》和《国家教育事业发展"十三五"规划》从国家战略发展规划层面对研究型高校的发展定位提出了战略发展需求。《国家中长期科学和技术发展规划纲要（2006—2020年）》对研究型高校通过建设重点学科和创新平台汇聚高水平人才队伍进行基础科学研究和原始创新服务国家创新体系和重大战略需求提出了要求。提出"加快建设一批高水平大学，特别是一批世界知名的高水平研究型大学，是我国加速科技创新、建设国家创新体系的需要"。"发展研究型大学。努力形成一批高水平的、资源共享的基础科学和前沿技术研究基地"。"根据国家重大战略需求，在新兴前沿交叉领域和具有我国特色和优势的领域，主要依托国家科研院所和研究型大学，建设若干队伍强、水平高、学科综合交叉的国家实验室和其他科学研究实验基地"。"积极支持大学在基础研究、前沿技术研究、社会公益研究等领域的原始创新。鼓励、推动大学与企业和科研院所进行全面合作，加大为国家、区域和行业发展服务的力度。加快大学重点学科和科技创新平台建设。培养和汇聚一批具有国际领先水平的学科带头人，建设一支学风优良、富有创新精神和国际竞争力的高校教师队伍。"《国家中长期人才发展规划纲要（2010—2020年）》则指出了研究型高校发展并依托基础学科培养拔尖创新人才的重要意义，提出"在高水平研究型大学和科研院所的优势基础学科建设一批国家青年英才培养基地，按照严入口、小规模、重特色、高水平的原则，每年选拔一批拔尖大学生进行专门培养"。国务院关于印发《国家教育事业发展"十三五"规划》指明了基础研究之于研究型高校的地位，提出"支持研究型大学开展自由探索的基础研究"。"支持研究型大学与世界一流大学和学术机构开展高水平人才联合培养及科学联合攻关，依托优势学科举办高水平国际学术论坛，打造高端国际学术交流合作平台"。

《现代职业教育体系建设规划（2014－2020年）》和《国家教育事业发展"十三五"规划》也从国家战略发展规划层面对应用型高校定位提出了战略发展需求。《现代职业教育体系建设规划（2014－2020年）》指出"发展应用技术类型高校，培养本科层次职业人才"。"鼓励举办应用技术类型高校，将其建设成为直接服务区域经济社会发展，以举办本科职业教育为重点，融职业教育、高等教育和继续教育于一体的新型大学"。"引导一批本科高等学校转型发展。支持定位于服务行业和地方经济社会发展的本科高等学校实行综合改革，向应用技术类型高校转型发展"。国务院发布《关于印发国家教育事业发展"十三五"规划的通知》认为我国"产教融合、科教融合的协同培养机制尚未形成""人才培养的类型、层次和学科专业结构与社会需求不够契合"，提出"到'十三五'末，建成一批直接为区域发展和产业振兴服务的中国特色高水平应用型高校，形成科学合理的高等教育结构"。《国家教育事业发展"十三五"规划》提出"加快建成一批为地方经济和社会发展服务的高水平应用型高等学校"。"推动具备条件的普通本科高校向应用型转变。引导高校从治理结构、专业体系、课程内容、教学方式、师资结构等方面进行全方位、系统性的改革，把办学思路真正转到服务地方经济社会发展上来，把办学定位转到培养应用型和技术技能型人才上来，转到增强学生就业创业能力上来，把办学模式转到产教融合、校企合作上来，到'十三五'末，建成一批直接为区域发展和产业振兴服务的中国特色高水平应用型高校，形成科学合理的高等教育结构"。"支持一批地方应用型本科高校建设，重点加强实验实训实习环境、平台和基地建设，鼓励吸引行业企业参与，建设产教融合、校企合作、产学研一体的实验实训实习设施，推动技术技能人才培养和应用技术创新"。"支持职业学校和应用型高校引进国（境）外高水平专家和优质课程资源，鼓励中外职业学校教师互派、学生互换"。"鼓励应用型高校和职业学校聘请具有实践经验的专业技术人员、高技能人才、民族民间文化传承人担任兼职教师或专业带头人。力争到2020年，应用型高校和职业学校有一大批行业企业认可的领军人才。"中央政府宏观指导高校设置工作，各（区、市）统筹高校布局结构调整优化工作，部署未来五年发展期间本（区、市）高校规模和结构计划以及调整措施进行。省级人民政府对本（区、市）高校规模和结构调整，是依法履行统筹省级高等教育结构和依法进行高校行政管理的表现之一。

高校战略规划是在省（区、市）高校结构调整计划的框架下，为进一步明确发展定位和发展方向，结合社会需求、高校历史传统和优势特色，对高校层次和类型进行的中长期规划。高校战略规划则是基于高校主体的高校设置一环，体现的是高校在高校设置中依法取得的自主性和能动性地位。

## 二、我国高等学校分类体系的立体化设计原则

### （一）高校主体视角下的高校分类体系立体化设计原则

我国高校分类核心指标的构建必须要遵循一定的基本原则，基本原则反映高等教育内部关系规律和高等教育与外部社会需求的关系规律。在基本原则下，构建我国高校分类核心指标，引导高校合理定位、特色发展，推动分类管理，实现社会分类选择。高校主体视角下的高校分类体系设计的原则和途径，是基于国家法律政策框架和调研数据的分析结果，是从高校管理者的视角反映其对高校分类体系设计的认知和期待。

**1. 把握高校分类核心指标设计的出发点和落脚点**

构建高校分类核心指标，既需要厘清高等教育权利主体权责，营造外部环境，也需要尊重高校自主权，基于高校特点设计体现多元质量标准的指标，赋予高校主体选择指标权重的权利，以发展作为高校分类核心指标构建的主要目的。

第一，关注不同类型高校特征的多元质量标准是构建高校分类核心指标的基本依据。改善我国高校同质化办学和"千校一面"发展路径等制约当前高等教育发展的"瓶颈"问题，也是立体化高校分类体系设计的出发点和落脚点。因此，多元质量标准是立体化设计的重要特征。多元的分类指标对应多种高校类型。描述性分类强调不同类型高校的特色和差异，寻求与高校的职能、高校特征保持一致，高校特点先于分类而存在；规定性分类通过外部行政力量规定高校特点和定位以引导高校发展，高校在分类前的特点不清晰，在分类后逐渐明确（赵婷婷、汪乐乐，2008）。本研究采用描述性分类的方法描述高校特征，通过体现高校特征的指标对高校进行区分获取分类指标，区别于规定性分类。因此，从不同类型高校的特征和差异来看，我国高校内部学科林立、专业分化，高校历史积淀、区域环境各异，用单一的分类指标难以有效反映不同类型高校的质量水平和发展问题。针对不同类型高校的特征，不同高校类型对应不同分类指标，从而构建立体多元的高校分类指标，是满足高等教育多样发展的追求。

第二，分类质量提升是构建高校分类核心指标的旨归。在高校分类中，高校分类类型是设计高校分类核心指标的依据，对于高校质量提升而言，确定高校类型归属不是分类的最终目的。通过类型划分引导高校找准办学定位，推进特色办学与高水平办学是分类的意义所在。高校分类符合高等教育多样化发展的内部规

律，高校无须过分拘泥于分类类型，应该更多关注高校发展与分类核心指标的符合程度。此外，由于高校内部发展不均衡，高校类型划分是从宽泛意义的层面进行的引导性分类。为了便于治理和评价，高校发展需要以某一种类型为主，但高校内部的不同学科专业并非也难以都是该种类型。

第三，高校自主赋予权重是构建分类核心指标的重要途径。不同类型高校使用不同分类核心指标，同一类型高校的分类指标权重也各不相同，在宽泛的类型划分中，还能根据高校的权重特征进一步细分类型，充分尊重高校自主性。高校拥有自由选择分类指标权重的自主权，打破围绕教育行政指令办学的传统理念，是高校形成自主定位、主动争取资源、特色发展自觉性的重要表现。高校分类核心指标权重的赋值，一定程度上反映高校发展的特色之处。在满足高校类型发展的基本目标之上，高校根据自身特点寻找特色发展路径，既实现了分类管理，又促进分类发展，也有利于分类选择，是进行高校分类的初衷。

第四，高校主体参与是构建分类核心指标的突出特色。高校分类核心指标构建往往需要借助政策实施，为保证政策的有效性，要求政策制定有一定的弹性，给予高校选择的自由度和变更的机会。在一定时间内，允许高校通过自由探索和研究，变换高校分类类型选择，变更分类指标权重赋值。但是，为了保证政策的严肃性和说服力，高校分类类型和分类指标赋值的变更需要经过系列审批备案，维护权责一致原则。

第五，高等教育主体各安其位是构建分类核心指标的外部条件。厘清政府、社会、高校三方面的权利和责任，是促进高校分类核心指标发挥分类导向作用的支撑力量。政府、社会、高校各安其位，积极行使权利，主动承担与权利对等的责任，营造有利于实现高校自主分类发展的社会环境。政府制定宏观政策对高校分类进行行政性引导，对高校类型定位与分类指标选取恰切性进行监管，为高校分类发展提供所需服务，使得高校在法律框架下自主运行，实现分类发展。社会为高校发展提供健康的舆论环境，尊重高等教育办学规律和高校内部治理特点。高校自觉提升办学自主性和获取资源的独立性，积极探索自身办学方向、充分调动社会力量扩大高校办学资源，依法治校、以法治校，提升高校社会声誉。

### 2. 从不同类型高校的核心标准和指标把握多元高校办学定位

研究型高校遵从知识发现、知识创新的学科发展规律，注重理论研究、规律性发现、高精尖研发，培养创新型、复合型人才。从社会需求与服务面向的层面来看，研究型高校是服务国家创新驱动发展战略和建设一流大学和一流学科的主要力量。从事原始创新研究，培养创新型人才，打造世界一流大学和一流学科，服务国家创新体系建设，是我国研究型高校共同的发展方向。衡量研究型高校新理论、新技术、人才培养等成果产出对科学前沿发展和国家综合竞争力提升的贡献是评价研究型高校发展的重要依据。从知识逻辑与办学定位的层面来看，研究型高校在理性主义与实用主义价值理念的动态平衡中倾向理性主义的价值理念，以学科建设作为人才培养、科学研究、师资队伍建设的内在发展逻辑。从社会职能与发展路径的层面来看，研究型高校以科学研究为基础贯通人才培养、社会服务和国际合作交流。通过案例分析发现，创新性、跨学科、国际性是研究型高校的共同办学定位。基于调研的量化分析发现，研究型高校更强调国际交流与合作、科学研究作为该类型高校分类的核心指标。研究型高校的核心标准和指标主要包括以下维度：办学定位（服务面向、发展目标、办学类型、人才培养目标）；学科建设（学科体系、优势学科、跨学科）；师资队伍（师资结构、学科带头人）；人才培养（人才培养理念、人才培养模式、学生与教师结构、学生结构、人才培养成效）；科学研究（研究类型、科研成果）；支撑平台（创新人才培养、科学研究及转化）；社会服务（科学研究应用、国家政策咨询）；国际交流与合作（学生交流）。研究型高校类型下有子类。研究型高校可根据高校办学特色、学科特点进一步划分子类型，如基础研究型、行业研究型、综合性研究型、师范性研究型、多科性研究型等。

应用型高校强调通过理论指导开发应用技术以服务于生产，培养高素质的劳动者或者行业领域的管理者。应用型高校是适应我国产业结构转型升级需要而发展的高校类型，要求科学研究、教学与生产劳动和社会实践的紧密性。从社会需求与服务面向的层面来看，应用型高校适应社会转型发展需要，也是高等教育大众化阶段的时代需求。对接地方、产业、行业，根据行业标准设置课程体系、开展实践教学，培养适应产业转型升级的应用型技术技能人才，建设国内知名、地方一流的应用型高校，是应用型高校共同的发展方向。衡量应用型高校新知识、新技术、新工艺等成果产出及应用于经济建设和社会发展的贡献情况是评价应用型高校发展的关键导向。从知识逻辑与办学定位的层面来看，应用型高校在理性主义与实用主义价值理念的动态平衡中更偏向实用主义的价值理念，面向地方、产业、行业、企业需求，以解决问题、跨专业为导向，结合高校历史优势和区域特点，形成与社会经济发展相关的特色专业及相关专业形成专业群，是应用型高校培养高级专门人才、发展应用研究、履行社会服务职能的知识基础。与行业产业相关的特色专业数量、围绕特色专业及相关专业形成专业群的规模指标体现应用型高校与地方和行业产业对接的有效性。从社会职能与发展路径的层面来看，应用型高校则更强调实践教学，围绕实践教学的理念建设师资队伍、培养应用型人才、从事应用研究、进行社会服务、开展国际交流与合作。基于调研的量化分析发现，开放型高校相比于研究型高校和应用型高校更强调社会服务标准。应用型高校的核心标准和核心指标主要包括以下维度：办学定位（服务面向、发展目标、办学类型、人才培养目标）；专业建设（专业群建设）；课程设置（课程结构、课程内容、课时安排）；教学资源（教材、实验实训、设备、实习实训基地、实习实训活动、师资结构、师资培训）；应用科学研究（应用研究投入、应用研究结构）；协同合作（协作模式、协作组织、协作运行）；国际化（学生交流、教师交流、院校交流）；评价机制（人事聘任晋升、人才培养成效、办学成效）。应用型高校类型下有子类。应用型高校可根据高校办学特色进一步划分子类型，如应用研究型和应用技术型等。

  开放型高校作为我国终身教育理念与实践以及学习型社会的重要平台，服务性和开放性特点凸显，服务面向广泛，服务人群多样，教学和科学研究围绕服务社会展开。从社会需求与服务面向的层面来看，开放型高校满足了我国学习型社会建设和践行终身教育理念的需求，是提升全民职业能力和文化水平的重要机构。坚持开放性与公益性，以现代信息技术为支撑，建立覆盖城乡、各类群体的办学系统和服务体系，提供线上和线下教学、培训服务，为不同社会人群提供终身教育机会，是开放型高校的发展方向。衡量开放型高校整合社会各类教育资源，与地区、高校优质师资团队合作建设网络教学团队、设计网络课程，满足社会不同人群终身教育的需求情况，是评价开放型高校发展的关键导向。从知识逻辑与办学定位的层面来看，相比于应用型高校，开放型高校在动态平衡中更倾向于实用主义的价值理念。以培养能力为核心进行课程组合，是开放型高校面向城乡大众的教育需求开展教学和服务的基础。适应市民教育、农村教育、老年人教育、残疾人教育、在职培训的职业和能力发展需求组合课程类型及数量指标体现开放型高校服务社会的覆盖面和支持度。从社会职能与发展路径的层面来看，研究远程信息化技术在教育中的应用，探索新的技术、新的理论、新的方法与教学的结合，实现创新教学资源、扩大服务面向是衡量开放型高校科学研究水平的核心指标。基于调研的量化分析发现，开放型高校更倾向于将社会服务、人才培养结构作为该类型高校分类的核心指标。开放型高校的核心标准和核心指标主要包括以下维度：办学定位（服务面向、发展目标、办学类型、人才培养目标）；平台与资源（教学平台、服务平台、资源类型、资源结构、资源数量、平台与资源的适应度）；教师队伍（教学队伍、技术队伍、服务队伍）；社会服务（注册学生、培训服务、信息化服务）；教学研究（信息化与教学融合研究、科研合作）；国际交流与合作（国际交流、教学资源的国际合作）。

**3. 明晰高等教育利益主体的权责关系推动高校分类体系设计**

  推进管、办、评分离；凸显政府服务职能；增强高校自主办学能力；提高社会第三方评估参与高校发展的积极性与专业性，是构建我国高校分类核心指标的重要途径。

第一，加强政府服务职能。开放型政府通过宏观调控进行市场监管、社会管理和公共服务。我国高校发展长期受到指令性政策影响，对政府形成较强的依赖关系，导致高校发展盲目趋同，高等教育人才培养和科研产出与社会发展需求不相适应。转变政府职能，加强政府服务职能，在高等教育领域的作用也日益突显。高校分类是高等教育质量建设的重要环节，政府立足于国家发展战略的宏观角度，在高校分类中进行宏观设计和管理，制定分类核心指标框架、发挥政策引导、实施监督、依法治理、提供配套支持、扶持薄弱高校。尊重高校自主权利，尊重高等教育发展规律，同时保障高校分类运行遵循法律和政策相关规定，并为高校分类核心指标选择提供相应支持。根据不同高校类型对政策和资源的需求，制定差异化的高校分类政策和提供差异化的支持。按照不同高校类型进行质量监督、绩效评价，引导高校合理定位、稳步发展、办出特色。为社会民众进行高校分类选择提供及时、准确的信息服务。

第二，提升高校自主办学能力。高校分类核心指标的构建是高校在分类框架引导下，根据高校自身定位、自主选择高校类型、各安其位、发展特色的行为。高校分类关系到高校自身发展，要求高校基于本校办学历史、文化传统、内部结构、办学特色、外部环境进行科学合理的办学定位。因此，高校需要提升自主办学意识，加强自主办学能力，以突显高校主体地位。制定高校章程，为高校依法自主办学提供基本准则。进行内部治理结构改革，理顺高校内部行政与学术之间的关系，明晰高校管理者、科研教师、教学教师、行政人员、学生等各主体的权利和责任。在外部治理结构改革中抓住发展机遇，厘清高校与政府、高校与社会的关系，增强权利、责任意识，提升战略规划意识。

第三，发挥社会第三方作用。社会是构建高校分类核心指标重要的参与力量，社会是分类选择高校的主体，发挥第三方作用是高校分类面向社会需求，服务社会需求的重要表现。充分利用和汇聚社会资源，广泛调动社会力量的积极性，有利于推动服务型政府的建设，有利于社会主义民主社会的发展。社会第三方作用的发挥有赖于合法有效的组织建制、优质权威的人才队伍、规范严谨的评估机制、公开透明的操作程序。建设以科研院所及高校、民间智库的专家学者为主体，社会民众共同参与的第三方组织，培育合法、专业、独立、有影响力的第三方组织，引入竞争机制，提高第三方组织评估结果的公正性、客观性、权威性、紧迫性、有效性（徐双敏、李跃，2011）。

## （二）基于调研和数据分析结果的行政性高校分类体系设计基点

第四节高校分类体系中三种高校类型是从调研和数据角度提出的高校分类结果。本节"行政性分类体系"中三种高校类型是在调研和数据分析的基础上，结合我国高等教育发展实际、高校办学情况以及高等教育研究者和高等教育管理者的经验进行的选择。

第四节调研结果将本科高校分为研究型、应用型和开放型三种高校类型进行分析，进一步验证了高校基础数据中本科高校分为两类或三类（数据聚类结果为三类或四类，其中一类为职业技能型）。职业技能型高校的本科层次教育具有明显的职业性特征，与其他类型高校的分界标准较为分明，通过数据聚类分析也进一步加以印证，因此在此不再赘述。开放大学作为单独一类型高校，是因为开放大学是互联网高速发展和高等教育大众化后期接受高等教育群体越来越多元的背景下的重要新兴高校类型，也是调研中出现的特殊高校类型，因此单独作为一种高校类型进行分析。本科高校分为研究型、应用型、开放型三种高校类型，是调研过程中的一种分类方法。

本节从研究型、应用型、开放型三种本科高校分类转向研究型和应用型两种本科高校分类（加上职业技能型总共为三类），反映我国高校分类体系的构建是基于数据的科学研究、依法治教理念下的依法行政、学术权威发声的专家评议等群策群力的过程，是应然发展和实然需求的博弈结果。构建高校分类体系目的在于促进高等教育有序化发展和实现质量提升。因此，高校分类体系的形成，不能脱离我国国情、不能脱离高等教育发展实际，不仅应该从高等教育研究的角度和高校基础数据分析结果的科学分析中寻求应然层面的高校分类体系，而且更需要着眼于我国高等教育发展实际、面临问题和发展趋势进行实然层面的高校分类体系构建。

研究型、应用型和职业技能型高校是行政性高校分类体系设计。以高校与创新的关系、教学与科研的关系为主要分类基点，研究型高校在创新链条的前端，发现性质的新突破，研发能力强，知识含量高；以科研引领教学，注重高新技术和前沿科技对人才培养的带动作用。应用型高校在创新链的中端，发明性质的新进步，吸收科研成果并转化、转移和积累，产业化程度强；科研服务与支撑教学，应用研究引领教学，通过对科研成果的转化吸收作用于教学。职业技能型高校在创新链条的末端，改造革新和操作，技术强度大；更为强调实践对教学的促进作用。

## 三、我国高等学校分类体系的多层次论证路径

新中国成立后我国高等教育恢复和重建之后，我国就存在按照不同分类标准划分的高校类型。与各种类型的高校分类不同，高校分类体系建立在相对稳定的高校分类基础之上，并形成与之相应的高校分类标准和分类评价机制。高校分类

体系是我国高等教育体系的整体设计，是优化我国高等教育结构的体现。我国高校分类体系的整体设计，既有高等教育发展的历史印迹和历史经验总结，也有现代化社会和国家发展的法治思想和依法行政实践，更有专业化的高等教育学术权威和科学研究方法作为咨询与技术支撑，也离不开高校自发进行内外部治理改革取得的成效。

### （一）历史进程分析

新中国成立至今，不同的分类标准形成了我国多样化的高校分类。我国高校根据学科门类差异分为多种专门学院；根据办学质量差异和社会经济发展需求形成一批重点高校和非重点高校；根据办学主体差异形成民办和公办高校；根据是否授予学位以及授予学位类型差异形成非授予学士学位的高等学校、授予学士学位的高等学校、授予硕士学位的高等学校、授予博士学位的高等学校；

为适应国民经济建设的需要，1952年我国高校院系设置进行了大规模调整，建立了一批专门学院。奠定了我国高校综合大学、工科院校、师范院校、农林院校、医药院校、政法院校、财经院校、艺术院校、语言院校、体育院校、民族院校的类型格局。该时期将学科类型作为高校分类标准，属于横向的类型划分。根据学科门类划分的高校分类，体现新中国成立后重建社会经济的发展需求。

1954年10月5日，中央《关于重点高等学校和专家工作范围的决议》指定6所学校为全国性重点大学。1959年5月17日中共中央发出《关于在高等学校中指定一批重点学校的决定》，指定16所高校为全国重点大学，试招研究生。至1978年，国务院发布《关于恢复和办好全国重点高等学校的报告》最终确定88所大学为全国重点高校，全国重点高校分为全国和地区两种不同的服务面向和校地关系。20世纪50年代，我国高校分类标准是办学水平，属于纵向的层次划分。根据重点大学和非重点大学的高校分类标准形成的高校分类，体现高校提升办学水平和质量的内在要求。

1980年《中华人民共和国学位条例》规定"学位分学士、硕士、博士三级"，形成我国高等教育内部标准分类。"学士学位，由国务院授权的高等学校授予；硕士学位、博士学位，由国务院授权的高等学校和科学研究机构授予"。1981年国务院批准实施《中华人民共和国学位条例暂行实施办法》进一步将高校分为非授予学士学位的高等学校、授予学士学位的高等学校、授予硕士学位的高等学校、授予博士学位的高等学校四种类型。根据是否授予学位以及授予学位类型差异，属于纵向的层次划分，2011年联合国教科文组织《国际教育标准分类法》将高等教育分为5级短线高等教育、6级学士或等同水平、7级硕士或等同水平、8级博士或等同水平四个层次（联合国教科文组织统计研究所，2011），为根据学位层次划分的高校分类提供了国际标准参照。

21世纪前后,我国高校分类成为国家建设创新体系的重要部分。20世纪90年代的"211工程""985工程",通过政策引导的形式推动我国高校分类分层发展。1995年我国启动《"211工程"总体建设规划》,"面向21世纪,重点建设一批高等学校和重点学科"。"211工程"以高校整体条件建设、重点学科、高等教育公共服务体系建设作为项目实施的核心指标。1998年我国启动《面向21世纪教育振兴行动计划》,"创建若干所具有世界先进水平的一流大学和一批一流学科"。"985工程"则聚焦机制创新、队伍建设、平台建设、条件支撑、国际交流等核心指标,也是纵向的层次划分。

2012年启动的"2011计划",即高等学校创新能力提升计划,以人才、学科、科研三位一体创新能力提升为核心任务,构建面向科学前沿、文化传承创新、行业产业、区域发展四种类型的协同创新中心,"2011计划"通过高校办学水平、高校定位、服务面向等核心指标将我国高校进行层次和类型分类。

2014年,习近平总书记在北京大学师生座谈会上提出"建设世界一流大学",2015年国务院印发《统筹推进世界一流大学和一流学科建设总体方案》,建设世界一流大学和一流学科成为高等教育推动国家创新支撑发展的重要战略决策。该政策通过人才培养、学科建设、科研成果、国际化程度、社会服务、科技创新等核心指标提出我国高校分类发展的方向。这一政策体现纵向层次与横向类型划分并存的高校分类意向,更为突出纵向层次的分类。

此外,制定应用型高校设置标准,建设应用型高校,培养应用型、复合型、创新型人才,成为建立高校分类体系的组成部分。2015年教育部、国家发展改革委、财政部《关于引导部分地方普通本科高校向应用型转变的指导意见》提出"按照试点一批、带动一片的要求,确定一批有条件、有意愿的试点高校率先探索应用型(含应用技术大学、学院)发展模式","建立高校分类体系,实行分类管理,制定应用型高校的设置标准"。引导部分符合办学定位和办学条件要求的地方高校转向应用型高校,成为构建我国高校分类体系的重要一步。

从我国高校分类的历史沿革和发展进程来看,我国高校分类体现于投入、过程、产出等高校办学过程,既有体现办学水平层次的分类标准,也有体现办学类型的分类标准,以及反映办学条件和办学效益等方面的分类标准。我国高校分类标准呈现政府引导、政策推动、横向与纵向分类并存、侧重纵向层次划分的特点。未来,我国高校分类在类型和层级分类的基础上,将更侧重不同类型高校在各自发展路径上形成办学特色、提升办学质量,进而提高我国高等教育整体水平和建成一批世界一流高校。

## （二）数据测算分析

在教育部发展规划司、财务司、高等教育司和科学技术司的大力支持下，笔者获得了我国高等学校的基础数据。采用数据挖掘的思想，通过描述性统计、聚类分析、因子分析等数据挖掘技术，对数据进行分析，并进行深入的理论挖掘和观点提炼，总结我国高校分类、设置及发展的成效，点明发展进程中的问题，并提出针对性的建议，为进一步深化"新常态"下高校分类体系与相应设置标准的改革提供坚实有力的实证数据支撑和发展战略咨询。

### 1. 高校发展模式由千校一路转变为三路

对高校基本情况数据进行多次聚类与验证，发现当高校基本数据进行三类或四类聚类时，高校类型可以解释并基本与当前的认知相符合；当高校基本数据进行五类及以上聚类时，高校类型分布混乱，处于无法解释的状态。对这三类或四类高校进行进一步的特征挖掘，发现三类高校中的两类呈现出明显的研究型高校特征、应用型高校特征，而剩下一类则呈现出离散的状态，并不能表现出明显的特征；在四类高校中，有两类呈现出明显的研究型高校特征，一类呈现出明显的应用型高校特征，剩下一类呈现离散状态。另外，对高校进行三类或四类聚类时，均存在某一类高校数量独大的情况，说明我国确实存在千校一路的发展模式。因此，根据我国高校的实际情况，在全国政策层面，应当引导高校转变千校一路的发展模式，转向三路发展模式。在此基础上，各个省份和地区根据各自的实际情况，可以在三路之下再进一步划分小类，实现分类管理。

### 2. 推动应用型高校发展应重点关注双师型教师比例

通过对高校基本数据进行聚类分析，可以发现一类高校数量独大的情况。进一步分析这类高校的特征，可以发现这类高校生师比和双师型教师比表现较好，呈现出明显的应用型高校特征。这一方面说明我国应用型高校的存量巨大，已经初步形成了自下而上的改革态势，为未来在全国层面推动应用型高校发展奠定了良好的基础；另一方面，这一数据结果表明，生师比和双师型教师比例是应用型高校建设的重要抓手。为此，可以通过设立专项和制定相关政策进一步明晰双师型教师的定义，并提高应用型高校中双师型教师的比例。

### 3. 以三成和一成为分界点划分高校科研类型

从科研的角度来说，数据挖掘发现高校可以分成三类，其中科研经费占比在三成以上的是属于同一类，称之为较高科研投入型高校；科研经费占比在一成和三成之间的也属于同一类，为中等科研投入型高校；科研经费占比低于一成是一类，为较低科研投入型高校。后续对高校管理者的访谈也印证了这一结果的有效性。基于此，可以对高校进行科研类型的划分，从而对高校科研进行分类管理。

### 4. 加强区域联动，促进区域统筹布局

目前，我国高等教育管理采取中央和省级两级管理体系。但事实上，我国社会经济发展存在一定的区域性，根据社会经济发展进行高校分类布局与设置也可以适当采取区域联动的方式进行。数据测算结果表明，我国高校可量化的基本条件中，最小值和最大值之间差别较大，表明我国高校基本条件之间差别较大。为了保证基本教学质量，根据测算结果，研究认为采用25%分界线作为基线较为合理。但是，低于基线（25%）的高校并不代表"不合格"，而是跟当地的经济发展状况有关。因此，可以将这部分高校设为"重点观察区"，进一步根据不同区域的经济发展状况和经济发展特征，对设置基准进行进一步调整。通过区域联动进行高等学校分类与设置的调整，有利于不同区域之间进行优势互补，同时也有利于实现标准制定的科学性，避免单一省份标准制定的随意性。

### 5. 设置专门机构，实现数据统筹管理

数据挖掘技术已经被广泛应用到国内外高校分类研究中。课题组的数据挖掘得到了教育部发展规划司、高等教育司、科学技术司、财务司的大力支持。各司提供了非常宝贵的数据，促成了本次数据挖掘的进行，并获得了良好的分析结果。但是在数据测算的过程中也因为数据较为有限，未能全部测算"立体化高等学校分类体系"中的所有指标，也未能在高校聚类分析中使用更多的指标。基于此，建议进一步加强数据统筹及收集。同时可以逐步公开数据，采用公众监督的方式促进高校数据采集的准确性。另外，结合美欧卡内基分类和欧洲大学地图的高校分类发展趋势，研究型数据在高校分类中也将占据一定地位，因此未来教育部也可以通过第三方加强研究型数据的采集，建立研究型数据库。

## （三）访谈结果分析

从2014年10月开始，笔者带领课题组对全国100多所高校协作校，3个省或直辖市教育厅（委），在国家教育行政学院学习的本科、高职学校的50余位书记、校/院长和多位高等教育管理研究专家进行调研，最终建立了"高等学校分类体系及其设置标准"实证研究数据库，为进一步深化"新常态"下高校分类体系与相应设置标准的改革提供坚实有力的实证数据支撑和发展战略咨询。

### 1. 建立指导性而非规定性的高校分类体系

调研中受访院校领导们认为，高校分类的基础，已经从过去"行政统一指令性"，演变到"市场需求多样性"。意味着现阶段高等学校分类，不再是完全根据教育部的指令，而更多的是立足所在地社会发展、经济建设的需要，并且高校社会职能的发挥，也是根据当地社会所需。我国高等学校已经在试图摆脱过去计划体制的束缚，更愿意尝试市场体制下的办学模式。

**2. 引导高校发展模式由"千校一路"转变为"千校多路"**

高校分类应当是一种多元化的分类体系，应当形成一个多维度、多指标的多元分类体系。不同的高校在不同的条目上有所突出，形成百花齐放的局面。从分类原则来看，校长们主要呈现两种观点，分别为按照人才培养类型分类和按照高校四大职能分类。按照人才培养类型分类，本科校长倾向于分为研究型、应用型、职业型三种类型，高职校长倾向于分为学术型和应用型两种类型。按照高校四大职能分类，将人才培养、科学研究、社会服务、文化引领四个职能进一步细分。新的分类体系，正是要引导不同类型的院校在各自的轨道中落实人才培养的特殊性、科学研究的针对性、服务社会的适切性、院校管理的科学性，使得各类高校能够更好地发挥在学习型社会、终身教育体系以及经济建设中的引领作用。因此，作为描述性的高校分类体系应当是一个多维的、立体的多样化分类体系，引导高校多样化发展，从千校一路转向千校多路。

**3. 根据高校不同利益诉求建立核心指标体系**

第一，不同高校的利益诉求。不同类型学校的利益诉求往往体现在其学校发展规划和发展目标上。研究型着重在创新，与世界一流高校对话，更多关注科研平台的获得和使用，以及科研经费及材料的获得；应用研究型侧重在综合、面向各类高端人才需求的单位，更多关注教学平台和获得及使用，以及教学经费和教学资源等方面的获得；应用型重在专业实际能力，是社会各界人才的供应源。各院校在专业知识研究领域上的差异引起利益诉求的具体形态不同。工科和理科类院校偏向于"关键技术攻关"，而文科类院校偏向于"技术授权"。工科和理科院校主要在关键技术和专项技术等方面与企业进行合作和开发；而文科类院校主要在管理技能、企业成长及发展方式上与企业合作。

第二，不同高校的核心指标体系。从顶层设计上看，办学定位、办学经费投入、办学规模、办学模式（校企合作的程度）、服务社会的水平；从师资队伍上看，教育教学水平、双师型、科研能力、专利等科技成果的转化率；从人才培养上看，学科专业、实验实习平台、人才与社会需求的匹配度和贡献度、原始创新力、校企合作、毕业生就业率；从国际化程度上看，国家交流与合作的层次、对外交流学校与类型、国际职员、教员、留学生数量与学位生数量比例、出国留学生进入世界名校的数量和比例等。

**4. 高校重点建设政策需要把握公平与效率之间的平衡**

高等教育大众化进程以来，对高校的重点投入与建设，成效固然斐然，但也暴露出资源投入不均的问题，省部、省域之间不平衡的矛盾凸显，公平与效率形成新一轮的博弈。部分经济发达的省份，已经开始利用经济杠杆，试图建设省属特征的高水平大学，但却暴露出更多需求与路径不匹配的问题，发展心切却急于求成。

**5. 高校设置需要进一步明晰权责关系、适应社会发展**

在高校设置方面,《普通高等学校设置暂行条例》(以下简称《条例》)在过去的高校设置过程中发挥了巨大的作用。随着社会经济的发展,《条例》也需要进一步适应社会经济的发展。这种适应性主要表现在两个方面。首先,高等学校设置中相关主体的权力和责任应当进一步明晰。在高等学校设置中,"十二五"规划已经明确提出"高等学校设置评议委员会",虽然高评委在高校设置中的责任和权力没有在《条例》中体现,但是高评委的设置符合我国顶层设计专业化的要求;另外,随着我国高等教育中央和地方两级分权的贯彻落实,省级地方政府在高校设置中的权力和责任应当进一步体现。其次,高校设置的标准也应当随着社会经济发展有所变化。

**6. 设定基线规范高等学校设置**

高等学校设置基准应当起到规范性的作用。这一方面意味着高校设置基准是一个机构称之为高校的底线;另一方面也意味着只要达到设置基准即可审批。以往,我国高校设置标准主要受到欧洲各国、日本和苏联的影响,因而以往有关高校的设置标准较高、条件较为严格,这对于保证我国新设高校的办学条件和基本质量发挥了重要作用。但是随着社会的进一步发展,有些基本条件已经无法做到全国各地完全一致。例如,少数民族聚居区、西部地区、大型城市、中心城市的情况和条件各不相同,因此过去的"生均占地面积"等设置基准给高校带来了很大的困境。因此,高等学校设置基准,应重点解决不同类型人才培养所需的经费基线和师资基线。

**7. 建立有效的监督和问责机制**

明确高校分类中管、办、评三方的权力与责任,强调权力下放的同时更要健全责任监督与问责机制。政府层面强调高校的准入机制和问责机制。强调中央权力的统领性,给予地方政府和教育行政部门更大的统筹管理空间,调动地方的积极性,加强其办好高等教育的意愿和决心,从而能够更有效地促进高校因地制宜发展。高校层面应当加强对大学校长的资格审查,提高校长的专业化程度。评价方面倡导高校联盟对高校进行评价、专业协会对专业进行评价,引导高校专业化、内涵式发展。高校层面应当落实高校办学自主权,从而促进各类高校根据自身定位,有计划、有步骤地进行内涵建设,将发展落在实处。加强院校层面的办学自主权,有利于提升高校的核心竞争力,避免出现新的"同质化"现象。

根据访谈分析结果,抽样获得我国高校管理者及研究者的高校分类意向。高校管理者和研究者普遍认为高等学校分类是适应社会需求的渐进过程。政府引导与高等学校自主相结合,是我国高等教育研究者和高等学校管理者较为认同的高等学校分类指导原则。遵循政府指导建构原则、民主自主性原则、发展动力原则、多维性基准原则，政府引导分类、高等学校根据自身发展规划自主选择、灵活定位、分类发展，最终实现个性化、特色化发展之路。高等学校分类政策既需要立足于社会对人才结构和类型层次的需求，也要从高等学校主体之一的学生的发展需求着手，获取发展的不竭动力。从高校内部发展需求来看，高校分类基准也应该顺应高校自身发展，实现多维分类。

明确分类的目的和需求是进行高校多维分类体系设计的前提。对与分类相关的概念内涵的界定和厘清为科学合理分类提供理论基础。在分类体系的建构中，政府与高校的权利和义务界限也需要清晰的划分，以便为高校分类体系建构及运行提供法律上的保障。多样化的社会需求和高校发展现状决定了我国高校分类体系必定是多维立体的结构，各个分类维度下的分类标准和分类指标也必然是独立而相互平行的。在具体的维度划分和指标体系建构过程中，在以政府为主导的上层体系的建构中，也要考虑地方的适切型，要密切区域地方和高校实际，宽紧得当。

厘清政府、高校、社会的权力和责任，构建科学合理的分类体系和设置基准及运行机制，以构建政府、高校、社会的新型关系，促进三方之间的良性互动，有利于保障高校设置基准顺利地实施和运行，推进我国高校健康可持续发展。政府宏观引导、高校自主发展、社会积极参与，明晰三方权力和责任的界限，通过三方之间的相互制约达到平衡，构建我国高校设置基准运行的和谐环境。

# 第四章

# 高等学校核心设置标准及分类发展研究

**本**章从准入和退出质量保障的角度，研究不同类型高校的准入机制及设置标准研究。提出不同类型高等学校的质量标准，探索分类体系下高校的整体发展规划、合理定位、多样发展路径等分类办学和分类发展中的关键问题。

## 第一节 不同类型高等学校的准入机制及设置标准研究

高校准入机制是衡量高校是否达到设置标准的一整套制度设计和实施运行，我国高校准入机制包括高校准入标准、高校准入运行和高校准入监测。高校准入机制具有筛选功能、规范功能、监督功能。

### 一、高等学校准入机制的理论分析

#### （一）高校准入机制的内涵

厘清高校准入机制的科学内涵，有助于深化对高校分类体系及其设置标准的理解和把握。所谓高等学校准入机制，一般指通过系列规章制度和工作方案制定明确的设置标准、程序和权责关系，对高校设置进行规范，使得符合一定高校设置标准的高校依据合法的设置程序顺利设立，并承担与高校类型相对应的社会职能。高校日常办学和运行要符合高校定位目标所要求的基本办学条件和标准，履行高校目标定位所要求的培养专门人才、科学研究、直接为社会服务的社会职能。《中华人民共和国高等教育法》规定我国国务院统一领导和管理全国高等教育事业，国务院教育行政部门主管全国高等教育工作。中央和省、自治区、直辖市人民政府两级管理、分工负责，以省、自治区、直辖市人民政府统筹为主，条块有机结合的体制框架，决定了我国高等教育整体发展具有计划性。因此，我国高校设置标准和程序要符合国家已经出台的相关设置标准和程序规定。我国高校准入机制，是通过1986年国务院颁发的《普通高等学校设置暂行条例》及在此基础上制定的各种类型和层次的高校具体设置和管理规定和办法，使得符合一定高校设置标准和设置程序的高校顺利设立，并承担与高校定型相对应的社会职能，发挥相应层级高等教育功能。

准入机制包括制度、运行、评价相互联系和相互协调三个方面。为规范我国高校办学规范和保障基本办学质量标准，应形成立体化的高校准入机制的制度设计。我国高校准入机制的制度设计包括制定高校准入标准和权责关系，在准入标准和相关权力主体明晰权力和责任基础之上，形成反映标准和权责关系的运行方式，具体工作方案和程序实施，并结合高校准入的监测评价，对达到高校准入标准顺利设立高校以及在办学过程中保持办学水平的高校给予必要的激励，对办学战略规划改变而需要进行相应高校类型层次调整的高校提供灵活的退出程序和条件。通过标准制定、程序运行和监测评价形成起点、过程、结果整体质量监测，尊重高校办学自主权，动态调整我国高校设置和保障办学基本质量。

价值观念影响行为方式。我国高校分类的价值理念影响并促成高校准入机制的分类设计。研究型、应用型、职业技能型高校分类是不同类型高校准入机制的前提。研究型、应用型、职业技能型高校的准入机制分别与三种类型高校分类体系相适应，能够反映三种类型高校特征，引导不同类型高校形成不同发展路径。研究型高校的准入标准应突出有利于基础创新和原始创新的高等教育要素，如学科水平，拥有较高科学研究水平的师资队伍，博士研究生学位点数等。应用型高校的准入标准应突出有利于应用创新和促进社会经济发展的高等教育要素，如体现产教融合深度的实习实训，专业和课程标准设置等。职业技能型高校的准入标准应突出有利于技术技能创新的高等教育要素，如"双师型"教师队伍、实践教学课时数等。

我国高校准入机制在分类的同时也存在一致性，一致性体现高校准入的共同底线标准。首先，高校准入机制的构成要素相同。高校准入机制设计主体是国家教育行政主管部门，高校准入机制适用对象是举办高校的申请者或团体，高校准入机制形成系列程序和规范。其次，高校准入机制的制度设计原则相同。不同类型高校准入机制的制度设计，表明我国高校准入要符合一定标准和程序，如研究型高校和应用型高校应达到设立本科层次高校的办学标准和程序，职业技能型院校应达到对应的本专科层次高校的办学标准和程序，等等。最后，高校准入机制的运行保障相同。我国形成法律规范作为高校准入机制的立法依据，在高校顺利设立后实施动态监测，通过对新建本科实施合格评估和通过合格评估高校实施审核评估，以高校自身规划发展为本，对不同类型高校设立后的基本办学质量和办学成效进行多维度评价，"五位一体"的评估手段有效衔接高校准入机制。

### （二）高校准入机制的功能

高校准入机制的目的在于从入口关监控高校办学质量，优化存量高校和增量高校结构，提升高等教育整体水平。因此，高校准入机制具有筛选、规范和监督功能。

**1. 筛选功能**

我国高校准入机制与一般准入机制相同，通过准入机制的相关规范，符合标准和条件的可以顺利设立，并淘汰不符合标准和条件的高校举办申请。通过准入门槛的设置，优胜劣汰，筛选符合新设、升格、转设、更名、重组等标准的高校，进一步推进高校有效发挥高等教育资源，充分利用优势高等教育资源，强化办学特色，更好履行社会职能，培养专门人才、发展科学研究和服务社会。具有筛选功能的准入机制，是健全我国高等教育体系的重要关卡。

**2. 规范功能**

我国高校准入机制的制度设计表明设立高校需要通过系列高校设置程序和符合高校设置标准，对高校设立形成规范作用。高校准入机制的筛选功能需要依靠一定的规范才能实现，无论是程序或者标准方面的规范，均为筛选功能的实现提供了依据。高校分类设置标准和设置程序，为新设、升格、转设、更名、重组等高校调整提供了底线的质量标准和界限的约束，体现高校准入的规范功能。

**3. 监督功能**

我国高校准入机制的制定者是国家教育行政部门，高校准入机制的服务对象是举办高校的申请者，通过合格评估、审核评估等外部评估手段，高校年度办学质量报告等自我评估方式，内外部联动以动态监测高校办学质量。此外，辅之以灵活的退出机制，对于设立后达不到准入标准的高校提供动态调整或退出的安排，保障退出高校教育教学活动和师资、生源、设施设备等合理有序过渡。

## 二、高等学校设置标准的实证分析

1986年《普通高等学校设置暂行条例》出台至今30余年以来，在此基础上我国相继出台本科、高职院校设置标准规定和关于民办高校（含独立学院）设置规定，对不同类型和层次的高校具体设置标准和程序进行较为清晰的制度安排。

### （一）基于法律政策的高校设置标准

以法律形式将高等学校设置的相关规定进行制度化和规范化。1986年国务院发布《普通高等学校设置暂行条例》提出大学及学院、高等专科及高等职业学校校长、教师、土地、校舍、图书、仪器、设备、标本、模型、生产实习基地等设置标准，并对大学、学院、高等专科学校、高等职业学校的人才培养目标、学科门类、规模、教学和科研水平进行了界定。

1995年通过，2009年和2015年分别进行修正的《中华人民共和国教育法》规定设立学校及其他教育机构必须具备的基本条件，包括"有组织机构和章程；有合格的教师；有符合规定标准的教学场所及设施、设备等；有必备的办学资金和稳定的经费来源"。"学校及其他教育机构的设立、变更和终止，应当按照国家有关规定办理审核、批准、注册或者备案手续"。

2000年《高等职业学校设置标准（暂行）》在1986年国务院发布《普通高等学校设置暂行条例》基础之上进一步规定了高等职业学校校（院）长、德育工作者、教师队伍、土地校舍、实习实训场所、教学仪器设备、图书资料、课程设置、专业数量、全日制在校生规模、教学管理制度等设置标准。

2006年《教育部关于印发〈普通本科学校设置暂行规定〉的通知》规定本科学校办学规模、学科与专业、师资队伍、教学与科研水平、基础设施、办学经费、领导班子等设置标准和设置申请程序。

根据举办者和投资者的差异，我国高等学校分为民办和公办两种类型。民办高校是我国高等教育事业不可或缺的组成部分。1993年《民办高等学校设置暂行规定》规定"民办高等学校的设置标准，应有别于普通高等学校和成人高等学校，从满足教学基本需要出发，实事求是地予以确定"。设置民办高等学校应具备院校长、学科和专业负责人、教师队伍、专业数、土地和校舍、教学仪器设备和适用图书、经费来源等具体标准。"申请筹办民办高等学校，由申办者向省级教育行政部门提出，经省级教育行政部门组织专家参照本规定和省级人民政府的有关补充规定进行评议，报省级人民政府审批，并抄送国家教育委员会备案"。"民办高等学校正式建校，由申办者向省级教育行政部门提出申请，经省级人民政府审核同意后，报国家教育委员会审批"。2004 年《中华人民共和国民办教育促进法实施条例》规定民办学校的设立条件，包括章程、名称、提交材料。2002 年通过，2013 年和 2016 年修正的《中华人民共和国民办教育促进法》列明申请筹设和正式设立民办学校的程序及举办者须向审批机关提交的材料，并规定"民办学校的设置标准参照同级同类公办学校的设置标准执行"。

独立学院是民办高等教育的重要组成部分。2008 年《独立学院设置与管理办法》提出民办高等学校参与举办者的资质要求，并规定"独立学院的设置标准参照普通本科高等学校的设置标准执行"，"设立独立学院由参与举办独立学院的普通高等学校向拟设立的独立学院所在地的省级教育行政部门提出申请，按照普通本科高等学校设置程序，报国务院教育行政部门审批"并提交相关材料。

通过对 30 余年来我国高校设置标准的演变进程进行分析，可以发现我国高校设置标准规定具有共性与个性相结合、定性与定量相结合、底线与边界相结合、稳定性与改革性相结合的特点。首先，我国不同类型高校设置标准具有一些共性要素。例如，对校（院）长、教师、土地、校舍、图书、仪器、设备、标本、模型、生产实习基地等设置标准作统一要求，并提出人才培养目标、学科门类、规模、教学和科研水平等不同要求。其次，我国高校设置标准采用数字化的定量标准和非量化的定性标准相结合，既保障高校设置标准的规范性，又保留高校设置标准的弹性空间，避免制度刚性难以适应高等教育发展变化出现新情况而不能及时进行调整的不足。最后，在这些高等教育办学要素的基础上，不同类型高校底线标准各不相同，以此作为不同类型高校设置的边界，有利于引导高校分类发展，建设有质量的多样化高等教育体系。此外，随着我国高等教育发展不断成熟和高等教育质量不断提升，同一类型高校设置标准的底线和标准也出现调整变化。如 1986 年《普通高等学校设置暂行条例》规定大学的全日制在校学生计划规模在 5 000 人以上，学院全日制在校学生计划规模在 3 000 人以上，高等专科和高职学校全日制在校学生计划规模在 1 000 人以上，对大学及学院、高等专科及高职学校的专任教师只有职务上的要求。结合全国高校实际规模和学生结构的发展情况，2006 年《普通本科学校设置暂行规定》要求大学的全日制在校生规模应在 8 000 人以上，学院的全日制在校生规模应在 5 000 人以上，并增加大学在校研究生数不低于全日制在校生总数的 5% 的具体规定。此外，分别增加对学院和大学专任教师学历层次和学历结构的相关要求。2000 年《高等职业学校设置标准（暂行）》结合高职教育发展情况，规定新建高等职业学校 4 年内的全日制在校生规模不少于 2 000 人。为突出高职教育特色和建设情况，还进一步增加高职学校的"双师型"教师、实践教学课时和实验、实训课的开出率等设置标准。2013 年《关于完善本科学校设置工作的指导性意见》提出新建本科专任教师中"双师型"教师应达40%，建立专兼结合的"双师型"教师队伍等要求。

## （二）基于访谈分析的高校设置标准分析

高校设置标准主题的调查面向高校、中央教育行政部门、省级教育行政部门、全国高等学校设置委员会的管理者或代表性成员，按照方便性原则选择访谈对象。根据被访者所在单位、访谈对象、访谈对象身份和访谈材料所在位置进行访谈材料编码。其中，第1个数字为被访者所在单位的编号。第2个数字为访谈对象在所在单位的序号。英文字母 A～E 为被访者的身份背景；A 为高等教育研究者；B 为省级教育行政管理者；C 为本科院校管理者；D 为高职院校管理者；E 为全国高等学校设置评议委员会委员。最后的数字表示访谈资料在数据库中的页码。例如，【21-1-C-496】表示调查对象是编号为 21 的高校的第 1 位本科院校管理者，该文本引自访谈数据库的第 496 页。按照高校设置标准不同主题对访谈材料进行编码整理，形成基于访谈调查的高校设置标准分析。

**1. 高校设置标准的目的**

（1）从全面依法治教的角度来看，高校设置标准设计是高等教育宏观管理的重要手段。全面依法治教要求依法行政与尊重高校办学规律相结合，因此要依法依规制定设置标准，对高校进行分类管理。

立法后，管理层可以依法管理配置资源，对学校来说是一个好的消息，因为立法了，只要符合门槛就提供资源。【21-1-C-496】

这些文件的起草，立意更高就是站在国家的立场上，就是对教育部的行政职能简政放权，依法治教，我觉得要有一个总体的设计。所以教育部要精简放权。教育部不能就变成规划室，批学校，批专业，批学位点，学校的内涵建设靠学校自己，中央政府管资源的分配，通过省级政府税收的调节现在改革都涉及资源的配置，硬件的分配完了，主要是软件，如人事方面。【7-1-B-551】

（2）从标准之于高校设置的意义来看，标准是高校设置的对照标杆，标准使得高校设置有章可循。高校设置标准的定义，体现高校特征，具有标准引导性作用，引导高校多元发展。

院校设置指的是根据有关规划、有关标准，所以一个是新建学校，比如说新建一所大学，那就要经过设置的评议；另一个就是专科升为本科；第三就是更名，比如说学院改名大学，或者是名字太长现在要改个短的，院校设置的规划和标准是解决这些问题的。【2-1-A-17】

有些学校，特别是音乐类的学校，不需要那么大的面积，还是要按照这个方式设置。【1-1-A-2】

怎么满足社会不同层次、不同类型的需求？必须有个条例，这是第一；第二，必须有一个严格的审核程序，比如通过地方政府，地方政府把文件交到教育部，必须把握这个标准；第三还有一个民主评议的程序，由专家委员会审核，无记名投票来通过，这是值得肯定的。在具体的标准上，对学校导向应该没问题，按现在的这套现行标准，建设起点高的大学或者学术型大学，可以按这个标准去设；办应用技术型大学，也可以按这个标准做，因为这个条例是比较宏观的，这关键涉及教育部导向和专家的评估来判断。但是确实有不完善的地方，有些东西也要考虑，比如学院更名大学，除了规定基本办学条件、学科覆盖面还规定有一些体现学科建设水平、科研水平的奖项，我觉得倒是为了抑制很多学校都想改大学的冲动，为了抑制这个所做的要求。【2-1-A-17，18】

设置标准应鼓励高校办学朝着多元发展，使得高校有成长的空间。【3-1-A-29】

高校课程体系设置很多。实践课走向企业、走向基层。往往快毕业了，高校让学生到企业实习实践。但是实习实践的时间很短，学生往往发现不了生产中存在的问题。学与用是一个脱节的环节，不利于我们国家人才培养。【11-1-C-50】

（3）从高校设置标准的价值来看，设置标准通过提出高校设置的底线条件和不同类型高校设置条件的边界，引导高校合理定位，特别是存量高校的归类。

很多专业设置不符合社会的发展需求，有些专业大量过剩，比如前段时间很热的行政管理，电子商务等专业的学生毕业找不到工作，学生只好另外考证，或者改行。这个就是因高校对自己没有定位好。很多高校追求综合性办学，大而全，追求规模效益，就没有考虑学校应该办出什么样的特色。【1-2-A-4】

现有的小型行业特色鲜明的高校，比如中央音乐学院得归类和包容进去，包括下一轮的行业大学。一类学校已经形成鲜明特色了，高校设置标准中得把它进行归类。【3-1-A-28】

很多高校的设置基础已经发生了根本的一些变化，高校设置标准也要随之变化。【4-1-A-34】

（4）高校设置标准是针对我国高校发展过程中出现的一些现实问题，如高校设置、高校自主办学、高等教育资源配置等。

一是高校设置强调尊重高校主体，体现高校办学自主权。

如果高校没有办学自主权，分类体系和设置标准设计得再好，也没有用，无法落实到位。【1-2-A-5】

高校领导已经主动考虑学校应该怎么办学，不像以前等待着教育部和省里的意见。【4-1-A-34】

二是高校设置标准要缓解倾斜式的高等教育资源配置方式加剧高校"马太效应"的问题。

关于高校设置标准，现在的设置规定主要体现是本科与高职的划分。但是高校颁发学位的权限，专业设置，职称评审等，目前是按照高校层次划分的，不是按照本科、高职划分。资源配置的标准，如生均经费、专项经费等，没有清晰的依据。【1-3-A-6】

三是高校设置标准针对高校求大求全办学、盲目升格问题。

比如学院更名大学的问题，除了规定基本办学条件、学科覆盖面还规定有一些体现学科建设水平、科研水平的奖项，是为了抑制很多学校都想更名大学的冲动。【2-1-A-17,18】

**2. 高校设置标准的原则**

（1）从根本上来看，高校设置标准体现不同类型高校核心特征，高校设置标准建立在不同类型高校核心特征的基础之上。

尽量把学校典型的特征反映出来……过去设计的标准是多少地啊，现在的设置标准要把学校的特征表现出来，包括这类学校对教师的要求。【3-1-A-31】

（2）设置标准是基本标准，是高校办学的质量底线，是能否设立一所高校的准入门槛。

设置标准是以基本的标准能否设置一个学校。评价标准是发展的标准，是发展性的。这个可能还不一样。【13-1-C-65】

（3）高校设置标准要有利于引导高校多样发展、特色办学，形成多样化质量。

不管分成什么类，一定在基本水准的基础上强调多样化，特色化。【37-1-E-410】

（4）高校设置标准应采用刚柔相济的指标，充分结合定性指标和定量指标的优势，保障质量底线的同时给予高校自主办学和特色发展的空间。

不同的大学培养的人才是不一样的。研究型大学培养人才，看一年能发多少篇高水平的文章；应用型大学，看学生的就业率学校对企业的贡献，应用转化了多少。人才培养有很多衡量指标，是一个系统工程。对一个学生的培养，不仅看他本身属于专业性质的一面，还要看德育指标。对人才的培养，有一些是硬指标……其他方面不好衡量，不能对比。只能按照可以量化的指标去衡量一个大学的办学成效。但是德的方面，一个学校的校风、精神和文化传承，往往是通过硬指标反映出来的。一个学校如果没有一个好的文化传承，精神的支撑，怎么能有创造力，教师也没有奉献精神，也不可能培养出好的人才。这些东西都是软指标，也是一种评价指标，属于软指标，最终是要通过硬指标反映出来的。【11-1-C-48】

**3. 高校设置标准的指标**

（1）高校设置标准体现学科覆盖面、综合度和侧重点。

关键看学校的学科覆盖面，只有学科覆盖面比较综合才能称为大学。【2-1-A-18】

根据不同的学科，设置不同的标准，根据这个来进行评价。【11-1-C-49】

（2）高校设置标准的重要组成内容是体现高校社会职能的教学和科研指标。教学指标是保障基本教学质量的指标，如师资队伍、生师比、教学模式、土地和仪器设备等资源。科学研究水平体现高校服务面向侧重和研究生培养条件保障，是研究型高校的重要指标。

第一个软指标要考虑师资队伍。师资队伍如生师比、学历结构要有一定的要求。办医学院，办高职院校，应规定对双师型教师的具体要求。另外我觉得新设置的院校要对大学校长的资格提出要求。【6-1-B-544】

高校的设置的基准，可以借鉴合格评估。最关键的要对三基进行把关。三基，包括基本教学条件、基本教学规范、基本教学质量。【12-1-C-60】

设置标准最重要的指标，我觉得是高水平师资队伍方面的指标和学术研究方面的指标。因为人才培养方面的指标要通过很多指标来体现，人才培养是重中之重，但是直接对它进行评价的话，还比较困难，再加上人才培养水平的高低要得到检验的话需要比较长的周期。现在要看的话，一是高水平师资队伍，二是学术研究指标。现在大家普遍注重人才培养，如果有高水平的师资队伍，又有比较好的学术研究氛围，对人才培养工作肯定是一个很好的促进。【14-1-C-70】

看办学模式，这一类学校一般面向就业，直接为行业地方发展服务，因此它必然选择校企合作和产教融合，这是办学模式。那么它的教学模式，很显然就应该是这样，第一课堂与第二课堂衔接，工学结合，知行合一。【17-1-C-320】

办学的基本条件一定要有要求，比如，经费和师资，校园和图书资料，教学仪器设备，我觉得这些必须要有。【18-1-C-337】

刚才讲到的标准，我们国家的现实情况还是要有个标准，在土地的面

积、规模上做些调整，办学最基本的条件，包括老师和学生，有一定的建筑面积。【21-1-C-503】

学校质量的提升，一方面是管理，但前提是建设。基本的建设条件到位了，才讲管理。基本的条件包括硬件条件，如生均经费；软件条件，如教师。【36-1-E-399】

(3) 高校设置标准的办学定位指标反映高校人才培养主动适应社会需求、高校支撑和引领经济社会发展的作用。

关键是我们怎样设置应用型学校的标准。主要的评价标准可能首先是看学校培养的人才能否满足社会的要求，这个是根本标准。学校自身办学与行业企业的关联度，我觉得很重要。当然还有毕业的学生多少年以后在这个行业和企业里发展。学校最主要主体是老师，教师的知识、技能和能力结构很重要。【13-1-C-65】

实际上如果真正办好专业还要适当的超前，例如，这个可能对于高职要求太高。我觉得起码应用技术型的本科院校应该做到这一点。适当超前是因为学校培养学生的周期比较长，有可能过了若干年才能看到学生去了企事业单位以后，用人单位的认可和满意程度。【28-1-D-89】

## (三) 基于调查数据的高校设置标准分析

在访谈的基础上编制面向全国高校调查的《高校设置标准调查问卷》，分析我国高校主体对高校设置标准的重要度评价。《高校设置标准调查问卷》与《高校分类核心指标调查问卷》均为我国高校分类体系及设置标准研究的调查问卷部分，故问卷有效回收率相同。

抽样调查全国88所高校管理者及学科带头人，回收586份问卷，有效样本数量为472，有效回收率为80.55%。在区域分布方面，东、中、西部地区的样本量分别为236、130、106，分别占有效样本总量的50.000%、27.542%、22.458%。华东、华南、华中、华北、西北、西南、东北地区调查的样本量分别为144、44、62、62、44、62、54，分别占有效样本总量的30.508%、9.322%、13.136%、13.136%、9.322%、13.136%、11.440%。在高校学科类型分布方面，财经、理工、林业、农业、师范、体育、医药、语文、政法、综合类高校调查的样本量分别为33、97、10、12、56、13、38、20、6、177、10，分别占有效样本总量的6.992%、20.551%、2.119%、2.542%、11.864%、2.754%、8.051%、4.237%、1.271%、37.500%，开放大学作为一种新型大学，调查的样本量为10，所占有效样本总量比例为2.119%，如表4-1所示。

表4-1　　　　　　　高校设置标准调查的样本分布情况

| 样本分布 | 区域分布/主要学科覆盖面 | 样本数量 | 占比（%） |
| --- | --- | --- | --- |
| 高校所在地区 | 东部 | 236 | 50.000 |
|  | 中部 | 130 | 27.542 |
|  | 西部 | 106 | 22.458 |
|  | 合计 | 472 | 100 |
|  | 华东 | 144 | 30.508 |
|  | 华南 | 44 | 9.322 |
|  | 华中 | 62 | 13.136 |
|  | 华北 | 62 | 13.136 |
|  | 西北 | 44 | 9.322 |
|  | 西南 | 62 | 13.136 |
|  | 东北 | 54 | 11.440 |
|  | 合计 | 472 | 100 |
| 高校类型 | 财经 | 33 | 6.992 |
|  | 理工 | 97 | 20.551 |
|  | 林业 | 10 | 2.119 |
|  | 农业 | 12 | 2.542 |
|  | 师范 | 56 | 11.864 |
|  | 体育 | 13 | 2.754 |
|  | 医药 | 38 | 8.051 |
|  | 语文 | 20 | 4.237 |
|  | 政法 | 6 | 1.271 |
|  | 综合 | 177 | 37.500 |
|  | 开放大学 | 10 | 2.119 |
|  | 合计 | 472 | 100 |

调查问卷采用李克特5点计分法。调查问卷的结构效度使用探索性因子来对其进行检验。通过因子分析可知，KMO值为0.940，Bartlett's球形检验卡方值为9 540.371，$p<0.001$，达到显著，认为数据适合进行因子分析。因子提取采用主成分分析法，旋转因子负荷矩阵使用极大方差法（Varimax）求出。因子的提取标准为特征值大于1，项目的选取标准为因子负荷大于0.45，删去"学校资

产-高校自筹经费收入占总收入比重"题项。因子分析结果表明（见表4-2）可提取6个因子，累积贡献率为66.234%，高于50%的最低要求，方差解释率较高。6个因子分别为办学经费（F1）、师资规模（F2）、课程建设（F3）、教学空间（F4）、教学物资（F5）、师资结构（F6）。办学经费因子具体包括"高校财政补助收入占总收入""高校生均总支出""高校生均教育支出""高校总收入""教学日常运行支出""高校生均总收入""高校财政补助收入""经常性预算内教育事业费拨款""奖助学金"9个题项；师资规模因子具体包括"校外兼职教师承担学时比例""专任教师平均培训天数""专任教师和聘请校外教师岗位分类情况""专任教师和聘请校外教师学历及学位情况""专任教师平均授课学时数""双师型教师"6个题项；课程建设因子具体包括"实践教学体系""实习实训基地建设""实验开出率""实验室建设""校企合作项目"5个题项；教学空间因子具体包括"生均教学辅助及行政用房""生均宿舍面积""生均占地面积""生均运动场地或设施或专项体育器材"4个题项；教学物资因子具体包括"生均年进书量""生均纸质和电子图书册数""生均教学科研仪器设备值""百名学生配备多媒体教室及教学用计算机台数""生均固定资产"5个题项；师资结构因子具体包括"师资职称结构""师资年龄结构""师资学缘结构""生师比情况"4个题项。

表4-2　　　　　　　　因子负荷旋转矩阵

| 项目 | 因子 |||||| 
|---|---|---|---|---|---|---|
| | F1 | F2 | F3 | F4 | F5 | F6 |
| 高校财政补助收入占总收入 | 0.773 | | | | | |
| 高校生均总支出 | 0.750 | | | | | |
| 高校生均教育支出 | 0.724 | | | | | |
| 高校总收入 | 0.713 | | | | | |
| 教学日常运行支出 | 0.701 | | | | | |
| 高校生均总收入 | 0.697 | | | | | |
| 高校财政补助收入 | 0.673 | | | | | |
| 经常性预算内教育事业费拨款 | 0.660 | | | | | |
| 奖助学金 | 0.567 | | | | | |
| 校外兼职教师承担学时比例 | | 0.739 | | | | |
| 专任教师平均培训天数 | | 0.716 | | | | |
| 专任教师和聘请校外教师岗位分类情况 | | 0.678 | | | | |

续表

| 项目 | 因子 ||||||
|---|---|---|---|---|---|---|
| | F1 | F2 | F3 | F4 | F5 | F6 |
| 专任教师和聘请校外教师学历及学位情况 | | 0.659 | | | | |
| 专任教师平均授课学时数 | | 0.613 | | | | |
| 双师型教师 | | 0.531 | | | | |
| 实践教学体系 | | | 0.756 | | | |
| 实习实训基地建设 | | | 0.743 | | | |
| 实验开出率 | | | 0.740 | | | |
| 实验室建设 | | | 0.697 | | | |
| 校企合作项目 | | | 0.570 | | | |
| 生均教学辅助及行政用房 | | | | 0.821 | | |
| 生均宿舍面积 | | | | 0.803 | | |
| 生均占地面积 | | | | 0.794 | | |
| 生均运动场地或设施或专项体育器材 | | | | 0.626 | | |
| 生均年进书量 | | | | | 0.707 | |
| 生均纸质和电子图书册数 | | | | | 0.704 | |
| 生均教学科研仪器设备值 | | | | | 0.606 | |
| 百名学生配备多媒体教室及教学用计算机台数 | | | | | 0.593 | |
| 生均固定资产 | | | | | 0.535 | |
| 师资职称结构 | | | | | | 0.735 |
| 师资年龄结构 | | | | | | 0.683 |
| 师资学缘结构 | | | | | | 0.640 |
| 生师比情况 | | | | | | 0.512 |

采用均值、标准差、百分位数反映高校分类指标的集中情况，采用重要度百分比衡量高校管理者和学科带头人对高校设置标准指标的重要程度评价。重要度百分比的计算公式为：重要度百分比＝（均值－1）/（量表点数－1）（吴明隆，2010）。

由表4-3数据分析结果表明，高校管理者和学科带头人对课程建设维度的实习实训基地建设、实验室建设的重要度评价较高，分别为85.75%和85.25%。

对校外兼职教师承担学时比例、生均占地面积的重要度评价较低,分别为62.00%和66.75%。

表4-3　　　　　　高校设置标准的重要度及百分位数

| 高校设置维度 | 高校设置标准 | 均值(M) | 标准差(SD) | 重要度百分比(%) | 第25百分位数 | 第75百分位数 |
|---|---|---|---|---|---|---|
| 办学经费 | 高校财政补助收入占总收入 | 4.20 | 0.883 | 80.00 | 4 | 5 |
| | 高校生均总支出 | 4.21 | 0.834 | 80.25 | 4 | 5 |
| | 高校生均教育支出 | 4.38 | 0.803 | 84.50 | 4 | 5 |
| | 高校总收入 | 4.25 | 0.936 | 81.25 | 4 | 5 |
| | 教学日常运行支出 | 4.20 | 0.873 | 80.00 | 4 | 5 |
| | 高校生均总收入 | 4.22 | 0.842 | 80.50 | 4 | 5 |
| | 高校财政补助收入指标排序 | 3.92 | 0.966 | 73.00 | 3 | 5 |
| | 经常性预算内教育事业费拨款 | 4.37 | 0.772 | 84.25 | 4 | 5 |
| | 奖助学金 | 4.15 | 0.888 | 78.75 | 4 | 5 |
| 师资规模 | 校外兼职教师承担学时比例 | 3.48 | 0.988 | 62.00 | 3 | 4 |
| | 专任教师平均培训天数 | 3.76 | 0.885 | 69.00 | 3 | 4 |
| | 专任教师和聘请校外教师岗位分类情况 | 3.82 | 0.941 | 70.50 | 3 | 4 |
| | 专任教师和聘请校外教师学历及学位情况 | 3.82 | 0.887 | 70.50 | 3 | 4 |
| | 专任教师平均授课学时数 | 3.98 | 0.865 | 74.50 | 3 | 5 |
| | 双师型教师 | 3.98 | 0.915 | 74.50 | 3 | 5 |
| 课程建设 | 实践教学体系 | 4.30 | 0.803 | 82.50 | 4 | 5 |
| | 实习实训基地建设 | 4.43 | 0.786 | 85.75 | 4 | 5 |
| | 实验开出率 | 4.25 | 0.799 | 81.25 | 4 | 5 |
| | 实验室建设 | 4.41 | 0.762 | 85.25 | 4 | 5 |
| | 校企合作项目 | 4.06 | 0.895 | 76.50 | 3 | 5 |
| 教学空间 | 生均教学辅助及行政用房 | 3.75 | 0.998 | 68.75 | 3 | 4 |
| | 生均宿舍面积 | 3.78 | 0.940 | 69.50 | 3 | 4 |
| | 生均占地面积 | 3.67 | 0.997 | 66.75 | 3 | 4 |
| | 生均运动场地或设施或专项体育器材 | 4.03 | 0.887 | 75.75 | 4 | 5 |

续表

| 高校设置维度 | 高校设置标准 | 均值（M） | 标准差（SD） | 重要度百分比（%） | 集中情况 第25百分位数 | 集中情况 第75百分位数 |
|---|---|---|---|---|---|---|
| 教学物资 | 生均年进书量 | 3.96 | 0.982 | 74.00 | 3 | 5 |
| 教学物资 | 生均纸质和电子图书册数 | 4.19 | 0.898 | 79.75 | 4 | 5 |
| 教学物资 | 生均教学科研仪器设备值 | 4.25 | 0.867 | 81.25 | 4 | 5 |
| 教学物资 | 百名学生配备多媒体教室及教学用计算机台数 | 4.07 | 0.924 | 76.75 | 4 | 5 |
| 教学物资 | 生均固定资产 | 3.91 | 0.923 | 72.75 | 3 | 5 |
| 师资结构 | 师资职称结构 | 4.24 | 0.802 | 81.00 | 4 | 5 |
| 师资结构 | 师资年龄结构 | 3.98 | 0.859 | 74.50 | 3 | 5 |
| 师资结构 | 师资学缘结构 | 4.09 | 0.835 | 77.25 | 4 | 5 |
| 师资结构 | 生师比情况 | 4.28 | 0.841 | 82.00 | 4 | 5 |

## 三、探索不同类型高等学校的设置标准

注意高等教育政策的连续性能够有效保障政策的执行和取得预期成效。探索不同类型高校设置标准既要符合新时代需求，也应植根于1986年国务院发布的《普通高等学校设置暂行条例》。本研究在探索不同类型高校设置标准的过程中，与教育行政部门紧密合作，开展历时较长的调研和数据处理，经历了整体设计、局部推断、重点查证等反复斟酌的过程，最终形成关于不同类型高校设置标准的探索。在设置高等学校时，应当制定高等学校章程，明确学校的名称、校址、机构性质、发展定位、办学方向、办学层次、办学规模、学科门类设置、教育形式、内部管理体制、经费来源、财产和财务制度、举办者与学校之间的权利和义务等。根据我国高校基础数据测算结果和大规模高校调研分析结果，建议形成以下研究型、应用型和职业技能型高校的设置标准。通过国际高校设置标准研究发现，高校设置标准既有数字化的定量指标，也不乏尊重高校设置专家专业性和反映高校设置时代性的定性指标。因此，与传统硬约束不同，新高校设置标准应有充分的弹性空间，形成硬约束和软约束相结合的规范。

### （一）研究型高校的设置标准

#### 1. 办学规模与结构

研究型高等学校主要实施本科及本科以上教育。称为学院的，全日制在校生

规模应在 3 000 人以上；称为大学的，全日制在校生规模应在 5 000 人以上。

研究型高等学校，在校研究生数不低于全日制在校生总数的 30%，且博士在校生数占研究生在校生数比例不低于 20%。以学术型博士生、硕士生和本科生的培养为主。一般不开展高等专科层次教育。

**2. 学科与专业**

研究型高等学校，在人文学科（哲学、文学、历史学、艺术学）、社会学科（经济学、法学、教育学）、理学、工学、农学、医学、管理学等学科门类中，称为学院的应拥有 1 个以上学科门类作为主要学科，称为大学的应拥有 3 个以上学科门类作为主要学科。

研究型高等学校的主要学科，须满足：（1）称为学院的其主要学科门类中应能覆盖该学科门类 3 个以上的本科专业；称为大学的其每个主要学科门类中的普通本科专业应能覆盖该学科门类 3 个以上的一级学科；（2）每个主要学科门类的全日制本科以上在校生均不低于学校全日制本科以上在校生总数的 15%；（3）所有主要学科的全日制本科以上在校生总数不低于学校全日制本科以上在校生总数的 60%。

研究型高等学校，还要相应满足：称为大学的，普通本科专业总数不少于 20 个。研究型高等学校，每个主要学科均有博士学位授予权。

**3. 师资队伍**

普通高等学校的专任教师总数应使生师比达到国家规定的基本办学条件（综合、师范、民族、工科、农林、语文、财经、政法学校不高于 18∶1；医学学校不高于 16∶1；体育、艺术类研究型高等学校不高于 11∶1）。

研究型高等学校，具有博士学位的专任教师占专任教师总数的比例一般应达 70% 以上，教师有高水平自由研究和攻关研究能力，基层学术组织发达，专任教师中正高级职务比例大于 30%。教师与高强度研究机构紧密结合，教师在科研机构、高新技术产业和高等学校之间存在高标准上的有限度流动。研究型高等学校兼任教师人数应当不超过本高校专任教师人数的 5%。

**4. 教学和科研水平**

研究型高等学校应具有较强的教学力量和较高的教学水平，在国务院或省级教育行政部门组织的教学水平评估中，评估结论应达到"优秀"（对申办学院的学校是指高职高专学校教学工作水平评估；对学院更名为大学的学校是指普通高等学校本科教学工作水平评估）；或者在本科教学工作审核评估中，评估结论为"通过"。学校应在近两届教学成果评选中获得不少于主要学科数量的国家级一、二等奖或省级一等奖。

研究型高等学校应具有较强的科学研究力量和较高的科学研究水平。研究型高等学校，学校基础研究投入经费占当年科研投入经费不低于10%。每个主要学科中均有相应学科进入 ESI 前 1%，或每个主要学科近 5 年来均获得过至少 2 项国家级科研成果奖励。

**5. 基础设施**

土地。普通高等学校生均占地面积应达 60 平方米，体育、艺术学校应达 90 平方米。建校初期校园占地面积，研究型高校应达 20 万平方米。

建筑面积。普通高等学校的生均校舍建筑面积应达 30 平方米。生均教学科研行政用房面积，综合、师范、民族、语文、财经、政法类学校应不低于 15 平方米，工科、农林、医药类学校应不低于 20 平方米，体育、艺术类学校应不低于 25 平方米。建校初期总建筑面积，研究型高等学校应达 10 万平方米。

仪器设备。普通高等学校生均教学科研仪器设备值，综合、师范、民族、工科、农林、医药类学校应不低于 10 000 元，语文、财经、政法类学校应不低于 6 000 元，体育、艺术类学校应不低于 8 000 元。研究型高等学校新增教学科研仪器设备所占比例不低于 10%/年。

图书。研究型高校电子资源及数据库投入年均应达 100 万元，生均适用电子图书至少应达 0.13 册/人。生均适用图书，综合、师范、民族、语文、财经、政法类学校应不少于 100 册，工科、农林、医药、体育、艺术类学校应不少于 80 册。各校都应建有满足教学科研需要的电子图书系统、专业电子数据库和计算机网络服务体系。

实习实训场所。普通高等学校必须拥有相应的教学实践、实习实训基地。以工学、农林等科类专业教育为主的学校应当有必需的教学实习工厂、农（林）场和固定的生产实习基地；以师范类专业教育为主的学校应当有附属的实验学校或固定的实习学校；以医学专业教育为主的学校至少应当有 1 所直属附属医院和适用需要的教学医院；体育、艺术类学校应当有附属中学。

**6. 办学经费**

普通高等学校所需的基本建设投资和教育事业费，须有稳定可靠的来源和切实的保证，能够满足正常的办学需要。新设置学校的生均教学经费应达到当地同级同类学校的前 50%。

**7. 领导班子**

必须具备《中华人民共和国教育法》《中华人民共和国高等教育法》《中华人民共和国民办教育促进法》《中华人民共和国中外合作办学条例》等有关法律法规规定的关于高等学校领导任职条件要求，具有较高的政治素质和管理能力、品德高尚、熟悉高等教育、有高等教育副高级以上专业技术职务的专职领导班子。

### （二）应用型高校的设置标准

**1. 办学规模与结构**

应用型高等学校主要实施本科及本科以上教育。称为学院的，全日制在校生规模应在 3 000 人以上；称为大学的，全日制在校生规模应在 5 000 人以上。

应用型高等学校，在校本科生数不低于全日制在校生总数的 50%；如果开展研究生教育，以专业学位为主，在校研究生数不低于全日制在校生总数的 5%。

**2. 学科与专业**

应用型高等学校，在人文学科（哲学、文学、历史学、艺术学）、社会学科（经济学、法学、教育学）、理学、工学、农学、医学、管理学等学科门类中，称为学院的应拥有 1 个以上学科门类作为主要学科，称为大学的应拥有 3 个以上学科门类作为主要学科。

应用型高等学校的主要学科，须满足：（1）称为学院的其主要学科门类中应能覆盖该学科门类 3 个以上的本科专业；称为大学的其每个主要学科门类中的普通本科专业应能覆盖该学科门类 3 个以上的一级学科；（2）每个主要学科门类的全日制本科以上在校生均不低于学校全日制本科以上在校生总数的 15%；（3）所有主要学科的全日制本科以上在校生总数不低于学校全日制本科以上在校生总数的 60%。

应用型高等学校，还要相应满足：称为大学的，普通本科专业总数不少于 20 个。应用型高等学校，每个主要学科中至少有 1 个硕士学位授权点（含专业学位），学校具有 5 届以上硕士毕业生。

**3. 师资队伍**

普通高等学校的专任教师总数应使生师比达到国家规定的基本办学条件（综合、师范、民族、工科、农林、语文、财经、政法类学校不高于 18∶1；医学类学校不高于 16∶1；体育、艺术类应用型高等学校不高于 11∶1）。

应用型高等学校在建校初期专任教师总数不少于 220 人。专任教师中具有研究生学历（学位）的教师数占专任教师总数的比例应不低于 40%，具有博士学位的专任教师占专任教师总数的比例一般应达 20% 以上；具有高级专业技术职务的专任教师人数一般应不低于专任教师总数的 30%，具有正教授职务的专任教师人数不少于 30 人。"双师双能型"教师占专任教师总数的比例应不低于 40%。各门公共必修课程和专业基础必修课程，至少应当分别配备具有副高级专业技术职务以上的专任教师 2 人；各门专业必修课程，至少应当分别配备具有副高级专业技术职务以上的专任教师 1 人。每个专业至少配备具有正高级专业技术职务的专任教师 2 人。

应用型高等学校兼任教师人数应当不超过本高校专任教师人数的 25%。

**4. 教学和科研水平**

应用型高等学校应具有较强的教学力量和较高的教学水平,在国务院或省级教育行政部门组织的教学水平评估中,评估结论应达到"优秀"(对申办学院的学校是指高职高专学校教学工作水平评估;对学院更名为大学的学校是指普通高等学校本科教学工作水平评估);或者在本科教学工作审核评估中,评估结论为"通过"。学校应在近两届教学成果评选中获得不少于主要学科数量的国家级一、二等奖或省级一等奖。

应用型高等学校应具有较强的科学研究力量和较高的科学研究水平。应用型高等学校近 5 年来获得过至少 2 项国家级科研成果奖励。每个主要学科都设有产学研合作基地。

**5. 基础设施**

土地。普通高等学校生均占地面积应达 60 平方米,体育、艺术类学校应达 90 平方米。建校初期校园占地面积,应用型学校应达 20 万平方米。

建筑面积。普通高等学校的生均校舍建筑面积应达 30 平方米。生均教学科研行政用房面积,综合、师范、民族、语文、财经、政法类学校应不低于 15 平方米,工科、农林、医药类学校应不低于 20 平方米,体育、艺术类学校应不低于 25 平方米。建校初期总建筑面积,应用型高等学校应达 10 万平方米。

仪器设备。普通高等学校生均教学科研仪器设备值,综合、师范、民族、工科、农林、医药类学校应不低于 10 000 元,语文、财经、政法类学校应不低于 6 000 元,体育、艺术类学校应不低于 8 000 元。应用型高等学校新增教学科研仪器设备所占比例每年不低于 10%。

图书。应用型学校电子资源及数据库投入年均应达 100 万元,生均适用电子图书至少应达 0.13 册/人。生均适用图书,综合、师范、民族、语文、财经、政法类学校应不少于 100 册,工科、农林、医药、体育、艺术类学校应不少于 80 册。

各校都应建有满足教学科研需要的电子图书系统、专业电子数据库和计算机网络服务体系。

实习实训场所。普通高等学校必须拥有相应的教学实践、实习实训基地。以工学、农林等科类专业教育为主的学校应当有必需的教学实习工厂、农(林)场和固定的生产实习基地;以师范类专业教育为主的学校应当有附属的实验学校或固定的实习学校;以医学专业教育为主的学校至少应当有 1 所直属附属医院和适用需要的教学医院;体育、艺术学校应当有附属中学。

#### 6. 办学经费

普通高等学校所需的基本建设投资和教育事业费，须有稳定可靠的来源和切实的保证，能够满足正常的办学需要。新设置学校的生均教学经费应达到当地同级同类学校的前 50%。

#### 7. 领导班子

必须具备《中华人民共和国教育法》《中华人民共和国高等教育法》《中华人民共和国民办教育促进法》《中华人民共和国中外合作办学条例》等有关法律法规规定的关于高等学校领导任职条件要求，具有较高的政治素质和管理能力、品德高尚、熟悉高等教育、有高等教育副高级以上专业技术职务的专职领导班子。

### （三）职业技能型高校的设置标准

#### 1. 办学规模与结构

职业技能型高等学校主要实施高等专科层次，也包括本科层次的教育，全日制在校学生规模应在 2 000 人以上。

#### 2. 学科与专业

职业技能型高等学校，与学校办学定位及特色相一致的专业大类中的全日制在校生总数不低于学校全日制在校生总数的 60%，建校后首次招生的专业数应在 5 个左右。

#### 3. 师资队伍

普通高等学校的专任教师总数应使生师比达到国家规定的基本办学条件（体育、艺术类职业技能型高等学校不高于 13 : 1）。

职业技能型学校建校初期，大学本科以上专任教师总数不少于 70 人。专任教师中具有研究生学历（学位）的教师占专任教师总数的比例应不低于 15%，具有高级专业技术职务的专任教师占专任教师总数比例应不低于 20%；专任教师中"双师双能型"教师人数占专任教师总数的比例应不低于 50%。每个专业高级专业技术职务以上的专任教师占专业专任教师总量的 20% 以上，每门主要专业技能课程至少配备相关专业中级技术职务以上的专任教师 2 人。职业技能型高等学校的兼任教师人数应当不超过本校专任教师的 1/2。

#### 4. 教学水平

职业技能型高等学校每个专业必须拥有相应的基础技能训练、模拟操作的条件和稳定的实习、实践活动基地。实践教学课时一般应占教学计划总课时的 40% 左右；教学计划中规定的实验、实训课的开出率在 90% 以上。

**5. 基础设施**

土地。普通高等学校生均占地面积应达 60 平方米，体育、艺术学校应达到 90 平方米。建校初期校园占地面积，职业技能型学校应达 20 万平方米。

建筑面积。普通高等学校的生均校舍建筑面积应达到 30 平方米。生均教学科研行政用房面积，综合、师范、民族、语文、财经、政法类学校应不低于 15 平方米，工科、农林、医药类学校应不低于 20 平方米，体育、艺术类学校应不低于 25 平方米。建校初期总建筑面积，职业技能型学校应达到 6 万平方米。

仪器设备。普通高等学校生均教学科研仪器设备值，综合、师范、民族、工科、农林、医药类学校应不低于 10 000 元，语文、财经、政法类学校应不低于 6 000 元，体育、艺术类学校应不低于 8 000 元。

图书。生均适用图书，综合、师范、民族、语文、财经、政法类学校应不少于 100 册，工科、农林、医药、体育、艺术类学校应不少于 80 册。职业技能型高等学校的生均适用图书要求，比相应学科类型的研究型和应用型高等学校降低 20 册。各校都应建有满足教学科研需要的电子图书系统、专业电子数据库和计算机网络服务体系。

实习实训场所。普通高等学校必须拥有相应的教学实践、实习实训基地。

**6. 办学经费**

普通高等学校所需的基本建设投资和教育事业费，须有稳定可靠的来源和切实的保证，能够满足正常的办学需要。新设置学校的生均教学经费应达到当地同级同类学校的前 50%。

**7. 领导班子**

必须具备《中华人民共和国教育法》《中华人民共和国高等教育法》《中华人民共和国民办教育促进法》《中华人民共和国中外合作办学条例》等有关法律法规规定的关于高等学校领导任职条件要求，具有较高的政治素质和管理能力、品德高尚、熟悉高等教育、有高等教育副高级以上专业技术职务的专职领导班子。

## 四、不同类型高等学校准入与退出问题

研究型、应用型和职业技能型高校的准入与退出问题，一方面要明确这三种类型高校的准入标准和准入程序；另一方面要明确这三种类型高校的退出类型、退出条件和退出程序。

### （一）研究型高校的准入与退出

研究型高校的设置面向新设研究型高校和在原有高校基础上建设研究型高

校，在此基础上，研究型高校的准入和退出同时也面向新设高校和在原有高校基础上建设高校。

研究型高校的设置标准即准入标准，具体规定新设或在原有高校基础上建设研究型高校所应符合的最低标准。进入准入程序阶段，先由地方高校设置评议委员会进行考察，结合国家发展战略、省级人民政府高等教育布局要求、社会经济发展需求、高等教育需求和高校发展规划，形成高校设置的考察报告。省级人民政府在高校设置评议委员会的考察报告基础上，对符合地方高等教育布局和结构调整的研究型高校进行高校设置的论证，形成论证报告，向国务院教育行政管理部门提交申请。国务院教育行政部门受理设置申请后，启动审查程序，对符合国家和地方高等教育布局需求且符合研究型高校设置标准的申请，经公示后，组织高校设置评议委员会专家进行考察和评议。高校设置评议委员会将对照高等学校设置规划、设置标准等对申请设置的研究型高校进行考察和评议，评议结果报经国务院教育行政部门党组审定并向社会公示无异议后，办理批准设置的批复。

研究型高校退出条件、退出程序和退出类型是动态调整研究型高校结构、保障研究型高校办学质量的机制。研究型高校的退出条件指研究型高校设置在一定情况下需要退出，依据退出程序进行类型调整、整顿、停止招生或者停办等强制退出。以下都属于研究型高校退出条件：当研究型高校办学现状与大学章程不符的；虚报条件，筹建或建立高等学校的；擅自筹建或建校招生的；超过筹建期限，未具备招生条件的；第一届毕业生经考核验收达不到规定要求的；在规定期限内，达不到审定的办学条件的；出现办学条件警示的；违反相关法律法规规定等情况。如果学校办学失败，主管部门应当负责妥善处理在读学生和高校教育资源。

### （二）应用型高校的准入与退出

应用型高校的设置面向新设应用型高校、新建本科院校建设应用型高校、独立学院转设为独立设置的学院，在此基础上，应用型高校的准入和退出同时也面向新设应用型高校和建设应用型高校的新建本科院校。

应用型高校的设置标准即准入标准，具体规定新设应用型高校或建设应用型高校的新建本科院校所应符合的最低标准。进入准入程序阶段，先由地方高校设置评议委员会进行考察，结合国家发展战略、区域和地方发展需求、省级人民政府高等教育布局要求、区域高等教育需求和新建高校发展规划，形成高校设置的考察报告。省级人民政府在高校设置评议委员会的考察报告基础上，对符合地方高等教育布局和结构调整的应用型高校进行高校设置的论证，形成论证报告，向国务院教育行政管理部门提交申请。各省、自治区、直辖市人民政府或国务院有关部门等新设高校的主管部门，应当根据需要设置高等学校，保证筹建高等学校申请书、论证材料、正式建校申请书、筹建情况报告的充分性、真实性和合理性。国务院教育行政部门受理设置申请后，启动审查程序，对符合国家和地方高等教育布局需求且符合应用型高校设置标准的申请，经公示后，组织高校设置评议委员会专家进行考察和评议。高校设置评议委员会将对照高等学校设置规划、设置标准等对申请设置的应用型高校进行考察和评议，评议结果报经国务院教育行政部门党组审定并向社会公示无异议后，办理批准设置的批复。

应用型高校退出条件、退出程序和退出类型是动态调整应用型高校结构、保障应用型高校办学质量的机制。应用型高校的退出条件与研究型高校相同，指应用型高校设置在一定情况下需要退出，依据退出程序进行类型调整、整顿、停止招生或者停办等强制退出。出现以下情况，都符合应用型高校的退出条件：应用型高校办学现状与大学章程不符的；虚报条件，筹建或建立高等学校的；擅自筹建或建校招生的；超过筹建期限，未具备招生条件的；第一届毕业生经考核验收达不到规定要求的；在规定期限内，达不到审定的办学条件的；出现办学条件警示的；违反相关法律法规规定等情况。如果办学失败，高校主管部门应当负责妥善处理在读学生和高校教育资源。

### （三）职业技能型高校的准入与退出

职业技能型高校的设置面向新设专科或高职院校、成人高校改制为高职院校、职业技能型专科院校升格为职业型本科院校，在此基础上，职业技能型高校的准入和退出同时也面向新设专科或高职院校、成人高校改制为高职院校、职业技能型专科院校升格为职业型本科院校。

职业技能型高校的设置标准即准入标准，具体规定新设职业技能型高校或成人高校改制为职业技能型高校所应符合的最低办学标准。在准入程序阶段，地方高校设置评议委员会进行考察，结合国家经济发展需求、地方产业发展需求、省级人民政府高等教育布局要求、地方高等教育需求和新建高校发展规划，形成职业技能型高校设置的考察报告。省级人民政府在高校设置评议委员会的考察报告基础上，对符合地方高等教育布局和结构调整的职业技能型高校进行高校设置的论证，形成论证报告，向国务院教育行政管理部门提交申请。各省、自治区、直辖市人民政府等新设高校的主管部门，应当根据需要设置高等学校，保证筹建高等学校申请书、论证材料、正式建校申请书、筹建情况报告的充分性、真实性和合理性。国务院教育行政部门受理设置申请后，启动审查程序，对符合国家和地方高等教育布局需求且符合职业技能型高校设置标准的申请，经公示后，组织高校设置评议委员会专家进行考察和评议。高校设置评议委员会将对照高等学校设置规划、设置标准等对申请设置的职业技能型高校进行考察和评议，评议结果报经国务院教育行政部门党组审定并向社会公示无异议后，办理批准设置的批复。

职业技能型高校退出条件、退出程序和退出类型是动态调整职业技能型高校结构、保障办学质量的机制。职业技能型高校的退出条件与研究型、应用型高校相同，指职业技能型高校设置在不符合办学条件的情况下需要退出，依据退出程序进行类型调整、整顿、停止招生或者停办等强制退出。出现以下情况，都要求职业技能型退出：职业技能型高校办学现状与章程不符的；虚报条件，筹建或建立高等学校的；擅自筹建或建校招生的；超过筹建期限，未具备招生条件的；第一届毕业生经考核验收达不到规定要求的；在规定期限内，达不到审定的办学条件的；出现办学条件警示的；违反相关法律法规规定等情况。如果办学失败，作为高校主管部门的省级人民政府应当负责妥善处理在读学生和办学资源。

## 第二节 不同类型高等学校的质量标准研究

高校设置标准是高校质量标准的基础和前提。明确高校质量标准与设置标准关系，并通过对典型性高校的质量保障体系建设情况分析研究型、应用型和职业技能型高校的质量保障体系，从而总结不同类型高校的质量标准。

### 一、高等学校质量标准与设置标准的关系

不同类型高校的质量标准离不开不同类型高校设置标准这一质量底线，高校设置标准是高校质量标准的基础。不同类型高校都有反映各自类型办学发展的质量标准，因此，不同类型高校都有追求卓越的内生动力和外部需求。高校作为社会中的重要自组织和培养专门人才的重要场所，其质量标准体现创新要求。

高校设置标准通过规定高校基准标准控制高校准入质量，高校质量标准是高校发展的核心目标。高校质量标准建立在高校设置标准的基础上，并在高校设置标准的水平上不断提升和追求卓越。无论是高校设置标准或者高校质量标准，都需要牢牢把握好高校分类定位和分类定位下形成的核心特征，在高校分类定位和核心特征的基础上设置合理的准入基准，在高校分类定位和核心特征的基础上形成高校发展的质量标准。因此，在高校分类定位过程中提取不同类型高校的核心特征是高校设置标准和质量标准的重要前提。

不同类型高校都有基于高校类型核心特征的质量标准，因此，不同类型高

校在符合一定的设置条件和程序等质量底线之后，都应有追求卓越的空间和目标。研究型高校以学术研究卓越为质量衡量标准；应用型高校以应用研究卓越为质量衡量标准；职业技能型高校以技术技能革新卓越为质量衡量标准。不同类型高校追求卓越不仅是高校内在发展的要求，也是高校有效发挥社会职能的外部需求。

高校是研究高深知识和培养专门人才的重要场域，是培养创新人才、产出创新成果、促进创新发展的重要力量，随着高校在知识创新、科技创新等方面的社会影响日益突出，高校与社会的互动趋于频繁，高校质量标准不仅局限于高校办学质量，创新发展需求也反映在高校办学和建设过程之中。因此，高校设置标准应围绕创新发展需求，体现不同类型高校的差异化创新定位，反映在高校办学基准条件上。高校质量标准也应以创新发展需求为核心动力，将创新融于高校办学过程的方方面面并体现在高质量的办学成效上。

## 二、高等学校质量标准的案例分析

高校质量标准是基于一整套质量保障体系而形成的，高校质量标准通过质量保障体系来构建和维护。

坚持全面深化改革是全面建成小康社会决胜期、中国特色社会主义进入新时代坚持和完善社会主义制度，不断推进国家治理体系和治理能力现代化，破除一切不合时宜的思想观念和体制机制弊端，构建系统完备、科学规范、运行有效的制度体系，充分发挥我国社会主义制度优越性的新时代中国特色社会主义思想的精神实质和丰富内涵之一。2013年《中共中央关于全面深化改革若干重大问题的决定》指出"改革开放是党在新的时代条件下带领全国各族人民进行的新的伟大革命，是当代中国最鲜明的特色""改革开放最主要的成果是开创和发展了中国特色社会主义，为社会主义现代化建设提供了强大动力和有力保障""面对新形势新任务，全面建成小康社会，进而建成富强民主文明和谐的社会主义现代化国家、实现中华民族伟大复兴的中国梦，必须在新的历史起点上全面深化改革，不断增强中国特色社会主义道路自信、理论自信、制度自信"。《中共中央关于全面深化改革若干重大问题的决定》要求促进社会事业改革创新，深化教育领域综合改革。"加快现代职业教育体系建设，深化产教融合、校企合作，培养高素质劳动者和技能型人才。创新高校人才培养机制，促进高校办出特色争创一流"。

《国家中长期教育改革和发展规划纲要（2010－2020年）》"按照面向现代化、面向世界、面向未来的要求，适应全面建设小康社会、建设创新型国家的需要，坚持育人为本，以改革创新为动力，以促进公平为重点，以提高质量为核心,全面实施素质教育,推动教育事业在新的历史起点上科学发展,加快从教育大国向教育强国、从人力资源大国向人力资源强国迈进,为中华民族伟大复兴和人类文明进步作出更大贡献",将改革创新作为教育发展的强大动力,"鼓励地方和学校大胆探索和试验,加快重要领域和关键环节改革步伐。创新人才培养体制、办学体制、教育管理体制,改革质量评价和考试招生制度,改革教学内容、方法、手段,建设现代学校制度。加快解决经济社会发展对高质量多样化人才需要与教育培养能力不足的矛盾、人民群众期盼良好教育与资源相对短缺的矛盾、增强教育活力与体制机制约束的矛盾"。

高校质量标准需要建立一整套完善的质量保障体系,高校质量标准通过质量保障体系来构建和维护。当前,无论是具有研究型高校核心特征、应用型高校核心特征或职业技能型高校核心特征,这三类高校都注重或逐渐加强深化高校综合改革以健全质量保障体系维护高校质量标准。本研究分别选择各具有研究型高校核心特征、应用型高校核心特征、职业技能型高校核心特征的几所高校作为案例,对三类高校根据《中共中央关于全面深化改革若干重大问题的决定》《国家中长期教育改革和发展规划纲要(2010-2020年)》等相关文件精神要求和战略部署,基于本校办学实际和发展规划,深化高校综合改革、坚强内涵式建设,健全高校质量保障体系以坚守高校质量标准的理念与实践进行分析。

### (一)研究型高校质量保障的理念与实践

**1. 研究型高校质量保障之案例一**

案例一的研究型高校质量保障总体目标是建成具有中国特色、高校特点的世界一流现代大学制度,推进大学治理结构和治理能力现代化。在这个总体目标下,坚持立德树人的根本,以质量提高为根本,实现大学使命和履行社会责任。体制机制改革和制度创新是实现总体目标深化综合改革的着力点,基层学术单位的创造性、积极性和活力。借鉴国际成熟的标准,将形成系统完备、科学规范和运行有效的现代大学制度体系,作为深化高校综合改革的基础和依据。在深化高校综合改革过程中构建政府、高校、社会之间的新型关系,充分发挥高校办学自主权,切实提高高校自我规范、自主发展能力,依法接受社会监督。

(1)完善现代大学制度,促进治理模式改革。一是以高校章程为治校核心准则,完善促进教学活动、科研活动的基本管理运行机制、决策机制、学术监督机制、应急处理机制。二是坚持和完善党委领导下的校长负责制,改革学校内部治理结构,健全学校党委领导、校长负责、教授治学、民主管理的法人治理模式。三是探索构建政府、高校、社会之间的新型关系,切实保障和落实办学自主权。四是加强高校内部监督体系建设,健全重大事项决策机制,促进科学、民主、依法决策，建立健全绩效评估和国际同行评估制度。

（2）深化教育教学改革，创新人才培养机制。紧紧围绕立德树人根本任务深化教育教学方面综合改革，提高人才培养质量。一是改革教育教学模式，从教学目标、教学方案、教学内容、教学方法全过程体现并落实贯彻立德树人根本任务，培养学生正确的价值观和社会责任感，培养具有创新精神和实践能力的德才兼备人才。二是深化招生制度改革，健全本科人才选拔机制。探索自主选拔录取方式，探索统一高考录取的综合性评价，依托网络课程共享平台建设大学先修课程促进中学教育与大学教育有效衔接，进一步加大对中西部、贫困地区的招生政策倾斜并完善学生资助体系。三是完善多样化人才培养体系，培养多样性创新人才。探索并扩大"××计划"住宿学院规模，促进完全学分制改革及相应的培养方案建设及教育资源配置，根据专业发展趋势和现有交叉专业基础进一步强化拔尖创新人才培养模式改革，进一步推动高校与国内外高校联合授予学位专业规模。以交叉学科为重点，高校使命落实到每个基层学术组织和每个学科建设上，在院系、研究所和学科使命驱动下推进外延合作。四是完善以主干基础课、素质教育通选课、学科大类平台课为基础的本科课程体系，深化考试模式改革引导学生开展创造性学习，支持学生开展研究性和创新性学习，强化创新创业教育促进学生实践创新能力提升。五是改革研究生招录办法，建立研究生自主招录体系。六是改革学位授权模式，建立自主学科设置与学位授予体系。七是改革研究生培养模式，提高学生对未来社会经济发展需求的主动适应性。分类培养学术型和应用型研究生，深化高校与国外著名高校及科研机构联合培养，促进跨学科培养研究生，重视交叉学科和新兴学科高水平研究和人才培养，完善研究生学分制度和提高学制弹性。八是提升教师教学能力和创新教师教学方法，基于信息化技术推进教学方法创新，新生导师与学术科研导师相结合助力不同层次研究生的个性化需求和发展，加强教师交流和研讨。九是进一步完善提升育人质量的管理保障体系，包括本科教学质量保障体系，研究生导师责任体系，学术规范和诚信教育机制，健全多样化的研究生教育自我评价机制以及完善教师评聘机制等。十是进一步扩大办学开放合作，提升办学国际化水平。如建设英文授课课程平台，促进国际留学生规模和出国交换学生规模，探索建设全英文授课的本科专业，等等。

（3）改革科研体制机制，提升学科建设水平和原始创新能力。一是建立健全高校学科评估机制，动态调整学科结构和资源配置，加强对国际学术前沿和国家重大需求调查分析以实现学科布局的战略设计。二是建立高校和院系两级跨学科平台，健全跨学科研究机制体制创新，调动交叉学科和新兴学科研究发展。三是优化科研队伍结构，革新人才评聘制度，完善研究团队建设，创新资源配置和评价考核机制，加强对重大及高水平研究项目及平台的支撑力度。四是保持基础研究持续投入，营造自由的学术研究氛围。五是鼓励创新科研仪器为科学研究提供科学、原创和前沿的创新工具和手段，为重大科研成果提供方法基础。六是完善教学、科研和智库一体化的哲学社会科学组织建设和跨学科研究平台，鼓励立足传统、强化基础、交流对话、提高国际水平、针对国家问题、实现理论创新。七是突出综合学科优势，面向国家、地方发展需求，立足国际前沿和学术前沿，服务人才培养、资政建言、舆论引导、公共外交。八是加强与重点企业协同创新，服务企业关键科学技术问题突破，促进高校学术科研合作转化。九是优化科研资源配置，下移科研经费调整权限重心，尊重学术科研人员科研管理权，激发学术科研人员积极性和创新活力。

（4）改革师资人事制度，提升师资人才队伍的国际竞争力。以师资队伍建设为核心，通过分类评聘的机制建设聘任合格教师并引导每位教师明确个人职业发展方向。一是建立教学和科研分系列管理和聘用制度。二是优化薪酬收入分配结构，保障各类职位人员有激励作用的合理收入水平。三是建立教师联合聘用及考核激励机制及相应管理机制。四是依托国家重大项目和高水平科研平台，健全高水平高层次人才保障体系，引入国内外高水平人才。五是改革博士后制度，包括博士后资助和管理机制，加强吸收外籍学术科研人员从事博士后研究。

（5）以机制体制建设为动力，打破思维惯性和禁锢创新机制体制，调动基层学术组织以及个人的主动性和积极性，激发创造活力。一是多渠道筹资，建立办学经费投入稳定增长机制。二是促进资源配置模式改革，包括预算管理和校内资源配置。三是加强经费和资源监管体制建设，构建学校、社会、政府多层次监督机制。

研究型高校质量保障的特色。案例一的研究型高校以盘活存量为原则，深化资源配置改革，全面进行本科教育改革、研究生教育改革、学术体系改革、管理架构改革、人事制度改革。

深化本科教育改革，培养引领未来的人。以为学生提供更好的学习和成长体验为本科教育目标和理念。保持本科教育规模总量基本不变，形成更加多样化的专业方向。实施通识教育与专业教育相结合的教育模式，通过打造通识教育课程体系，进行专业核心课程体系的专业教学计划调整，调整教学管理使得学部内可以自由转专业，实现全校自由选课。

深化人事制度改革，分类评聘教师。实施原有聘任方式与教学、研究分系列和终身教授聘任的"××人才计划"并存的人事制度改革，对教师进行分类聘任评价。原有教师聘任机制下的教授分为两种人事聘任渠道，一部分进入终身教授聘任的"××人才计划"；另一部分依据原有聘任方式。原有教师聘任机制下的副教授及以下职称部分则有四种人事聘任评价渠道，第一种依据原有聘任方式；

第二种进入终身教授体系，终身教授轨道分为助理教授、副教授和正教授；第三种进入教学系列，分为教学教授和教学副教授等；第四种进入研究技术系列，分为研究员和副研究员等。

**2. 研究型高校质量保障之案例二**

案例二的研究型高校深化高校综合改革的总体目标是建立完善中国特色的现代大学制度和治理体系，探索创建世界一流大学的发展模式。继承以往局部改革成果，系统性深化治理体系、人事制度、教育模式、科研机制、资源配置改革。以体制机制创新为着力点，以人事制度改革为突破口，充分调动有利于高校办学的要素。深化高校综合改革，坚持面向国家重大战略需要和世界科学技术前沿，结合高校实际，借鉴国内外有益经验，遵循高等教育规律，发扬顶层设计与基层政策相结合的传统，依靠全校干部师生推动改革。通过深化高校综合改革，坚持自主办学，兼顾效率与公平，不断提升办学科学化水平，促进人的全面发展。

研究型高校质量保障的实践。案例二高校在构建中国特色现代大学制度、人事制度、人才培养模式、学科发展机制和科技创新机制等方面系统化、综合化深入高校改革。

（1）健全中国特色现代大学制度，进行制度创新，解决好高校与政府、社会之间的关系，协调好学校内部行政权力与学术权力之间的关系，处理好学校及职能部门与院系之间的关系。一是建立政校分开、管办分离、依法办学、社会参与的现代大学宏观治理体系，充分行使高校办学自主权。二是以大学章程为依据，完善党委领导、校长负责、教授治学、民主管理的学校法人治理结构和内部治理模式。三是政府投入为主，高校探索面向市场、服务社会，积极探索多元化筹集办学资源的渠道和方式，建立健全科学合理的办学资源保障机制。四是健全资源管理模式，提高资源配置科学性及资源配置效率。完善高校重大事务决策机制建设，优化管理服务职能和规则，高校投入重大战略部署同时充分调动院系争取资源配置的积极性和主动性，加强经费全过程管理，提高资源配置的合理性和科学性，严格规范经费使用。五是完善校内外监督机制。进一步发挥校内外信息公开制度在保障全体师生和社会的知情权和监督权方面的作用。六是完善落实党委领导下的校长负责制的各项制度。

（2）深化人事制度改革，创新人才工作的思路和方法，突破教师队伍发展的主要约束问题。一是将人事制度改革方案与高校办学总体目标和国家发展战略有机结合起来。二是坚持学校统筹与院系为主体相结合，高校统一部署的同时充分尊重院系差异。三是设置教研、教学、研究三种类型岗位，分类进行管理和评价，并配套分类支持模式，激发不同类型教师的积极性和创造性。四是建立教师岗位准聘和长聘制度，根据学科建设目标和差异，分情况实施。五是探索建立规范化的收入分配机制，发挥薪酬体系对教师的支持、保障和激励作用。六是分学科引导人才队伍建设，工科着力国家社会重大问题创新、理科着力科学前沿研究和基础研究、人文社科着力基础理论和应用基础研究。七是人才引进与人才培养相结合，加强国内外高水平和高层次人才引进，并加快青年教师发展。八是对职工进行分类管理，优化人员结构和队伍建设质量。

（3）全面深化教育教学改革，创新人才培养模式。一是完善学生自主申请与高校综合评价相结合的招生考核方式，健全招生决策、执行机构和运行机制建设，充分发挥院系专家的学术评价作用，加强招生选拔的信息公开制度，强化高校自我约束、政府和社会共同监督的招生考核监督机制。二是以学生学习成效为导向，重构专业培养方案，优化课程各个环节和测试评价方式，开展以学生学习成效为导向的国际专业认证，提高教学质量管理的规范性。三是以现代信息技术为支撑，形成课内、课外、校内、校外、国内、国外多维课堂对具有创新精神和能力、国际视野的专门人才培养的支持。四是本科教育加强通识教育与专业教育的有机结合，健全学业导师制度帮助学生提高自主学习、个性化学习和自我管理的能力。五是完善教学管理和质量保证体系，协调教师、学生、行政共同参与教育教学治理，改革人事和激励机制以强化教育责任，基于学生学习成效开展多主体参与、多维度标准的教师教学评价体系。六是健全研究生招生录取机制。根据不同类型研究生的学术能力、学术潜力、行业领域熟悉程度等不同要求，发挥学科专家的专业性，进行分类型评价和招录。七是改革研究生分类培养模式，实施针对博士研究生创新能力提升和学术能力发展的项目，培养博士生授课能力并进行评价。专业型硕士生更加面向市场和职业发展需求，学术型硕士生为博士阶段学习奠定基础。八是改革研究生分类管理模式。促进不同学科、专业、背景学生相互交流，根据不同研究生学位项目灵活制定修业年限，提高研究生培养质量。九是改革研究生质量保障体系，发挥院系和学科教师的学术权力，严标准把关研究生培养质量，健全博士研究生分流体系。十是营造国际化培养机制和环境，整合有效资源和健全奖助体系，提升留学生教育质量。试点进行本科和研究生学位教育的中外联合办学项目。十一是健全教育教学和人才培养的支持制度，包括结合人事制度改革，专业技术岗位聘用管理办法，学校教育教学激励体系等。十二是完善学生评价、激励和自主体系建设。特别是依托大数据和现代信息技术，形成学生年度发展报告，为学生提供专业化指导。十三是创新和完善学生思想政治工作模式，着力培养学生健全人格。

（4）深化学科发展机制和科技创新机制改革，优化学科结构和科学合理的科研管理机制促进深化综合改革总体目标的实现。一是结合学校人事制度改革，根据不同学科特点和学校发展战略需求，借鉴国际评估体系，不断优化学科发展和促进学科调整。二是健全重大学术问题和研究决策机制建设，强化高水平研究者对国家重大战略决策和学术前沿问题的智力支持。三是建立校院两级学科交叉研究平台，并改革现有对研究人员评聘、资源配置、激励、组织和学科评价机制，促进新兴学科和交叉学科发展。四是面向国家战略需求和学术前沿发展需求，改进重大项目的组织管理模式，整合学术研究资源服务中国特色新型智库建设。五是健全学术期刊规划和管理机制，提高学术期刊质量和社会以及国际影响力。

（5）改革社会服务体制，发挥高校对社会发展的支撑和引领作用。一是创新多渠道投入机制。二是成立专门化的机构协助创新成果转化。三是创新成果转化管理机制，明晰不同主体的权责、权利及义务。四是加强产学研合作模式建设，充分发挥高校高水平科研成果的优势服务社会和产业。

### 3. 研究型高校质量保障之案例三

案例三研究型高校从增量改革推进到存量改革，从表层改革深化到深层改革，提出基于战略导向、需求导向、问题导向，全面建成世界知名高水平研究型大学的目标。深化内部治理结构、人事分配制度、人才培养机制、学科科研管理体制、等重点任务改革，以人才培养为核心，人事制度为关键。

（1）深化高校内部治理结构改革，协调学术管理和党政管理。理顺和优化行政与学术、学校与学院的权责关系，深化学校内部管理运行模式改革，激发校院两级办学活力，推进学校治理体系和治理能力现代化。一是完善学术管理制度。建立学校、学部、学院三级学术管理体制，优化管理部门职能、扩大学院办学自主权，健全和维护以学术委员会为核心的学术管理体系和组织架构，充分发挥学部委员会在学科规划、教师评价、重点建设资源配置、学术咨询等方面的重要作用。二是完善学术委员会运行机制，规范工作流程，统筹行使好学术事务的决策、审议、评定和咨询等职权。

（2）深化人事分配制度改革，化解约束教师学术发展和专业发展的制度障碍，健全选聘、考核、激励、流动、发展全过程师资队伍建设。一是完善考核聘任机制，坚持宏观调控、学术主导、学院为主、绩效管理的原则。高校通过总量控制、优化结构、分类对待、动态管理制定人员编制、政策和学术标准，采取非升即走和非升即转的终身教职准聘制度，实行校内合聘制度，最终由校聘教授委员会和学部委员会评议或审议。二是健全薪酬激励机制建设。设计科学合理规范的基本薪酬体系，实行全员年薪制，分类平衡管理服务、专业技术人员和师资队伍薪酬水平。

（3）深化人才培养机制改革，分类探索促进学生全面发展。一是促进招生考试制度改革，完善大类招生制度，博士生"申请—考核制"、探索硕士生"申请—考核制"试点，健全研究生培养资助体系。二是完善本科生培养模式，一方面促进通识教育改革，另一方面发挥短学期的实践育人作用。三是分类分层推进研究生培养模式改革，学术型重创新能力和学术能力培养，应用型硕士生重实操能力培养，探索建立学术型和应用型研究生互转机制，完善博士生中期考核和淘汰机制。四是加强网络课程与资源建设，探索建立网络课程学分承认机制。五是推进专业国际认证，提高人才培养质量标准。六是加强国际化人才培养体系，扩大在校生中具有境外学习经历的比重，加强留学教育管理服务的国际化，提高国际化人才培养体系的个性化。七是强化小班教学。八是加大对本科教学经费投入，保障本科教学质量和本科生培养质量。

（4）深化学科科研管理体制改革，促进多学科、多形式、多类型协同创新，提高服务国家和社会创新能力。一是建立学科准入机制和调整机制，构建符合学校总体目标、适应学科发展趋势、具备国际竞争力的新型学科体系。二是以协同创新中心为牵引，设立交叉学科、跨学科研究基金，促进协同创新发展。三是对学科进行分类考评，根据不同学科特点、发展定位进行分类调整。四是加强重大项目的策划和运作，转变科研组织方式。五是设立相关专项经费，持续且稳定支持一批优秀人才和创新团队开展原创性、前沿性的探索研究。六是针对不同学科和科研活动特点，健全分类评价标准和考评办法。七是增强评价结果在人才引入、评聘、招生等环节的运用。

### （二）应用型高校质量保障的理念与实践

本科教育是应用型高校教育的核心，人才培养质量是应用型高校质量的主要体现，因此本部分主要结合调查中对应用型高校定位的管理者的访谈材料，提取归纳该应用型高校本科教学质量保障机制，分析应用型高校质量保障的理念与实践。

**1. 应用型高校质量保障的理念和实践之案例一**

案例一高校是一所行业特色明显的地方院校，办学定位是应用型，人才培养目标面向地方、行业需求。办学定位指导下，高校的课程设置、学科的发展方向都是围绕着行业的技术需求。一所行业特色明显的专业型高校的质量标准应是提供与地方和行业需求相适应的，以此为基点，建设学科和专业、设计人才培养方案和设置课程体系以及进行教学资源配置。

> 我所在的学校定位是以应用型为主。我们学校处在相对贫困落后的省份，因而培养人才的目标非常明确：面向基层，培养适合于基层公共卫生需要、医疗技术需要的人才。我们的课程设置，学科的发展方向都是围绕着医学技术。医疗服务输送的技术不能太高，它得适合基层人员，比方说扎针、推拿，一次几十块钱，患者都能接受。如果换成很高端的技术，费用相对上

去以后又不适合。这样的话，我们就是以这种有效的、简单又容易推广的、便宜的这些技术传授给我们学生，让他们下去为基层服务。整个学科发展，我们学校的一级学科，最大的是中医学。整个中医学一级学科发展，我们就围绕着"基层卫生适宜技术"研发教材，对学生进行培训。【24-1-C-206】

人才培养质量是高校质量标准的核心要素。作为一所应用型高校，更为关注学生技能掌握、就业情况、服务社会能力，不仅是学生质量标准，也是高校质量标准的主要体现。

应用型大学，考核的时候应该是以培养出的学生所掌握技能的能力、就业情况、服务于社会的价值来评价这个学校到底是好还是不好、培养能力怎么样。如果是研究型大学，就是一年要出多少成果、出多少理论等等。【24-1-C-211】

一方面，应用型高校转型发展过程中面临管理体制和资源配置问题。

关于体制方面的问题。体制方面刚才说了，像××院校都是归地方的卫生厅管，然后我们由国家的××管理局来管。国家给教育投入的钱都在教育部，在省教育厅。省里给高校的钱也是从教育厅里往下拨，所以整个国家对教育投入的部分，例如医学类的、××类的就享受不到国家给的这一部分。【24-1-C-207】

另一方面，应用型高校转型发展过程中面临建设高素质科研队伍、师资队伍的机制问题。

制约这些学校的发展的原因与高校分类也有关系。一般来说，一个学校的发展要有很好的科研队伍、很好的教师队伍、很好的人才，但是地方院校和"985""211"比起来肯定在人才吸引方面就差得多了。【24-1-C-208】

为保障应用型高校质量标准，应用型高校转型发展需要高校、政府、社会协同解决制约高校办学过程中的管理机制、评价和激励机制、师资队伍建设等主要问题。高校通过加强内涵式建设，明确学科定位，完善课程设置等。需要政府宏观理顺管理权限与之配套的资源和评价机制，为应用型高校发展提供良性生存和发展环境。

学校能够解决的，比如加强内涵建设、学科的方向选定、课程的设置，这些是学校内部应该能自己协调的。像前面说的巨大的障碍就不是自己能解决的，需要国家或政府来协调的……虽然学校很需要这样的文章，但是老师发表了之后，学校能给你五千、一万就已经很不容易了，这样就非常制约高端人才的引进，限制了学校发展。【24-1-C-209】

案例应用型高校在保障高校质量标准方面进行了教学改革实践。首先，明确自身定位，面向地方、从事技术创新研究。其次，基于人才培养需求自编符合本校教学要求和人才培养特点的教材。改变传统大三年级才进入实践的普遍模式，探索建立理论学习与实践操作相结合的课程体系设置。

> 对学校自身的定位把握还是很好的，就是专业型的技术型院校，然后以××学最强项的学科为主，发展建设。其他学科专业在设置的时候也都是要围绕强势学科，提供支撑、合作。这样的话，学校小就有利于把有限的资源集中起来打造品牌。我们学校这方面做得还不错……我们学校××学的优势是技术创新研究，应用于基层。现在在国内的××院校领域当中，我们还是排领先地位。我们这种小学校都能拿到科技部的支撑计划，"十二五"又滚动科技部的国家发展科技支撑计划。我们的定位选择是正确的，也获得了国家的认可，发展得比较顺利。另外，和同行业相比，我们的教学改革也是在全国做得很好的，我们实行了"一中心、四步骤"的改革方案，按照××学的发展规律，自己重新编教材，打破了全国××院校通用教材和教学的模式。例如，通用模式是三年级才统一到医院见习，我们学校的第一年上课在教室里，第二年所有临床课程都要在医院进行。上午到医院实习见习，下午在学校上课，紧紧和实践结合。这样学生离开学校后，立刻就能进入角色，就能成为一个比较合格的大夫。我们学校还专门成立了一个××学院，这个学校全套方案作为试点，按照教改的方案来做，已经有了第一批毕业生，第一批毕业生全都考了硕士研究生。【24-1-C-212】

应用型高校的学生质量标准和科研成果质量标准离不开行业标准的要求。面向地方和行业需求的应用型高校，通过产教融合，协调社会、行业、企业参与高校人才培养，促进高校科研成果转化。

> 我们学校对"协同创新"这个理念进行了很好的探索。我们学校和××省的一间药厂合作得非常好。××学院有××研究院、××学院，××学校在整个中成药的开发方面有一些专利而且做得非常好，他把这个整个研究实力和药厂结合起来了，给药厂提供产品和技术支持，药厂也给学校很多的资金投入，这样合作以后药厂发展得又很好。现在我们和澳大利亚的××大学的药物研究所有合作，有合作以后又把中医药提升到了世界水平。现在整个××学院、"××"制药、××药物研究院这三家形成一个研究中心、研究平台。我们培养的本科生，××学院的可以申请××大学的研究生，然后××出学费，已经送出去了一些学生了。这些学生和中医学院签订了合同，他在那学完以后要给××学院服务多少年，为"××"服务多少年，有这样的一个合作。【24-1-C-214】

**2. 应用型高校质量保障的理念和实践之案例二**

案例二高校是一所从行业特色院校发展成为理工类院校，保持学校传统和特色。随着社会转型和产业升级带来产业结构优化，案例高校主动立足高校传统专业特色，延伸至其他相关学科，优化和调整学科结构，保障办学特色和办学质量。

我们学校学科包括理工医管，医工为主，工理经管法，包括医文都有，我们现在实际上八个学科，叫作多学科协调发展，定位为发展国内知名、省内一流的地方高水平大学。当然我们××省在做振兴计划，提升计划也好，已经建了×所××省地方高水平建设大学，我们是其中之一。我们现在还坚持以前的采矿地质，以老的地矿这个专业为主体，向其他学科延伸，主体专业就是采矿、地质、土木，延伸就是机械、电气和化工。我们现在是煤炭快没有了，我们必然要向其他产业发展，我们以前的专业电气、化工、机械基本上都是围绕井下的为主体，现在要向其他方向发展。【25-1-C-220】

如果一个学校真正办出特色，能够把主体专业办好，这就是学校的明显特色。【25-1-C-217】

应用型高校转型发展过程中面临管理体制未理顺，导致行业参与高校办学和参与人才培养过程中不够深入、学生生产实习较为困难。

我们现在是省部共建的学校，但省部共建和以前的部属的是不一样。每年我们要共建什么，有协议，比如说我们要国家重点实验室，那么××局也给我们些钱，我们共建实验室。【25-1-C-219】

以前我们是煤炭部的，后来煤炭部撤离之后划给了××省。现在我们学校的学生实习很困难，人家是不接受学生到矿里面去的。人家想安全第一，学生想下井基本上是不可能的，对办学造成了冲击。【25-1-C-216】

应用型高校转型发展与行业发展息息相关，受行业发展影响很大。在应用型高校转型发展过程中，面临适应行业发展需求培养人才和发展科学研究的同时，也面临着如何优化学科专业结构和布局，制订符合高校办学实际的发展规划，战略性调整高校学科和专业人才培养方案，缓和因行业转型升级对高校办学和人才培养带来的影响。

我们学校现在基本上就是老的主体专业，我们还是围绕这些专业在办，但现在面临最大问题，现在××不是不景气吗，但我们现在主体专业还是围绕××办，可能后面就出现这些专业和学生何去何从的问题，就业马上就出现了问题。因为我们的××在前年的时候是一个特别热的专业，今年××专业就没人愿意报。我感觉××专业还是要办，国内这个专业现在已经办得少，××部和学校联系得比较密切，我们每年都有举办××高等教育学会会议。现在××专业逐渐减少，甚至有些不办了，我们始终坚持以这个为特色、为主体，学校现在可能有些不同的意见，包括我们的主管部门、教育厅。【25-1-C-221】

应用型高校建设要创新机制体制建设，突破约束高校自主办学的重要束缚，如经费投入机制。

现在只拨一部分给学校，其他通过各种各样的项目来做。我不知道别的地方是不是这样，××省就是这样。这样存在的问题是，财政预算很紧，现在经费不好用。【25-1-C-222】

应用型高校质量标准保障需要符合应用型高校办学定位和应用型人才培养的师资队伍，要求对教师提供培训支持，加强行业经验，师资力量是推动高校学科专业调整和转型发展的关键资源。

我们每年新进的教师也多。我们对教师的基本要求首先是讲课，不管学术水平多高，都是要会讲课的。师范类的学生，有师范背景的，比如本科是师范背景然后读了研究生读了博士，他来讲课明显会比没上过师范的要好得多，这个就需要专门的培训。我们的教育必须要满足学生的要求，至少讲课学生愿意听，这是讲课的艺术。【25-1-C-218】

现在高校考虑与需求结合，肯定要考虑就业为主。就社会是否需要进行调研，通过这个知道需求。需要了，就去办。假如国家现在紧缺某个方面的人才，当然应该鼓励去办，但要控制，不能因为紧缺人才，哪个学校都可以办，必须要认真地把好关……比如，我们负责什么专业，有的学院想报，这个学院有这方面的教师，也要控制住。不能够不管这个专业有没有教资，有没有人，先干着再说，干几年逐渐积累，这样不行。如果想办专业，可以通过一段时间去积累。我们有个专业叫信息与计算科学，从计算数学专业延伸过来的。计算数学不好就业，就改名为信息与计算科学。我们是××省高校中最早办这个专业的。为了办这个专业，改名以后，我们招了一些计算机专业的老师，让他们做软件这一块。有些学生的数学基础确实比学软件的要高，所以那届就办得比较好，后来专业一直按这种模式来培养，这个专业也是国家特色级专业。【25-1-C-226】

专业认证是应用型高校质量保障的一种重要评估方式，通过专业认证进行国际质量标准对接，更加明确专业人才培养目标、人才培养方案、课程建设和教学保障，对于专业办学成效也有更多外部科学性的评价标准和指标。

我们学校现在已经做了好几个专业的专业认证了。××、土木是通过认证的，机械也是通过认证的……因为我们申报，所以我们也看了一下指标体系……我觉得这些专业认证的指标体系的确有一些特色,专业认证之后,获得国际认可。跟以前教学评估不一样的是,在学校的类型下,所办专业的目的是什么,培养学生的目的是什么,目标是什么,把学生培养成什么样的人。培养目标通过努力是否实现了,这是主体……我们学校培养的人才就是具有专门知识,有专门高级技术人才的,证明是否实现了这个目标,如果实现,则被认为通过了认证。【25-1-C-230】

## (三) 职业技能型高校质量保障的理念与实践

### 1. 职业技能型高校案例一

职业技能型高校案例一立足地方,面向区域,专业建设紧密对接市场需求,注重打造理论与实践相结合的课程体系,通过实训教学培养学生动手能力。

一直加大实训的力度。现在的课程安排是这样的,理论课和实训课各占50%。即理论课讲了之后,讲一个礼拜的理论,然后实习一个礼拜,所以讲的内容跟实践结合到一起了。因此学生动手能力很强,而且就业形势很好。现在随着经济转轨和结构调整,电气类、机电类、数控方面人才紧俏……立足××,面向××,辐射全国,以此为定位进行学校办学和学生培养,打造电气高端人才,要求学生必须有较强的动手能力。【27-1-D-80】

教育教学方面,学生的动手能力特别强,就业形势特别好。来之前有天晚上我加班在学生餐厅吃饭,有5、6个学生特意找到我,说是学校的微博博主和贴吧吧主,可不可以采访一下我。在学生时代就这样锻炼,既可以培养兴趣,可以有一个爱好,也增强学生责任心。【27-1-D-79】

当前,缺乏完善的职业发展机制、办学经费保障、理念更新落后问题成为制约职业技能型高校质量保障及提升的重要因素。职业技能型高校发展既需要办学经费保障,也需要建立促进职业发展的现代职业教育体系"立交桥"。此外,还应该加强对师资队伍的定位观念和教学理念的引导。

但是目前也存在着问题:一是办学的资金投入不足,所培养学生没有达到应该达到的质量目标,二是因为原先并没有贯通中职、高职、本科、研究生的专业硕士、学术硕士,学生读了高职之后便去就业,没有深造的渠道。另一个问题就是理念问题。原来的专科学校是高等学校,后来的职业院校,有很多其实质并不是专科学校,这个意义是不一样的。有很多高职院校是从中专合并升格而来的,中专本身的教学水平、师资力量和理念达不到要求。所以,这些所谓的高职教师的理念也是不行的。所以,合作伙伴层次越高,相对来说效果越好。那些老牌专科,像过去的师专,不论它升本与否,它的管理一定是很好的。【27-1-D-78】

人才培养是职业技能型高校的基础职能，生源问题制约职业技能型高校办学发展和质量建设。生源问题既需要外部的支持，也需要高校办学过程中发挥自主性，形成学校特色，打造品牌，吸引更多学生入学。

高职院校在发展过程中面临的普遍问题。一是资金问题，二是招生问题，因为现在生源在下降。三是师资问题。高职很多是由中专或者成人大专组建起来的，所以它的师资水平和本科学校相比就差一些。四是学生的心理。现在的学生和70、80年代学生不一样。那时的学生，一是学习有目标，将来学校要到达到什么样的标准。关于资金的问题是内外因，一是需要国家制定政策，二是学校也要发挥主观能动性，不能一味等、靠、要，也要自己开拓市场。当然，要打造学校的品牌，使学校办出特色，吸引更多的学生来学校求学。求学，就是让学生实现智力的提升、动手能力的提升，也就是学生的综合素质……有特色了，名气大了，学生自然就多了，这可以从量上解决资金的问题。【27-1-D-79】

职业技能型高校存在人才引进问题。职业技能型高校与研究型高校对师资队伍的结构和能力要求存在差异，特别是"双师型"师资队伍建设。

学校如何发展不是由自己决定，而是要听从顶层设计……省里面也有自己的指导思想。比如××，现在它有三大战略。这三大战略如何做？依托人才与资金。人才可以引进，也可以培养。但是引进的人才，有时候则会"橘生淮南则为橘，橘生淮北则为枳"，有时候不一定适合。【27-1-D-82】

### 2. 职业技能型高校案例二

职业技能型高校案例二依托地方经济发展，致力于打造一所特色鲜明的高职名校。贴合地方社会经济发展需求和工艺流程需要，面向职业和岗位实际以及职业发展需求培养从事现场工作的技术技能型人才，强调知识的实用性，主动引导教师融入地方经济建设之中。鼓励从企业和现场一线获取课堂教学内容和研究课题，从而助力技术型人才培养，并获得职业发展。

我们希望把学校建设成一个国际知名，国内一流，特色鲜明的高职名校……我们的目标，或者五年的奋斗目标就是特色鲜明的高职名校。关于特色我们也有一些思考。我们这些院校的办学基础或者服务基础就是地方经济和社会发展，服务地方经济和与地方产业对接是高职校办学的基础。基于这个目标，我们的特色是打造××示范校。【30-1-D-117】

那么专科这些学校恰恰就是在应用技术这块上，师资有明显的不足。现在我们这个学校，我特别强调年轻教师一定要主动地融入地方的经济建设当中去，能够从企业的现场能找到好的课题和问题来进行研究，一个好的技术应用型的老师，如果离现场太远，对企业的设备不太了解，一定教不好学生,也提高不了自己的水平。我想,如果从学校的角度上去看分类,明确了自己的类型之后,也会帮助自己的学校更好地明确自己的定位。【30-1-D-114】

抓住地方产业结构和地方经济转型升级的发展机遇,高校基于办学基础和传统,主动适应并加强校企合作,以抓龙头的形式,参与行业标准的制定,相应进行高校专业调整和教学升级。主动参与、深化校企合作和高校与行业合作,是职业技能型不断提升高校质量标准的重要形式。

我们希望通过这个工艺的××网实现机电专业的升级改造。现在××网这个产业的总产值,有40%左右在××地区,××地区是××网的高地。现在××网的国家标准、国际标准,有一半是××企业的研究院制定的。我们学校配合制定××网专业级别的标准,我们组织了两百多个开设这个专业的学校来制定这样的专业的标准。我们也在做这个专业的教学资源库。实际上是产业在升级,比如原来没有手机芯片,产业在升级,现在有了,那么我们专业的教学也在升级,我们实际上就是配合这个升级。【30-1-D-118】

从高等教育宏观角度来看,打通职业技能型高校与本科层次高校的高等教育通道,是职业技能型高校学生自主学习、自主选择发展路径的重要保障,是职业技能型高校质量保障的宏观设计。

我们现在的体制,定位在高职2~3年,继续学2~3年就可以拿到本科的文凭,照这样的体制来我觉得也是可以的……现在跟本科有衔接,专科生毕业后再去参加专升本考试是可以的。【30-1-D-116】

实训基地建设情况是职业技能型高校办学质量的标准之一,实训基地包括校内和校外部分,重视利用实训基地对学生基础知识和技能的培训。

能否给学生职业发展提供较好的实训基地……我觉得基础的必备的还是在校内……如果有企业参与共建,我觉得还是要有主要的学科基础类的,应该在校内建设,而不是都在企业建设实训基地,企业生产线无法为学生提供基础的培训。当然有特别专业的,可以实现工学结合。【30-1-D-119】

除了实训基地建设情况之外,社会评价和毕业生就业质量也是衡量职业技能型高校人才培养质量的主要标准。社会评价导向下,职业技能型高校重视将教学内容与资格证书要求相结合,重视培养学生面向岗位需求的吃苦耐劳精神。

这个最重要还是企业的认可。通过就业率和就业质量这两个标准来评价。我们做专业风险的时候,每个专业都结合它面向的岗位,面向的岗位所需要的一些证书和知识点。然后我们高职院校要求在学期间学生必须获得一些岗位的资格证书。实际上岗位证书只是一个方面,另一个方面就是学生的吃苦耐劳精神。我们培养的学生是面向岗位的,我觉得吃苦耐劳的精神比能

力本身更重要。【30-1-D-120】

## 三、不同类型高等学校的质量标准

分类定位和核心特征是构建不同类型高校质量标准的前提。不同类型高校的质量标准通过高校职能反映出来，具体表现在高校人才培养、发展科学研究和直接为社会服务的侧重点和创新点各有不同。

### （一）高校分类定位与核心特征

高校分类定位和核心特征是明确不同类型高校的质量标准的前提，高校质量标准是高校基准性办学条件基础上的发展性标准。研究型高校致力于思想与科技创新链、应用型高校服务产业和区域应用研发策划链、职业技能型高校面向现场组织与技能发展。明确研究型、应用型和职业技能型不同类型高校的办学定位和核心特点，研究型高校统筹资源立足国家创新发展需求，围绕基础创新和原始创新研究建设学术型师资队伍、优化学科、进行拔尖创新人才培养和服务决策咨询；应用型高校面向区域和产业转型升级需求，围绕应用研发建设应用型师资队伍、进行应用复合型人才培养和工程创新服务；职业技能型高校立足管理、生产和服务一线，围绕职业的现场组织建设"双师型"师资队伍、进行技术技能型人才培养和实践服务。

在高等教育规划和高校发展进程中，在综合因素作用下，研究型、应用型和职业技能型高校形成差异化的办学定位，不同类型高校呈现核心特征。

研究型高等学校的各项活动围绕国际重大创新、以推动国家产业转型升级与服务地方重大创新为主，注重探索未知、面向未来，科教融合创新；学校以新理论、新技术的产出，以及一流人才的培养对科学前沿发展作出贡献。学校组织构架以学科体系为主，辅以跨学科的创新平台。学校旨在培养国际一流水平的学生，有足够的资源支撑学术型博士生、硕士生和本科生的培养；学位授予层次包含本、硕、博，研究生数量所占比例较高，博士在校生数占研究生在校生数比例较高。学校以基础理论研究和原始创新研究为主，科研经费投入较大，科研经费占学校总支出一般较多。这类高等学校中教师有高水平自由研究和攻关研究能力，基层学术组织发达，专任教师中正高级职称比例较高；学校与高强度研究机构紧密结合，教师在科研机构、高新技术产业和高等学校之间存在高标准上的有限度流动。详见表4-4的研究型高校的分类定位和核心特征。

**表 4-4　　　　　　　研究型高校的分类定位和核心特征**

| 一级指标 | 二级指标 | 指标说明 |
|---|---|---|
| 办学目标 | 办学目标 | 各项活动围绕国际重大创新、以推动国家产业转型升级与服务地方重大创新为主，注重探索未知、面向未来，科教融合创新；学校以新理论、新技术的产出，以及一流人才的培养对科学前沿发展作出贡献 |
|  | 组织构架 | 以学科体系为主，辅以跨学科的协同创新平台，基层学术组织发达 |
| 人才培养 | 人才培养定位 | 培养国际一流水平的学生，有足够的资源支撑学术型博士的培养，贯通本、硕、博人才培养环节 |
|  | 学位授予层次 | 本、硕、博 |
|  | 学生数量及结构 | 研究生数量所占比例较高，博士在校生数占研究生在校生数比例较高 |
|  | 学科专业 | 学科交叉，宽口径设置专业 |
|  | 课程设置 | 课程体系建设遵循知识本位 |
|  | 教学环节 | 以研究性教学为主 |
| 科学研究 | 科学研究定位 | 以基础理论研究和原始创新研究为主，关注学科前沿，位于创新链的前端 |
|  | 科研经费投入 | 科研经费投入较大，科研经费占学校总支出一般较多 |
| 师资队伍 | 师资能力 | 教师有高水平自由研究和攻关研究能力 |
|  | 专任教师结构 | 专任教师中正高级职称比例较高 |
|  | 师资流动 | 学校与高强度研究机构紧密结合，教师在科研机构、高新技术产业和高等学校之间存在高标准上的有限度流动 |
| 社会服务 | 影响力 | 服务国家战略需求，形成学术影响和国际影响 |

应用型高等学校服务国家和区域技术技能创新积累，与区域经济发展和产业升级产生联动，对接区域和行业对人才的需要。学校组织架构以专业群为主，围绕区域或行业产业链展开。学校通过卓越实践教学、产学研合作进行应用复合型人才培养，培养推动行业产业转型升级与服务地方重大创新的人才；学位授予层次主要包含本科、硕士（包括专业硕士）和博士（包括专业博士），本科学位授予人数所占比例较高，博士在校生数占研究生在校生数比例较低。学校以实践教学研究和应用研究为主，服务于区域经济和产业转型，科研经费总支出占学校全

部支出一般。这类高等学校的教师具有应用研究的能力，教师在企业和学校之间存在高标准上的自由流动。详见表 4-5 的应用型高校的分类定位和核心特征。

表 4-5　　　　　　　　应用型高校的分类定位和核心特征

| 一级指标 | 二级指标 | 指标说明 |
| --- | --- | --- |
| 办学目标 | 办学目标 | 服务国家和区域技术技能创新积累，与区域经济发展和产业升级产生联动，对接区域和行业对人才的需要 |
|  | 组织构架 | 以专业群为主，围绕区域或行业产业链展开 |
| 人才培养 | 人才培养定位 | 培养推动行业产业转型升级与服务地方重大创新的高素质人才，产教融合协同育人 |
|  | 学位授予层次 | 本科、硕士（包括专业硕士）和博士（包括专业博士） |
|  | 学生数量及结构 | 本科学位授予人数所占比例较高，博士在校生数占研究生在校生数比例较低 |
|  | 学科专业 | 依托学科建设专业，专业面向应用，注重对专业进行国家和国际认证 |
|  | 课程设置 | 课程体系建设遵循能力本位，建设模块组合课程 |
|  | 教学环节 | 理论与实践相结合 |
| 科学研究 | 科学研究定位 | 以应用研究为主，服务于区域经济和产业转型，注重科研成果的吸收、转化、转移、应用和积累 |
|  | 科研经费投入 | 科研经费总支出占学校全部支出一般，以来自产业和行业的科研经费为主 |
| 师资队伍 | 师资能力 | 教师具有应用研究的能力 |
|  | 师资流动 | 教师在企业和学校之间存在高标准上的自由流动 |
| 社会服务 | 影响力 | 面向区域和产业创新发展，形成产业或行业、区域、社会影响力 |

职业技能型高校以服务发展为宗旨，以促进就业为导向，主动适应经济社会发展，特别是技术进步和生产方式变革以及社会公共服务的需要，适应各地、各行业对技术技能人才培养的需要。学校组织架构以面向专业为主，围绕经济社会和产业发展实际需求的专业技术人员和高技能人才展开。学校通过校企合作、深化产教融合进行人才培养。这类高校教师的主要特点是在企业和学校之间自由流动，专业基础课和专业课中"双师"素质教师比例较高，专业教师每五年企业实践时间累计较多。省级教育行政部门负责本行政区域内高职的统筹管理。详见表 4-6 的职业技能型高校分类定位和核心特征。

表4-6　　　　　职业技能型高校的分类定位和核心特征

| 一级指标 | 二级指标 | 指标说明 |
| --- | --- | --- |
| 办学目标 | 办学目标 | 以服务发展为宗旨，以促进就业为导向，主动适应经济社会发展，特别是技术进步和生产方式变革以及社会公共服务的需要，适应各地、各行业对技术技能人才培养的需要 |
| | 组织构架 | 以面向专业为主 |
| 人才培养 | 人才培养定位 | 围绕经济社会和产业发展实际需求的专业技术人员和高技能人才展开 |
| | 专业建设 | 专业面向职业和岗位 |
| | 课程设置 | 基于工作过程的课程设置 |
| | 教学环节 | 开展实践教学，实施工作和学习相结合的教育模式，毕业证书与职业资格证书对接 |
| 科学研究 | 科学研究定位 | 校企合作、实践教学研究，注重技术革新和改造 |
| | 科研经费投入 | 以来自企业的科研经费为主 |
| 师资队伍 | 师资能力 | 专业教师每五年企业实践时间累计较多 |
| | 专任教师结构 | 专业基础课和专业课中双师素质教师比例较高 |
| | 师资流动 | 高校教师的主要特点是在企业和学校之间自由流动 |
| 社会服务 | 影响力 | 对接生产、服务和管理一线，服务企业转型升级，形成地方影响力 |

### （二）高校职能分类侧重和创新

高校核心特征的差异直接体现在不同类型高校职能侧重点和创新点的多样性，包括教学与科研的关系、人才培养、科学研究和社会服务的面向、内容和形式。

第一，在教学与科研的关系层面上，研究型高校以科研引领教学，注重高新技术和前沿科技对人才培养的带动作用；应用型高校的科研服务与支撑教学，应用研究引领教学，通过对科研成果的转化吸收作用于教学；职业技能型高校的产教融合研究促进教学，更为强调实践对教学的促进作用。

第二，在人才培养层面，研究型高校的组织架构以学科体系为主，基层学术组织发达，跨学科创新平台众多，课程体系建设遵循知识本位的理念，以研究性教学为主，构建科教融合育人机制，贯通本、硕、博人才培养环节，致力于建设一流本科教育和一流研究生教育；应用型高校的组织架构以专业群为主，高校专业群建设紧密对接产业链，注重产教融合协同育人机制建设，课程建设依托学科面向应用，注重对专业进行认证，以应用型本科人才培养为主，兼有复合型专业硕士或学术硕士和博士（包括专业博士）培养；职业技能型高校的组织架构以专业为主，专业面向职业和岗位，实践教学实施工作和学习相结合的教育模式，课程建设基于工作过程，教学过程与生产过程对接，毕业证书与职业资格证书对接，培养符合职业资格标准的技术技能型人才。

第三，在科学研究层面，研究型高校关注学科前沿和国际动态，科研经费投入较高教师凭借高水平自由研究能力和攻关研究能力与高强度研究机构紧密结合，位于科研创新链的最前端，产出新理论和新技术；应用型高校注重科研成果的吸收和转化，着力于科研成果转化，推动先进技术转移、应用和积累，科研成果的产业化程度高，以来自产业和行业的科研经费为主，应用研究导向下的教师在企业和高校之间存在高标准的自由流动；职业技能型高校注重技术革新和改造，从事校企合作研究，教师在企业和学校之间自由流动。

第四，在社会服务层面，研究型高校服务国家战略需求，形成学术影响和国际影响；应用型高校面向区域和产业创新发展，形成产业或行业、区域、社会影响力；职业技能型高校对接生产、服务和管理一线，服务企业转型升级，形成地方影响力。

## 第三节 分类体系下高等学校的整体发展规划研究

是否需要设立高等学校是由市场本身的供需要求决定的，但是设立的高等学校是否能够达到质量标准、是否能够保证受教育者的利益，则需要政府调控。

厘清政府、高校、社会的权利和责任，构建科学合理的分类体系和设置基准及运行机制，以构建政府、高校、社会的新型关系，促进三方之间的良性互动，有利于保障高校设置基准顺利实施和运行，推进我国高校健康可持续发展。政府行政引导、高校自主发展、社会积极参与，明晰三方权力和责任的界限，通过三方之间的相互制约达到平衡，构建我国高校设置基准运行的和谐环境。

明确高校分类管理中的管、办、评三方的权力与责任，强调权力下放的同时更要健全责任监督与问责机制。政府层面强调高校的准入机制和问责机制。强调中央权力的统领性，给予地方政府和教育行政部门更大的统筹管理空间，调动地方的积极性，加强其办好高等教育的意愿和决心，从而能够更有效地促进高校因地制宜发展。高校层面应当加强对大学校长的资格审查，提高校长的专业化程度。"现在很多是这样，校长缺乏专业化的。"评价方面倡导高校联盟对高校进行评价、专业协会对专业进行评价，引导高校专业化、内涵式发展。高校层面应当落实高校办学自主权，从而促进各类高校根据自身定位，有计划、有步骤地进行内涵建设，将发展落在实处。加强院校层面的办学自主权，有利于提升高校的核心竞争力，避免出现新的"同质化"现象。

## 一、中央政府宏观指导下的高等学校分类发展

高校分类急需国家顶层设计的系统性引导。随着高等教育事业的发展和高校办学经验的累积，各高校的领导者大多认同应建立多样化结构的高等教育体系，部、省级教育行政部门也在政策实践中不断强化分类管理导向，国家顶层政策的整体设计和指导是当前健全我国高等教育体系的重要一环。当然，高校分类需要全盘考虑，并牵涉到诸多部门的协作。根据管、办、评分离原则，管是规划与监督、办是执行、评是反馈，当前我国高校分类体系和设置缺乏"管"的体系化统筹，故亟待深化"放管服"改革，优化中央政府职能，构建中央政府宏观指导下的高校分类体系助推高校分类管理、分类办学、分类评价实践（史秋衡、康敏，2017）。

中央政府对高等教育具有统一领导和管理的权力。《中华人民共和国高等教育法》规定"国务院统一领导和管理全国高等教育事业"，"国务院教育行政部门主管全国高等教育工作，管理由国务院确定的主要为全国培养人才的高等学校。国务院其他有关部门在国务院规定的职责范围内，负责有关的高等教育工作"。高校分类作为促进高等教育结构优化调整的改革举措，事关高等教育事业规划发展，因此中央政府在高校分类发展中发挥宏观指导作用有法律依据和法律保障。

中央政府宏观指导高校分类发展急需深化"放管服"改革。2017年教育部等五部门关于《深化高等教育领域简政放权放管结合优化服务改革的若干意见》表明未来我国高等教育领域的行政管理改革方向。首先，简政放权，保障高校办学自主权。减少行政管理层级、简化审批手续、优化行政管理机制，依法保障《中华人民共和国高等教育法》规定的不同类型和不同层次高校拥有的学位授权学科专业设置、高校编制及岗位管理、高校教师职称评审、高校教师和科研人员的薪酬分配、高校经费使用管理等办学自主权。其次，创新和加强监管职责。保障高校办学自主权，创新监管方式，引导高校依法行使办学自主权，激发办学积极性和特色办学的自主性。健全高校分类发展的事中和事后监管体系，构建完善的高校分类发展质量保障体系，从投入、过程和结果全过程保障高校分类发展成

效，有效引导高校分类定位和分类办学，形成特色。此外，创新监管方式，激发省级政府分类管理和分类评价高校的动力和活力。最后，转变职能优化服务，发挥协调与指导的宏观作用。中央政府作为指导高校分类发展的顶层设计者，为制定更加合理和精准的高校分类发展制度设计和更好落实高校分类发展的顶层设计，需要协调省级人民政府、高校设置评议委员会、第三方、社会力量在高校分类发展的职能作用和权责关系，使得省级政府充分发挥促进高校分类办学的统筹管理权，高校设置评议委员会充分发挥促进高校分类发展的评议权，第三方充分行使促进高校分类培养人才的监督权和知情权，社会力量充分投入社会资源促进高校分类发展。

## 二、省级政府统筹管理下的高等学校分类发展

省级政府高校分类资源配置需求增强。"探索高校分类指导、分类改革，落实高校办学自主权"是当前我国高等教育综合改革的关键环节之一。在此基础上，很多省份已经尝试建立省内高校分类体系，便于对全省高校进行分类指导和资源配置。同时，也亟待扩大高校自主权，促进高校自主定位，实现特色发展。各省在积极探索高校分类管理的过程中获得了较为丰富的经验，但缺乏有效的省域高等教育结构性调整原则与院校标准作为依据，是当前各省在高校分类实践中存在的主要问题。

我国高等教育管理采取中央和省级两级管理体制。事实上，我国经济社会人力发展存在一定的区域性差异，根据经济社会人力发展可适当采取区域联动的方式调整高校分类。从中央与地方关系协调的角度来看，结合我国不同类型省、市、区的多样化特点和发展水平差异，高校分类应当是一种中央与地方多元化协商的分类体系，应当根据不同地区的经济、社会、文化和教育特点组成高等学校分类政策联动区域。中央发挥指导作用，各联动区域在中央的指导框架内统筹设计符合地域特点和发展要求的高校分类方案和实施细则，不同区域的高校在不同的条目上有所突出，形成一个多维度、多指标的多元分类体系，引导本地区高等学校多样、特色、长效发展。

我国高等学校分类设计可按照综合经济水平分三类地区进行探索。在高等学校国家层面三大类指导框架下，经济发展水平一类地区可较为自主地探索多元分类体系或四类体系；经济发展水平二类地区在建设好研究型、应用型、职业技能型高等学校的基础上，可探索推进四类体系或者多类体系；经济发展水平三类地区重点引导好研究型、应用型、职业技能型三种类型高等学校发展，有条件的省份可以探索四类体系。

需要说明的是教育部研究型高等学校和地方研究型高等学校的关系。研究型、应用型和职业技能型三种高等学校是教育部指导下的高等学校类型，各省份在教育部三类高等学校指导意见下，也会根据高等学校发展情况设置地方重点高等学校。地方统筹高等学校既包括符合教育部研究型高等学校标准的高等学校，也包括地方根据高等学校发展情况和地区发展需要划分的重点高等学校。

经济发展水平一类地区的高等学校分类设计：根据我国省域综合经济指标分类，北京、天津、上海等经济发展水平较高地区可在教育部高等学校三路分类的指导意见下，自主探索多元分类体系或者四分类。如上海市结合本地区实际情况出台的高等学校分类体系及分类管理方案主要从人才培养和科学研究制定分类标准，将本科院校分为学术研究型、应用研究型、应用技术型三种类型，并将专科层次的院校列为单独一类，命名为应用技能型；按照主干学科门类，即本科学科门类和专科专业大类发展情况，将高校划分为综合性、多科性、特色性三个类别。四分类：（1）基础研究型高校。基础研究型高校的各项活动围绕国际重大创新进行，注重探索未知、面向未来，科教融合创新；学校以新理论、新技术的产出，以及一流人才的培养对科学前沿发展作出贡献。财政拨款里以中央财政为主，学校组织构架以学科体系为主，辅以跨学科的创新平台。学校旨在培养国际一流水平的学生，有足够的资源支撑学术型博士生、硕士生和本科生的培养；学位授予层次包含本、硕、博，研究生数量所占比例较高，博士在校生数占研究生在校生数比例较高。学校以未来基础理论研究为主，科研经费投入很高，科研经费占学校总支出一般在一成以上。这类高校中教师有高水平自由研究和攻关研究能力，基层学术组织发达，专任教师中正高级职称比例较高；学校与高强度研究机构紧密结合。（2）应用研究型高校。应用研究型高校以推动国家产业转型升级与服务地方重大创新为主。学校组织架构以专业群为主，围绕区域或行业产业链展开。学校以应用研究引领教学，培养推动行业产业转型升级与服务地方重大创新的人才；学位授予层次主要包含本科、硕士和博士，专业硕士学位授予人数所占比例适度；博士研究生在校生数占研究生在校生数适度。学校以应用型研究为主，服务于区域经济和产业转型，科研经费总支出占学校全部支出一般在一成以上。这类高校的教师具有应用型研究的能力。（3）应用技术型高校。应用技术型高校服务区域技术技能创新积累，融入区域产业发展，通过卓越实践教学进行实践人才培养；学校主要通过对接行业和企业对人才的需要，与行业和区域经济发展与产业升级产生联动。学校组织架构以专业群为主，围绕行业或企业展开。学校通过校企合作、实践教学等方式进行人才培养；学位授予层次主要为本科，可授予专业硕士。学校通过卓越实践教学研究进行实践人才培养，技改科研经费比重一般适度。（4）职业技能型高校（与高校三路发展中的职业技能型高校标准相同）。

经济发展水平二类地区的高等学校分类设计：广东、江苏、浙江等省份，既要面向国际和未来，也要服务于国家产业转型升级与服务地方重大创新，融入区域产业发展，对接生产管理服务一线人才的发展需求。可在教育部高等学校三分类的指导意见下发展，也可自主探索四类发展的高等学校分类体系或多元分类体系。

经济发展水平三类地区的高等学校分类设计：以高等学校分类为契机，合理调整高等教育结构，引导高校合理定位，重点引导好研究型、应用型、职业技能型三种类型高等学校服务区域发展需求，有条件的地区可以探索四类高等学校分类体系（史秋衡、康敏，2017）。

## 三、国家高等学校分类的规定性与指导性框架

调研中受访院校领导们认为，高校分类的基础已经从过去"行政统一指令性"演变到"市场需求多样性"。意味着现阶段高等学校分类，不再是完全根据教育部的指令，而更多的是立足所在地区社会发展、经济建设的需要，并且高校社会职能的发挥，也是根据当地社会所需。我国高等学校已经在试图摆脱过去计划体制的束缚，更愿意尝试市场体制下的办学模式。新的高校分类体系，正是要引导不同类型的院校在各自的轨道中落实人才培养的特殊性、科学研究的针对性、服务社会的适切性、院校管理的科学性，使得我们的各类高校能够更好地发挥在学习型社会、终身教育体系以及经济建设中的引领作用。因此，作为描述性的高校分类体系应当是一个多维的、立体的多样化分类体系，引导高校多样化发展，从"千校一路"转向"千校千路"。分类作为设置的前提和基础，高校设置标准也是多样化和多维度的。总而言之，基于高校和高等教育行政管理主体的调查结果表明，应构建短期的规定性高校分类和长期的指导性高校分类相结合、相补充的国家高校分类体系。

其中，短期的高校分类体系是指三类型的高校分类体系，主要用于规范高校发展，用于高校宏观管理，具有行政指令性质的强制性。长期的高校分类体系是指多元高校分类体系，主要用于指导高校未来多元发展，不具有强制性。短期来看，规定性的高校分类体系在于理顺当前我国高等教育结构不够优化而带来的高等教育发展失衡现状，通过明确类型和不同类型高校定位、规范引导不同类型高校充分利用好优势高等教育资源和有限高等教育资源集中力量进行内涵式发展，有效发挥社会职能，培养国家和社会所需的专门人才，产出国家和社会所需的科研成果，推动科学发展和技术革新，服务产业转型升级发展，对接创新驱动发展

战略部署。从长远来看，高校分类目的不仅在于通过外部行政管理力量规范高校办学，还在于通过高校精准定位、内涵式办学、特色发展，更为重要的是通过高校分类体系建设过程中优化政府宏观管理，理顺教育行政权力关系，保障高校充分行使办学自主权，在更为开放自主的环境中，激发办学活力。因此，长期的指导性的高校分类体系建设应在促进高校自主办学的先进意识观念准备的前提下形成。

## 第四节 分类体系下高等学校的合理定位问题研究

促进高校科学合理定位是构建高校分类体系的目的之一。高校科学合理定位体现高等教育的法治精神，通过"一校一方案"实现依法治教、依法治校。高校科学合理定位既要考虑到外部的高等教育需求，也要突出高等教育尤其是高校的内在发展需求，形成符合高校办学和发展的质量保障机制，实现高校特色办学、差异化发展。

### 一、高等学校"一校一方案"发展的实质

高校章程建设以及高校审核评估的自我评估是高校"一校一方案"发展的重要特征。高校"一校一方案"的实质是依法治教理念在高校治理的体现，是推进大学治理体系和治理能力现代化的体现，是高等教育现代化的重要标志。高校"一校一方案"体现高等教育主体之间权力关系之间的博弈，是国家教育主管部门对高等教育管理权力的下放，突出省级教育主管部门对高等教育的统筹作用，更为重要的是，高校"一校一方案"是高等教育内在发展规律得到尊重、高校自主办学得到重视的表现。

1999年，九届全国人大二次会议将"依法治国，建设社会主义法治国家"写进宪法，"依法治国"的基本方略正式载入宪法，成为根本准则。依法治教是依法治国的重要方面，也是实现依法治国的有力方式。《国家中长期教育改革和发展规划纲要（2010－2020年）》提出完善教育法律法规、全面推进依法行政、大力推进依法治校、完善督导制度和监督问责机制，推进依法治教。1997年《教育部关于加强依法治校工作的若干意见》指出依法治校是依法治教的重要组成部分，要求转变行政管理职能，切实做到依法行政。在教育行政管理方面，各级教育行政部门依法依规对学校进行管理，维护学校办学自主权；精简审批程序，提高行政效率；依法监督办学活动，维护教育活动的正常秩序；依法健全和

规范申诉渠道，建立面向社会公开制度。在学校制度建设和管理方面，学校依法依规完善章程建设，并将章程作为高校内外部治理的核心依据。2016年教育部关于印发《依法治教实施纲要（2016－2020年）》的通知也进一步要求大力推进学校依章程自主办学，到2020年全面实现学校依据章程自主办学。

以学校章程为核心的依法治校是推进大学治理现代化、构建现代大学制度的基石。学校章程是高校办学定位的"一校一方案"，本科教学工作审核评估的高校自我评估则是高校办学过程自我检视的"一校一方案"。高校"一校一方案"体现高等教育权力重心逐步下移。国家依法宏观管理高等教育，发挥服务和监管高等教育发展的作用。省级统筹管理高等教育，健全地方性规章建设，对地方高等教育发展规划和协调，依法科学决策。高校"一校一方案"要求高校制定发展目标、治理模式、质量标准和评价体系，依法用自己的尺子衡量办学发展和办学成效，凸显高校自主办学的权力和责任。

## 二、高等学校合理定位的内在设计

"一校一方案"引导高校依法合理定位、特色办学，法治精神贯穿高校办学选择和办学发展。此外，高校合理定位还需要综合考虑高校内外部发展的影响因素，基于国家战略、社会需求、地方需求、产业需求、高校传统、高校优势、高校规划有选择性地进行高校发展的内在设计。高校以人才培养为核心任务，人才是高校与社会互动的重要依据。因此，高校必然要主动而敏锐地感知国家和社会对高校及其培养人才的规模、类型、层次等需求，成为支撑和引领国家和社会发展的中坚力量。因此，高校合理定位的内在设计不能固守于高校内部而脱离外部社会实际。高等教育内部发展规律和高校办学的特殊性也要求高校不能盲从于社会的需求而忽视高校传统和特色。无论是故步自封的关起门来的办学或者是过度依附社会的发展惯性，都可能导致高校"千校一面"、丧失办学特色。

国家发展规划和发展战略是国家在一段时间内为实现一定目标而制定的整体性规划体系，一般为五年周期制定规划体系。"十三五"期间，我国制定《中华人民共和国国民经济和社会发展第十三个五年规划纲要》，在此基础上制定国家各个领域发展规划，如《"十三五"国家科技创新规划》《国家教育事业发展"十三五"规划》《"十三五"国家战略性新兴产业发展规划》等。2016年《国家创新驱动发展战略纲要》将创新作为引领发展的第一动力，将科技创新与制度创新、管理创新、商业模式创新、业态创新和文化创新相结合，共同推进发展方式由要素、资源集中转为知识积累、技术进步和劳动力素质提升转变。在此背景下，高校办学定位和办学目标、人才培养目标以及相应的教学、管理、课程建设也要注入创新动力,科学合理定位,及时调整革新办学模式和人才培养模式,深化高校综合改革。

社会需求是社会发展对高等教育发挥支撑和引领作用的需求,体现在高校的社会职能对社会发展的促进作用。高校具有选择、保存、传播、传递、创新知识的功能,高校培养专门人才、产出科学研究成果、直接为社会服务的职能,通过人才输出和知识、技术创新创造释放高等教育功能、履行社会职能。社会需求多样且处于不断更新变化之中,高校人才培养的周期性特点要求高校适度超前预见社会需求变化和社会新需求,提高人才培养的社会适应度。通过建立与社会紧密的联系,在充分调查分析的基础上高校适度超前预见社会需求,以进行科学合理定位。

地方需求反映不同地方经济发展水平、产业结构和行业布局、高等教育适龄人口规模等因素影响高等教育规模和结构布局。我国独特的地理分布和人口密度差异形成我国高等教育资源分布不均衡的特点,不同地区高等教育需求各不相同。高校特别是应用型和职业技能型高校,利用地方资源办学,必然要立足地方合理定位,扎根地方,应地方发展之所需,急地方发展之所急,真正成为地方知识聚集、文化汇聚的中心,紧密对接地方社会发展、经济转型、文化建设着力点和新兴点,利用高校知识、人才、技术、文化优势,支撑和引领地方建设发展。

产业需求是不同产业业态对高等教育培养人才和支撑创新的要求。我国产业发展整体处于中低端水平,在新常态经济背景下处于转型升级的重要阶段,在全面建成小康社会的目标下处于创新发展的战略阶段。产业发展的战略转型对高校办学提出新要求和新挑战。一方面,高校应解放思想,积极参与产业转型升级的重要阶段,为产业转型升级提供创新动力;另一方面,高校应主动寻找产业发展的契合点,精准定位,使得培养的人才能够较快适应产业升级换代的需求。

高校传统是高校经由历史传承积淀而成的办学优势和特色,既有制度性的机制建设、也有精神性的文化底蕴。高校既要靠主动适应外部需求来打造品牌特色,也需要正视并传承高校传统来突出个性,因此,高校传统是高校实现合理定位所难以割裂的内在因素。高校办学受到多种因素影响,不应将高校传统作为一潭死水,不加选择地吸收。高校办学是不断适应时代发展需求的过程,对高校传统批判性继承,并在继承基础上进一步发展,以开放心态将利于现代化办学的高校传统融入办学之中。基于高校传统的高校定位,是有根基、可溯源的。

高校规划是高校综合办学影响因素,对办学方向、办学目标和办学行为所做的战略决策和计划,统筹一定周期内的高校办学,是高校与时俱进办学的表现。高校战略规划既是高校定位是否合理的表征之一,也是高校合理进行定位的依据之一。高校规划具有鲜明的时代性和阶段性,根据办学目标统筹优化校内外高等教育资源,为高校学科和专业设置、师资队伍建设、科学研究、人才培养、社会服务提供发展方向，并根据不同领域的发展要求配置高等教育资源。一方面，应自上而下进行由整体到基层的发展规划；另一方面，也不可忽视自下而上激发基层学术组织参与规划决策的建言献策权，才能真正发挥高校规划促进高校合理定位、更好办学的导向作用。

### 三、高等学校合理定位的保障机制

高校合理定位的设计需要通过观念更新和制度建设的双重保障才得以实现。更新观念是为了保持高校各主体对高校定位的认知和认同，为高校合理定位奠定基础。完善和健全保障机制，有利于高校办学定位和基于办学定位的办学真正落到实处。

一方面，自上而下更新观念保障高校合理定位。基于国家战略、社会经济发展需求、高校传统和高校规划形成的办学面向和办学目标，从理念层面落实到操作实践层面，进一步细化分解为高校人才培养、科学研究、社会服务的目标和要求。近年来，高校积极治理减少层级以提高效率，但高校归根结底仍是一个层级组织。理念落实到实践是一个自上而下的过程，为了防止层级传递带来的"能量损耗"和"失真"现象，需要自上而下的管理者、教职工、学生、家长等高校主体更新观念，最大限度地达成一致，对于高校办学定位、未来发展、发展路径形成清晰认知和积极认同。

另一方面，建立闭环式的机制保障高校合理定位。基于影响高校办学的内外部因素决策的高校定位是高校办学的起始端，高校办学过程中需要建立一套较为完备的保障机制以在不同办学过程中检视办学过程是否依照办学定位实施。健全评价机制，诊断办学过程与办学目标的达成度、办学目标与社会需求的适应度，通过社会需求、办学目标和办学过程联动，不断调整适切合理的办学定位。完善教学资源和教学质量评价机制，通过教学资源对办学目标的保障度、教学和质量保障体系运行的有效度、通过配置办学资源反馈到办学定位的决策起始端。学生和用户的满意度是高校办学定位实施成效的体现，通过高校与社会双向对接，获得反馈以及时校正，保障高校合理定位。

## 第五节　分类体系下高等学校的多样发展路径研究

新中国成立尤其是改革开放以来，我国高校分层分类发展的需求日益突出，高校分层分类发展的路径愈加清晰。此时,从理论和政策的视角加大对高等学校分类发展的研究成为国家的战略需要。

## 一、高等学校分类发展的历史路径

我国高校分类发展呈现国家需求和地方需求导向下的历史路径。国家需求导向推动重点高校和重点学科建设,面向世界建设一流高等教育。地方需求导向促进建设应用型高校、职业技能型学校,紧密对接地方和行业转型升级发展需求。

新中国成立以来,为恢复和重建高等教育,我国进行重点高校建设。新中国成立后不久,全国就指定一批重点大学,拉开了高校分层发展的序幕。1954 年 10 月 5 日,中央《关于重点高等学校和专家工作范围的决议》指定北京大学、清华大学、中国人民大学、北京医学院(现北京大学医学部)、北京农业大学(已并入中国农业大学)、哈尔滨工业大学共 6 所学校为全国性重点大学。1959 年,《中共中央关于在高等学校中指定一批重点学校的决定》确定 20 所高校为全国重点大学;1960 年,《中共中央关于增加全国重点高等学校的决定》又增加了 44 所大学为全国重点大学,总数共计 64 所;1963 年 9 月 12 日教育部通知,增加 3 所全国重点高等学校;1978 年,《国务院转发教育部关于恢复和办好全国重点高等学校的报告的通知》最终确定 88 所大学为全国重点大学。

面向 21 世纪重点建设 100 所左右的高等学校和一批重点学科的"211 工程"是继新中国成立以来重点高校建设的又一个分层发展高等教育决策。"211 工程"是新中国成立以来我国高等教育规模最大、层次最高的重点建设工程。1995 年国务院批准后正式启动面向 21 世纪重点建设 100 所左右的高等学校和一批重点学科的"211 工程"。我国共有 112 所高校进入"211 工程"。"211 工程"建设的主要内容包括学校整体条件、重点学科和高等教育公共服务体系建设三大部分。

"985 工程"是面向世界建设一流高等教育的战略部署。1999 年《面向 21 世纪教育振兴行动计划》提出"创建若干所具有世界先进水平的一流大学和一批一流学科","985 工程"率先在北京大学和清华大学实施。2004 年,根据国务院批转教育部《2003 - 2007 年教育振兴行动计划》,教育部、财政部印发《教育部、财政部关于继续实施"985 工程"建设项目的意见》,"985 工程"建设高校逐步拓展至 39 所。"985 工程"高校主要在以下几个方向率先进行体制机制改革试点,具体包括更新人才培养观念、创新人才培养模式、改革人才评价制度、全面提升人才培养质量;建设高水平教师队伍和高水平管理队伍,实行人员分类管理、建立多种形式的内部分配和薪酬激励制度;以出高水平成果为目标,创新科研工作组织体制，建立科学的考核制度，营造有利于教师潜心治学、开展教学科研的环境；进一步改革高校内部学术组织架构和运行机制，完善治理结构，改进管理方式和资源配置方式；落实和扩大学校在建设高水平大学上的自主权；以先进的建设世界一流大学办学理念为指导，以大学文化建设和机制体制创新为基础，努力形成"中国特色、世界水平"的高水平大学发展模式和先进的大学文化。

重点建设高校和重点建设学科不仅以学术研究为导向，也注重行业特色类高校发展。为突出学科导向，引入竞争机制，实施"985工程优势学科创新平台"，对"211工程"中非"985工程"高校中的特色和优势突出的学科给予支持，重点支持行业特色型高校发展。2010年教育部、财政部《关于实施"特色重点学科项目"的意见》支持非"211工程"学校的国家重点学科建设，促进高校与行业联系，突出学科优势，为各行各业提供智力支持。

进入21世纪以来，重视基于国家需求的高等教育分类。按照"国家急需、世界一流"的要求，2012年正式启动的"高等学校创新能力提升计划"（又称"2011计划"）。根据"2011计划"重大需求的划分，分为面向科学前沿、面向文化传承创新、面向行业产业、面向区域发展四种类型。"2011计划"以国家重大需求为牵引，以机制体制改革为核心，以协同创新中心建设为载体，以创新资源和要素的有效汇聚为保障，转变高校创新方式，人才、学科、科研三位一体创新能力提升为重点任务。根据不同需求协同创新的任务和要求，分类型开展协同创新中心的建设。

2015年，国务院印发《统筹推进世界一流大学和一流学科建设总体方案》，提出"到2020年，若干所大学和一批学科进入世界一流行列，若干学科进入世界一流学科前列；到2030年，更多的大学和学科进入世界一流行列，若干所大学进入世界一流大学前列，一批学科进入世界一流学科前列，高等教育整体实力显著提升；到本世纪中叶，一流大学和一流学科的数量和实力进入世界前列，基本建成高等教育强国"。"双一流"大学是在"211工程""985工程"建设的基础上深化高等教育资源配置、提升高等教育质量的创新机制。2017年9月21日，教育部公布我国42所建设一流大学的高校和95所建设一流学科的高校名单。

只有培养出一流人才的高校，才能够成为世界一流大学。我国高等教育体系既有面向世界一流的重点高校和重点学科建设，也有贴合地方实际需求的应用型高校建设。当前新常态经济业态下，我国着力引导应用型高校建设。2015年教育部、国家发展改革委、财政部关于《引导部分地方普通本科高校向应用型转变的指导意见》提出明确类型定位和转型路径，确立应用型的类型定位和培养应用型技术技能型人才的职责使命，以产教融合、校企合作为突破口，加快融入区域经济社会发展，抓住新产业、新业态和新技术发展机遇，紧密对接产业链、创新链，创新应用型技术技能型人才培养模式，全面提高学校服务区域经济社会发展和创新驱动发展的能力。

此外，为健全高等教育体系、全面提高各层次类型高等教育质量，我国高职和专科学校相继出台示范校、骨干校建设计划。2006年开始实施的国家示范性高等职业院校计划，又称为"高职211"。按照领导能力领先、综合水平领先、教育教学改革领先、专业建设领先、社会服务领先为原则，分年度和地区稳步推进国家示范性高等职业院校建设。支持100所高水平示范院校建设，目的在于提高示范院校整体水平、推进教学建设和教学改革、加强重点专业领域建设、增强社会服务能力、创建共享型专业教学资源库。国家骨干高职院校于2010年正式启动，由教育部和财政部联合下发《关于进一步推进"国家示范性高等职业院校建设计划"实施工作的通知》，在原有已建设100所国家示范性高等职业院校的基础上，新增100所左右国家骨干高职院校，进一步推进"国家示范性高等职业院校建设计划"。2014年《关于加快发展现代职业教育的决定》提出建成一批世界一流的职业院校和骨干专业，形成具有国际竞争力的人才培养高地。2015年出台的《高等职业教育创新发展行动计划（2015－2018年）》提出到2018年将支持地方建设200所左右的优质专科高等职业院校。

## 二、高等学校分类发展的路径研究

当前，在"双一流"建设背景下，深化高校综合改革和促进高校转型进一步推动我国高校分类发展，深化综合改革和加快转型建设是助推高校分类发展的重要路径。2015年国务院印发《统筹推进世界一流大学和一流学科总体方案》提出"加快建成一批世界一流大学和一流学科，提升我国高等教育综合实力和国际竞争力"的愿景。2017年公布的《统筹推进世界一流大学和一流学科建设实施办法（暂行）》提出"以一流为目标、以学科为基础、以绩效为杠杆、以改革为动力，推动一批高水平大学和学科进入世界一流行列或前列"，"面向国家重大战略需求，面向经济社会主战场，面向世界科技发展前沿"，"引导和支持具备较强实力的高校合理定位、办出特色、差别化发展"。在"双一流"建设背景下，高校分类发展已经是建设一流大学和一流学科的前提，分类办出特色和质量是建设世界一流大学和一流学科的基础。高校分类定位、办出特色和质量，面向国家战略需求、科技创新需求、社会发展需求、产业行业转型升级需求则有赖于深化高校综合改革和加快转型发展。

深化高校综合改革引导高校分类发展恰逢其时。《国家中长期教育改革和发展规划纲要（2010-2020年）》提出"统筹推进教育综合改革"，"省级政府教育统筹综合改革试点"。2013年《中共中央关于全面深化改革若干重大问题的决定》要求"深化教育领域综合改革。加快现代职业教育体系建设，深化产教融合、校企合作，培养高素质劳动者和技能型人才。创新高校人才培养机制，促进高校办出特色争创一流。加快推进职业院校分类招考或注册入学。逐步推行普通高校基于统一高考和高中学业水平考试成绩的综合评价多元录取机制。探索全国统考减少科目、不分文理科、外语等科目社会化考试一年多考。试行普通高校、高职院校、成人高校之间学分转换，拓宽终身学习通道。深入推进管办评分离，扩大省级政府教育统筹权和学校办学自主权，完善学校内部治理结构。"2014年7月，国家教育体制改革领导小组第十一次会议原则同意清华大学、北京大学和上海市"两校一市"的综合改革方案。清华大学、北京大学率先试点国家深化教育领域综合改革，从治理结构、办学自主权和人才培养等方面深化改革。教育综合改革从最早的"两校一市"逐步扩展到了教育部所有直属高校。随后，不少省级政府也开始统筹推进部分高校综合改革试点。

深化高校综合改革的关键是建立现代大学制度，理顺高校治理模式、人事制度、学科和专业建设、人才培养模式、师资队伍建设、科学研究、社会服务、资源配置与管理等高校办学要素。中央政府深化高等教育领域放管服改革，进一步简政放权，将权力交给地方和高校，让高校拥有更大办学自主权，激发高校自主办学的主动性和能动性。近年来，我国在学位授权审核、专业设置、教师聘任和职称评审等方面逐步进行高等教育行政放权。研究型高校面向国家战略需求和新兴产业需求，实施科教融合的办学模式，深化高校综合改革，积极行使高校办学自主权。围绕资源配置与管理改革，"双一流"高校进行存量结构调整和增量提质增效，加快本科教育改革、研究生教育改革、学术体系改革、人事制度改革、组织架构改革。近年来不少高校注重校内学科调整，优化学科结构，实行有重点的差异化学科和专业建设。此外，高校合并重组固有学科，新建部分新兴专业，紧密对接国家战略需求和新兴发展需求。深化高校综合改革，全方位建设现代大学，更加明确办学定位和发展目标，并配套与办学定位和发展目标相适应的人、财、物、机制等方面改革，激发教师教学和科研积极性、学生学习兴趣和热情、行政服务效率，从上至下推进改革，从下至上深化改革。

高校向应用型进行转型发展，实现应用型转型的路径。应用型高校与研究型高校的不同之处，也就是应用型高校的独特之处在于应用型高校主动面向地方、产业、行业发展需求进行办学定位。在这一办学定位下，形成应用型高校的办学模式、人才培养机制、师资队伍建设。在办学模式方面，应用型高校实施产教融合、校企合作的办学模式，专业链对接产业链，建立行业企业合作发展平台，主动吸引企业、行业、社会力量参与高校治理，探索理事会、专业指导委员会等治理模式。在人才培养方面，应用型高校将理论教学与实践训练相结合，与行业企业合作建设校内外、实验和实训基地，采用项目式教学、案例教学，基于企业或行业的实际，选择毕业设计或毕业论文选题。在师资队伍建设方面，应用型师资是应用型高校办学和人才培养的重要支撑力量，既要提高高校已有理论型教师的企业经验和增强高校教师与企业合作经历，也要引进具有行业企业经验的专、兼职教师。

## 三、高等学校分类发展路径的评价机制

高校分类发展不仅是国家对高等教育发展进行的顶层设计，也反映了高校自发进行分类发展的理念和实践，本质上是在遵循高等教育发展规律基础上的创新实践。当前，我国高校分类发展的思路逐渐清晰，此时需要建立分类管理和形成多元评价机制，才能维护高校分类发展的顺利实现。"双一流"建设背景下，深化高等教育领域放管服改革，理顺高等教育内部外权力关系，营造有利于高校自主办学的良性氛围和环境；建立和健全高校分类管理和多元评价制度，为高校分类发展提供制度支持和机制保障。

首先，深化高等教育领域放管服改革，维护高校办学自主权。促进高等教育权力重心下移，中央政府通过简政放权，减少冗杂的高等教育行政审批，进行高等教育宏观管理，对高等教育发展和布局进行顶层设计，完善和健全推进高等教育发展的规章制度，依法履行对高等教育的监管职责，引导高校提高信息公开力度，加强高校办学质量监督。地方政府统筹地方高等教育规划和建设，制定地方性高等教育管理的规章制度，结合地方经济发展、地方产业转型发展、适龄人口的高等教育需求，优化高校规模和布局，服务高校办学。高校依法自主办学，在法律框架内制定符合高校办学需求的制度和机制，集中高等教育资源维护高校日常办学，提高校内外高等教育资源配置效率。

其次，推进高校分类管理，健全高校多元评价机制。明确高等教育权力关系，注重高校办学自主权的行使，才能集多主体智慧和需求设计高校多元评价机制。分类管理促进高等教育起始端分类设置，分类管理需要建立分类评价机制。当前，我国高等教育逐步构建起研究型、应用型和职业技能型的体系，与此相应，需要针对性地形成我国高校多元评价机制。以高校特色和核心特点为抓手，进行分类管理、评价和资源配置。高校分类与高等教育分类不同，研究

型高校不仅培养研究型人才，也同时培养应用型人才，研究型高校不仅有大量学术研究师资力量，还有大批工程类、技术类的师资队伍。因此，分类管理和多元评价机制不仅要针对不同类型高校、还应落实到不同类型师资、不同类型人才培养。科学研究也分为基础研究、应用研究等不同类型，也需要完善科研评价机制，根据不同科研类型的特点，健全有利于激发创新活力的多元评价标准。

# 第五章

# 对高等学校现有设置标准的改革研究

选择高校分类结构调整及增量发展的标志校作为高校现有设置标准改革研究的研究案例。针对1986年国务院出台的《普通高等学校设置暂行条例》与当前社会发展和高等教育发展不相适应的内容，提出针对性的修订原则和建议。进而论证新分类体系及设置标准的框架、配套、调适等运行机制。

## 第一节 高等学校分类体系及设置标准案例研究

除了国内外高校分类与设置的经验借鉴之外，考虑到高校处于不断发展变化之中，不同区域由于社会经济发展水平、科技发展水平和文化历史积淀差异，所给予高校发展的支撑具有较大差异，要获得普适性的研究型、应用型、职业技能型三种类型高校的设置标准，应该结合我国地域因素、产业结构布局和文化生态差异，根据高校设置基准和典型高校类型运行状态数据合理科学设置类型标准。某种类型高校的设置标准必然要在分类体系进行类型划分、明确高校某一类型定位之后，根据该种类型高校整体运行一段时间后所呈现的数据状态进行合理的调整。因此，必须在高校明确类型定位之后，选择具有典型性的研究型、应用型、高职高专院校和微型、开放型等特殊类型高校进行案例分析做进一步调整、校正，从而为后续新设置的高校确立该类型的标准。此外，一些特殊类型高校也是未来高等教育发展不可忽视的重要主体和新生力量，也应该提前对这些特殊类型高校进行案例研究。从而，立体化多维度形成我国高校分类体系和分类设置标准构建。

## 一、高等学校分类结构调整及增量发展的标志校选择原则

选择近年来代表性的高校分类结构调整和增量发展案例，既反映我国高等教育结构调整的实际，表明社会转型发展对高等教育和人才的新需求，也体现我国不同区域的高等教育需求差异。

### （一）增量调整高校案例的选择原则

**1. 普遍性原则**

高校分类结构调整及增量发展标志校的选择是基于国家创新驱动发展战略、经济社会转型发展需求和优化我国高等教育结构、全面提高高等教育质量的普遍要求和总体趋势。

**2. 典型性原则**

高校分类结构调整及增量发展标志校的选择是基于高校类型的典型性，选择研究型、应用型和职业技能型高校设置及办学调整的典型案例。

**3. 特殊性原则**

高校分类结构调整及增量发展标志校的选择是基于国家战略、地方需求、行业发展、高校自身办学等对特殊类型高校的布局和调整，特殊性体现在高校办学环境的特殊性或办学形式的特殊性。

### （二）增量调整高校案例的选择意义

**1. 研究型高校案例的选择**

允许直接新设研究型高校，打破从专科校升本、再从一般本科校逐步累积办学的过程。

**2. 小而精高校案例的选择**

允许特殊类型高校经过考证和调查，放宽一定办学标准的严格限制。除了案例选择的代表性高校之外，海关学院、审计大学等服务国家特殊需求培养专门人才的小而精的高等教育机构如何进行结构调整和增量发展也应该纳入高校分类设置研究和高校分类设置标准的政策设计之中。

**3. 新设应用型高校案例的选择**

引导应用型包括应用技术类高校发展，为本研究所设计的应用型高校奠定

基础。

**4. 高职院校案例的选择**

高职院校案例的增设，更加贴合经济社会发展的新形势和新需求。

**5. 开放型高校案例的选择**

开放大学的设立，是面向学习型社会构建和发展终身教育理念的实践，也是伴随高等教育未来发展的新型高等教育类型。

研究型、应用型、职业技能型、开放型高校以及规模小而精案例高校的选择，能够从整体上反映我国高等教育主动适应国家发展战略和经济社会转型发展需求进行的结构调整，也一定程度上反映我国高等教育优化存量和做优增量的改革端倪。这也是本研究提出高校分类体系设计及设置标准的研究依据和基础。

## 二、典型高等学校案例研究

普遍性、典型性、特殊性和保障四个维度是典型高校案例研究的主要分析框架。一方面，以高校设置的普遍性、典型性、特殊性作为研究型、应用型、职业技能型高校案例选择的原则，契合这三类案例高校进行结构调整和增量发展的充分条件。另一方面，高校设置的保障则是这三类高校顺利实现结构调整和增量发展的另一充分条件。

### （一）研究型高校案例

**1. 新设××大学**

××大学是一所小而精的新型非营利民办本科高等教育机构，致力于探索与国际一流科研机构对接的现代科研体制和创新人才培养模式，建设世界一流高等研究院，从事基础科学研究和高精尖科技转化应用，培养具有创新精神、创业能力的博士研究生。2015 年，××大学倡议人正式向国家提交《关于试点创建新型民办研究性的大学的建议》并获得支持。同年，××市××教育基金会成立，该教育基金会是××大学的举办者。××大学的前身——××高等研究院正式注册成立。2017 年，全国高校设置评议委员会专家组就正式设立××大学进行考察论证。

××大学的治理模式创新是打造高起点研究型高校的基础，为高起点的新设研究型高校。第一，办学目标起点高。××大学与我国办学基础相对薄弱的民办高校定位不同，旨在建设一所提高国家科学技术实力，支撑和促进国家未来发展，打造世界影响力的民办研究型高校。第二，办学的专家群体起点高，以高水平国际平台遴选国际前沿科学和技术领域的学术领域专家群。××大学依托国家

"千人计划"专家联谊会,集顶尖科技专家群体领衔办校,以开放的国际视野,全球遴选高端人才。第三,办学类型起点高。××大学是一所用民间社会资源创办的学术研究类型高校。第四,人才培养层次起点高。作为一所高等教育研究院为基础创办的新型高校,××大学以研究所的科研资源优势致力于培养博士研究生。第五,人才评聘机制起点高。创新科研机制和制度建设,通过与国际接轨的选人用人制度,以民间募集资金为基础,聘用高水平科研和教学教师,制定灵活的激励机制和管理机制激发科研教学人员的创造性。

××大学作为新设研究型高校案例,具有办学背景的普遍性、办学的典型性和机制体制创新的特殊性。

第一,××大学是我国国家战略部署、高等教育实际和未来趋势对优质高等教育对国家和社会发挥支撑和引领作用、探索建设现代大学制度的普遍性特征背景下的时代产物。××大学是在我国创新驱动发展战略背景下,建设世界高等教育强国的背景下形成的。××大学的建设和发展反映了我国高等教育引领和支撑国家创新发展的外部需求,代表了深化高等教育改革、全面提高高等教育质量的内在要求。第二,××大学是一所新型民办高起点研究型高校,其办学背景、办学基础、办学历程、办学投入、办学模式、办学过程都具有高等教育研究和高等教育实践的典型性。××大学的办学模式是立足于中国特色、借鉴世界一流私立高等教育机构而形成的高起点办学,如何破解当前约束我国高等教育人才培养、科研创新转化应用的因素,深化机制体制改革,创新现代大学制度建设,成为这所高校需要重点解决也致力于解决的问题。第三,××大学作为一所民办研究型高校,其办学又具有特殊性,是社会资源投入创办高水平高校的勇敢尝试和主动探索。与研究型高校从多科性发展为综合性高校、科研能力和水平不断积淀而成的渐进式建校的普遍模式不同,也与民办高校由社会个人、企业等机构创办出资或集资创办专科或本科层次教育不同,这所民办研究型高校起于博士研究生教育和科学技术研究的高起点。

××大学设置的保障。第一,外部动力强。这所高校获得中央、地方政府和社会力量的支持,是政府、高校、社会协同办学的体现。××大学获得中央政府高度重视;地方政府也将这所民办研究型高校作为地方高等教育质量提升的重要工程;此外,××教育基金会募集了众多社会人士的资金支持。第二,这所民办研究型高校的发起人具有国内外学术影响力和明确的办学设计;初步建立现代大学治理结构。第三,办学规模、基础设施、师资队伍、学科设置、办学经费来源等达到一定办学设置基准。经教育部批准,与我国著名研究型高校联合招收博士研究生,全日制博士研究生规模逐步增加,并招收一定规模本科生;高校主校区校园规划用地达到一定规模,地方政府提供土地资源支持用于科研和教学活动、行政办公和生活用房需求；图书及电子出版物、教学科研仪器设备值达到一定要求，图书馆建设和课程资源建设初具规模；依托××高等教育研究院和全球招聘平台，形成学术人员、独立实验室负责人、行政服务人员等结构的师资队伍，并随招生规模保持一定增长；形成理学、工学、医学三个学科门类的建制，并以此为基础，组建学术科研平台；办学经费来源主要为自筹经费及配套经费、办学收入、竞争性科研项目经费及人才政策支持经费和政府扶持资金，而日常运行经费主要由××教育基金会承担。

**2. 新设××大学**

2012年6月，经教育部、中央机构编制委员会办公室批复，××正式更名为××大学（简称"××大"），并确立了办学方针。2014年，××大学经教育部批准开始招收本科生，进行拔尖创新人才培养的积极探索。设置数学、物理学、化学、生命科学、材料科学与工程、计算机科学与技术6个专业，并逐渐扩展至理工科为主的10个学科门类。本科生的招收，标志着××大学形成了以研究生教育为主，覆盖本科、硕士、博士的完整的高等教育体系。形成教学科研单位、研究所、教育基地、实验室一体化的人才培养机构。

××大学作为新设研究型高校案例，具有办学背景的普遍性、办学的典型性和机制体制创新的特殊性。新一轮科技革命和产业变革的背景下，××大学在更名后积极推进体制机制改革，改革研究生和本科生的培养模式，初步确立科教融合的教育体制并不断完善，面向国家重大需求做创新贡献，面向世界科技前沿追求卓越。基于服务国家战略、培养创新人才的办学定位和发展思路，培养学生的国家意识、社会责任感、团结合作精神，培养造就德才兼备的拔尖创新创业人才。第一，在高校内部学院建设布局方面，××大学抓住人才培养的核心要务，根据不同学院定位和培养方式，分为以学科建设为主的科教融合基础学院、以培养应用型创新创业人才为主的科教融合特色学院和以国际化为主要特色的学院三种类型，并针对不同学院的定位提供机制和资源支持。以学科建设为主的科教融合基础学院服务于国家重大战略需求；以培养应用型创新创业人才为主的科教融合特色学院服务于社会经济发展需求，培养卓越工程师和创新创业者；国际化特色学院致力于国际合作发展战略，引进国外优质教育资源，提升高校国际化水平。第二，针对不同学院办学定位和人才培养方式，确定不同的学院发展路径和培养路径。如以学科建设为主的科教融合基础学院制定科教融合学院建设国内领先和国际前列一级学科的发展规划，建设精品课程及教材，形成一定结构的师资队伍。既培养学术创新型人才，也培养与工程实践相结合的应用型人才。第三，健全科教融合的体制机制，激发学院办学自主性和办学活力，吸引高水平师资参与高校治理中，促进学院、研究所优势互补和资源共享，推动学科交叉融合，协同发展。

××大学设置的保障。××大学设置具有坚实雄厚的办学基础，建立在更名前的办学资源和制度环境。第一，拥有完备的学科体系，其前身已经具有理科和工科，随着办学不断成熟，学科授权范围不断扩大，已经拥有10个学科门类的学位授予权。第二，形成高水平科研优势和高层次人才资源，形成实力雄厚的师资队伍。第三，一流的科研实践环境，分布有国家重点实验室以及国家级前沿科研项目。第四，国际科研合作平台，与国际著名科研中心和世界一流高校建立密切的合作关系。一方面，学科基础、人才培养机制、科研资源和国际水平是××大学建设新型研究型大学的基础和动力；另一方面，不断完善科教融合的体制机制，加强师资队伍建设和激励机制建设，改革招生选拔制度，优化课程体系和教学方式，强化通识教育，完善创新创业教育体系，加强与国外科研院所和高校的合作交流，完善教育质量保障等系列措施，进一步推动××大学高质量办学。

### （二）应用型高校案例

根据高校分类体系及设置标准案例的普遍性、典型性、特殊性选择原则，选择新设、升格、独立学院转设、更名的几所高校进行应用型高校增量发展和存量结构调整的案例分析。

**1. 新设应用型高校案例**

（1）新设××学院。

设置的普遍性。第一，服务国家战略，推进××省沿边开发开放，搭建中国和邻国教育文化交流新平台的需要。第二，弘扬××市独特的音乐艺术传统，增强城市文化软实力，提升城市文化知名度和影响力的需要。第三，优化省高等教育布局结构，集中高等教育资源优势，形成音乐高等教育新格局的需要。第四，探索国际视野下的音乐教育办学规律，与国际高水平音乐学院接轨，培养国际化高水平人才的需要。

设置的典型性。作为一所行业特色鲜明的应用型高校，在学科专业设置和办学形式、师队伍结构上具有一定典型性。在专业设置上，在前期设置3个专业（9个培养方向）基础上，在2~3年内在艺术学理论一级学科下增设艺术史论本科专业；在办学层次上，学院将以本科教育为基础，适度发展博士、硕士研究生教育，在2~3年内在部分专业试点设置5年制班；在办学形式上，以全日制本科与研究生教育为主，积极开展国际交流与合作，适度开展非学历高端研修，并在2年内与××音乐学校合作举办××学院附属中学；在师资队伍上，专任教师、专技人员等配满180名编制，常年在校教学的高水平外籍师资不少于20人，组建一支德艺双馨的高水平师资队伍。

设置的特殊性。××学院以××师范大学××学院优质资源为主，整合省内相关高校音乐教育资源，引进国外优质音乐资源，拥有良好的建校基础，规划办学规模800人。××学院在申请设立的同时，首批拟申请设置音乐表演、音乐学、作曲与作曲技术理论3个本科专业，皆为音乐学科核心专业，覆盖音乐实践、理论研究和创作等音乐艺术关键领域，均系××师范大学××学院现有专业。上述专业全省不新增招生规模，通过对省内高校音乐专业招生计划的结构调整予以解决。未来，××师范大学××学院将以音乐师资人才培养为主。

设置的保障。第一，地方政府重视，统筹推进高校设置工作，建立了校区建设指挥部，实行筹建工作专项推进，在土地划拨、校舍建设、机构编制、经费投入等方面建立绿色通道、提供便利条件。第二，拥有良好的建校基础。××学院以××师范大学优质资源为主，整合省内相关高校音乐教育资源，引进××优质音乐教育资源，拥有良好的建校基础。第三，办学规模、学科与专业、师资队伍、教学与科研水平、基础设施、办学经费、领导班子达到一定设置要求。××学院基于国际化和高水平人才培养的目标定位，遵循国际高水平学院办学规律、充分考虑省高等教育实际，形成小而精的办学规模；秉承××师范大学××学院良好的本科教学基础和专业基础，开展教学和人才培养；一方面，按照公开、竞争、择优的原则，经个人申报、组织引导、专家考核，以××师范大学××学院为主，从省内相关高校230名音乐专业专任教师中优选53名高水平教师，另一方面，依据合作协议，选聘了高水平专任教师；主编教材和精品课程数、各类科研项目、学术成果、艺术创作成果和表演竞赛成果都符合一定标准；与办学要求相配套的土地、教学科研行政用房、排练室等基础设施较为完备，并建有省音乐博物馆，服务教学科研，实现文化资源社会共享；以省级财政支持为主；领导班子由有相关学科专业有专业影响力的管理人员构成。

（2）新设××应用技术学院。

设置的普遍性。建设××应用技术学院是地方高等教育事业发展的需要，也是××市及周边地区经济社会发展的需要。××市基础教育发展迅速，高等教育发展滞后，全区大部分拥有了本科层次的地方高等院校，××市仅有3所专科层次院校，起步晚、规模小，与经济社会发展不相适应。大量高素质的创新型、实用型技术人才匮乏的"瓶颈"日益凸显，已成为影响区域经济社会发展的短板。

设置的典型性。立足××市，实现区域覆盖，服务经济社会发展，以工科为主、多科协调发展，培养应用型、技能型、复合型高层次人才的全日制本科院校，要把学院办成高水平的应用型大学。面向生产服务一线，培养具有良好道德品质、创新精神和高度社会责任感，理论功底扎实、实践能力突出、拥有就业创业能力、具备继续学习能力的高素质应用型、技能型、复合型人才，使他们最终成为卓越的工程师和医师。学科与专业建设，以工学教育为基础，逐步形成以工学为主，医学、管理学、艺术学等协调发展的学科体系。拟设置9个本科专业，同时整合专科专业，逐步优化学科专业结构，完善学科门类。师资队伍建设方面，第一，加强制度建设，修订完善教师培养培训制度、工科专业教师工程实践制度。建立健全一套符合学院实际、适应新形势需要、科学规范的考核奖惩激励机制，对于工科专业教师的职务聘任与考核从侧重评价理论研究和发表论文为主，转向评价工程项目设计、专利、产学研合作和科技服务等方面为主。第二，加大师资方面的经费投入。引进高层次人才和开展在职教师培养培训，实施"科技创新团队建设计划""教学团队建设计划""中青年教师事业发展支持计划"等计划。第三，加强"双师型"教师队伍建设。以特色专业、精品课程、实验室和校外实习基地、工程教育专业认证等重点项目为依托，实施"工程实践能力提升计划"，建设一批教师工程实践基地。第四，选聘优秀兼职教师，优化教师队伍结构。加强与科研院所及行业、企业的合作，建立有效的工作机制，选聘理论基础扎实、实践经验丰富的专业技术人员、高技能人才和专家担任兼职教师，承担专业课程教学任务、毕业设计等工作，努力建设一支有一定工程经历的高水平专兼结合的教师队伍。

设置的特殊性。××市正处于产业结构调整，经济社会转型发展的关键时期，人才的结构性短缺制约了经济社会的快速发展。据调研，未来5年内全市需要10万名各类专业技术人员，其中，能源化工、装备制造、新能源、新材料、生物医药等特色优势和战略新兴产业的人才短缺尤为突出。加之，随着经济社会的不断发展，人民群众对医疗、预防、保健的需求日益增强，加快高素质医药卫生技术人才的培养，改变××农村牧区缺医少药状况就显得更加重要。组建的××应用技术学院以工科教育为基础，逐步形成医学、管理学、艺术学等协调发展的学科体系。首批拟设置的9个应用技术本科专业中，紧缺专业占89%。

设置的保障。院校重组后，在办学条件能够达到地方普通本科学校的设置标准。学院组成后，对三所院校原有基础设施进行整合，统一校园布局。原××学院的校区不再从事教学活动，其可调动的各类教学资源并入××校区，全部教学活动在整合校区进行。加大硬件投入，确保本科教学和科研需要。提高本科设置专业建设经费投入，增加新增本科教学科研设备总值投入。继续加强教学资料建设力度，每年投入一定经费，用于现代化教育网络建设和新购图书资料。组建后的××应用技术学院具备了一定的科研水平。重组后学院属于国家举办的高等院校，实行省市共建、以市为主的管理体制，并逐步过渡到以省管理为主。学院基本建设投资和教育事业费有稳定、可靠的来源和切实的保证。

## 2. 升格为应用型高校案例

（1）升格为××学院。

设置的普遍性。第一，加快××省北部经济社会发展的迫切需要。××省加快推进中部崛起战略和中原经济区发展战略，出台支持××省北部发展的系列政策，加快××省北部地区产业转型升级，推动经济快速发展。由于××市建市较晚，新兴产业发展空间大，科技支撑能力薄弱和人才资源短缺成为制约××市经济社会发展的重要因素。在××师专基础上设置××学院，为基础教育培养高素质师资，为生产管理服务一线培养应用型人才，为区域经济社会发展提供技术咨询和科技支撑。第二，优化××省高等教育布局的迫切需要。××省是教育大省，但从服务经济社会发展和满足适龄青年接受高等教育需求来看，本科院校数量仍然偏少，且分布不均，地区差别较大，××省北部地区高等教育明显落后。××省本科教育布局结构也不均衡。××市现有人口占全省人口总数的1/10，但至今没有一所本科层次学校，本科教育资源的不足严重制约了地方经济社会发展。

设置的典型性。该校坚持办学积淀并形成办学特色。第一，专业设置与地方产业发展紧密对接，深度融合校企合作，科学研究紧密服务地方。第二，注重文化传承创新，弘扬地区特色文化。积极开展地区特色文化研究中心并产生一批优秀成果，推动地区优秀特色文化研究进入校园，并建立文化传承教育基地，产生社会影响。第三，坚持教师教育的根基，培养德才兼备、专业能力扎实、服务基层的师资力量。

设置的特殊性。××师专有百年办学历史，师范教育优势明显，为××省北部地区基础教育培养了大批合格人才。近年来，××市加大产业结构调整和转型，经济快速发展，急需培养各级各类应用型人才。随着社会发展，××市中小学教师队伍建设从数量需求转向数量需求和学历提升并重，特别是本科层次学历的小学教师缺口较大。××师专培养的人才主要是专科层次的小学教师，较低的办学层次和较单一的专业结构成为制约学校可持续发展的"瓶颈"，也难以满足地方经济社会发展的需要，××师专面临提升办学层次和转型发展的双重任务。近年来，在地方政府的支持下，学校高起点建设了新校区，高标准建设了师资队伍和实验实训室，办学条件得到很大改善，形成了××省北部地区有限的优质高等教育资源。学校全面深化教育教学改革，在办好师范教育的同时，开设了紧密支撑地方产业发展的30个应用型专业，加快推进人才培养模式改革，优化专业结构，深入推进校企合作、产教融合，人才培养质量不断提高，服务地方经济社会发展的能力显著增强，在师范教育、文化传承与创新、服务地方经济社会发展方面，形成了办学特色。但是，专科层次的办学难以引进和稳定高层次人才，难以提升科技创新、技术服务层次,服务地方经济社会发展能力受到限制。在××师专基础上设置××学院,有利于学校在更高层次上引进、稳定人才,有利于扩大对外交流与合作,加快学校转型发展,提高学校人才培养层次与质量。

设置的保障。第一,全日制在校专科学生的规模超过 5 000 人。第二,涉及人文学科、社会学科、工学、管理学 4 个学科门类。第三,师资队伍结构合理,各门课程都按照本科院校设置规定,分别配备了一定数量的副高级以上专业技术职务的专任教师,每个专业均配备了具有正高级专业技术职务的专任教师。第四,学校顺利通过了教育部高等职业院校人才培养工作评估,教学和科研水平符合本科层次院校设置标准。第五,基础设施能够满足实践教学需要,按相关规定要求的实验、实训课开出率达100%。第六,办学经费以财政拨款、学校事业收入为主,市财政拨款和省专项经费逐年增长。第七,领导班子职责清晰,分工明确,团结协作,具有较高的政治素质和管理能力,熟悉高等教育教学规律。

(2) 升格为××学院。

设置的普遍性。第一,推进医改战略、缓解基层卫生人才短缺的迫切需要。基层医改是深化医药卫生体制改革、构建中国特色医疗卫生制度的基础。随着各项医改政策的落实和经济社会快速发展,省内城乡居民卫生服务需求呈现爆发式增长。但是基层卫生人员数量匮乏,水平不高。××省内基层卫生人员无论是数量,还是学历层次和能力水平,都与人民群众的期望和城乡基层卫生事业发展需求存在较大差距。第二,大力发展健康服务业,具有战略意义上的现实需要。目前××省内健康服务业的从业人员大多不具有高等医学教育背景,仅经过短期培训,只能从事基础性简单服务,无法成为支撑健康服务业高水平快速发展的核心力量。而省内现有医学院校尚未有培养健康服务业专门人才的系统规划,实施"健康××省"战略的人才培养和供给存在较大缺口。第三,优化××省高等教育结构、促进××省高等医学院校转型发展的客观需要。××省本科院校明显偏少,与××省经济社会发展地位不相适应。××医学高等专科学校升格为××学院有利于缓解培养城乡基层所需卫生人才的应用型医学本科院校不足的问题,实现分类服务、错位竞争、差异化发展的省高等医学教育布局结构。第四,遵循医学教育规律、培养高素质卫生人才的内在需要。医学教育具有培养要求高、教学过程长、课程门类多、课时量大和实践性强等特征,社会也对本科学历的高素质人才产生较大需求。

设置的典型性。第一,面向基层的专业布局和需求导向的人才培养模式改革。初步形成了培养新型基层社区医生为主体,社区医疗卫生服务团队和健康服务需求相关专业作为支撑,面向基层、优势互补的专业布局。学校按照"服务需求,就业导向"的原则,坚持产教融合,根据需求不断改革人才培养模式,提升毕业生岗位胜任力。把面向基层、服务基层的办学定位和办学思路，全面落实到教学内容、教学实践、职业素质教育、就业指导等教书育人的各个环节。第二，加强理论与实践的结合，强调教、学、做一体化，努力提高毕业生的岗位胜任力。改革教学评价和管理方法，利用状态数据平台、校园网、微信平台开展教学评价与管理。

设置的特殊性。学校基于××省经济社会发展和基层卫生事业发展需求，传承办学历史、借鉴国内外经验、深入调研论证基础上所形成的"面向城乡社区，适应××省经济社会及健康服务业发展需求，坚持错位发展、特色发展，培养高素质应用型卫生人才"这一直接服务于城乡社区卫生和健康服务业的办学定位，与××省现有医学本科教育的人才培养有着明显的区别，不仅形成了错位发展的态势，而且符合建设一支技术过硬、群众信赖的高素质基层医疗卫生队伍的现实需求。

设置的保障。办学条件已达到设置普通本科院校的标准。第一，现有全日制在校生已经超过 5 000 人。第二，形成了以医学类为主体的学科专业体系。第三，"双师型"教师占比超过 50%，师资队伍结构合理。第四，通过高职高专人才培养工作水平评估，产出一定科学研究成果。第五，土地、建筑面积、仪器设备、图书与校园网、实习和实训场所等办学设施能保障教学。第六，学校为公办院校，基本建设投资和教育事业费有稳定、可靠的来源和切实保证。第七，领导班子结构合理，有多年的高校管理经验，熟悉高等医学教育规律。

**3. 独立学院转设案例**

（1）转设为××商学院。

设置的普遍性。第一，转设符合国家有关精神，符合××省教育发展需要。××学院转设为民办普通本科高校，符合《国家中长期教育改革和发展规划纲要（2010－2020年）》中支持民办教育发展的基本精神，符合国家对独立学院发展的路径安排。第二，转设符合××市经济社会发展需要。××学院转设后将走应用型大学发展道路，为××市特别是开发区和知识城相关产业，培养大量生产、建设、服务和管理的第一线高素质应用型人才。第三，转设是学院自身发展的需要。××学院依托××大学的优质教育资源，经过 10 余年的发展，办学条件基本完善，教育教学水平不断提高，社会声誉良好，具备了独立办学的条件，转设成为学校发展的必然趋势和客观需求，转设后的学院可以充分发挥民办高校灵活高效的运行机制，在学科建设、专业设置、课程改革、优化师资队伍等方面获得更大的自主权，有利于学院主动适应经济发展需要，拓展发展空间，形成办学特色。

设置的典型性。紧密结合××市建设国际商贸中心的发展需求，直接对接开发区和知识城产业布局和经济社会发展任务，合理优化现有学科专业，大力发展应用型本科专业，建成以经济学科和管理学科为主体，经济、管理、文学、法学、工学、艺术学等多学科协调发展的应用型学科专业体系。力争建成2～3个××省特色专业和10个左右校级特色专业，率先在全省民办高校中取得省重点学科等突破。学院坚持以提升教学质量为中心，着力推进内涵建设，优化人才培养模式，扎实推进教育教学改革，完善教学质量监控工作，推动课程和教材建设。

设置的特殊性。符合民办高校内涵建设的要求。第一，办学资质。按规定办理了办学许可证、法人登记证、收费许可证等各种证照，并按期进行年检和备案。该院董事会由7人组成，符合《中华人民共和国民办教育促进法》的规定。该院所聘的教师学历、职称和任聘条件均符合国家规定的任职条件。第二，办学理念。以中国特色社会主义理论为指导，坚持社会主义办学方向和教育的公益性，坚持"以生为本，立德树人"，大力推进素质教育；坚持特色立校、人才兴校、管理强校、开放活校。定位为应用型本科学校，致力于培养思想品质高尚、知识结构合理、基础理论扎实、实践能力突出、国际视野宽广的高素质应用型人才。第三，招生与就业。严格执行国家招生政策，严格执行国家下达的招生计划，招生简章、广告宣传册等均向上级教育主管部门备案，未发生违规行为，生源质量较好，生源稳定，新生报到率一直保持在90%以上，为学生提供全程就业指导和帮助，毕业生就业率一直保持在95%以上。

设置的保障。办学条件已达到本科院校设置标准。第一，办学规模，该院现有全日制本科生超过5 000人。第二，学科与专业。现有经济、管理、文学、法学、工学、艺术学六个学科门类，其中以经济学科和管理学科为主体。第三，师资队伍。师资队伍结构合理，重视教师实践能力的提高。第四，教学与科研水平。该院扎实推进教育教学改革，坚持培养高素质应用型人才。大力加强教学建设、教学管理组织完善、制度健全、教学过程规范、质量标准明确。并成立了科研处，构建科研机构，组建研究团队，制定了科研管理与激励措施，科研经费逐年增长。此外，科研社会服务效果得到当地认同，在××省民办高校位居前列。第五，土地、建筑面积、仪器设备、图书资料、基础设施、实验室和实习实训场所等达到一定办学标准。第六，办学经费主要来自举办者投入和学费收入，经费来源稳定、可靠。该院学费收入全部用于教育事业支出和校园基本建设。根据该院专项审计报告，没有抽逃资金的行为，该院完成了资产过户，学院对资产拥有法人财产权，由学院依法管理使用。第七，依照章程的规定，严格选聘领导班子，实行董事会领导下的院长负责制。

（2）转设为××工程学院。

设置的普遍性。第一，转设符合区域经济社会发展的需要。××大学××学院转设为××工程学院符合区域经济社会发展战略的需要,将会进一步发挥其办学机制灵活、产教深度融合、人才培养针对性强的优势,聚焦一线技术、工程、管理、运维及其服务的人才培养,可为××市乃至××省产业发展培养更多急需的高层次工科应用型人才,更好地服务和支撑区域经济建设和产业。第二,转设是××省民办高等教育发展的需要。××大学××学院的转设,将在××省独立学院规范发展中起到示范引领作用,有利于带动××省其他独立学院尽快实现转型发展,有利于改善××省民办本科高校工科院校数量偏少、应用型人才培养数量不足的局面,有利于优化××省高等教育结构和布局。

设置的典型性。学院现有工学、管理学、经济学、艺术学、文学五个学科门类的本科专业。以工学为主要学科,应用型工科专业10余个,一批代表性工科专业均为××省经济发展急需专业。以专业建设为龙头,以制度建设为保障,以质量工程为抓手,不断健全教学质量监控和保障体系,加强实验室和校外实践基地建设,以产业、行业和职业需求为导向,积极探索专业和教学改革,深化产教融合和校企合作,实施工学结合的人才培养模式,形成应用型人才培养的鲜明办学特色。学院初步夯实了能够满足应用型人才培养需求的师资团队,尤其是建设了一支具有企业工作经历的"双师型"队伍,其中大多由举办者全职派驻学院工作,充分发挥了举办者作为高科技企业的人才优势;学院引进由企业资源工程师担任各系部的负责人,从学院优秀人才引进机制方面落实了以产业、行业和职业的需求作为人才培养目标和教学改革需要。

设置的特殊性。××大学和××学院自身发展的需要。××大学是××省重点建设的大学,独立学院转设后,有利于明晰××大学自身办学层次定位,有利于××大学的建设发展。××大学××学院作为一所独立学院,建校以来,在办学条件、师资队伍建设、人才培养等方面取得一定的成绩,形成了办学特色,已具备独立培养本科层次人才的办学能力。转设后可以充分发挥民办高校体制机制灵活的优势和举办者的产业技术优势,有利于瞄准自身定位,集中资源,加强内涵建设,办出特色和品牌;有利于学校集中更多资金用于学院建设和发展;有利于促进对外交流。

设置的保障。办学条件符合普通本科高校的设置标准。第一,现有全日制普通本科在校生规模超过5 000人。第二,拥有5个主要学科门类。第三,学院聘用的教师学历、职称、资质和任职条件均符合国家规定的任教资格。第四,获得省级以上教学成果奖并鼓励教师从事科学研究和技术服务。第五,土地面积、建筑面积、仪器设备、图书资料、实习实训基地、文体设施和生活配套设置均达到一定标准。第六,学院的办学经费主要来源于举办者投入和学费收入等,学院所需教育事业经费和基本建设经费有稳定、可靠的来源,能够切实保证学院的正常运转与持续发展。第七,领导班子主要成员均具有在普通高等学校从事教学和管理工作的经历。熟悉高等教育规律。领导班子职责清晰,分工明确,团结协作。

**4. 更名应用型大学案例**

(1) 更名为××大学。

设置的普遍性。第一,是实施国家"一带一路"对外开放战略、边疆民族地区繁荣稳定的迫切需要。××市地处边疆民族地区,学校承担着以××地区为主的人才培养工作,弥补了××地区高等教育的空缺。将××学院更名为××大学,有利于推进××地区教育发展,加强民族团结教育,更好地服务××地区建设和培养××地区急需的高层次人才。第二,是推进××省西部经济社会发展和边境山区扶贫攻坚的现实需要。××省西部的经济社会发展应立足自身资源和区位优势,走新型生态文明和可持续发展之路。××省西部地区拥有优势农产品加工等传统产业,未来将发展新兴产业和现代服务产业。产业升级需要技术支持,而技术升级则需要人才支撑。为此,需要在××省西部地区着力建设和打造高水平大学,以承担人才培养和科学研究的重任。学校主动适应地方经济社会发展需要,所开设的学科专业与地方产业发展对接较为紧密,培养了大批高素质人才。将××学院更名为××大学,有利于走产学研用一体化道路,促进科技成果研发和转化,提升其科研和服务社会能力;有利于提升该区域人才培养水平和资源开发能力,更好地打造××省西部地区经济社会发展和扶贫攻坚的"智力库"和"人才库",更好地支撑和服务区域经济社会的发展。第三,是推进××省高等教育布局调整,加快××市高等教育中心建设的客观需要。建设××省西部中心城市和高等教育中心,必须有高水平大学的支撑和引领。××学院是××省非省会城市中办学历史最长、规模最大,学科专业覆盖面最广,教学科研水平最高,唯一具有硕士学位授予权的综合性本科院校。经过多年的办学实践,形成了较为完善的学科体系,部分学科优势明显。

设置的典型性。更名高校具有一定办学基础,主动适应地方经济社会发展需要,逐步实现了由较单一学科向多学科协调发展的综合性大学的转变。近年来,学校以本科教学水平评估以及更名××大学为主要契机,以评促建,加强建设,办学条件显著改善,教学质量稳步提高,科研实力不断增强,办学层次不断提升,具备了良好的发展空间和发展潜力,成为××省西部地区高层次、高素质人才培养和科学研究的主要基地。

设置的特殊性。是学校自身向高水平建设发展的迫切需要。××学院更名为××大学,将为学校今后向高水平建设和发展搭建新平台,创造新机遇,提供更加广阔的空间。第一,促进学科发展,培养高素质创新型人才。通过更名,将促进学校按照区域经济社会发展和产业结构调整的需要,按更高的要求,进一步加强学科建设、优化结构、整合资源，促进优势学科创新发展，并通过与相关学科相互交叉融合带动特色学科的形成与发展，培养更多支撑地方经济社会发展的高素质创新型人才。第二，提升教学科研水平，增强学校可持续发展能力。加强应用研究，推进产学研结合，使学校科研总量、层次、水平有显著提高，形成一批更高水平的科技成果。并充分利用研究成果，丰富教学内容，深化人才培养模式改革，提高教学水平。第三，提高社会影响力，吸引和凝聚优秀人才。逐渐提升学校社会影响力和知名度，提高生源质量和毕业生就业率，更好地吸引和凝聚优秀人才，提高师资队伍建设水平。

设置的保障。××学院具备了更名大学的条件。第一，学校具有举办本科和研究生教育的基础。第二，现有人文学科、社会学科、理学、工学、农学、医学和管理学7个学科门类，其中医学、社会学科、理学3个学科门类为主要学科。第三，大力实施人才强校战略，汇聚和培养了大批优秀人才，师资结构合理。第四，拥有较高的教学与科研水平。第五，具备优良的基础设施。第六，学校为省属普通本科学校，办学经费主要由省财政按全额预算单位拨付，有稳定、可靠的经费来源。学费及其他收入是办学经费的有力补充。第七，领导班子具有较高的政治素养和从事高等教育管理工作经验，熟悉高等教育规律，具有领导和驾驭高等学校管理、改革和发展的能力，是一个思想解放、敢于创新、团结务实的领导集体。

（2）更名为××应用技术大学。

设置的普遍性。第一，支撑经济发展新常态及产业转型升级。经济发展新常态及产业转型升级需要高端应用技术人才的支撑。随着我国经济发展呈现新常态，××市进入了以科技创新驱动发展，加快经济转型升级的关键时期。从中国制造走向优质制造、精品制造，实现价值链与产业链升级，需要一大批复合型、创新型、推动科技成果转化的高端应用技术人才，需要高水平应用技术创新与服务。第二，更名是××市高等教育布局与结构优化的迫切需要。建设应用技术大学是高等教育布局结构调整、推进地方本科高校转型发展的重要举措。为提升理工类院校服务战略新兴产业的能力，××市将大力提升应用技术型地方高校的人才培养能力和水平，以满足经济改革创新、产业转型升级的需求。第三，更名大学是加快自身发展的迫切需要。通过加强学科专业的调整与优化，为高端应用技术人才培养、高水平应用技术研发与创新和增强服务社会能力营造出良好的学术氛围。随着学校快速发展，急需更加综合的学科专业布局支撑现代工程教育；急需更高层次产教融合平台支撑高端应用技术人才培养；急需更高水平应用技术学科支撑产学研技术创新；急需更丰富的教育政策资源支撑全方位社会服务。

设置的典型性。××应用技术学院明确定位于应用技术类大学，在服务区域经济社会发展中，与其他高校互为补充，努力成为全球具有一定影响的高水平应用技术大学。第一，高校改革应用技术人才培养模式，工程教育特色鲜明。构建紧密对接产业发展需求的应用型特色专业体系，构建专业链与产业链的衔接机制，谋划专业布局调整，形成对接行业企业需求的人才培养方案和课程体系，实施对接生产过程的教学模式改革，建立校企合作的实验实习实训基地，构建应用技术类研究生培养机制。第二，强化应用型学科建设，推动区域经济发展和行业技术进步。将发展技术学科、加强应用技术研究以及对接区域经济发展和行业技术需求作为学科建设方向，紧密对接区域创新要素，与行业企业共建工程技术中心与创新服务平台。第三，提高技术创新能力，服务企业成效显著。学校引导基础研究支撑应用研究，坚持应用研究支撑技术创新，倡导从应用技术研发和服务行业企业的技术创新中，凝练应用基础研究课题。

设置的特殊性。××应用技术学院的发展为地方经济发展新常态和产业转型升级作出且将持续作出贡献。××应用技术学院，针对××市产业发展特点，调整并发展与其相适应的学科专业，着重建设了现代都市产业学科专业群，包括现代特色学科专业群服务于相应产业，现代战略新兴产业特色学科专业群服务于行业，现代创意产业特色学科专业群服务于行业等，在技术创新与服务及高端应用技术人才培养等方面为地区的现代都市产业发展作出了贡献。

设置的保障。基本条件满足设置为大学的规定。第一，现有全日制在校生包括本科生和研究生，学生数达到一定办学规模。第二，有工学、理学、管理学、经济、文学、法学、艺术学、农学8大学科门类，工学、理学、管理学为三大主要学科门类。第三，专任教师结构合理，兼职教师主要来自企业或有技能技术，建设一支高水平人才队伍。第四，具有较高教学和科研水平。第五，基础设施都达到设置大学的基准条件。第六，学校所需的基本建设投资和教育事业费有稳定、可靠的来源和切实保证。第七，校领导班子政治素质高，管理能力强，熟悉高等教育规律，且有较高的学术水平和科研能力。

### （三）职业技能型高校案例

以新设××高等专科学校为案例，分析职业技能型高校设置的普遍特征、典型特征和条件保障。

设置的普遍性。第一，提升全社会应急救援能力、保障人民生命财产安全的迫切需要。随着经济社会的快速发展，火灾和各类灾害事故高发，其危害也随之加大。此外，灾害事故频发。由于我国经济快速增长、城镇化进程加快、人民群众生活消费方式转变，发生灾害事故的不确定性和不可控因素增多，给消防工作带来了前所未有的挑战。因此，设立一所培养高素质、应用型人才的××高等专科学校，为基层培养输送更多专门指挥人才，是提升全社会应急救援能力、更好服务经济社会发展、保障人民生命财产安全的迫切需要。第二，贯彻××消防工作方针、夯实公共消防安全基础的迫切需要。我国经济快速发展，人民生活水平显著提升。但与之不相适应的是，我国社会消防工作基础仍然薄弱，特别是公民消防意识淡薄的状况还没有得到根本改善。需要设立一所专业程度较高、教学特色鲜明的××高等院校，输送"能执法、懂技术"的专业技术人才，为加强灾害预防工作、营造良好公共消防安全环境提供有力支撑。第三，设立××高等专科学校，是促进消防理论创新和科技进步、服务消防工作改革发展的迫切需要。

设置的典型性。科学确定发展方向、办学定位和专业设置，培养更多基层最急需、实战最急用的专门人才。面向全国、紧贴实战、服务一线；以培养高素质应用型人才为目标，把学校建设成为基础设施完备、专业优势凸显、特色鲜明，在国内具有一定影响力的高等院校。学校将按照"素质全面、规模适度、结构优化"的师资队伍建设思路，以提高教学科研水平为导向、以专业建设为依托、以优化结构为重点，提高师资总体素质，以适应高等专科学校办学需求。

设置的保障。办学规模、师资队伍、教学仪器设备、基础设施、办学经费等主要指标上，均已具备开办高等专科学校的基本条件。第一，具有较强的领导班子。领导班子团结务实、勤政廉政，具有较高的政治素质、清晰的办学思路、较强的管理能力和积极的进取精神。第二，师资队伍素质较高，结构合理。第三，办学基本条件获得保障，学校拟开设的专业都有相应基础技能训练、模拟操作的设施场地和稳定的实习、实践活动基地。第四，推进教学改革，基于实战经验，编制教材，优化课程体系。

## 三、特殊类型高等学校案例研究

### （一）微型高校

设置的普遍性。××学院的设置获得社会肯定、地方政府支持，最终得到教育部批准，体现社会对创新高等教育模式，培养创新型、复合型人才的普遍需求，也反映社会对多样化类型和多层次人才的需求。也是高等教育大众化背景下，探索个性化高等教育、发展高校办学特色，实现高校差异化发展的实践探索。

设置的典型性。为了实现培养能适应社会发展变化、具有广博知识、创新精神和能力的专门人才，××学院进行教育教学改革探索和实践。第一，以生为本教育理念的实践探索。设置学生事务委员会，并提供一定数量的老师对学生自主管理提供指导和支持，保障学生对高校日常管理、教育教学工作的参与度和积极性。学生对课程设置拥有较大的选择权和决定权。第二，培养学生创新能力，实现学生全面发展。组建××学院，选拔校内学生接受两年通识教育。进行小班化教学，注重培养学生批判性、思考、有效语言表达等基本技能。

设置的特殊性。××学院办学定位是创办一所小而精的学院，土地面积相比传统意义上的中国本科层次学院或大学较小。立足中国国情和社会发展阶段，探索具有中国特色的××学院，致力于构建实践型的博雅教育教学模式，通过通识教育和能力教育培养学生主动适应现代社会发展需求。如高校组建治理机构，以学生为主体，实现学生参与高校教学管理工作。

设置的条件保障。原有建校基础，基础设施有一定保障。领导班子熟悉国内外高等教育情况，熟悉高等教育规律和办学规律。设置××教育发展基金会为高校办学提供来自社会各界的资源和保障。

### （二）开放型高校

设置的普遍性。第一，现代信息技术更新换代快，信息传播媒介变化迅速背景下，急需更新办学定位和办学思路，更新基础设施，借助现代通信技术办学。第二，高等教育大众化和普及化过渡时期，人们基于职业发展或个人学习的高等教育需求与日俱增。××开放大学是在现代信息技术发展背景下，促进学习型社会发展的目标下，顺应社会需求和技术革新趋势，促进终身学习的新型高等教育机构。

设置的典型性。××开放大学是广播电视大学创新办学模式，提升继续教育质量，促进学习型社会构建的实践探索。在教育观念、教育对象、教育模式、教育资源、教育手段和师资队伍等教育教学过程中进行革新。探索学分银行，开展各类学习成果认定、积累和转换，建设××地区教育资源数据库，服务学历教育和非学历教育培训，加强开放性、提升国际化水平。

设置的特殊性。开放大学是终身教育体系的重要构成部分，与学历教育为主的普通高等教育不同，因此××开放大学在设置和调整办学方面有所侧重，从教育目标、教育内容、教育方式、教学质量等方面进行整体战略转型。从办学体制上，成为具有本科办学资格的独立设置院校，可设置部分本科专业并授予学位。从教育资源方面，整合社会资源，注重整合成人教育资源，面向所有学习者，建设××开放大学平台。在教学管理方面，坚持宽进严出、弹性修学、完全学分、学生服务。拓展教育模式，架构学历教育和非学历教育，架构不同类型教育之间综合教育"立交桥"。

设置的条件保障。××开放大学建立在原电视大学的办学基础之上，具有一定依托信息技术开展非学历教育和培训教育的经验。国家和地方政府大力推动终身教育和学习型社会进程，支持××开放大学的转型和建设。

## 第二节 1986年版国务院高校设置条例的修订原则研究

2015年《教育法律一揽子修正案（草案）》提请全国人大审议通过并进入立法程序，随后相继完成对《中华人民共和国教育法》《中华人民共和国高等教育法》《中华人民共和国民办教育促进法》的修改，1986年《普通高等学校设置暂行条例》（以下简称《暂行条例》）作为《中华人民共和国高等教育法》的下位法，在促进和保障高校设置、构建高等教育体系方面发挥了重要作用，但随着我国高等教育改革日益深入，我国高等教育发展日趋复杂，《暂行条例》的部分具体规定已然与高等教育发展实际不相适应，亟待提请相关立法部门进行修订和完善。首先，依法治教是高等教育发展的根基，修订《暂行条例》要坚持法治观原则。其次，高校设置标准关系高校社会职能的定位和方向，修订《暂行条例》要坚持职能观原则。最后，高校设置并不是一蹴而就的过程，应引入动态调整机制提高高校设置质量，修订《暂行条例》应坚持问责观原则。

### 一、高等学校设置的法治观原则

依法治教背景下，法治观原则是高校设置的根本原则。第一，高校设置标准的法治观原则要求形成体系化的高校设置条例、实施方案、政策、规划，从上至下体现高校分类设置标准的法治精神和权威性，通过法律、政策、制度规范高校分类设置标准及其运行。第二，高校设置标准的法治观原则要求程序正义，明确高校设置的法律程序和政策约束，高校设立、升格、更名、转设、重组等设置遵循法律规定的程序和政策规范。第三，高校设置标准的法治观原则要求明确高校设置管理主体的权力关系，理顺中央和地方的高校设置的权力和职责，在法律框架下依法行政，在权力职责范围内依法管理高校设置。第四，高校设置标准的法治观原则要求专家参与评议的同时，符合一定程序规范，严格按照高校设置标准的具体要求，基于一定高等教育研究经验所形成的学术权威，依法评议高校设置。

### 二、高等学校设置的职能观原则

高校自形成之日起就有培养专门人才的社会职能，并随着高校与社会关系深化和办学的不断成熟而发展形成发展科学研究、直接为社会服务、文化传承创新等社会职能,因此,职能观是高校设置条例修订应坚持的重要原则。高等学校的社会职能及其侧重点的不同,对高等学校的分类标准产生了重要影响,进而影响不同类型高校设置标准。不少学者将职能观作为高校分类研究的重要原则。有学者提出以学术水平作为高校的层次分类标准,并具体分解为博士学位授予数、科研经费获取数、硕士学位授予数、国外及全国性刊物发表学术论文数四个指标,利用聚类分析的方法对我国高等学校的层次结构进行了实证分析,提出了类型上的建议,并根据分析结果作出了数量上的预测。也有学者从人才培养、科学研究、政府的目标定位、办学条件这四个一级指标和更具体的相关二级指标和三级指标出发建立了系列的分类方案,其中把我国高等学校分为博士研究型大学、硕士型大学、学士型大学和高职高专院校四个基本类型。此外,针对大众化时代我国高等学校的社会职能拓展问题,学者们提出了对地方大学服务地方的重视,强调在高等学校分类的基础上建立教学服务型大学,以便更全面、更好地服务地方社会经济的发展。而对于特色型大学的建立,引用伯顿·R. 克拉克之论,即是将被动依赖转变为主动适应,实现从传统大学向创业型大学的转型,才能真正走上特色型之路,更好地服务社会。对高校分类相关研究进行综述发现,已有研究主要从人才培养的规格和规律、高等学校的社会职能等理论基础进行高校类、型、层划分的研究。

## 三、高等学校设置的问责观原则

高校设置是依法行政主导下的高等教育管理范畴,因此高校设置要体现问责观原则。问责观原则,一方面指的是对高等教育行政管理部门在高校设置管理方面的问责;另一方面指的是高校设置从申请到审批、高校办学初期等环节的具体标准和程序的问责。中央和地方高等教育行政管理部门依法管理高校设置,履行监管高校设置的职责。问责机制和措施的实施,需要加强信息公开,提高依法行政的透明度和开放度,以保障问责的有效开展。此外,高校设置范围不仅限于高校设置申请及通过审批阶段,还包括高校筹备和办学初期,应结合专家评议、评估机制和高校提交年度办学报告,通过专业性研究者或办学管理者、评估专家、高校主体的多方评价,监管高校是否持续符合该类型定位的设置标准并在此基础上提升办学质量。对于通过专家评议、评估结果、年度办学报告等形式反映出高校不符合类型定位的设置标准、未能投入足够办学资源保障办学成效等情况,则要求责成高校在一定期限内对不符合设置标准的方面进行整顿,一定期限内未能整顿或者休整后仍未达到设置标准的高校则需要考虑高校退出。高校退出也需要依照一定程序和条件，在一定期限要求高校对校内资源进行合理清算和处置，对在学学生进行合理分流和妥善处理。

## 第三节　新分类体系及设置标准的论证建议

当前高等教育发生深刻变化，只有深入分析并精准理解这些变化，才能提出针对性较强的建设性建议，更好地推动我国由高等教育大国迈向高等教育强国。遵循这一逻辑，指导思想和基本思路是统领新分类体系及设置标准的主轴，在此基础上，提出新分类体系及设置标准的内容，并相应提出实施新分类体系及设置标准要理顺的几对关系。

### 一、新分类体系及设置标准的论证路径

我国高校新分类体系和设置标准的指导思想和基本思路体现在《普通高等学校设置暂行条例》修订工作方案和《普通高等学校设置标准》的制定过程之中。指导思想和基本思路体现我国高校新分类体系和设置标准的历史继承性和与时俱进的创新性。

为深入贯彻《国家中长期教育改革和发展规划纲要（2010－2020年）》和落实教育部2016年工作要点"修订《普通高等学校设置暂行条例》"及《教育部关于"十三五"高等学校设置工作的意见》优化存量高等教育资源、确保新增高等教育资源质量的任务要求，在教育部发展规划司部批"关于启动《普通高等学校设置暂行条例》修订工作的签报"的基础上，结合《普通高等学校设置暂行条例》《高等职业学校设置标准（暂行）》《普通高等学校基本办学条件指标（试行）》《普通本科学校设置暂行规定》政策文件以及综合多家研制方案，就"十三五"高等学校设置工作相关问题进行了集中研讨，形成《普通高等学校设置暂行条例》修订方案，该修订方案是本研究基于大量的政策分析、大规模调研和高校数据分析形成的方案。论证如下。

我国经济发展转向创新创业经济、制造业的战略调整，经济社会发展方式转型升级，要求高校对社会经济发展作出回应。随着高校自主办学意识提高，省级分类管理需求增强，急需国家顶层政策引导高校分类设置，调整高等教育结构。高等教育的内外部生态环境变化深刻地影响着高等教育发展，推动高等教育主动适应内外部环境变化优化结构，引导高校精准职能定位和分类发展以引领社会经

济发展。同时，以依法治教理念为先导，我国出台并修订了《中华人民共和国教育法》《中华人民共和国高等教育法》《中华人民共和国职业教育法》和《中华人民共和国民办教育促进法》法律法规，因此修订《普通高等学校设置暂行条例》既要结合我国经济社会和高等教育发展的阶段性特征，也要根据上位法进行相应调整。

## （一）指导思想

**1. 形成法律法规、政策文本和战略规划相结合的高校设置体系**

任何改革都要于法有据。指导高等学校设置工作的法律政策体系将形成《普通高等学校设置修订条例》（以下简称《修订条例》）、《普通高等学校设置修订条例实施细则》（以下简称《实施细则》）、《普通高等学校设置标准》（以下简称《设置标准》）和各地"高等学校设置五年规划"。三者层次不同，效力和侧重点也应当有所区别。其中，《修订条例》具有法律效力，因此应当具有全局性和稳定性，规定高等学校设置的基本内容，如设置原则、学校类型、设置程序等。《实施细则》是对执行《修订条例》的具体解释。《设置标准》应当具有时代性和针对性，体现当前我国经济社会发展的实际情况和高等学校发展的实际水平。"高等学校设置工作的五年规划"应当具有区域性和阶段性，重点针对各地不同阶段高等学校设置的主要问题。

**2. 运用核心指标维护高校分类设置的稳定性，设计全过程监测体系加强高校分类管理**

根据研究型、应用型、职业技能型高等学校的不同特点，提出不同类型高等学校设置的定性和定量指标，采用设置标准和专家评议相结合的方式，通过高等学校设置标准的备案、审核等准入机制，目标达成度评估等过程机制，对存量高校达不到最低设置标准的引入退出机制，引导高等学校分类设置，实施高等学校分类管理。例如，在《修订条例》中进行如下规定。

《修订条例》第三章"设置标准"第十条"设置高等学校准入基准和退出机制。"

《修订条例》第六章"审批程序"第三十六条"各省、自治区、直辖市人民政府或国务院有关部门等新设高校的主管部门，应当根据需要设置高等学校，保证筹建高等学校申请书、论证材料、正式建校申请书、筹建情况报告的充分性、真实性和合理性。如果学校办学失败，主管部门应当负责妥善处理在读学生。"

《修订条例》第六章"审批程序"第三十八条规定"经批准建立的高等学校前四年应当每年向国务院教育行政部门提交办学报告。国务院教育行政部门及高等学校设置评议委员会通过书面审查和实地考察，评议新设高校是否按照申请书和论证材料的实际内容办学。"

**3. 在原《普通高等学校设置暂行条例》的基础上调整结构和内容**

1986年颁布的《普通高等学校设置暂行条例》（以下简称《暂行条例》）奠定了我国高等教育格局和高等学校规模。为保持高等教育发展的稳定性和高等学校设置的继承性，在原《暂行条例》的基础上结合当前形势要求，适当增改。保留《暂行条例》中的总则、设置标准、学校名称、附则四章，增加"分类体系""类型选择"两章，在"设置标准"这一章中增加退出机制，将"审批验收"修改为"审批程序"，修订后的《暂行条例》称为《修订条例》，包括第一章总则、第二章分类体系、第三章设置标准、第四章类型选择、第五章学校名称、第六章审批程序、第七章附则。

## （二）基本思路

**1. 以普适性为原则，兼顾存量高校与增量高校设置**

《修订条例》适用于存量高校与增量高校设置，具体包括新设置职业技能型高等学校、新设置研究型高等学校、新设置应用型高等学校、普通高等学校更名、普通高等学校转设为其他类型。坚持存量结构调整为主与增量创新发展为辅。存量高校需要符合所有高校设置标准要求，增量高校重点考察基础设施和教学资源条件。

**2. 以构建分类体系为基础，更新分类设置标准为手段，提高高等教育质量为目的**

在高等学校设置条例中体现准入机制与退出机制共举，发展规划与质量监督并重。通过专家评议检查高等学校的设置标准达成度，制定负面清单，建立退出机制，在不损害公共利益的情况下允许高校自主探寻新路。在设置过程和运行过程中持续监控，统筹高等学校设置制度、高等学校监管制度、高等学校评估制度，形成整体化的高等教育管理保障体系。

《修订条例》第六章"审批程序"第三十五条规定"由国务院教育行政部门和全国高等学校设置评议委员会对各省、自治区、直辖市人民政府或国务院有关部门提交的正式建校申请书和筹建情况报告进行书面审查，并组织专家团体进行实地考察，召开会议最终做出是否准予正式建校招生的决定"。

**3. 与原有法律政策相协调，结合时代性和未来性适度调整**

高等学校的基本质量标准以人才培养质量为根本。

《修订条例》第三章"设置标准"的基本理念，梳理高等学校设置标准的具体指标，主要包括学校名称、办学定位、内部管理制度、经费保障、财产和财务制度、领导力、人才培养模式、师资、基础设施、教学辅助条件等要素等指标。适当提高师资队伍、仪器设备要求，适当降低学生数量、土地、建筑面积总量要求，增加电子图书资源要求。

**4. 依法治教与专家评议相结合，组建并健全全国高等学校设置评议委员会机制，提高高等学校分类设置审批程序的专业性**

《修订条例》第六章"审批程序"第二十九条规定"国务院教育行政部门和省级人民政府（以下统称审批机关）应遴选一批原则性强、业务精湛的高等教育领域的专家学者组建全国高等学校设置评议委员会（简称'高评委'），完善高评委工作机制。"

《修订条例》第六章"审批程序"第三十三条规定"由教育部和全国高等学校设置评议委员会对各省、自治区、直辖市人民政府或国务院有关部门提交的筹建申请书、论证材料进行书面审查，并组织专家团体进行实地考察，召开会议最终做出是否准予筹建的决定。"

**5. 增强分类设置指标区分度，采用定量指标与定性指标相结合**

指导我国高校合理分类不仅需要定量指标，也需要定性指标。定量指标由教育部根据现阶段经济社会发展水平和高等教育发展阶段进行规定，并建立行政与研究数据库。定性指标主要依靠专家团体、同行评议等进行评判，并建立大数据分析平台。定性与定量指标相结合，体现高等学校分类设置标准的统一规范和弹性空间。既有统一的量化标准指标，也体现专家评议自主性的质性标准。

《修订条例》第三章"设置标准"第十二条规定"设置高等学校，应当配备具有较高政治水平和与岗位职责相匹配的领导力和工作水平、熟悉高等教育规律、具有博士学位和正高级专业技术职务的党委书记和校长"；

《修订条例》第三章"设置标准"第十三条规定"设置高等学校，须根据学校的类型选择制定人才培养计划、设置专业和课程，并采用与办学类型相符的教学方法。"

《修订条例》第四章"类型选择"第十九条"高等学校根据自身基础自主选择类型定位，在人才培养、科学研究、社会服务、文化引领方面形成各自的特色，有序竞争、错位发展"；

《修订条例》第四章"类型选择"第二十条"高等学校应当完善高校内部治理结构，充分面向市场办学，适应经济社会发展的需求。"

《修订条例》第六章"审批程序"第三十七条规定"设置全国高等学校设置评议委员会。作为教育部高校设置工作的咨询机构和决策机构。全国高等学校设置评议委员会的主要职责包括：……（四）成立若干专家智库，进行高等学校分类体系和设置标准的相关研究工作,推动高等学校分类体系和设置标准的定期更新与完善。"

### 6. 凸显大学章程与高等学校分类设置条例的联动对接

大学章程是高等学校主动进行内外部治理和综合改革的基础,因此,高等学校分类设置和分类选择需要与章程规定的机构性质、发展定位、办学方向、办学层次相一致。通过自上而下的高等学校分类设置条例和自下而上的大学章程的规制,引导高等学校发展定位符合高等学校要素禀赋和经济社会发展需求,避免出现高等学校偏离应然定位而"求大求全"建设综合性高等学校或者趋向学术型发展。

《修订条例》第三章"设置标准"第十一条规定"设置高等学校,应当制定高等学校章程,明确学校的名称、校址、机构性质、发展定位、办学方向、办学层次、办学规模、学科门类设置、教育形式、内部管理体制、经费来源、财产和财务制度、举办者与学校之间的权利和义务等。"

《修订条例》第五章"学校名称"第二十二条规定"设置高等学校,应当制定大学章程,根据学校的性质、层次、类型、人才培养目标、学科门类、规模、教学和科研水平、领导体制、所在地等,确定名实相符的学校名称。不得冠以'中国''中华''全国'等字样。名称应当符合有关法律、行政法规的规定,符合国家高等教育发展规划,不得损害国家和社会公共利益。原则上,校名一经确定,应维持长期的稳定性。"

《修订条例》第六章"审批程序"第三十九条规定"凡违反本规定有下列情形之一的,由国务院教育行政部门区别情况,责令其调整、整顿、停止招生或停办:

(一)学校现状与大学章程不符的;"

### 7. 引导和规范不同经济社会发展水平的高等学校建设和分校区建设

《实施细则》第二章"各主体权责范围"第七条规定"地方政府根据高等教育社会经济发展水平,根据不同区域社会经济条件,分区域发挥统筹能力,落实各类高校区域特征和在地化建设,引导当地高校在不同类别下追求质量卓越的发展目标"。

### 8. 高等学校分类设置条例同样适用于民办高校、独立学院、中外合作办学机构的设置和转设

《修订条例》第一章"总则"第二条规定"本条例所称的高等学校,是指以通过国家分类规定及其设置标准建立的普通本科学校、普通高职院校和开放大学,包含民办学校、独立二级学院和中外合作办学机构"。

《实施细则》第四章"设置基准"第十八条"特殊情况"规定"民办学校、中外合作办学机构、独立学院等参照本标准执行"。

**9. 从规模上而不从层次上区分学院和大学**

只需规定研究型高等学校、应用型高等学校、职业技能型高等学校的分类设置标准,三种类型高等学校分类设置具体指标不再分解到学院或大学。

## 二、新分类体系及设置标准的基本内容

新分类体系及设置标准应体现高校分类体系和高校分类设置标准这两个核心内容,高校分类体系和高校分类设置标准也是对1986年《普通高等学校设置暂行条例》进行重点修订的部分。高校分类体系是高校分类设置标准的依据,高校分类设置标准要建立在高校分类体系的基础之上。

### (一)新分类体系

新分类体系是基于高校基本情况数据进行统计验证得出的结果,研究表明,我国高校新分类体系由研究型、应用型和职业技能型高校构成,这是基于数据分析得到的明确结果。在三种类型高校分类体系的基础上,基于研究分析结果还可以对其中的高校类型进行进一步细分。国家层面的三类型高校分类体系应作为宏观指导意义的分类,鼓励地方在三类高校分类体系的框架下,结合地方实际,自主统筹进行高校分类管理。

对本科高校基本情况数据进行多次聚类与验证,发现当高校基本数据进行三类或四类聚类时,高校类型可以解释并基本与我们当前的认知相符合;当高校基本数据进行五类及以上聚类时,高校类型分布混乱,处于无法解释的状态。对这三类或四类高校进行进一步的特征挖掘,发现三类高校中的两类呈现出明显的研究型高校特征、应用型高校特征,而剩下一类则呈现出离散的状态,并不能表现出明显的特征;在四类高校中,有两类呈现出明显的研究型高校特征,一类呈现出明显的应用型高校特征,剩下一类呈现离散状态。另外,对本科高校进行三类或四类聚类时,均存在某一类高校数量独大的情况,说明我国确实存在"千校一路"的发展模式,而对这一类进一步进行标准化聚类分析后发现,其可被分为两类,一类在专任教师中"双师型"比例上表现更佳;而另一类在多数指标上(包括研究生学位数、硕士学位比例、博士毕业生数、具有研究生学历专人教师比例等方面)都表现较为突出,即应用型高校还可以再分为带有研究性质的研究应用型高校和以应用为主的技术型高校。因此,根据我国高校的实际情况,在全国政策层面,应当引导高校转变"千校一路"的发展模式,本科高校分为研究

型、应用型两种类型已经较为清晰和明确，新分类体系也应以明确的本科高校分为研究型、应用型，以及高职大专等职业技能型高校，形成我国高校分类体系三路发展模式。在此基础上，各个省份和地区根据各自的实际情况，可以在三路之下再进一步划分小类，实现分类管理。

### （二）分类设置标准

在新分类体系的基础上设计我国高校分类设置标准，明确研究型、应用型、职业技能型高校设置三种类型高校设置的边界标准，维护高校分类设置的稳定性。高校分类设置标准体现的是高校为实现办学定位和办学目标所需投入的教育资源保障，因此从高校与创新的关系、教学与科研的关系、人才培养、科学研究、社会服务等维度反映高校内在发展规律和高校与国家、社会、经济发展关系等方面建立三种类型高校设置的边界标准。

从高等教育质量保障的角度来看，高等学校设置从高等学校准入的角度出发，保障高等教育质量，因此强调最低标准，应该采取底线思维。高等学校分类设置标准应当侧重于对不同类型高等学校达成最低质量要求（如发展目标和预期产出）所需要的核心资源和支持机制进行考察。其中核心资源和支持机制应当以生均为计算标准，具体包括师资、不同类型人才培养计划、教室图书实验设备等教学辅助设备、经费保障及其他，尽量避免对总量进行规定，从而为小微型高校发展留出足够的空间。因此，需要对我国普通高校的设置基准进行测算。

总之，通过进行国际比较、梳理我国高等学校的设置标准以及对不同利益相关者进行访谈分析，共梳理出以下考察高等学校的设置标准，主要包括学校名称、办学定位、内部管理制度、经费保障、财产和财务制度、领导力、人才培养模式、师资、基础设施、教学辅助条件等要素。

## 三、新分类体系及设置标准的关系处理

建立我国高等学校分类设置标准，首先，应当明确新分类体系及设置标准之间的关系。其次，应理顺新分类体系内部不同类型高校之间、同一类型高校之间的关系。

### （一）新分类体系及设置标准之间的关系

高校分类是高校设置的前提，高等学校设置制度设计的目的是建立高等学校

的准入规范。高校设置要体现高校分类的核心特征，并在此基础上制定高校准入的底线标准和规范程序，严守高校设置的质量标准。

高等学校分类体系是对高等学校进行类型划分的体系化构建。根据国际上高等学校的分类经验，可以发现高等学校分类的目的主要有两种：指导高等学校发展和规范高等学校管理。以指导高等学校发展为目的的高校自主选择分类，如联合国教科文组织的国际教育标准分类、美国的卡内基高校分类、欧洲的U-MAP；以规范高等学校管理为目的的高校分类如德国大学分类、美国加州高等教育规划系统、俄罗斯高等学校分类、日本高等学校分类等。以指导为目的的高校分类主要目的是促进高等学校自主发展，因此并不辅以行政要求；以规范高等学校管理为目的的高等学校分类则与政府对高等教育的发展诉求紧密结合。

高等学校设置的目的是建立高等学校的准入规范。是否需要设立高等学校是由市场本身的供需要求决定的，但是设立的高等学校是否能够达到质量标准、是否能够保证受教育者的利益，则需要政府调控。与高等学校设置相对，高等学校的发展性政策，如"双一流"建设、"2011计划"，追求的是对高等教育质量的提升，应当采取的是内涵式发展和创新思维。

结合高等学校分类体系和设置标准各自的侧重点，需要明确的是：建立高校分类体系，实现每一种类型的高等学校的卓越发展，是建立一流高等教育体系的关键；建立不同类型高等学校的设置标准，是为了规范不同类型高等学校的最低质量。

### （二）新分类体系内部的关系

对高校分类体系内部关系进行分析，要处理好不同类型高校之间的关系、同一高校类型内部高校之间的关系。

首先，分析不同类型高校之间的关系。一方面，不同类型高校在各自不同的系统内部特色发展，追求卓越，避免无序竞争，促进高等教育整体水平提升；另一方面，不同高校类型之间进行差异化合作，促进高等教育资源流动，提高高等教育资源利用水平，缩小高等教育资源布局差异，促进高等教育公平，全面推动不同类型高校追求质量卓越。

其次，分析同一高校类型内部高校之间的关系。同一高校类型内部，虽然高校类型相同，但不同高校学科专业优势、所处地域具有差异性，使得同一类型高校也带有特色发展的基因，要求高校集中优势资源，突出办学优势和特色，通过竞争带动发展，进而提高本类型高等教育整体质量。

## 第四节　新分类体系及设置标准的框架及其运行研究

构建我国高等学校分类体系和设置标准，应注重五年规划与长期发展目标相统筹，规定性分类设置标准与指导性分类体系相结合，坚持存量结构调整为主与增量创新发展为辅。以构建分类体系为基础，更新设置标准为目的，形成分类体系和设置基准为主的两大核心框架。在具体运行过程中，准入机制与退出机制共举，发展规划与质量监督并重。

### 一、新分类体系及设置标准的框架结构

在"高等学校分类体系及其设置标准"研究过程中，尝试提出《普通高等学校设置修订条例》（以下简称《修订条例》）修订建议，并相应提出制定《普通高等学校设置修订条例实施细则》（以下简称《实施细则》）的要求。《修订条例》主要包括总则的确立，分类体系、设置标准、类型选择、学校名称、审批程序的基本阐述，以及附则的补充说明。针对具体操作，在《实施细则》中，对分类体系和设置标准进行了详细的说明，从高等学校功能的角度拟定了各项标准的操作区间，以求从高校的指导思想与法律框架、基本属性、高校与社会的对接这三方面框定多维分类体系及其设置标准。

此次高校分类体系及设置标准的重构，是针对现行1986年国务院《普通高等学校设置暂行条例》设置标准作出的重要修订。此次修订，增加了高校的涵盖量和包容性，将过去的普通高等教育、成人教育、网络大学统筹起来，融入人才培养的多样性，重视创新创业教育的推广实施。在《修订条例》中加入"分类体系"的内容，能够引导各高校分类对号入座，给予各高校更大的选择空间；并在"设置标准"的部分进行了相应的规定。《修订条例》加强了对高校生存与发展所需的软件规定，调整了硬件规定，允许学校自主选择；同时，对高校名称的框定，是对升格、更名等事件作出规定与预警，将审批程序也一并纳入，并对违法、违规、违纪行为的检查处理作出必要的说明。

#### （一）指导语

第一部分为指导语，表明高校分类体系及设置标准的重大意义并提出高校分类体系和设置标准的指导思想。指导语部分包括目的、总体思想、具体主管部

门、内部问责部门、制度落实配套与协调、外部关系处理、分类准入与升格、质量监管与保障等说明。

高等学校分类体系的建立与设置标准的拟定关系到我国高等教育事业的可持续发展。本次修订目的在于理顺我国高等学校分类的理论热点，解决高等学校分类、设置以及未来发展的路径难题。本次修订以"存量为主、兼顾增量"，在新分类体系和设置标准条例与细则中遵循"严守底线、多维发展、提高质量、追求卓越"。

### （二）总则

第二部分是总则，总则为《修订条例》的第一章，对高校分类体系及设置标准条例的法律根据进行说明，界定高校所指范围、表明调整高等教育结构的依据、规定国家和地方教育行政部门的权力和职责、提出高校设置的条件。具体包括以下内容：

根据《中华人民共和国高等教育法》，为了加强高等教育的宏观管理，促进高等教育事业有结构、按比例地分类发展，提高高等学校的教育质量，制定本条例。

本条例所称的高等学校，是指已通过国家分类规定及其设置标准建立的普通本科学校、普通高职院校和开放大学。实施本科及以上教育层次的高等学校设置，由国家教育行政部门审批；其他高等学校的设置，由各省、自治区、直辖市人民政府审批，报国务院教育行政部门备案。审批设立高等学校应当遵守国家有关规定。

国家教育行政部门根据经济建设和社会发展的需要、科技进步和人才需求的科学预测和办学条件的实际可能，编制全国高等教育事业发展规划，调整高等教育结构，妥善地处理发展高等教育同发展中等专业教育和基础教育的关系，合理地确定科类和层次。

国家教育行政部门应当根据学校的人才培养目标、招生及就业创业面向地区以及现有高等学校的分布状况等，统筹规划高等学校的布局，并注意在高等教育事业需要加强的省、自治区有计划地设置高等学校。

凡通过现有高等学校的功能调整、分类发展、扩大招生、增设专业、接受委托培养及联合办学等途径，能够基本满足人才需求的，不另行增设高等学校。

### （三）分类体系

分类体系是修订1986年《普通高等学校设置暂行条例》需要特别关注的部分，作为《修订条例》的第二章。

国家制定高等学校分类体系，用以指导高等学校发展。国家制定政策引导高校定位，不强制对高校分类，高校享有办学自主权。地方政府可以出台辅助分类体系，适应各地不同的高校发展需要。

我国高等学校在教育层次上分为专科、本科、硕士、博士。不同层次高校之间通过学分互认体系进行沟通。学分互认办法由教育部另行制定。

为规范高等学校设置，将我国高等学校划分为三种类型，称为行政性分类体系。这三种类型分别为：研究型、应用型、职业技能型。

国家和各省、自治区、直辖市根据社会经济建设需要对已设置的高等学校进行分类指导和管理，维护高等学校公平竞争。

### （四）设置标准

设置标准是《修订条例》的第三章，包括高校准入基准和退出机制。

设置高等学校，应当制定章程，明确学校的名称、校址、办学宗旨、办学规模、学科门类设置、教育形式、内部管理体制、经费来源、财产和财务制度、举办者与学校之间的权利和义务等。

设置高等学校，应当配备具有较高政治水平和与岗位职责相匹配的领导力和工作水平、熟悉高等教育规律、具有博士学位和正高级专业技术职务的党委书记和校长，坚持党委领导下的校长负责制。

设置高等学校，须根据学校的类型选择制订人才培养计划、设置专业和课程，并采用与办学类型相符的教学方法。

设置高等学校，须按规定配备与学校的类型选择、专业设置、学生人数相适应的合格教师。各类型高校生师比、教师学历、教师职称、"双师型"教师比例、专兼职教师比例等均需达到《实施细则》中的具体要求。

设置高等学校，须有与学校的学科门类和规模相适应的土地和校舍，保证教学、生活、体育锻炼及学校长远发展的需要。高等学校的校舍可分期建设，但其可供使用的校舍面积，应当保证各年度招生的需要。

高等学校在建校招生时，各项教学辅助条件依据专业性质配备，需达到《实施细则》中的具体要求。

设置高等学校所需的基本建设投资和教育事业费，须有稳定的来源和切实的保证。

### （五）类型选择

类型选择是《修订条例》的第四章，是高校自主办学权的体现，是高校作为办学主体根据办学特点和条件自主选择发展类型的表现。

在批准设置后，高等学校拥有法律规定的办学自主权。高等学校可根据学校发展的不同阶段进行适应性调整，可配合国家发展与改革需要进行适当调整。

高等学校根据自身基础自主选择类型定位，在人才培养、科学研究、社会服务、文化引领方面形成各自的特色，有序竞争、错位发展。

高等学校应当完善高校内部治理结构，充分面向市场办学，适应经济社会发展的需求。

已批准设置的高等学校应当着力提升利益相关者的满意度（包括学生、家长、雇主等）和社会声誉，着力提高质量。

## （六）学校名称

学校名称是《修订条例》的第五章。设置高等学校，应当制定大学章程，根据学校的人才培养目标、学科门类、规模、领导体制、所在地等，确定名实相符的学校名称。原则上，校名一经确定，应维持长期的稳定性。

高等学校的名称分为大学、独立设置的学院、高等专科学校、高等职业学校和开放大学。其中，大学和学院主要实施本科及以上教育，两者无层次差别，主要区别为所拥有的学科门类数不同。

称为大学，必须符合下述规定：实施本科及本科以上教育；在哲学、经济学、法学、教育学、文学、历史、理学、工学、农学、医学、管理学、艺术12个学科门类中，以3个以上不同学科为主要学科；具有较强的教学、科学研究力量和较高的教学、科学研究水平。

称为学院的，必须符合下述规定：实施本科或本科以上教育；在哲学、经济学、法学、教育学、文学、历史、理学、工学、农学、医学、管理学、艺术12个学科门类中，以1~3个不同学科为主要学科；具有较专的教学、科学研究力量和较高的教学、科学研究水平。

称为高等职业学校、高等专科学校的，须符合下列规定：实施专科教育；高等专科学校应以师范、医学、公安类教育为主，高等职业学校应以职业教育为主，建校后首次招生专业数应为5个及以上。

称为开放大学的，必须符合下述规定：实施专科或专科以上教育；主要是指以现代信息技术为支撑，实施远程开放教育。

## （七）审批程序

审批程序是《修订条例》的第六章。教育部每年第三季度办理设置高等学校的审批手续。设置高等学校的主管部门，应当在每年第三季度以前提出申请，逾期则延至下一年度审批时间办理。

设置高等学校的审批程序，一般分为审批筹建和审批正式建校招生两个阶段。完全具备建校招生条件的，可直接申请正式建校招生。

设置高等学校，应当由学校的主管部门邀请教育、计划、人才需求预测、劳动人事、财政、基本建设等有关部门和专家共同进行论证，并向审批机关提交下列论证材料：一是申办报告，包括说明所属部门地区经济社会发展状况、财政收入及高等教育投入情况、支持申报学校发展的政策措施和经费保障承诺；省直部门申请报告需载明主管行业或领域发展状况和支持申报学校发展的政策措施。二是可行性论证材料，包括人才需求预测、行业分析、生源分析、办学效益、高等教育布局。三是拟建学校的章程，包括名称、校址、办学宗旨、办学规模、经费保障、学科门类的设置、教育形式、内部管理体系、质量保障体系、举办者与学校之间的权利和义务、章程修改程序、其他必须由章程规定的事项。四是办学准备条件，包括拟建学校的教学资源，如教师资格、教师资源、图书、实验室；拟建学校的基建计划和其他硬件设施等。

此外，对国家和地方高等教育管理部门的权责关系进行梳理，规定教育部和全国高等学校设置专家评议委员会的职责，以及高校筹建和正式建校的期限要求，并规定不符合设置标准和办学条件的高校的退出机制。

### （八）附则

附则是《修订条例》的第七章，该部分对修订条例的依据、面向范围、主体、实施时间等未尽事宜进行补充说明。

《修订条例》施行前设置或变更学校名称的高等学校，应当参照本条例，进行适当调整。调整办法，由教育部另行制定。

《修订条例》根据《中华人民共和国高等教育法》中"第三章　高等学校的设立"制定。本条例中对于实施本科教育、本科及以上教育、专科教育、非学历教育等的具体要求，参照《中华人民共和国学位条例》执行。

《修订条例》由教育部负责解释。

《修订条例》自发布之日起施行。

## 二、新分类体系及设置标准的功能选择

新分类体系及设置标准发挥健全高等教育体系，深化高等教育管理改革，引导高校特色办学，支撑和引领国家创新驱动发展战略等功能。

## (一) 新分类体系及设置标准健全我国高等教育体系

新分类体系及设置标准的目标之一在于优化存量和把控增量，进行存量结构调整和增量提质增效。1999年以来至今我国高等教育规模不断扩张，2017年我国普通高等学校数量达2 631所，普通高等教育本专科共招生761.49万人（中华人民共和国教育部，2018）。随着高等教育规模日趋扩大，有限的高等教育资源日益紧张，这就要求高等教育控制规模扩张转而加强内涵式发展，全面提高高等教育质量。新分类体系及设置标准严控质量底线、规范程序、引入专家评议和科学方法提高科学性和专业性，更好地服务于高校结构优化，健全我国高等教育体系，是实现全面提高高等教育质量的高等教育发展目标的重要途径。

## (二) 新分类体系及设置标准深化我国高等教育管理改革

新分类体系及设置标准作为行政性的规定，国家指导和省级统筹是新分类体系及设置标准顺利运行的保障。我国正处于深化高等教育领域放管服改革的重要时期，新分类体系及设置标准的制定和运行，有助于进一步理顺中央高等教育行政管理部门和地方高等教育行政管理部门的权力和责任，发挥中央高等教育行政管理部门宏观管理、服务和监管职责，加强地方高等教育行政管理的自主性，从根本上引导高校面向社会自主办学。

## (三) 新分类体系及设置标准引导高校特色办学

高等学校分类体系的目标，是建立三种类型高校分类发展的体系，用以推动高校自主、特色发展。新分类体系及设置标准为高校深化综合改革提供切入点和重要契机。以分类管理为目的，高等学校分类体系应当注重结构调整与功用创新，主要通过形成"一校一方案"、构建高等学校分类发展监控数据库、打通社会问责信息通道、营造社会核心教育价值等方式引导和鼓励高校自主定位，集中优势资源实现特色发展。

## (四) 新分类体系及设置标准支撑和引领国家创新驱动发展战略的实施

当前我国高校缺乏特色、同质化发展，导致人才培养难以符合社会经济发展要求等问题是推动制定新分类体系及设置标准的一大现实动因。国家创新驱动发展战略要求发挥高等教育对经济社会发展的支撑和引领作用，必然要通过新分类体系及设置标准优化我国高等教育结构，引导高校科学定位、特色办学，主动适应并适度超前，为国家创新发展和经济转型升级提供人才、知识资源保障。新分类体系及设置标准是健全我国高等教育体系的顶层设计，引导高校各就其位、各安其位，履行社会职能，为国家创新驱动发展战略提供智力支持。

## 三、新分类体系及设置标准的运行机制

新分类体系及设置标准的运行需要将五年规划与高校评估相结合，完善准入与退出相结合机制，加强质量监管。高等学校分类体系及其设置标准的五年规划，是指打破高校"千校一路"的发展困境，建立三类型分类体系，用以分类规范现阶段高校的办学行为。教育部依据高等学校分类体系，制定高等学校分类设置标准，并通过制定相应的政策促进不同类型高等学校多样化办学，特色化发展，推动专门机构评估促进高校"一校一方案"办学，实现高校分类管理。

### （一）高校分类设置的五年规划体现中央和地方高等教育管理、全国高校设置专家评议委员会及委员之间的权力关系和权责范围

凡经过论证，确需设置高等学校的，按学校隶属关系，由省、自治区、直辖市人民政府或国务院有关部门向教育部提出筹建高等学校申请书，并附交论证材料。国务院有关部门申请筹建高等学校，还应当附交学校所在地的省、自治区、直辖市人民政府的意见书。

由教育部和全国高等学校设置专家评议委员会对各省、自治区、直辖市人民政府或国务院有关部门提交的筹建申请书、论证材料进行书面审查，并组织专家团体进行实地考察，召开会议最终作出是否准予筹建的决定。

经批准筹建的高等学校，凡符合《普通高等学校设置标准修订条例实施细则》规定的设置基准，按学校隶属关系，由省、自治区、直辖市人民政府或国务院有关部门向教育部提出正式建校招生申请书，并附交筹建情况报告。高等学校的筹建期限，从批准之日起，应当不少于一年，但最长不得超过五年。

由教育部和全国高等学校设置专家评议委员会对各省、自治区、直辖市人民政府或国务院有关部门提交的正式建校申请书和筹建情况报告进行书面审查，并组织专家团体进行实地考察，召开会议最终作出是否准予正式建校招生的决定。

各省、自治区、直辖市人民政府或国务院有关部门等新设高校的主管部门，应当根据需要设置高等学校，保证筹建高等学校申请书、论证材料、正式建校申请书、筹建情况报告的充分性、真实性和合理性。如果学校办学失败，主管部门应当负责妥善处理在读学生。

设置全国高等学校设置专家评议委员会。作为教育部高校设置工作的咨询机构和决策机构。全国高等学校设置专家评议委员会的主要职责包括：一是对各省、自治区、直辖市人民政府或国务院有关部门提交的筹建高等学校申请书和论证材料进行研究咨询、行政书面审查和实地考察评议，召开会议决定是否准予筹建。二是对各省、自治区、直辖市人民政府或国务院有关部门提交的正式建校申请书和筹建情况报告进行研究咨询、行政书面审查和实地考察评议，召开会议决定是否准予筹建。三是全国高等学校设置专家评议委员会应当成立专家库，根据新建学校的具体类型委托专家进行评议。四是成立若干专家智库，进行高等学校分类体系和设置标准的相关研究工作，推动高等学校分类体系和设置标准的定期更新与完善。

### （二）将高校分类设置与高校评估机制相结合

经批准建立的高等学校前四年应当每年向教育部提交办学报告。教育部及高等学校设置专家评议委员会通过书面审查和实地考察，评议新设高校是否按照申请书和论证材料的实际内容办学。

### （三）高校分类设置标准要与高校退出相结合，动态监管高校设置质量

凡违反本规定有下列情形之一的，由教育部根据具体情况，责令其调整、整顿、停止招生或停办：一是学校现状与章程不符的；二是虚报条件，筹建或建立高等学校的；三是擅自筹建或建校招生的；四是超过筹建期限，未具备招生条件的；五是第一届毕业生经考核验收达不到规定要求的；六是在规定期限内，达不到审定的办学条件的；七是出现办学条件警示的。高校退出机制还应该重视对现有高等教育设施设备、师资、在校生等进行妥善处理。

## 第五节　新分类体系及设置标准相关政策的配套及调适研究

新分类体系及设置标准需要通过配套的五年规划实现部署和运行。以高等学校分类体系为抓手，以促进高等学校分类定位、特色发展，实现高等教育管办评分离为目标，当前五年规划应当着重做好以下四个方面的工作。一是推动全国不同经济社会发展水平的三片区省域高校设置五年规划方案的制定，通过

审核、协商、政策支持等方式促进各省高校设置五年规划方案的落实。二是对进入及未进入"双一流"建设计划的研究型、应用型高校、职业技能型高校,进行分类管理和评价,推动两类高校的特色巩固。三是推动一批高校向应用型高校转型,树立典型,促进应用型高校的特色形成。四是监控设置标准执行状态,制定负面清单,建立退出机制,在不损害公共利益的情况下允许高校自由发展、探寻新路。

## 一、新分类体系的政策配套问题

五年规划期间,高等学校分类发展与设置工作要进一步坚持以科学发展观为指导,认真贯彻落实《国家中长期教育改革和发展规划纲要(2010-2020年)》《国家中长期人才发展规划纲要(2010-2020年)》《高技能人才队伍建设中长期规划(2010-2020年)》和《全面提高高等教育质量的若干意见》,以提高高等教育质量为核心,以适应国家和区域经济社会发展需要为宗旨,围绕加快转变经济发展方式和产业结构优化这条主线,以改革创新为动力,从严、从紧控制高等学校总量和增量,优化高等教育布局与结构,引导高等学校合理定位,办出特色,进一步促进高等教育科学发展。

### (一)新分类体系的政策方向

首先,以"高等学校职能实现及其保障条件"为基础,构建多元分类体系,并发布供各省各校参考,促进高校自主定位、特色发展。其次,根据国家经济社会发展需要,控制好对各类高校支持的力度和节奏,现阶段的重点在于构建应用型大学的特色和优势,为转型之路提供平台和保障,并改变过去统一"标杆管理"方式,强调高校的特色化发展。最后,制定政策引导高校错位发展。高校的分类是为了更好定位、错位发展、特色发展,避免同质化低水平发展。重新审视高等学校"上层次发展"内驱力的合理性,必须要把这种内驱力引向重特色、重质量的内涵发展,使学校在不同类型、不同层次上办出水平、办出特色。加强各种类型高校的学科与专业建设,定位与特色要体现在学科专业的建设上。

### (二)新分类体系的五年规划

新分类体系的五年规划要坚持存量调整与严控增量原则、服务国家和立足区域原则相结合。首先,坚持存量调整与严控增量相结合原则。要按照服务转变经济发展方式、调整经济结构、区域发展战略的要求,科学规划五年规划期间高等学校的分类发展及设置，实现高等教育在区域、结构、层次上的合理布局。其次，坚持服务国家与立足区域相协调原则。高等教育要服务于经济结构战略性调整、现代产业体系建设和社会建设，服务于区域经济发展，积极构建现代职业教育体系，优化学科专业、类型、层次结构，重点培养学术创新型、应用工程型、技术技能型人才，并逐步建立终身教育和终身学习体系。

高校分类发展的政策规定旨在引导高校合理定位、特色办学、提升自主办学能力，形成多样化的高校办学格局。根据高校分类体系，制定分类管理办法，调整资源配置方式，引导高校分类发展，克服同质化倾向、克服"千校一路"倾向，促进高校特色发展，优化国家高校战略布局与结构。

第一，依照《普通高等学校设置修订条例》及与之配套的《普通高等学校设置暂行条例实施细则》的相关规定，在研究型、应用型和职业技能型高校三种类型高校的基础上，根据不同类型高等学校的功能，可将高等学校进一步分为创新型、工程型、应用型、博雅型、职业型和开放型，作为高校分类发展的长期目标。创新型高等教育机构是指能够产生改变事物现状成果、培养创新型人才的高校，可以进一步细分为知识创新型、技术创新型和产业创新型；工程型高等教育机构是指将自然科学的原理应用于社会生产以创造实际生产价值、培养工程型人才的高校，可以进一步细分为设计工程型高校和现场工程型高校；应用型高等教育机构主要是指以科学知识和技术成果的应用为教学导向，强调技术的转移和转化，培养应用型人才的高校；博雅型高等教育机构是指不强调学生专业发展的高校；职业型高等教育机构主要提供技能训练、帮助个体掌握和运用某种专门技术的能力；开放型高等教育机构主要是以现代信息技术为支撑，强调学历教育与非学历继续教育并重，实施远程开放教育的高校。

第二，高等学校类型的划分用于指导高等学校合理定位和特色发展，但不强制对高校分类。高等学校根据办学历史、区位优势、专业优势、资源条件等，确定特色鲜明的发展规划、人才培养规格、学科专业设置、科学研究重心等，形成自身的办学定位和发展特色。

第三，高等学校享有办学自主权。高等学校根据宏观管理方针、社会人才需求、科学研究、社会服务等标准和边界，进行自主选择与归类，可根据学校发展的不同阶段进行适应性调整，不断优化办学定位；高等学校对办学目的、内部法人治理结构、学校自主管理、自我约束的体制、机制作出规定。

第四，高等学校协调学校自主办学、政府分类指导、社会需求之间的关系，逐步形成与自身办学定位、特色发展相适切的利益群体关系网，加强高校与相关利益群体的良性互动，形成特色化发展的整体格局。

第五，引导不同高校协同合作，搭建协同合作平台。不同类型、不同层次的高校以学分等为纽带，构建学生培养互通交流平台、科研协作交流平台、成果转化协作及社会服务等交流合作平台，形成网状互通的高校分类与协作体系。

## 二、新设置标准的政策配套问题

《国家中长期教育改革和发展规划纲要（2010－2020年）》和《全面提高高等教育质量的若干意见》等提出了高等教育发展的总体战略、主要任务和工作方针，明确指出应牢固确立人才培养的中心地位，树立科学的高等教育发展观，坚持稳定规模、优化结构、强化特色、注重创新，走以质量提升为核心的内涵式发展道路。

五年规划期间高等学校分类设置工作，要紧紧围绕科学发展这个主题、加快转变经济发展方式这条主线，围绕《国家中长期教育改革和发展规划纲要（2010－2020年）》总体部署和要求，认真贯彻落实，科学谋划发展，精心组织实施，从严、从紧控制高等学校总量和增幅，使高等教育布局和结构更加优化，办学特色更为鲜明，多样化办学格局逐步形成，高等学校人才培养、科学研究、社会服务、文化传承创新的水平得到明显提高，引导高校办出特色与成效。

### （一）新设置标准的政策要求

厘清高校设置过程中的管办评各方的责任和义务、明确多样化的高校设置标准。首先，在高校设置过程中，主要存在四个实践的主体，缺乏研发主体：四个实践主体为教育部、高校设置评议委员会、省级主管部门、高校，缺少负责设计的类似高校设置研发委员会的研发主体。其次，高校需要根据社会和市场需要，确立办学目标和发展方向；省级主管部门主动性日益增强，对公办高校具有举办者的责任和义务，对民办高校负有监督的责任和义务，根据省域发展需求和规划调整高校发展目标和发展定位；高教设置评议委员会对高校举办具有提议权，通过对新设高校的考察，决定高校能否设立，并给出详细的建议报告；教育部具有最终审批权，并负责信息公开，包括结果公开和高评委的报告公开。高校设置研发委员会应当由常设的若干高水平研究团队构成。在设置标准方面，由于学校类型多样并且在设置过程中尚未完全明确发展方向，因此可以从核心指标方面设立最低标准，由各个省、自治区、直辖市根据自身的情况再作具体规定。

### （二）新设置标准的五年规划

新设置标准的五年规划要遵循一定原则。第一，实然特征与应然标准相统一。引导高等学校按照国家、产业和区域经济社会发展需要进行合理定位,全面加强高等学校内涵建设,实现内涵式发展,改革高等学校办学模式,创新人才培养模式,在不同层次、不同领域办出特色,克服同质化倾向,实现特色发展。第二,特色审核评估与院校自主发展相促进。针对不同区域的不同特点和发展阶段,采取不同的发展方针和策略,分区规划,分类指导。要充分发挥政策指导和调控教育资源配置的作用,引导高校分类发展、优化办学定位、特色办学,逐步增强高校自主办学能力和水平。第三,中央管理与省级统筹相照应。教育部切实履行高等教育统筹规划的职责,制定分类发展方针政策、管理办法和高等学校设置标准。省级人民政府加强对高等教育统筹,合理设置和调整高等学校及学科、专业布局,提高管理水平和办学质量,完善以省级人民政府为主的高等教育管理体制。

高等学校的设置应注重妥善处理发展高等教育同发展中等专业教育和基础教育的关系,合理地确定科类和层次,统筹规划高等学校的布局。设置高等学校,应当制定大学章程,根据学校的人才培养目标、学科门类、规模、领导体制、所在地等,确定名实相符的学校名称,严格执行《普通高等学校设置修订条例》及与之配套的《普通高等学校设置修订条例实施细则》的相关规定。凡通过现有高等学校的功能调整、分类发展、扩大招生、增设专业、接受委托培养及联合办学等途径,能够基本满足人才需求的,不另行增设高等学校。

**1. 调控政策**

(1) 生均拨款保障。注重考察所在地方财政,严格按照教育法律法规规定,年初预算和预算执行中的超收收入分配体现法定增长要求的状况,确保教育财政拨款增长明显高于财政经常性收入增长,按在校学生人数平均的教育费用逐步增长,学生人均公用经费逐步增长,教师收入分配政策得到落实,工资足额发放。近3年全省(区、市)高等学校生均预算内教育事业费未能实现与同年财政收入增幅同步的,原则上当年不考虑设置高等学校。

(2) 高等教育入学率。注重考察所在地区经济社会发展状况,各类人才需求预测和社会吸纳能力,人口的数量和结构,现有高等教育资源的总量和结构。近3年普通高等学校招生录取数量与高中阶段毕业生总量的比例高于全国平均水平五个百分点以上的省(区、市),原则上当年不增设新的高等学校。

(3) 高等教育层次、结构。注重考察所在地区高等教育的结构和布局状况,高等学校类型、层次、专业、学科等的合理程度,生源质量保障及毕业生就业率等。近3年本科在校生占本、专科在校生总数的比例超过全国平均水平5个百分点的省(区、市),原则上当年不增设新的本科学校。

(4) 实施本科以上高等学历教育(含外国学士以上学位教育)且具有法人

资格的中外合作办学机构（简称"中外合作本科学校"），应纳入省级人民政府五年规划高等学校设置规划。

（5）高等学校设置基准。严格执行《普通高等学校设置修订条例》及与之配套的《普通高等学校设置修订条例实施细则》的相关规定，办学条件达不到标准的学校不予设置。拟设置或报请备案的高等学校，应当纳入省级人民政府五年规划高等学校设置规划。

**2. 具体规定**

公办普通专科层次学校升格为本科学校必须从严把握。对于布局合理，条件具备，毕业生届数在 10 届以上，且在区域内高等教育结构中具有不可替代性的普通专科层次学校，可申请组建为本科学校。

对民办普通专科层次学校，如其布局合理、办学条件达标、办学特色突出、无违规行为、毕业生届数在 7 届以上，符合地方经济社会发展和高等教育改革发展的实际需要，可在原有基础上申请组建本科学校。

对于布局合理，条件具备，办学行为规范，并列入省级人民政府五年规划高等学校设置规划的独立学院，可以按照普通高等学校设置程序，申请转设为独立建制的民办本科学校。

严格控制民办本科院校总数，根据民办本科院校的发展状况，鼓励与引导运营状况良好的民办本科院校发展，合并或撤销长期运营状况不佳的民办本科院校。

积极发展民族地区高等教育。根据民族地区经济社会发展的需要，在布局合理，条件具备，有利于结构优化的前提下，可以申请设置普通高等学校。

重视发展特殊高等教育。鼓励和支持普通高等学校发展特殊教育专业和学科，培养特殊教育师资和人才，少数具备条件的地区可考虑设立以培养特殊教育师资和残疾人事业人才为目标的普通高等学校。

严格控制中外合作的本科学校的设立。在设立中外合作的本科学校时，外方教育机构须为国际公认的知名高等学校，并且应为我国高校类型不足之补充。

## 三、新分类体系及设置标准配套政策的调适重点

新分类体系及设置标准的配套政策应注意在以下方面进行重点调适：五年规划作为一种政策性规划，应与法律规范及制度设计相适应，应反映不同地区高校分类设置规划的自主性，应体现国家高等教育主管部门积极协调不同权力主体及进行支持政策，应将上一个五年规划期间的高校设置进行复查作为新高校设置调控的重要参考。

## （一）五年规划应符合高等教育相关法律规范和国家教育发展规划的整体精神

五年规划期间，要切实加强全国及各省（区、市）高等学校分类发展与设置的宏观规划工作。根据全国和各地国民经济和社会发展五年规划，《国家中长期教育改革和发展规划纲要（2010－2020年）》和各地制定的本地区教育改革和发展规划纲要，按照五年规划的精神，制定全国和省（区、市）高等学校分类发展与设置的整体规划。

## （二）五年规划应体现我国不同地区高校分类发展和分类设置要求

鉴于我国经济发展需要和高校自主定位意识增强，全国和省（区、市）高等学校分类发展与设置的整体规划要依据全国和各地五年规划期间经济社会发展以及教育发展的实际需要与现有高等学校资源的现状和发展潜力，依据各地经济发展和财政增长对高等教育所提供支持的实际可能以及拟设立学校的办学条件，科学制定省（区、市）高等学校分类发展与设置的五年规划，并允许不同地区根据实际情况进行调整。

## （三）五年规划要体现国家高等教育行政主管部门加强与其他高等分类设置相关主体之间的协调、监管与服务

教育部整体统筹区域间高等教育协调发展，统筹不同区域高校的分类及协调发展，协调高等教育与产业、区域的协同发展，加强监督管理。教育部和全国高等学校设置专家评议委员会加强对各地规划制定工作的指导、检查和督促，把制定全国和各地规划作为高等学校分类发展与设置工作的重要任务。各高等学校先根据《普通高等学校设置修订条例》所示标准归类、定位并进行多元选择和多维发展，达到一定标准可自主选择类型调整。教育主管部门严格监管高校按照相关法律、法规与条例办学。教育主管部门与全国高等学校设置专家委员会组织专家团队对转型发展高校、新建高校的申报材料进行严格审查与实地考察，并审批，依照条例实行分类管理。教育主管部门与各高校逐步公开数据，由专家咨询中心加强研究型数据的采集，建立高校分类与设置的研究型数据库。

## （四）五年规划应要求着力加强高等学校分类发展与设置效果的复查工作，确保高等教育质量

五年规划期间，应重点对上一个五年规划期间设置的高等学校（大学、独立

设置的学院、高等专科学校、高等职业学校）的办学条件和办学情况开展复查，并将复查结果作为调控各地高等学校设置的重要依据。

**1. 关于高等学校调整**

（1）普通高等学校调整。各地应根据高等教育发展的需要，以高等学校分类体系为指导，建立动态调整机制，严格控制数量，优化资源配置，坚持内涵式发展，引导高校公平有序竞争、错位发展。本着提高教育质量和办学效益的原则，在科学论证、统筹规划的基础上，对高等学校的布局、结构进行合理的规划和调整。

已批准设置的高等学校在人才培养、科学研究、社会服务、文化引领方面形成各自的特色，进一步理顺与政府和市场的关系，完善高校内部治理结构，充分面向市场办学，适应经济社会发展的需求，提升办学质量，形成学校特色办学的良性运转模式。

（2）成人高等学校调整。个别科类特殊、在当地高等教育资源的结构布局中具有重要的补充和完善作用的，可在从严控制的前提下考虑单独改制为普通高等学校。拟并入或改制为本科学校的成人高等学校，须按国家规定的高等学校设置程序报教育部审批。

支持省级、市级教育学院与师范院校或综合性院校合并。对布局合理，具备条件的省级教育学院可申请单独改制为普通师范院校。

（3）开放大学调整。开放大学与相关部委、行业协会、企业等广泛合作，充分、有效地利用现代信息技术，整合全社会优质教育教学资源，面向社会开展学历与非学历继续教育，服务企业转型升级，探索体现终身学习理念和促进全民终身学习的人才培养模式及机制。

开放大学在培养模式、课程平台、课程开放、双证结合、共享专业、行业学院、企业定制、学分银行、基于网络、教学团队、学习中心、实践教学等方面进行创新探索，争取有所突破，提升开放大学为社会公民终身学习提供教育培训服务的综合办学能力，并利用学分银行探索搭建终身学习"立交桥"的路径。

此外，无论是普通高等学校、成人高等学校还是开放大学，都应建立高等学校退出机制。对于办学条件不达标的，其主管部门已提出限期整改要求，但逾期不能改正的，或连续多年未招生的高等学校，可依法报审批机关予以撤销，并按照国家有关规定妥善处理学校资产。

**2. 关于高等学校命名与更名**

（1）严格按照《中华人民共和国高等教育法》和《普通高等学校设置修订条例》的规定"学院与大学无层次差别，主要区别为所拥有的学科门类数不同"。对"学院"更名"大学"的审批，从严掌握标准，严格管理高校命名和控制更名数量。

（2）农、林院校名原则上不更改为非农、林的校名，师范院校校名根据不同区域情况区别对待。农、林、师范院校在合并、升格时，要确保农、林、师范教育不受削弱，继续保留农、林、师范名称。

（3）高等学校在命名与更名时，应充分考虑高校校名之间的历史和传承关系，按照《普通高等学校设置修订条例》的具体规定，上报教育部公示及审批。

（4）设置高等学校应依据其层次、类型、所设学科类别、规模，教学和科研水平及其所在地，使用体现学科特色的名称。校名不能冠以"中国""中华""国家"的字样，不得以个人姓名命名，不能使用学校所在省（区、市）以外的地域名。

**3. 关于高等学校设置申报评审的工作程序**

教育部每年第三季度办理设置高等学校的审批手续。设置本科学校、学院更名大学、成人高校改制为普通本科学校的申请，于每年9月底以前以省级人民政府（或中央部委）名义正式报教育部，当年申请设置高等学校的办学情况将由教育部汇总并在网上向全国公示，逾期则延至下一年度审批时间办理。

教育部每年集中办理一次专科学历教育高等学校的备案。各地审批设立专科学历教育的高等学校必须于每年3月1日前报送教育部备案。在此之前，各地拟审批学校的预案，应事先与教育部有关司局进行沟通。

高等学校设置的审批程序，一般分为审批筹建和审批正式建校招生两个阶段。完全具备建校招生条件的，也可以直接申请正式建校招生。

凡申请设置的高等学校，应当由学校的主管部门邀请教育、计划、人才需求预测、劳动人事、财政、基本建设等有关部门和专家共同进行论证，并提出论证报告提交教育部。论证报告严格参照《普通高等学校设置修订条例》的规定。

凡经过论证，确需设置高等学校的，按学校隶属关系，由省、自治区、直辖市人民政府或国务院有关部门向教育部提出筹建高等学校申请书，并附交论证报告。国务院有关部门申请筹建高等学校，还应当附交学校所在地的省、自治区、直辖市人民政府的意见书。高等职业学校由各省、自治区、直辖市人民政府审批。

由教育部和全国高等学校设置专家评议委员会对各省、自治区、直辖市人民政府或国务院有关部门提交的筹建高等学校申请书和论证材料进行书面审查和实地考察，召开会议决定是否准予筹建。高等学校的筹建期限，从批准之日起，应当不少于1年，但最长不得超过5年。

经批准筹建的高等学校，凡符合《普通高等学校设置修订条例实施细则》规定的设置基准，按学校隶属关系，由省、自治区、直辖市人民政府或国务院有关部门向教育部提出正式建校招生申请书，并附交筹建情况报告。

由教育部和全国高等学校设置专家评议委员会对各省、自治区、直辖市人民政府或国务院有关部门提交的正式建校申请书和筹建情况报告进行书面审查、实地考察，召开会议最终作出是否准予筹建或正式建校招生的决定。

各省、自治区、直辖市人民政府或国务院有关部门等新设高校的主管部门，应当根据需要设置高等学校，保证筹建高等学校申请书、论证材料、正式建校申请书、筹建情况报告的充分性、真实性和合理性。如果学校办学失败，主管部门应当负责妥善处理在读学生。

教育部组织成立全国高等学校设置专家评议委员会，作为教育部高校设置工作的咨询机构和决策机构。全国高等学校设置专家评议委员会应当成立专家库，根据新建学校的具体类型选取专家进行评议。教育部和全国高等学校设置专家评议委员会应当着重监督筹建高等学校申请书、论证材料、正式建校申请书、筹建情况报告的充分性、真实性和合理性。

经批准建立的高等学校前4年应当每年向教育部提交办学报告。教育部及高校设置评议委员会通过书面审查和实地考察，评议新设高校是否按照申请书和论证材料的实际内容办学。

经批准建立的高等学校，批准正式建校招生之日后5年，应当接受普通高等学校教学工作合格评估。合格评估着重考察学校办学目标的达成度。

**4. 关于高等学校检查处理**

教育部将定期调整高等学校分类基本办学条件指标，以符合高校的办学实际和适应经济社会发展的需要。

经批准建立的高等学校，凡违反《普通高等学校设置修订条例》规定的以下情形之一者，将由教育部酌情责令其调整、整顿、停止招生或停办。包括学校现状与章程不符的；虚报条件，筹建或建立高等学校的；擅自筹建或建校招生的；超过筹建期限，未具备招生条件的；第一届毕业生经考核验收达不到规定要求的；在规定期限内，达不到审定的办学条件的；出现办学条件警示的等情况。

第六章

# 高等学校分类体系及设置标准的
# 国际化及未来趋向

我国高校分类体系及设置标准是健全我国高等教育体系，全面提高高等教育质量，建设高等教育强国目标的重要制度设计。高校分类体系及设置标准体现中国特色的同时，也必然要符合高等教育国际化和未来趋势。因此，高校分类体系及设置标准的未来性应体现在能够服务国家创新驱动发展战略，促进高校之间协同创新，并符合外部行业标准，主动适应并引领国家、高校、社会和行业未来需求。

## 第一节 新分类体系及设置标准的国际先进性研究

新分类体系及设置标准借鉴国际分类方法经验和设置标准经验，立足我国建设世界高等教育强国的国家需求和建设世界一流大学和一流学科的高等教育战略部署，是具有中国特色的先进性设计。

### 一、新分类体系及设置标准的国际借鉴

借鉴国际高校及高等教育分类体系和设置标准现状和研究经验，探索我国新分类体系及设置标准研究。形成基于人才培养定位标准、加强高校质量监管的规定性分类体系。分类设置标准中注重定性指标与定量指标相结合，充分发挥专家

评议提高高校设置决策科学性，将高校设置与评估制度相结合，健全退出机制，加强高校设置质量监管。

### （一）新分类体系的国际借鉴

基于高校职能形成高校分类体系。无论是美国、欧盟、日本等代表性国家和地区、联合国教科文组织等国际组织的高校分类实践和研究经验都表明，高校分类体系要基于一定的分类标准构建而成，高校分类体系的分类标准具有多样性。通过对授予学位类型、学科领域规模、科学研究、创新与转化、国际化教学获科研、教师成果、法律地位、公私立性质、对文化传播或地区贡献等分类标准进行分析，可以发现，高校职能是构建高校分类体系的最主要分类标准。进一步分析，人才培养方向和层次的不同类别则是这个最主要分类标准中较为核心的分类标准。

加强质量监管导向的规定性分类。国际高校分类既有如卡内基教学促进基金会和欧盟大学地图等用于统计高校数量和类型的描述性质的高校分类研究和实践，也存在如加州高等教育规划这一为构建高等教育体系、加强高校质量监督的政策性分类体系。我国构建高校分类体系的目的在于引导高校合理定位、分类发展、特色办学，促进分类管理和分类设置，是一种依法行政导向下，通过优化高校结构，健全高等教育体系，深化高等教育管理改革的行为。基于此，从长期来看，我国高校分类体系也应是加强质量监管导向的一种规定性分类。

### （二）新设置标准的国际借鉴

定性标准与定量标准相结合。美国、德国、日本等国家高校设置标准采用定性标准与定量标准相结合的形式，关注高校设置所需要的组织形式、治理模式、运行模式、人财物等资源条件、自我监督等基准。以上所列的高校设置基准以定性标准与定量标准相结合的形式呈现，既有质量底线的要求，也给予高校设置标准一定弹性空间，能够依据不同时期高等教育发展需求和发展趋势，根据社会需求和高等教育发展情况，灵活调整高校设置。我国新设置标准充分吸收国际高校设置将定性标准与定量标准相结合的特点，并根据我国高等教育实际有所侧重。

高校设置评议委员会的专业作用。美国各州高校设置标准较少以具体数量和规模的量化标准作为高校设置的约束标准，高校设置委员会的专业作用是采用定性标准的重要依据；日本大学设置审批体系是日本质量保障框架中的一部分，大学设置审批体系的大学设置委员会组织高校设置专家进行审查，审查为合格的申请才会被批准。新高校设置标准的制定、高校设置评议过程，也同样重视高校设置评议委员会的成员构成、权责范围，以最大限度发挥高校设置评议委员会及其专家在高校设置中的专业作用。

高校设置与评估制度相结合。国际代表性国家高校设置经验表明，高校设置与质量保障和认证体系密切相关。认证制度是德国非公立高校设置能否顺利通过申请的重要依据；日本大学设置基准中加入了自评和评估程序，具有事前规范作用，提前保障适度的质量，并通过事后检查评价持续性保障质量。新设置标准要求高校以年度报告形式自我评价高校设置以来的办学条件保障和办学成效，并将专业认证引入高等教育质量保障过程中，增加高校通过专业认证的专业学科数量，并结合常态化的自我评估和院校评估，从全过程保障高校质量。

退出机制及对退出高校妥善处理。高校设置是一所高校能否设立的准入门槛，退出机制是对高校关闭或调整办学的规范，准入机制与退出机制相结合才能促进高校严守高校设置质量底线、提高高校办学质量。韩国要求高校退出要求提交退出说明材料以及处理在校生办法，私立学校还需要提交处理学校资产办法。高校设置是一所高校办学的开端，退出机制则是引导高校合理退出，保障整体高等教育质量和优化高等教育结构的重要机制。新设置标准不仅要求高校设置的准入，还列明高校退出机制的要求，退出机制的相关规定有利于优化高等教育结构。

## 二、新分类体系及设置标准的先进性

新分类体系及设置标准是健全高等教育体系的制度设计，具有以深改促导向、以固本促基础、以评议促标准、以监管促绩效的四维向度，这也是新分类体系及设置先进性的体现（史秋衡、康敏，2017）。

### （一）以深改促导向

国家创新驱动发展战略导向下，要求深化高等教育领域放管服改革、深化高等学校综合改革，使得高等教育成为支撑和引领国家创新发展的重要力量。新分类体系及设置标准通过分类设置程序规范，进一步促进深化高等教育领域放管服改革；通过引导高校合理定位，进一步推动高校自发深化综合改革。

### （二）以固本促基础

全面依法治国是治理国家的基本方略、全面依法治教是维系高等教育健康发展的根本保障、全面依法行政是实现全面依法治教的重要手段。依法治教为根本，法律授予的行政权力为手段，严格按照法律程序和法律规范进行高校分类体系及设置标准的制度设计和实施程序，是维护新高校分类体系及设置的固本之基。

### (三) 以评议促标准

专家评议将研究经验与科学方法引入新分类体系及设置标准。高校设置专家拥有夯实的研究经验积淀和实践经验，并掌握了科学规范的研究方法，为高校设置标准提供专业知识支撑。专家评议与刚性定量标准相结合，使得高校设置标准能够随着高等教育实际情况和社会经济发展需求而适度调整，增强高校设置标准的弹性和提升高校设置标准评判的专业性。

### (四) 以监管促绩效

新分类体系和设置标准的制度设计体现了高等教育放管服综合改革的进程。新分类体系及设置标准通过严守底线的质量标准和规范的程序，优化高等教育权力结构，理顺高校分类设置中国家高等教育管理权力与地方高等教育管理权力关系，尊重高校办学自主权。新分类体系及设置标准将准入标准与认证机制、过程性的自我评估、院校评估相结合等多形式多层面质量监管而非行政性干预，从而激发高校自主办学、特色办学的积极性和主动性。

## 三、新分类体系及设置标准的标志特征

新分类体系及设置的标志特征使得其具有一定适应性和先进性。新分类体系及其设置标准是创新驱动建构下的时代产物，是将分类理念融入高校设置的深度构建，是高校质量底线和边界的横纵尺度。

### (一) 创新驱动的建构

新分类体系及设置标准的制度设计具有鲜明的时代特征，是国家创新驱动发展战略部署下深化高等教育领域综合改革以及高校综合改革的制度性建构。新分类体系及设置标准有利于存量高校结构调整和增量高校提质增效，健全我国高等教育体系，促进高校分类特色办学，集中高等教育资源培养专门人才和从事专门性科学研究，为国家创新发展和社会经济转型升级提供知识、人才、技术、管理等方面支持。

### (二) 分类理念的融入

新分类体系及设置标准的制度设计由分类体系和设置标准两部分有机组成，

分类体系是高校设置的前提和基础，也是新分类体系及设置标准的突出特征。我国长期以来按本科和专科的层次差异形成设置标准。随着我国高等教育规模逐渐扩大，高等教育发展日趋复杂，我国高校类型也更加多样化。此外，随着高校日益走进社会中心，成为支撑和引领国家创新发展的重要力量，社会对高校人才培养类型、层次、规格以及专业性要求也日益增强。将分类思想引入高等教育发展，构建高校分类体系、引导高校分类设置，是优化高等教育结构、健全高等教育体系以促进分类管理和分类评价，全面提高高等教育质量的迫切要求。新分类体系及设置标准以分类理念为先导，并贯穿制度设计全过程。

### （三）质量底线和边界

新分类体系及设置标准不仅继承1986年发布的《普通高等学校设置暂行条例》中关于质量底线的设置要求，还关注不同类型高校设置基准的边界，建构高校分类体系及设置标准的横向和纵向尺度。新分类体系及设置标准注重对不同类型高校核心特征进行梳理和分析。高校核心特征是高校办学过程中与不同主体交互而形成的烙印。不同类型高校核心特征具有差异性，同一类型高校既具有个性差异同时也呈现共性特征。新分类体系及设置标准重视挖掘三种不同类型高校的核心特征，并有选择地将之作为不同类型高校新设置标准的核心指标。

## 第二节 新分类体系及设置标准的国际认证研究

我国新分类体系及设置标准国际先进性的理念和标准，不仅应有助于我国高等教育体系构建和高等教育质量提高，还应体现于获得国际通行标准的认可和承认，真正实现高等教育质量标准的国际水平和人才培养质量的国际标准。以《华盛顿协议》为主导的国际工程联盟七大协议为面向，探索我国新分类体系和设置标准的国际认证接口。

### 一、新分类体系的国际认证接口

#### （一）我国高等教育质量监控体系

当前，我国建立"五位一体"的高等学校质量保障体系，形成自我评估、专业认证及评估、国际评估、状态数据常态监测、院校评估。其中，院校评估包括以国家标准针对2000年以来的新建本科院校的合格评估、以高校自己的标准为尺度针对参加并通过水平评估的本科院校的审核评估。专业认证及评估方面，进行工程教育专业认证、医学专业认证。运用状态数据常态监测，形成我国不同类型高等教育质量报告。除了教育部高等教育教学评估中心组织国外高水平专家参与院校评估、与国际组织开展高等教育质量保障合作之外，不少高校已经自主探索国际高水平专家或组织参与的学科、专业、课程等不同类型的国际评估。

我国高等教育质量保障注重分类评估和分类指导，形成以高校为主体，状态数据常态监测和质量报告发布面向社会公开，注重学生发展的质量保障体系建构。"五位一体"的质量保障体系和运行成效，为新分类体系及设置标准的顶层设计、国际对接，奠定质量保障制度和机制方面的基础。

### （二）新分类体系的国际评估接口

第一，以人才培养定位为基础，我国高等教育总体上可分为研究型、应用型和职业技能型三大类型。人才培养定位的分类，是新分类体系与国际评估的接口。基于不同类型人才成长的培养条件、培养过程和学习成果是国际评估的重要因素。

第二，新分类体系是深化高等教育领域改革的突破口，新分类体系中注重理顺中央政府、地方政府、高校的权力关系，更加强调深化高等教育领域放管服改革、地方政府统筹高等教育发展、高校深化综合改革加强自主办学。我国高校自主办学的实践有利于高校自主深化国际合作，提高办学质量和国际化水平，贴合国际标准。

第三，新分类体系下高校自主分类定位，化解高校人才培养和社会人才需求结构不甚相符的"两张皮"现象，提升高校的社会服务能力。分类定位引导高校结合实际情况，根据国家、地区、社区等不同需求，制定与高校定位和人才培养目标相匹配的人才培养方案和环境，培养与之相适应的人才。

第四，新分类体系按照优化存量高校、把控增量高校发展的原则，目的在于引导高等教育从规模扩张转向高等教育内涵式发展，是运用宏观行政手段依法保障我国高等教育质量的形式之一。内涵式发展更加注重高校质量建设而非高校规模扩张，符合国际高等教育质量保障的内在追求。

### （三）新分类体系的评估机制设计

**1. 新分类体系下探索高等教育评估形式**

当前，我国已经形成了"五位一体"的高等教育质量评估体系，新分类体系对高校办学定位进行了分类，需要进一步探索在"五位一体"高等教育评估体系下如何开展不同类型高校评估以提高质量保障的有效度。值得注意的是，新分类体系的评估机制需要关注到新分类体系中的研究型、应用型等不同类型高等教育机构的质量保障形式和侧重点。在尊重高校主体的高等教育质量评估中，强化高校自主设定目标为质量尺度的已有高等教育质量评估实践。此外，新分类体系是探索高等教育管理和高校办学与国际接轨的改革举措，新分类体系的评估机制也应注重不同类型高等教育质量保障的国际评估，在学科、专业、课程等不同层面加强质量保障的国际化水平。

**2. 新分类体系下探索高等教育评估内容**

新分类体系的评估机制以不同类型高校设置基准为基础、不同类型高校质量标准为依据，认证评估针对不同类型高校设置相关学科、专业、课程的准入标准和过程标准，院校评估则侧重不同类型高校培养所定位的人才目标和师资队伍、教学资源、质量保障体系等条件，以及目标达成度、学生主体评价、毕业生的社会评价等情况，从过程和结果评价来检视不同类型高校是否真正实现科学合理定位，人才培养规格与社会需求是否相适应，从而分析新分类体系对于国家和经济社会发展的意义。当前，我国加快推进普通高校本科专业类教学质量国家标准的制定，明确专业教学质量标准便于开展专业建设和专业评估，因此新分类体系下本科专业教学质量评估如何与不同类型高校、不同专业的差异性有效契合，是新分类体系下高等教育评估更应该加强研究的方向。

**3. 新分类体系下的评估专门机构及职责**

新分类体系作为高等教育权力优化协调的重要突破口，进一步理顺了国家指导和地方统筹的权责范围。新分类体系的评估，需要建立实施评估的专门组织机构，明确评估专门机构的人员构成、工作方案、权力和责任、监督主体，等等。

**4. 新分类体系下评估机制的问责监督**

公开评估结果，提高信息的公开度和透明度。发挥中央政府宏观指导职能，加强政府问责。提供社会公众参与新分类体系下的高校评估，提高高校面向社会开放办学能力，主动接受来自社会的监督，进一步促进不同类型高校主动对接不同社会服务面向的多样需求。

## 二、新设置标准的国际认证接口

### （一）新设置标准的程序规范要求

新设置标准从法律法规、政策规划、质量基准多维度立体化重构中央政府、地方政府、高校、社会、专业性机构的权力关系。

新设置标准通过依法制定分类设置的程序和规范，推动我国深化高等教育领域放管服改革，促进管办评分离，强化中央政府宏观管理高等教育的权力和服务、监管职责，加强地方政府统筹管理高等教育的权力，通过明确清晰的高校设置规范和程序，理顺中央与地方高等教育行政管理权责。高校设置评议委员会的组建，体现专家和第三方参与高校分类设置评议的主体作用。法律法规规定高校分类设置标准，政府依法根据法律法规明确的高校分类设置程序行使高校分类设置的审批权，专家和第三方依法根据法律授权行使高校分类设置的评议权，体现我国高校分类设置的程序规范。法治理念和规范程序重构高等教育主体在高校设置中的关系，也是国际高等教育评估中的重要特征。

### （二）新设置标准的国际评估接口

我国新设置标准是新分类体系下设置高校的准入门槛，强调针对不同类型高校设立基准差异性进行分类设计。新分类设置标准的评估标准也应体现分类设计，评估目的旨在提高不同类型高校质量，并提供促进不同类型高校发展的空间和追求卓越的机会。因此，新设置标准的评估应根据不同类型高校、不同类型教育、不同类型学科、不同类型专业制定灵活弹性的评估标准，采取专业化的评估标准和机制，以工程教育的国际认证为重要参考。

设置工程教育的认证接口。国际工程联盟（International Engineering Alliance，IEA）是建立和执行在其成员之间的工程教育标准的七个多边协议的总协调机构，旨在通过可接受的、独立的、权威性的工程教育和职业能力的标准、认证和监督，提高全球工程师质量、创造力和促进流动。七个多边协议分别为《华盛顿协议》（Washington Accord，WA）、《悉尼协议》（Sydney Accord，SA）、《都柏林协议》（Dublin Accord，DA）、《国际专业工程师协议》（International Professional Engineers Agreement，IPEA）、《国际工程技术专家协议》（International Engineering Technologist Agreement，IETA）、《亚洲太平洋经济合作组织工程师协议》（APEC Engineer agreement，APEC）、《国际工程技术员协议》（Agreement for International Engineering Technicians，AIET）。《华盛顿协议》面向专业工程师认证，是国际工程师互认体系的重要构成部分，是国际工程联盟诸如《悉尼协议》和《都柏林协议》等国际工程从业人员质量标准协议的基础（International Engineering Alliance，2014），我国于2016年正式成为《华盛顿协议》的会员国。

《华盛顿协议》要求签订认证协议国家或地区的工程教育毕业生在工程知识、设计或开发解决方案、应用现代工具、环境与可持续发展、个人与团队工作、项目管理与财务、分析问题、调研、工程师与社会、道德操守、沟通交流、终身学习等方面达到一定标准，并对认证体系实施方法进行定期检查。要求对教育质量有明确定义，开设专业的高校有高等教育学位授予权，申请认证的高校和专业进行自我评估，由同行组成小组进行现场考察，公布已通过认证专业的名单，定期检查已认证过的专业，检查不同高校、专业、年度之间标准执行的连续性和公正性问题，向高校提供书面报告、提出改进行动建议，恰当的程序遴选和培训专业认证专家，持续完善标准、政策和程序，毕业生素质的要求，深入评估专业的成果和保障成果实现的方式。

### （三）新设置标准的评估机制设计

新设置标准的评估机制旨在通过过程性评价和终结性评价，与准入基准的起始端质量控制相结合，形成新设置高校的闭环式的质量保障设计。新设置标准评估机制应实施退出机制和年度报告形式加强评估标准的检查，并构建新设置高校取得办学成效的质量保障。

探索新设置标准评估机制的退出机制，将准入机制和退出机制相结合。通过动态调整的设计，严格准入标准的同时，严控过程质量和结果质量。动态退出机制的设计，是对高等教育结构优化和调整的重要机制，避免新设置高校由于缺乏良好的退出机制而低效低质办学。

探索新设置标准评估机制的自我评估。要求高校在一定办学周期后，提交年度报告进行自我评估。年度报告既是自我评估的一种形式，也是外部监管下的产物。通过新设置高校年度报告，一方面有利于引导高校审视办学定位与办学路径的符合度；另一方面有利于高校面向社会公开办学，通过信息公开，接受来自社会的监督和来自政府的监管。

## 三、新分类体系及设置标准的国际认证推广

新分类体系及设置标准的国际认证推广应在立足高校实际、体现中国特色、放眼世界趋势的原则下，对分类设计、动态调整、权力协调等重要特征，在提取具有中国特色标志性制度和体系之后，邀请国际专家或机构参与国际认证，并逐步扩大国际声誉和影响力。

### （一）新分类体系及设置标准的国际认证推广原则

**1. 新分类体系及设置标准的国际认证推广应立足高校实际**

国际认证推广应建立在不同类型高校办学实际和不同类型高校办学质量标准

的基础之上，只有符合高校类型、反映高校核心特征的认证评估机制，才能有效保障高校基本办学质量的提高。

**2. 新分类体系及设置标准的国际认证推广应体现中国特色**

新分类体系及设置标准是立足于我国国家经济社会发展需求、高等教育结构调整需求、高校办学发展实际而进行的设计，其认证评估机制的建构也应该体现中国特色和中国标准。

**3. 新分类体系及设置标准的国际认证推广应放眼世界趋势**

新分类体系及设置标准的形成借鉴国际高校分类发展经验、国际教育标准分类经验，新分类体系及设置标准目的不仅在于健全我国高等教育体系，也在于将具有中国特色的高等教育制度设计融入国际高等教育发展大潮中。

### （二）新分类体系及设置标准的国际认证推广内容

**1. 以分类设计为核心的新分类体系及设置标准的国际认证推广**

新分类体系及设置标准的时代性体现在分类理念和实践方面，因此，分类设计毋庸置疑是国际认证推广的重要内容。分类设计体现在类型分类、定位分类、分类管理、分类评价、分类认证、分类评估方面。

**2. 以动态调整为平衡的新分类体系及设置标准的国际认证推广**

新分类体系及设置标准的发展性体现在动态调整作为平衡存量高等教育和增量高等教育的关键。因此，新分类体系及设置标准的国际认证，是准入、过程、结果以及结果处理全过程、全方位的质量保障。

**3. 以权力协调为形式的新分类体系及设置标准的国际认证推广**

在依法治教理念指导下，我国政府、社会、高校、专家群体在完善我国高等教育体系中通过权力重构和协调推动建立新分类体系及设置标准。高等教育利益相关者在高等教育发展过程中的博弈和协调，既符合我国高等教育发展趋势，也符合国际高等教育发展趋势。

### （三）新分类体系及设置标准的国际认证推广路径

新分类体系及设置标准的国际认证推广是在认识中不断深化，在实践探索中不断推进。

**1. 提取新分类体系及设置标准的中国特色**

创新驱动发展战略和我国高等教育发展实际推动下的高校分类体系及具体类型构成，重构政府、社会、高校、专家之间权力关系。新分类体系及设置标准的中国特色，不仅体现在制度设计的社会背景方面，也体现在程序、规范和标准的制定。因此，应先对我国新分类体系及设置标准的中国特色进行总结分析。

**2. 组织国外专家或专业性机构参与新分类体系及设置标准的国际认证评估**

新分类体系及设置标准是扎根我国高等教育发展而形成的制度设计,其国际认证需要邀请国际同行了解、参与,在不断贴合我国国情的同时引入国际经验进行完善,提高新分类体系及设置标准的国际认证的科学性和专业性。

**3. 推动新分类体系及设置标准的国际认证走向世界,成为国际研究和实践过程中可资借鉴的内容**

新分类体系及设置标准的国际认证标准、程序、主体关系在于世界对接过程中,需要不断健全和完善,贯彻实施法治精神并以此为根基成为推动新分类体系及设置标准的国际认证在国际范围内彰显中国品牌。

## 第三节 新分类体系及设置标准的国家特征研究

新分类体系及设置标准是在国家的主导下进行的,因此应先满足国家发展需求。概括而言,新分类体系及设置标准具有国家急需性、未来战略性和预期卓越性等系列国家特征。

### 一、新分类体系及设置标准的国家急需性

新分类体系及设置标准具有国家急需性。新分类体系及设置标准是引导高校合理定位,提高人才培养规格的社会适应度和符合度,发挥高等教育引领和支撑经济社会发展,推动国家创新驱动发展战略实施的重要高等教育改革举措。

#### (一)劳动力市场对多类型层次人才需求

人才是我国社会经济发展的第一资源。我国劳动力市场出现"脑体倒挂"现象、"就业难"和"用工荒"并存问题,不仅反映出劳动力市场对多类型和多层次人才的多元需求,也反映出我国人才类型和层次在劳动力市场中的结构性失衡问题。当前,我国人才队伍建设的主要任务是突出培养造就创新型科技人才、大力开发经济社会发展重点领域急需紧缺专门人才、统筹推进各类人才队伍建设。到2020年实现人才资源总量稳步增长,队伍规模不断壮大;人才素质大幅度提高,结构进一步优化;人才竞争比较优势明显增强,竞争力不断提升;人才使用效能明显提高,人尽其才、才尽其用。

新分类体系及设置标准以人才培养定位为基础,将我国高等教育分为研究

型、应用型和职业技能型,并分类型制定设置标准。人才培养定位为基础的高校分类及分类设置符合劳动力市场对多类型和多层次人才的急切需求,也有利于推动我国中长期人才发展规划的战略部署和总体目标实现。

### (二) 高等教育引领和支撑社会经济发展

当前,我国进入全面建成小康社会的决胜时期,破解高等教育人才培养供给侧和社会产业对人才需求侧存在结构、质量不能完全相符的"两张皮"现象,要求高等教育从支撑经济社会发展转向支撑和引领经济社会发展。

新分类体系及设置标准以人才培养定位为基础对我国高等教育进行分类,并以此为依据,制定高校分类设置标准以健全我国高等教育体系,优化高等教育结构,全面提高高等教育质量。一方面,通过高校分类定位、分类管理和分类评价,引导高校合理定位,精准对接服务面向,从结构的角度对高等教育支撑和引领经济社会发展进行改革;另一方面,通过完善高等教育体系促进高等教育质量全面提升,从质量的角度对高等教育支撑和引领经济社会发展的角度进行改革,深化高等教育与经济社会发展的深度融合。

### (三) 推动国家创新驱动发展战略实施

新分类体系及设置标准通过优化存量和调整增量,引导高校分类发展、自主创新,重点是培养大批创新人才和技术技能型人才,加强高等教育分类服务国家、区域、地方、产业、行业、企业的核心能力和引领作用,主动融入国家创新体系建设,打造创新一体化链条,促进高等教育、人才、产业、创新要素有机衔接和深度融合。

研究型、应用型和职业技能型分别从不同着力点促进国家创新体系建设。研究型高校以培养创新型和学术型人才为主,位于创新链的前端,产出重大和前沿科学研究创新成果,培养从事高精尖研究的创新人才和科研人才。应用型高校以培养应用型人才为主,位于创新链连接产业链的中端,促进科研成果转化和应用。职业技能型高校位于产业创新链上,推动技术革新。

## 二、新分类体系及设置标准的未来战略性

新分类体系及设置标准的理论探索、实践探索、制度探索及新分类体系及设置标准的设计、运行、保障具有战略性。

## （一）新分类体系及设置标准的设计战略

新分类体系及设置标准必须超越本来、吸收外来、面向未来。一方面，新分类体系及设置标准的设计既不是基于文献到文献的纯学术研究，也不是对高等教育政策的事后解读，而是建立在扎实理论研究基础上、伴随着大量调研和实践探索逐步推进的政策设计；另一方面，新分类体系不是高等教育利益相关者通过实证研究方法总结和分析我国当前高等教育发展现状，进而对我国高校结构规模进行验证性分析；不是高等教育管理者以及高等教育研究者为优化高等教育结构和预测未来高等教育发展趋势进行主观构建，而是在理论和实证研究基础上进行政策研究、政策推进过程中的制度设计。

## （二）新分类体系及设置标准的运行战略

新分类体系及设置标准在深化高等教育综合改革的背景下运行，是在政府、高校、社会、学术等多方高等教育利益相关者的协调过程中运行的。当前，我国正深化高等教育领域放管服改革，推进管、办、评分离，优化高等教育管理结构，逐步降低高等教育管理的权力重点，激发地方高等教育管理部门管理、高校自主办学、社会参与办学的活力。新分类体系机设置标准的运行过程中，通过系列机制创新和改革，实现中央政府宏观指导、地方政府统筹管理、高校深化综合改革加强自主办学、学术专家发挥专业作用参与评议、社会具有监督作用促进深度参与。

## （三）新分类体系及设置标准的保障战略

新分类体系及设置标准是高校准入的质量标准，是底线标准。质量保障机制通过过程性和终结性评价，是促进新分类体系及设置标准良性运行的重要支撑。为进一步促进新分类体系及质量标准的功能释放，在我国"五位一体"的高等教育质量保障体系框架内寻求新分类体系及设置标准的契合面和切入点。新分类体系及设置标准不是停留在高等质量入口处的制度设计，而是从准入、过程和结果的全方位、全过程的机制联动和质量保障。通过配套评估制度，来自政府的监管、专家权威和社会评价，协同多元高等教育利益相关者深度参与的多元保障。

## 三、新分类体系及设置标准的预期卓越性

新分类体系及设置标准具有预期卓越性。首先，表现为制度的卓越性，为不

同类型高校和不同地区高校追求质量卓越提供空间。其次，表现为机制的卓越性，实施高校动态调整和弹性空间。最后，表现为功能的卓越性，通过制定底线标准和质量界限促进高校分类评价和分类发展。

## （一）新分类体系及设置标准的制度卓越性

一方面，新分类体系及设置标准的制度设计通过分类定位、分类设置、分类管理、分类评价，引导高校分类发展，自主办学。新分类体系及设置标准的制度设计具有引导高校分类追求卓越的卓越性，促进不同类型高校精准定位、安于定位，紧密对接基于高校定位的服务面向，培养适应服务面向需求的人才类型和层次。

另一方面，新分类体系及设置标准的制度设计中给予地方在国家研究型、应用型和职业技能型三大类高等教育体系下自主探索高校分类的空间，为不同地方高等教育分类办学、分类发展提供政策支持。新分类体系及设置标准是国家顶层设计和地方自主探索的有机统一，既具有规范作用，也具有指导意义。

## （二）新分类体系及设置标准的机制卓越性

一方面，新分类体系及设置标准实施动态调整机制，动态调整机制同时指向高等教育的存量与增量，有利于高等教育结构优化。新分类体系及设置标准不仅有准入程序和准入标准，还具有调整机制和退出机制，既能从入口关严控高等学校设置数量、类型和质量，又能基于不同地区和国家高等教育布局的实际需求，灵活优化存量高校结构调整和调整质量。

另一方面，新分类体系及设置标准实施弹性空间，将定量与定性标准相结合，且融合制度刚性与管理弹性。新分类体系及设置标准机制既有中央政府宏观指导和服务监管机制，也有地方政府统筹管理和整体规划高等教育发展的机制，同时还有高校设置专家发挥评议作用机制，也更加关注面向社会信息公开机制。通过不同机制的协同作用，使得新分类体系及设置标准具有规范作用和灵活空间。

## （三）新分类体系及设置标准的功能卓越性

新分类体系及设置标准在引导高校科学定位、严明高校质量底线和构筑高校分类发展边界、促进高校分类评价等方面发挥卓越作用。

第一，构建高等教育分类体系，引导高校科学定位。国务院1986年发布的《普通高等学校设置暂行条例》是统领30多年国家高校设置的法律依据，该条例未明确提出根据高校类型分类设置的要求。新分类体系及设置标准以分类体系为前提，将分类贯穿于高校设置管理中，引导高校分类定位的功能更加契合社会实际需求。

第二，新分类体系及设置标准设计高校分类设置标准，严明质量底线以及边界。严明质量底线是新分类体系及设置标准在原有高校设置标准基础上的完善，此外新分类体系及设置标准注重分析不同类型高校办学核心特征，探索不同类型高校质量边界，试图为不同类型高校追求卓越提供方向。

第三，推动高等教育分类管理，促进高校分类评价。我国高校同质化发展的一个重要原因在于整齐划一式的高校管理和评价，导致高校趋向综合性或研究型建设路径，缺乏办学特色，产生高等教育体系不合理和整体质量问题。新分类体系及设置标准的制度设计为分类管理和分类评价的实施推进提供基础，对于引导我国高校面向社会自主办学、特色办学具有积极作用。

## 第四节　新分类体系及设置标准的内部协同创新机制研究

新分类体系及设置标准下不同类型高校定位更加明确，创新方向各异，通过协同创新机制建设可以推动高校发挥比较优势，通过强强联合和优势互补，更好地支撑和引领国家创新驱动发展战略的实施。

### 一、新分类体系及设置标准下的高校创新方向

新分类体系及设置标准设计下，研究型高校从事原始创新和基础创新；应用型高校从事应用型研究，吸收科研成果促进积累并推动转化和应用；职业技能型高校从事技术改造和革新。研究型、应用型和职业技能型分别处于创新链条的不同环节。为加强不同类型高校明确创新定位、积累创新优势、促进协同创新，需要深化高校综合改革，促进高校分类创新，实现多元发展。

#### （一）深化高校综合改革

我国高等教育从规模扩张转向内涵式建设，深化综合改革是高校内涵式建设的路径选择。要激发高校创新活力，必然要先促进高校机制体制革新。根据高校分类定位和办学目标，完善内部治理结构、高校人事制度、人才培养机制、科研管理机制、资源配置机制，层层突破，破解束缚高校创新发展、约束二级学院创

新人才培养模式的阻碍因素，从上至下、由下而上，形成有利于调动一线教学和科研人员、管理人员从事人才培养、科学研究和服务的积极性和主动性。深化高校综合改革，从高校内部为高校进行创新营造健康的环境和条件。

### （二）促进分类创新

新分类体系及设置标准下，促进不同类型高校分类创新需要不同类型高校根据不同的服务面向，向外积极寻求合作，深化合作，打造创新链条。研究型高校瞄准国际学术前沿和热点、国家战略需求，深化科教融合，加强与高水平高校、科研院所的深度合作，为国家战略发展提供智库支持，培养创新型人才；应用型高校紧密对接地方和产业需求，专业群建设围绕产业链，深化产教融合，培养应用复合型人才；职业技能型高校面向一线，强化专业及人才培养模式与职业和岗位需求对接，致力于生产、管理、服务创新。

### （三）实现多元发展

新分类体系及设置标准的目标之一是实现高校多元创新发展，多元发展为不同形式的创新合作、创新产出提供可能。一方面，不同类型高校集中优势资源形成办学特色，并发展成为学科或专业优势。保持并凸显高校特色和办学优势不仅是一所高校屹立于高等教育体系中的安身立命之所在，也是高校之间合作的基础和起点；另一方面，多元发展并不是要求高校完全个性化的自我孤立办学，而是鼓励不同类型、同一类型形成不同办学特色的高校之间进行协同合作，形成优势互补效应，提高高等教育资源的有效利用程度，营造高校协同发展、共同提高办学质量的竞争环境。

## 二、新分类体系及设置标准下的高校协创动力

新分类体系及设置标准下高校协创动力来自国家创新驱动发展战略下的创新体系建设，来自高校办学差异和办学特色，也来自高校提高办学质量的内在追求。

### （一）国家创新驱动发展战略

国家创新驱动发展战略为高校协创提供外部动力。《国家创新驱动发展战略纲要》提出"到2020年进入创新型国家行列，基本建成中国特色国家创新体系，有力支撑全面建成小康社会目标的实现"。创新驱动的实质是人才驱动，创新驱

动发展战略要求建设科技创新领军人才和高技能人才队伍。国家创新驱动发展战略对科学发展、科技进步、人才队伍的需求,要求高校分类定位、分类管理促进高校分类创新,成为国家创新体系的重要构成部分,培养主动适应国家和产业发展需求的人才,高校利用先进的技术、深厚的知识基础和高水平科研人才,创新人才培养和科学研究的机制体制,通过不同高校之间充分汇聚资源并进行重组,深度开展协同合作,盘活高等教育资源,提高高校创新水平和创新能力,有效促进科技创新、推动产业转型升级,从而实现支撑和引领国家创新发展。

### (二) 高校办学优势和特色

高校办学优势和特色为高校协创提供内在动力。新分类体系和设置标准下,高等教育体系进行了类型划分,分类管理的推进进一步驱动高校明确办学定位和办学目标,能够集中有限资源进行学科和专业建设,保持办学特色和优势,促进高校多元发展方向。同一类型高校结合地方需求、产业结构、办学传统进行的差异化定位和办学特色,为不同类型高校或同一类型不同高校之间的协同合作提供基础。高校之间既具有协同合作促进发展的共同需求,也基于不同特色和优势奠定协同合作的环境和条件,建立在办学差异和办学特色基础上的协同合作才具有持续性和稳定性。

### (三) 高等教育质量卓越追求

高等教育质量卓越追求是高校协创的动力。我国已经成为世界高等教育大国,当前我国的重要任务是建设高等教育强国,对高等教育质量的卓越追求成为高校协同创新的动力。全面提高高等教育要求高校创新机制体制,打破约束高校创新发展的阻碍因素,深化创新型人才培养机制、科研评价体制、人事评聘机制等改革,强化二级学院、研究所以及教学、科研师资的自主性,激发从事教学和科研的创新活力。创新高校机制体制,给予一线教学和科研人员充分自主权,为高校协同创新提供了灵活的环境。由于不同高校之间的管理机制和风格各不相同,因此不同高校之间开展协同创新也需要在宽松自主的环境和弹性灵活的机制体制中才能顺利开展。

## 三、新分类体系及设置标准下的高校协创规范

新分类体系及设置标准下,高校之间开展协同创新需要从组织建制、制度要求、运行机制等方面形成一整套规范。

## （一）新分类体系及设置标准下的高校协创组织

新分类体系及设置标准下，不同类型高校的类型边界更为清晰，不同类型高校在创新链条上所处的位置和发挥的作用的差异性也更加突出。创新不是单一环节，也不是仅由一所高校便能完成创新链上的创新需求，需要不同类型高校之间或同一类型高校之间的协作。根据协同创新的不同要求，形成不同领域、学科、专业、产业的协创联盟。通过建立松散的非正式组织，进一步引导高校在新分类体系及设置标准的框架下，科学合理定位，突出办学特色和形成办学优势。在协同创新联盟中扬长避短，寻求强强联合或进行优势互补，共同提高高校办学质量。

## （二）新分类体系及设置标准下的高校协创制度

新分类体系及设置标准下的高校协创联盟需要形成制度规范。首先，要对协创联盟的服务面向和高校构成进行清晰的定位，并制定高校准入的条件约束。其次，对协创联盟的高校之间开展协创活动提供制度安排，如人事制度、科研评价制度、资源分配制度，减少制度对协创活动的干扰作用。最后，列明协创联盟的负面清单，除了可为活动之外，还需要明确哪些活动是不可为的。

## （三）新分类体系及设置标准下的高校协创机制

新分类体系及设置标准下高校协创联盟的制度规范需要运行机制加以保障。首先，规定高校协创联盟非正式组织的治理组织和治理模式，具体包括治理组织名称、治理结构、成员构成及要求、成员调整的程序和标准。其次，规定高校协创联盟治理组织的管理权责、成员的权利和义务，厘清权力关系和权力行使机制。界定好高校协创联盟的权力并逐条列出，在权力行使过程中相应要履行的责任并依次提出。高校协创联盟成员的权利、义务也是不可忽视的部分。最后，信息公开机制建设。提高高校协创联盟运行内容的公开度和协创联盟信息的公开度，主动接受来自政府、成员和社会的监督。

# 第五节 新分类体系及设置标准与外部行业标准的适应性研究

高校人才培养成效最终要通过外部来检验，人才链要与产业链有机衔接，新分类体系及设置标准也应与外部行业标准相适应。

## 一、新分类体系及设置标准下高校对行业标准的适应原则

新分类体系及设置标准下，高校要主动适应行业标准，创新评价机制为高校与行业深度合作破除壁垒，在人才培养全过程中全方位促进高校与行业相融合。

### （一）以高校主动适应为原则

新分类体系及设置标准下，高校合理定位、明确办学面向，虽然不同类型高校与行业的合作领域和形式各不相同，毋庸置疑，高校应主动适应行业需求和行业标准开展深度合作。相比于行业，高校拥有专业的人才队伍和知识积累。高校应利用好人才和知识要素的相对优势，主动了解行业在转型升级过程中遇到的困难、需要的支持，通过培训或科研支持等形式，服务行业创新发展需求，与行业建立良好互信的合作基础，积极寻找高校与行业深度合作的空间和机会。

### （二）以创新评价机制为原则

高校与行业的治理模式不同，因此高校与行业深度合作的顺利进行需要高校事先革新高校和行业合作的机制体制，破除阻碍高校与行业双主体合作的制度性因素。例如，行业专门人才参与高校治理、聘任行业兼职教师、行业专门人才指导学生、行业与高校合作开设实训中心和实践基地、"双师型"教师评聘和晋升、行业与高校共同编写教材和设计课程，等等。行业注重效率，而高校注重人才培养质量和办学成效，因此，只有构建有利于行业参与的评价机制，优先营造吸引行业参与的制度性环境，才能推动高校了解行业标准、主动适应行业标准、参与行业标准，进而引领行业标准。

### （三）以促进深度融合为原则

除了高校主动适应和创新评价机制之外，高校与行业合作的深度和广度还取决于高校主体和行业主体的参与程度。2017年12月《国务院办公厅关于深化产教融合的若干意见》从宏观政策层面为高校与行业深度融合提供政策支持。高校应积极促进与产业联动发展。在学科和专业设置上，应用型和职业技能型高校要注重专业群对接产业链，促进高校师资与行业专门人员有效流动，鼓励教师与行业共同研发以解决行业遇到的"瓶颈"问题，推动高校先进技术的转化、应用、积累。重视职业技能型高校的人才培养核心环节，建立教学过程与生产过程相对

接以及毕业证书与资格证书相对接。全方位、全过程促进高校与行业在人才培养、科学研究和社会服务方面的深度融合。

## 二、新分类体系及设置标准下高校对人才规范的适应机制

新分类体系及设置标准下,高校通过学科专业调整机制与产业转型升级相适应,完善需求导向的人才培养调整机制,健全行业企业参与高校办学机制,最终构建高校对人才规范的适应机制。

### (一)学科专业调整与产业转型升级相适应

学科专业是高校组织架构,产业转型升级是人才培养的时代背景。因此,高校对人才规范的适应,应建立在学科专业设置与产业转型升级的互动关系上。新分类体系及设置标准下,基于明确的办学定位和发展目标,高校集中优势资源进行学科专业调整。高校学科和专业调整是在对接产业链和创新链的前提下进行的,而非毫无根据地进行盲目的裁撤重组。产业转型升级过程中,形成传统支柱产业、新兴产业、紧缺产业、战略产业等不同类型产业。在遵循高等教育办学规律的前提下,根据办学定位和办学目标,高校有选择性地根据产业布局调整来优化学科和专业设置,从产业转型升级的角度适应随时代发展变化着的人才规格。

### (二)完善需求导向的人才培养调整机制

主动适应社会发展和产业转型升级需求,精准定位,明确定位指向的人才培养规范,并以此为依据适度调整高校人才培养方案。加强毕业生就业质量年度报告制度,组织专门的调查部门对每年毕业生就业情况进行追踪调查并形成年度报告。更加重视劳动力市场对毕业生就业能力的评价,将之作为调整高校人才培养方案和考察人才培养成效的重要参考。此外,调查社会对高校学科专业对应行业的发展情况和人才需求变化趋势,降低高校人才培养周期导致人才培养与市场需求具有一定滞后性的影响,预先调整高校学科专业招生规模和教学内容。

### (三)健全行业企业参与高校办学机制

行业企业参与高校办学和人才培养过程。研究型高校创新创业人才培养需要行业企业的指导和引领,应用型高校复合型人才培养需要紧密围绕产业需求、促

进科技成果转化和应用,职业技能型高校的教学过程面向行业企业的职业需求。因此,高校人才培养难以脱离行业企业进行,高校对人才标准的适应性也反映在行业企业参与高校办学的机制建设中。要完善高校信息公开制度,提高高校办学和人才培养环节信息的透明度,主动接受来自社会和行业监督和评价,在办学过程中以此为依据融入社会的人才规范,完善高校人才培养过程,培养符合社会人才规范的专门人才。

### 三、新分类体系及设置标准下高校对市场诉求的自主选择

新分类体系及设置标准下,高校在高等教育办学过程中的主体地位更加明确,社会和市场对于高校明确办学定位、加强内涵式建设和培养一定规格人才的呼声也更加强烈。在此背景下,高校应发挥能动性,自觉定位、自发改革、自主办学以适应来自市场的人才培养和社会服务需求。

#### (一)高校自觉定位

新分类体系及设置标准将分类定位作为分类体系和分类设置的前提,分类定位是分类管理和分类评价的基础。因此,高校主体作用在高校自觉进行办学定位中得以体现。一方面,高校自觉按照高等教育规律、社会经济发展要求、国家战略需求以及地方、行业发展要求合理定位;另一方面,高校自觉综合办学基础和办学历史,凝练办学特色,集中优势资源保持和发展办学特色,打造办学优势和高校品牌。

#### (二)高校自发改革

新分类体系及设置标准不是单独的一项制度设计,而是嵌入在高等教育综合改革中的重要一环。新分类体系及设置标准,引导高校自觉定位的同时,也推动高校自发深化综合改革,加强内涵式建设以提质增效,优化存量高校并做优增量高校,健全和完善我国高等教育体系,全面提高高等教育质量。高校自觉定位的实现需要高校自发改革作为动力和支撑。

#### (三)高校自主办学

高校自觉定位和自发改革,进一步推动高校自主办学,更加明确高校办学主体地位。高校是人才培养的主要场所,是人才培养的主体。对于人才培养的市场诉求,高校主体应基于人才培养规律和教育规律,保持人才培养的稳定性,有选

择性的调整人才培养规格而非一味迎合。毕竟，人才培养的市场诉求不应该是朝令夕改，而应该建立在前期进入市场进行广泛深入调查，主动邀请行业参与人才培养过程，将行业标准融入高校人才培养标准，跟踪行业评价反馈进一步完善人才培养过程和提高人才培养质量。此外，加强学科、专业和课程等认证评估，保持高校人才培养的稳定性和持续性，以提高高校人才培养的社会适应度和用人单位满意度。

# 参考文献

[1] [日] 天野郁夫. 试论日本的大学分类 [J]. 陈武元, 译. 复旦教育论坛, 2004, 2 (5): 5-10.

[2] 联合国教科文组织. 联合国教科文组织统计研究所. 国际教育标准分类法2011 (ISCED 2011) [EB/OL]. [2015-05-11]. http://www.uis.unesco.org/Education/Documents/isced-2011-ch.pdf.

[3] 史秋衡, 冯典. 美国政府在高校分层分类中的作用及启示 [J]. 科学学与科学技术管理, 2005 (9): 91-97.

[4] [法] 爱弥儿·涂尔干, 马塞尔·莫斯. 原始分类 [M]. 汲喆, 译. 北京: 商务印书馆, 2012.

[5] 潘懋元, 陈厚丰. 高等教育分类的方法论问题 [J]. 高等教育研究, 2006, 27 (3): 8-13.

[6] 浙江大学课题组编著. 中国高等学校的分类问题 [M]. 北京: 高等教育出版社, 2009.

[7] 陆正林, 顾永安. 高等教育分类的方法论思考 [J]. 教育发展研究, 2011 (11): 54-57.

[8] 张丽. 浅析伯顿·克拉克的院校分类思想——兼论与我国高教结构模式的比较 [J]. 比较教育研究, 2004 (8): 28-32.

[9] 刘向东, 吕艳. 高等学校分类的实证研究——基于75所教育部直属高校和19所地方共建高校的分析 [J]. 清华大学教育研究, 2010, 31 (4): 45-50.

[10] 史秋衡, 王爱萍. 高等教育质量观: 从认识论向价值论转变 [J]. 厦门大学学报 (哲学社会科学版), 2010 (2): 73-79.

[11] 张培林. 自然辩证法概论 [M]. 北京: 科学出版社, 2000.

[12] 肖昊, 李国年. 中国高校分类标准体系的哲学基础与实用价值 [J]. 江苏高教, 2013 (5): 1-5.

[13] 肖昊, 江娟. 高校分类标准: 尺度与根据 [J]. 华中科技大学学报 (人文社会科学版), 2013, 52 (3): 147-153.

［14］史秋衡，闫飞龙．对高等教育评价哲学的探讨［J］．高等教育研究，2008（8）：35－41．

［15］雷家彬．中国高等学校分类方法的反思与建构［D］．武汉：华中科技大学，2011．

［16］刘献君．建设教学服务型大学——兼论高等学校分类［J］．教育研究，2007（7）：31－35．

［17］吴雪．英国高等教育质量管理制度变迁研究［D］．厦门：厦门大学教育研究院，2010．

［18］史秋衡，宁斌．美国社区学院教学质量监控体系的结构及设计思想［J］．高等教育研究，2006（8）：95－100．

［19］史秋衡，刘文华．台港澳私立高校调研报告——台港澳私立高校评估与质量保障观感［J］．民办教育研究，2006，5（2）：29－35．

［20］雷家彬，沈红．欧洲高等教育机构分类框架解读［J］．比较教育研究，2011（7）：40－48．

［21］王楠．我国高等学校分类体系重构：范式、主体与方法［J］．教育研究，2016，（12）：82－88．

［22］潘懋元．新编高等教育学［M］．北京：北京师范大学出版社，2012．

［23］陈厚丰．中国高等学校分类与定位问题研究［M］．长沙：湖南大学出版社，2004．

［24］王伟廉．高等教育学［M］．福州：福建教育出版社，2001．

［25］王保华．分类发展：高等教育发展的理性选择［J］．国家教育行政学院学报，2002（11）：24－26．

［26］陈厚丰．高等教育分类的理论逻辑与制度框架研究［M］．广州：广东高等教育出版社，2011．

［27］史秋衡．高等教育地方化：现实与趋势［J］．教育研究，2006（5）：92－93．

［28］史秋衡．高等教育薄弱地区发展高等教育的探索与思考——以宿迁学院为例［J］．江苏高教，2011（4）：60－62．

［29］陈慧青．中国高校布局结构变革研究［D］．厦门：厦门大学教育研究院，2009．

［30］贺国庆，王保星等．外国高等教育史［M］．北京：人民教育出版社，2003．

［31］国家教育发展研究中心．2000年中国教育绿皮书［M］．北京：北京教育出版社，2000．

［32］［美］彼得·F. 德鲁克著. 卓有成效的组织管理［M］. 齐思贤, 译. 北京: 东方出版社, 2012.

［33］［美］詹姆斯·马奇, 赫伯特·西蒙著. 组织［M］. 邵冲, 译. 北京: 机械工业出版社, 2008.

［34］史秋衡, 刘丽丽. 认同危机: 我国高等教育质量管理的隐忧［J］. 中国高等教育, 2007（24）: 27-29.

［35］马陆亭. 高等教育支撑国家技术创新需有整体架构［J］. 高等工程教育研究, 2016（1）: 5-11.

［36］马陆亭. 我国高等学校分类的结构设计［J］. 北京大学教育评论, 2005（2）: 101-107.

［37］曹赛先. 高等学校分类的理论与实践［D］. 武汉: 华中科技大学, 2005.

［38］邬大光. 大学分化的复杂性及其价值［J］. 教育研究, 2010（12）: 17-23.

［39］宋中英, 雷庆. 我国高等学校分类及其走向［J］. 教育发展研究, 2008（13）: 59-63.

［40］宋中英, 雷庆. 我国高等学校分类的实证研究——以北京市普通高校为例［J］. 高教探索, 2010（6）: 14-18.

［41］王玉丰. 基于我国高校分类前提的反向追问［J］. 江苏高教, 2010（6）: 5-7.

［42］史秋衡, 康敏. 探索我国高等学校分类体系设计［J］. 中国高等教育, 2017（2）: 40-44.

［43］张彦通, 赵世奎. 高等教育分类办学的多元价值分析［J］. 教育研究, 2008（12）: 62-67.

［44］陈厚丰. 浅论高等学校分类与定位的若干理论问题［J］. 中国高教研究, 2003（11）: 47-49.

［45］陈厚丰. 高校定位: 自主秩序与分类引导有机结合［J］. 高等教育研究, 2006, 27（6）: 55-60.

［46］陈武元, 洪真裁. 关于中国高校分类与定位问题的思考［J］. 现代大学教育, 2007（2）: 56-59.

［47］雷家彬. 基于学科结构的区域本科院校分类研究——以湖北省为例［J］. 复旦教育论坛, 2015, 13（6）: 72-78.

［48］潘黎, 刘元芳. 基于知识布局的高校分类的理论构建［J］. 科学学研究, 2009, 27（3）: 340-344.

[49] 潘黎. 高校分类的新视角——基于知识的视角 [J]. 教育科学, 2010, 26 (1): 50-53.

[50] 朱铁壁, 张红霞. 高校分类新思考: 知识生产与学生学习双重视角 [J]. 高等教育研究, 2015, 36 (11): 24-30.

[51] 肖化移. 试论高等教育分类及其质量标准的划界 [J]. 高等教育研究, 2005, 26 (8): 38-41.

[52] 牛敏. 高等学校分类标准探析 [J]. 广西民族学院学报 (哲学社会科学版), 2005 (12): 209-211.

[53] 周廷勇, 王保华. 关于高校分类评估的几个理论问题 [J]. 高等教育研究, 2011, 32 (4): 37-41.

[54] 史秋衡, 郭建鹏. 我国大学生学情状态与影响机制的实证分析 [J]. 教育研究, 2012 (2): 109-121.

[55] 史秋衡, 文静. 大学生学习满意度测评逻辑模型的构建 [J]. 大学教育科学, 2013 (4): 53-60.

[56] 文静. 我国大学生学习满意度研究 [D]. 厦门: 厦门大学教育研究院博士学位论文, 2013.

[57] 杜瑛. 高校分类体系构建的依据、框架与应用 [J]. 中国高等教育, 2016 (13/14): 32-37.

[58] 王保华. 高等学校设置理论与实践 [M]. 武汉: 华中师范大学出版社, 2000.

[59] 黄启兵. 我国高校设置变迁的制度分析 [D]. 南京: 南京师范大学教育科学学院博士学位论文, 2006.

[60] 矫怡程. 高等学校设置制度研究 [D]. 厦门: 厦门大学教育研究院博士学位论文, 2016.

[61] 何瑞琨. 日本《大学设置基准》三十年 [J]. 日本研究, 1987 (3): 76-80.

[62] 陈俊森. 日本《大学设置基准》的部分修订与大学教育改革 [J]. 高等教育研究, 1993 (4): 67-76.

[63] 高长春, 吴国新. 我国高校办学标准与经费投入配比的现状研究 [J]. 现代大学教育, 2009 (4): 67-72.

[64] 柯安琪. 金砖国家高等学校设置标准研究 [D]. 厦门: 厦门大学教育研究院硕士学位论文, 2018.

[65] 马良生, 姜亚金等. 江苏开放大学设置方案的研究报告 [J]. 江苏广播电视大学学报, 2011 (3): 14-19.

[66] 香港特别行政区政府教育局. 立法会参考资料摘要——成为私立大学的路线图 [EB/OL]. (2015 - 07) http://www.edb.gov.hk/attachment/en/edu-system/postsecondary/policy-doc/Roadmap_for_Becoming_a_Private_Univeristy_chi.pdf.

[67] 陈慧青. 高校空间分布特征探析 [J]. 教育评论, 2011 (5): 6 - 8.

[68] 潘懋元. 新世纪高等教育思想的转变 [J]. 中国高等教育, 2001 (3/4): 21 - 23.

[69] 卢乃桂, 柯政. 教育政策研究的类别、特征和启示 [J]. 比较教育研究, 2007 (2): 27 - 31.

[70] [德] 卡尔·马克思, 弗里德里希·恩格斯. 马克思恩格斯全集（第20卷）[M]. 中共中央马克思、恩格斯、列宁、斯大林著作编译局, 编译. 北京: 人民出版社, 1971.

[71] 辞海编辑委员会. 辞海第六版缩印本 [M]. 上海: 上海辞书出版社, 2010.

[72] 辞海编辑委员会. 辞海（1979年版）缩印本 [M]. 上海: 上海辞书出版社, 1982.

[73] 林毅夫, 苏剑. 论我国经济增长方式的转换 [J]. 管理世界, 2007 (11): 5 - 13.

[74] [美] 亚当·斯密. 国民财富的性质和原因的研究 [M]. 郭大力, 王亚南, 译. 北京: 商务印书馆, 1974.

[75] [美] 西奥多·舒尔茨. 论人力资本投资 [M]. 吴珠华等, 译. 北京: 北京经济学院出版社, 1990.

[76] [美] 加里·贝克尔. 人力资本 [M]. 梁小民, 译. 北京: 北京大学出版社, 1987.

[77] 许征帆主编. 马克思主义辞典 [M]. 长春: 吉林大学出版社, 1987.

[78] 陈锋. 更新观念深化改革 调整高等教育结构 [N]. 中国教育报, 2017 - 4 - 26 (011).

[79] 马跃进, 陈志强等. 现代科技革命与高校人才培养 [J]. 华中农业大学学报, 2005 (10): 141 - 144.

[80] 肖敏. 创新型国家建设的R&D资源配置研究 [D]. 上海: 上海交通大学博士学位论文, 2010.

[81] 潘懋元, 王伟廉. 高等教育学 [M]. 福建: 福建教育出版社, 1995.

[82] [美] 克拉克·克尔. 高等教育不能回避历史——21世纪的问题 [M]. 王承绪, 译. 杭州: 浙江教育出版社, 2001.

[83] 张凤林. 人力资本理论及其应用研究 [M]. 北京: 商务印书馆, 2007.

[84] 李彬. 产业结构的调整与人才需求及供给的选择 [J]. 科学学与科学技术管理, 2005 (12): 132-136.

[85] 傅维利, 刘靖华. 高校专业调整与建设中应当处理好的基本关系 [J]. 教育科学, 2014 (6): 65-68.

[86] 张延平, 李明生. 我国区域人才结构优化与产业结构升级的协调适配度评价研究 [J]. 中国软科学, 2011 (3): 177-192.

[87] 周川. 从洪堡到博耶: 高校科研观的转变化 [J]. 教育研究, 2005 (6): 26-30, 61.

[88] [美] 欧内斯特·波伊尔. 学术水平反思——教授工作的重点领域 [M]//国家教育发展研究中心. 发达国家教育改革的动向和趋势 (第五集). 北京: 人民教育出版社, 1994.

[89] [美] 伯顿·R. 克拉克. 王承绪校. 高等教育系统——学术组织的跨国研究 [M]. 王承绪, 徐辉等, 译. 杭州: 杭州大学出版社, 1994.

[90] 王蕾. 推进管办评分离构建教育公共治理新格局 [N]. 中国教育报, 2015-05-12 (06).

[91] 邬大光, 李国强.《教育规划纲要》实施五年进展与高等教育未来方向的基本判断——《高等教育第三方评估报告》前言 [J]. 中国高教研究, 2016 (1): 4-11.

[92] 教育部国家教育发展研究中心. 美国加利福尼亚州高等教育总体规划: 1960-1975 [M]. 王道余, 译. 北京: 人民教育出版社, 2005.

[93] 宋中英, 周慧. 美国卡内基高等教育机构基本分类模式的演变 [J]. 高教发展与评估, 2011, 27 (5): 95-101, 130.

[94] 茹宁. U-Map 欧洲版本的高等教育分类体系 [J]. 中国高教研究, 2012 (3): 49-53.

[95] 张建新. 高等教育体制变迁研究: 英国高等教育从二元制向一元制转变探析 [M]. 北京: 教育科学出版社, 2006.

[96] 黄志成. 世界教育大系·巴西教育 [M]. 长春: 吉林教育出版社, 2000.

[97] 潘懋元. 合理分类 正确定位 科学发展 办出特色 [J]. 西安欧亚学院学报, 2012, 10 (3): 1-3.

[98] 潘懋元, 吴玫. 高等学校分类与定位问题 [J]. 复旦教育论坛, 2003, 1 (3): 5-9.

[99] 潘懋元，董立平．关于高等学校分类、定位、特色发展的探讨 [J]．教育研究，2009（2）：33-38．

[100] 邹晓平．再论高等院校分类框架 [J]．高等教育研究，2012，33（5）：36-44．

[101] 曹赛先，沈红．浅论我国的高校分类 [J]．高教研究，2004（2）：102-106．

[102] 刘献君．建设教学开放型大学——兼论高等学校分类 [J]．教育研究，2007（7）：31-35．

[103] 雷家彬．分类学与类型学：国外高校分类研究的两种范式 [J]．清华大学教育研究，2011，32（2）：110-118，124．

[104] 邹晓平．高等学校的定位问题与分类框架 [J]．高教探索，2004（3）：8-12．

[105] 陈厚丰．试评《中国大学评价》的大学分类 [J]．现代大学教育，2004（2）：98-101．

[106] 马陆亭．高等学校的分层与管理 [M]．广州：广东教育出版社，2004．

[107] 刘少雪，刘念才．我国普通高等学校的分类标准和分类管理 [J]．高等教育研究，2005，26（7）：40-44．

[108] 宋中英，雷庆．高等学校分类标准和类型名称探析 [J]．高教探索，2009（6）：41-45．

[109] 戚业国，杜瑛．试探我国高等学校分类思路及方法 [J]．教育发展研究，2005（12）：61-64．

[110] 康敏．我国高校分类核心指标的实证研究 [D]．厦门：厦门大学教育研究院硕士学位论文，2016．

[111] [荷兰] Hennie Boeije. 质性研究分析方法 [M]．张可婷，译．新北：韦伯文化国际出版有限公司，2013．

[112] 朱丽叶·M. 科宾，安塞尔姆·L. 施特劳斯．质性研究的基础：形成扎根理论的程序与方法 [M]．朱光明，译．重庆：重庆大学出版社，2015．

[113] 徐建平，张厚粲．质性研究中编码者信度的多种方法考察 [J]．心理科学，2005，28（6）：1430-1432．

[114] 董奇．心理与教育研究方法 [M]．北京：北京师范大学出版社，2004．

[115] 吴明隆．问卷统计分析实务 [M]．重庆：重庆大学出版社，2010．

[116] 涂端午．高等教育政策的价值结构——基于政策文本的实证分析 [J]．清华大学教育研究，2010，31（5）：6-13．

[117] 伍宸, 洪成文. 大学排行榜价值取向研究——基于价值哲学的解释 [J]. 中国高教研究, 2012 (12): 32-37.

[118] 申超. 大学排行榜的形成机理及其指标研究 [J]. 中国高教研究, 2011 (7): 39-42.

[119] 潘懋元. 中国高等教育大众化的理论与政策 [J]. 高等教育研究, 2001, 22 (6): 1-5.

[120] 李文. 深刻认识我国经济发展新常态 [N]. 人民日报, 2015-06-02 (05).

[121] 赵叶珠, 游蠡. 社会变革与高等教育发展新动力——2009年世界高等教育大会公报 [J]. 中国高等教育, 2009 (17): 58-61.

[122] [德] 雅斯贝尔斯. 什么是教育 [M]. 邹进, 译. 北京: 生活·读书·新知三联书店, 1991.

[123] 朱军文, 刘念才. 中、德、日一流大学科研产出趋势比较——基于科学计量学的案例研究 [J]. 复旦教育论坛, 2009, 7 (3): 59-62.

[124] 谢桂华. 关于学科建设的若干问题 [J]. 高等教育研究, 2002, 23 (5): 46-52.

[125] 王建华. 高等教育的应用性 [J]. 教育研究, 2013 (4): 51-57.

[126] 郭桂英, 姚林. 关于我国高校办学定位的研究 [J]. 江苏高教, 2002 (1): 59-62.

[127] 中华人民共和国教育部. 2017年全国教育事业发展统计公报 [EB/OL]. (2018-07-19) http://www.moe.gov.cn/jyb_sjzl/sjzl_fztjgb/201807/t20180719_343508.html.

[128] 石中英. 波兰尼的知识理论及其教育意义 [J]. 华东师范大学学报 (教育科学版), 2001 (2): 36-45.

[129] 曹广祥. 地方高校人才培养改革研究——基于知识生产方式转变的视角 [J]. 教育发展研究, 2015 (7): 28-32.

[130] 联合国教科文组织国际教育发展委员会编著. 学会生存——教育世界的今天和明天 [M]. 华东师范大学比较教育研究所, 译. 北京: 职工教育出版社, 1989.

[131] 胡建华. 大学科学研究的性质、地位、作用之比较分析 [J]. 高等教育研究, 2006, 27 (5): 29-33.

[132] 赵婷婷, 汪乐乐. 高等学校为什么要分类以及怎样分类? 加州高等教育规划分类体系与卡内基高等教育机构分类的比较 [J]. 北京大学教育评论, 2008, 6 (4): 166-178, 192.

[133] 徐双敏,李跃. 政府绩效的第三方评估主体及其效应 [J]. 重庆社会科学,2011 (9): 118 – 122.

[134] 史秋衡,康敏. 我国高校分类设置管理的逻辑进程与制度建构 [J]. 厦门大学学报 (哲学社会科学版),2017 (6) 1 – 9.

[135] Carnegie Commission. The Carnegie Classification of Institutions of Higher Education [R/OL]. [2015 – 05 – 11]. http: //carnegieclassifications. iu. edu/resources/2010classifications_logic. pdf.

[136] The European Classification of Higher Education Institutions. U – Map has become of age: invitations sent [EB/OL]. (2013 – 06 – 22) http: //www. u-map. eu/news/.

[137] The European Classification of Higher Education Institutions. A University Profiling Tool 2011 Update Report [EB/OL]. (2011 – 12 – 08) http: //www. u-map. eu/U – Map_2011_update_report_print. pdf.

[138] The European Classification of Higher Education Institutions. Glossary of terms used in the U – Map Questionnaire [EB/OL]. (2012 – 09) http: //www. u-map. eu/Glossary. pdf.

[139] Futao Huang. Challenges for higher education and research: a perspective from Japan [J]. Studies in Higher Education, 2014, 39 (8): 1428 – 1438.

[140] 日本文部科学省. 国立大学改革プラン [EB/OL]. (2013 – 11). http: //www. mext. go. jp/component/a_menu/education/detail/__icsFiles/afieldfile/2013/12/18/1341974_01. pdf.

[141] UNESCO. International Standard Classification of Education (ISCED1997) [EB/OL]. (1997 – 11). http: //www. unesco. org/education/information/nfsunesco/doc/isced_1997. htm.

[142] Kevin B. Smith. Typologies, Taxonomies, and the Benefits of Policy Classification [J]. Policy Studies Journal, 2002, 30 (3): 379 – 395.

[143] McCormick, Alexander C. Zhao, Chun – Mei. Rethinking and Reframing the Carnegie Classification [J]. Change, 2005, 37 (5): 50 – 57.

[144] 日本文部科学省. Quality Assurance Framework of Higher Education in Japan [EB/OL]. (2009) http: //www. mext. go. jp/en/policy/education/highered/title02/detail02/1373877. htm.

[145] National Law Information Center. [EB/OL]. (2016 – 06 – 23) http: //www. law. go. kr/lsInfoP. do? lsiSeq = 177642&efYd = 20160623#0000.

[146] National Law Information Center. Enforcement Decree of the Higher Educa-

tion [EB/OL]. (2017 – 09 – 05) http：//www. law. go. kr/eng/engLsSc. do? menuId = 1&query = HIGHER + EDUCATION&x = 33&y = 34#liBgcolor0.

[147] The University of Hong Kong. University Ordinance and Statutes [EB/OL]. https：//www4. hku. hk/pubunit/calendar/2017 – 2018/1414-university-ordinance-and-statutes.

[148] Thurow Lester C. . Education and Economic Equality [J]. Public Interest, 1972, 27 (28)：66 – 81.

[149] Kenneth J. Arrow. Higher education as a filter [J]. Journal of Public Economics, 1973, 2 (3)：193 – 216.

[150] Robert E. Lucas Jr. On the Mechanics of Economic Development [J]. Journal of Monetary Economics, 1988, 22 (1)：3 – 42.

[151] Jessica Guth. The Bologna Process：The Impact of Higher Education Reform on the Structure and Organization of Doctoral Programmes in Germany [J]. Higher Education in Europe, 2006, 31 (3)：327 – 338.

[152] Carnegie Commission. The Carnegie Classification of Institutions of Higher Education [R/OL]. http：//carnegieclassifications. iu. edu/resources/2010classifications_logic. pdf.

[153] Joseph C. Hermanowicz. Classifying Universities and Their Departments：A Social World Perspective [J]. The Journal of Higher Education, 2005, 76 (1)：26 – 55.

[154] Ulrich Teichler. Diversification? Trends and Explanations of the Shape and Size of Higher Education [J]. Higher Education, 2008, 56 (3)：349 – 379.

[155] 日本文部科学省. 学校基本调查 [EB/OL]. (2016 – 08) http：//www. mext. go. jp/b_menu/toukei/chousa01/kihon/kekka/k_detail/1375036. htm.

[156] Department for Education. Check if a university or college is officially recognized [EB/OL]. (2018 – 02) https：//www. gov. uk/check-a-university-is-officially-recognised/recognised-bodies.

[157] Department for Business Innovation and Skills. Success as a Knowledge Economy：Teaching Excellence, Social Mobility and Student Choice [EB/OL]. (2016 – 05) https：//www. timeshighereducation. com/sites/default/files/breaking_news_files/higher-education-white-paper-success-as-a-knowledge-economy. pdf.

[158] The Houses of Parliament. Higher Education and Research Act 2017 [EB/OL]. (2017 – 04 – 27) https：//www. legislation. gov. uk/ukpga/2017/29/pdfs/ukpga_20170029_en. pdf.

［159］Department for Education. Teaching Excellence and Student Outcomes Framework Specification［EB/OL］.（2017 - 10）https：//www. gov. uk/government/uploads/system/uploads/attachment_data/file/658490/Teaching_Excellence_and_Student_Outcomes_Framework_Specification. pdf.

［160］National law information center. 고등교육법（高等教育法）［EB/OL］.（2016 - 06 - 23）http：//www. law. go. kr/lsInfoP. do? lsiSeq = 177642&efYd = 20160623#0000.

［161］Ministry of Education. Higher Education［EB/OL］.（2016）http：//english. moe. go. kr/sub/info. do? m = 020105&s = english.

［162］Ministry of Education. Statistics［EB/OL］.（2016）http：//english. moe. go. kr/sub/info. do? m = 050101&page = 050101&num = 1&s = english.

［163］Ministry of Education. Overview of the Brazilian Education System［EB/OL］.（2016 - 10）http：//download. inep. gov. br/acoes_internacionais/pisa/documentos/2016/pisa_overview_of_the_brazilian_education_system. pdf.

［164］Neves C E B. Demand and supply for higher education in Brazil［A］//Simon Schwartzman, Rómulo Pinheiro, Pundy Pillay. Higher Education in the BRICS Countries［C］. Dordrecht：Springer Netherlands, 2015：73 - 96.

［165］National Accreditation Agency of Russia. Education in Russia［EB/OL］.（2016）http：//www. nica. ru/en/accreditation/highereducation.

［166］РОССИЙСКАЯ ФЕДЕРАЦИЯ（俄罗斯联邦）. ОБ ОБРАЗОВАНИИ В РОССИЙСКОЙ ФЕДЕРАЦИИ（联邦教育法）［EB/OL］.（2012 - 12 - 29）http：//www. nica. ru/Media/Default/Documents/Федеральный_закон_от_29. 12. 2012_N_273 - ФЗ_редак. PDF.

［167］Сорокина Т. С.. БОЛОНСКИЙ ПРОЦЕСС И ФЕДЕРАЛЬНЫЙ ГОСУДАРСТВЕННЫЙ ОБРАЗОВАТЕЛЬНЫЙ СТАНДАРТ ВЫСШЕГО ОБРАЗОВАНИЯ（博洛尼亚进程和联邦国家高等教育标准）［M］//Проблемы социальной гигиены, здравоохранения и истории медицины（社会卫生问题、健康和医学史）, 2015：49 - 53.

［168］俄罗斯联邦教育科学部. Study in Russia［EB/OL］.（2015）http：//studyinrussia. ru/study-in-russia/info/levels-of-education/.

［169］National Informatics Centre. National Education Policy［EB/OL］.（1986）http：//education. nic. in/cd50years/g/T/49/0T490A501. htm.

［170］Government of India. Indian Standard Classification of Education［EB/OL］.（2014）http：//mhrd. gov. in/sites/upload_files/mhrd/files/statistics/In-

SCED2014_1. pdf.

［171］Joshi K M. Higher Education, Social Demand, and Social Equity in India ［A］//Simon Schwartzman, Rómulo Pinheiro, Pundy Pillay. Higher Education in the BRICS Countries ［C］. Dordrecht: Springer Netherlands, 2015: 125 – 147.

［172］Gretchen Rhines Cheney, Betsy Brown Ruzzi and Karthik Muralidharan. A Profile of the Indian Education System ［J］. Paper prepared for the New Commission on the Skills of the American Workforce. 2015: 21.

［173］陈恒敏. Institutionalized Institutions: Classification of Higher Education Institution in BRICS Countries ［D］. 厦门: 厦门大学教育研究院硕士学位论文, 2017.

［174］Government of India Ministry of Human Resource Development. Education Statistics – At a Glance ［EB/OL］. (2018) http://mhrd.gov.in/statist.

［175］Naziema Jappie. Creating Pathways for Postsecondary Learners in South Africa ［M］//. 潘懋元, 史秋衡主编, 中国高等教育评论 (第8卷). 北京: 科学出版社, 2017: 169 – 183.

［176］International Engineering Alliance. 25 Years Washington Accord ［EB/OL］. (2014 – 06) http://www.ieagreements.org/accords/washington/.

# 后 记

实践无止境，创新无止境。立足"高等学校分类体系及其设置标准"攻关项目的核心理念和基本思路，紧扣我国高等教育实际状态及其发展趋势，提出建立"立体化高等学校分类体系"和"高校分类设置"的核心观点，并梳理其多维的设置标准与实施细则，致力于高校发展的多维格局，并期待未来出现更多、更新的有效办学和发展模式，健全高等教育体系，建设高等教育强国，支撑和引领国家创新发展和经济社会转型发展。修订高校设置的基本标准并为其制定组合模式，意在加强高校的自主选择性，有利于出台各大类型高校重点政策并实现有力扶持，同时为高校分类评估和高校个性化办学的实施提供标准指南。不同于传统的政策解读，《高校分类体系及其设置标准研究》作为一项政策设计，推动了我国高校分类体系及分类设置标准政策的出台。教育部发展规划司关于《"高等学校分类体系及其设置标准研究"项目结项咨询成果采纳证明》充分认可本研究对攻关重点的把握，高度肯定"有关高校分类体系研究成果，为我部制定高校分类设置政策提供了建设性意见和建议，并被吸收到《教育部关于'十三五'时期高等学校设置工作的意见》中"的攻关成效。

建立高校分类体系及设置标准研究是落实《中华人民共和国高等教育法》要求针对不同类型和层次高校实际推进高等教育体制改革的研究和设计。根据2015年12月27日第十二届全国人民代表大会常务委员会第十八次会议通过的《关于修改〈中华人民共和国高等教育法〉的决定》，将第二十九条修改为："设立实施本科及以上教育的高等学校，由国务院教育行政部门审批；设立实施专科教育的高等学校，由省、自治区、直辖市人民政府审批，报国务院教育行政部门备案；设立其他高等教育机构，由省、自治区、直辖市人民政府教育行政部门审批。审批设立高等学校和其他高等教育机构应当遵守国家有关规定。审批设立高等学校，应当委托由专家组成的评议机构评议。高等学校和其他高等教育机构分立、合并、终止，变更名称、类别和其他重要事项，由本条第一款规定的审批机关审批；修改章程，应当根据管理权限，报国务院教育行政部门或者省、自治区、直辖市人民政府行政部门核准。"此外,新条款延续了旧条款第七条的规定"国家按照社会主义现代化建设和发展社会主义市场经济的需要,根据不同类型、不同层次高等学校的实际,推进高等教育体制改革和高等教育教学改革,优化高等教育结构和资源配置,提高高等教育的质量和效益。"相比旧条款,修订条款对于高等学校的设立权限更为明晰。下放了设立高等学校的审批权限,省级人民政府不仅被赋予了审批专科教育的高等学校的权力,还被赋予了设立其他高等教育机构的权力。同时,在审批设立高等学校中,由旧法中的"聘请由专家组成的评议机构评议"修订为"委托由专家组成的评议机构评议",意味着行政工作与专业工作的分离,评议专家需要有丰富的高校经历和校、院、专业实证研究设计能力,专业工作和行政工作成为高校设置管理上的一体两翼,充分尊重与重视专家评议的专业工作。对高校分类体系及设置标准的重新建构是对修订条款的落实。有利于教育主管部门和各省级人民政府的分类管理,也有利于深化高等教育的体制改革和教学改革。

建构高校分类体系及设置标准、明晰高校设置权限,推进国家重大高等教育政策与项目,其中一项重点工作在于贯彻中央精神,厘清高校设置中的政府、市场和高校责任,切实推进高等学校设置制度中的管办评分离,促进高等教育领域政府职能转变。其中,省、自治区、直辖市人民政府或国务院有关部门履行公办学校的举办者责任和民办学校的监管者责任,负责向教育部提出筹建高等学校申请书和论证报告,论证办学的合理性和可行性;并保证充足的办学经费;如果学校办学失败,妥善处理在读学生。教育部设置高校设置专家评议委员会履行评估者责任,由专家组成的评议委员会在高校建校初期,对高校建校申请书和筹建情况报告进行书面审查、实地考察,着重审查其充分性、真实性和合理性,并召开会议最终作出是否准予筹建或正式建校招生的决定;并组织对批准建立的高等学校进行普通高等学校教学工作合格评估,期限为新建校正式建校招生后五年,合格评估着重考察学校办学目标的达成度。通过合格评估后,新建校应当接受社会第三方组织的审核评估。实行负面清单管理,进一步加强和扩大高校办学自主权和高校办学主体责任,深入推进高校综合改革,促进高等教育治理体系和治理能力的现代化。

从哲学高度看,我国高校存在的问题多是结构性问题,因此,结构性视角可以成为分析和破解中国高校发展问题的一个有益视角,结构理论也可以成为分析中国高校发展问题的一个有效框架。结构性问题必须通过结构调整来解决。通过科学合理的高校分类体系及设置标准有助于优化我国高等教育结构,进一步引领和推动不同类型高校健康发展,促进现代职业教育体系建设和学习型社会构建,推动高等教育强国建设。《现代职业教育体系建设规划(2014-2020年)》指出,在办好现有专科层次高等职业（专科）学校的基础上，发展应用技术类型高校，培养本科层次职业人才。同时规定，应用型高等学校是高等教育体系的重要组成部分，与其他普通本科学校具有平等地位。地方高校向应用型高校转型遇到不少现实阻力，传统高校发展的惯性使得向应用型高校转型困难重重，需要分类体系与设置标准的重构作为引导，推动省级政府加强对本省域高校发展的科学定位与统筹力度，使应用型大学能够按需、按特色成长。此外，高校分类体系及设置标准的制度设计也为直接创办研究型高校提供一个弹性空间，为培养研究型创新人才营造制度环境。职业技能型高校面向市场需求培养专门的技术技能型人才使得其办学具有明显的市场导向和岗位导向特征，其职业性使得职业技能型高校与研究型、应用型高校相比具有独特性。职业技能型高校独特性也要求这类型高校明确办学定位，培养技术技能类创新人才。高校分类体系及设置标准的设计下，不同类型高校精准定位、特色办学、分类创新，在支撑和引领国家创新发展、社会经济转型、区域和行业发展、文化传承发展中发挥不可替代的作用，为教育强国、文化强国、科技强国、人才强国奠定坚实的基础。

高校分类体系及设置标准的教育政策研究，尝试将政策科学经典的"为政策"的研究、有关政策和政策过程的研究的两大传统任务框架和致力于提出政策备择方案的政策研究相结合，在两大传统任务框架的积累之上形成科学合理的政策备择方案研究，旨在构建全面而立体化的高校分类体系及设置标准研究，在现有大量高校分类研究的基础上，进一步深入高等教育发展实际、密切参与高等教育政策制定、关注国际高等教育分类研究动向，构建立体化的高校分类体系和高校分类设置标准，具有突出的政策导向。高校分类体系及设置标准的教育政策研究，既体现优化高等教育结构、健全高等教育体系以深化高等教育领域放管服改革和推动管、办、评分离的高等教育管理改革要义，也担负着破解高校人才培养与国家创新发展不相适应问题以及服务创新型国家建设、推动人才强国和教育强国的重要任务。

《高等学校分类体系及其设置标准研究》能立项和顺利结项并取得卓越的学术与资政成就，应感谢教育部社会科学司，感谢项目评审会和项目鉴定会的各位专家，感谢教育部发展规划司全程给予的关心和支持，感谢攻关团队成员的倾力参与和无私奉献，还要特别感谢研究过程中协助调研的全国各高校领导和著名专家学者。多主体的齐心投入和集思广益，呈现了当前我国高校分类与设置面临的困境，表达了建立我国高校分类体系及其设置标准的期待。诚然，高校分类体系及设置标准既具有相对稳定性也具有鲜明时代性，因此高校分类体系及设置标准的研究也非一日之功，高校分类体系及设置标准的制度设计也非一蹴而就。本研究融和法理政情、学术理论、国际借鉴、实证调查、政策分析的成果，反映了我国高等教育现状和国家当前实际，是在我国创新型国家建设和教育强国、人才强国战略部署下的高校分类体系设计和高校分类设置标准探索，指向我国一段时间内的高等教育体系建设，具有相对稳定性和鲜明时代性特征。随着我国高等教育未来发展的不断变化，在本研究的立体化高校分类体系及设置标准制度设计框架下，可能也将产生新的高等教育需求，出现更多新的高校类型，形成新的高校设置标准调整要求，这是本研究将持之以恒关注的重要议题，也应是所有高等教育研究者和关心高等教育发展的人所应该关注的研究内容。

史秋衡<br>2019 年 1 月

# 教育部哲学社会科学研究重大课题攻关项目成果出版列表

| 序号 | 书　名 | 首席专家 |
| --- | --- | --- |
| 1 | 《马克思主义基础理论若干重大问题研究》 | 陈先达 |
| 2 | 《马克思主义理论学科体系建构与建设研究》 | 张雷声 |
| 3 | 《马克思主义整体性研究》 | 逄锦聚 |
| 4 | 《改革开放以来马克思主义在中国的发展》 | 顾钰民 |
| 5 | 《新时期　新探索　新征程——当代资本主义国家共产党的理论与实践研究》 | 聂运麟 |
| 6 | 《坚持马克思主义在意识形态领域指导地位研究》 | 陈先达 |
| 7 | 《当代资本主义新变化的批判性解读》 | 唐正东 |
| 8 | 《当代中国人精神生活研究》 | 童世骏 |
| 9 | 《弘扬与培育民族精神研究》 | 杨叔子 |
| 10 | 《当代科学哲学的发展趋势》 | 郭贵春 |
| 11 | 《服务型政府建设规律研究》 | 朱光磊 |
| 12 | 《地方政府改革与深化行政管理体制改革研究》 | 沈荣华 |
| 13 | 《面向知识表示与推理的自然语言逻辑》 | 鞠实儿 |
| 14 | 《当代宗教冲突与对话研究》 | 张志刚 |
| 15 | 《马克思主义文艺理论中国化研究》 | 朱立元 |
| 16 | 《历史题材文学创作重大问题研究》 | 童庆炳 |
| 17 | 《现代中西高校公共艺术教育比较研究》 | 曾繁仁 |
| 18 | 《西方文论中国化与中国文论建设》 | 王一川 |
| 19 | 《中华民族音乐文化的国际传播与推广》 | 王耀华 |
| 20 | 《楚地出土戰國簡册［十四種］》 | 陈　伟 |
| 21 | 《近代中国的知识与制度转型》 | 桑　兵 |
| 22 | 《中国抗战在世界反法西斯战争中的历史地位》 | 胡德坤 |
| 23 | 《近代以来日本对华认识及其行动选择研究》 | 杨栋梁 |
| 24 | 《京津冀都市圈的崛起与中国经济发展》 | 周立群 |
| 25 | 《金融市场全球化下的中国监管体系研究》 | 曹凤岐 |
| 26 | 《中国市场经济发展研究》 | 刘　伟 |
| 27 | 《全球经济调整中的中国经济增长与宏观调控体系研究》 | 黄　达 |
| 28 | 《中国特大都市圈与世界制造业中心研究》 | 李廉水 |

| 序号 | 书　名 | 首席专家 |
| --- | --- | --- |
| 29 | 《中国产业竞争力研究》 | 赵彦云 |
| 30 | 《东北老工业基地资源型城市发展可持续产业问题研究》 | 宋冬林 |
| 31 | 《转型时期消费需求升级与产业发展研究》 | 臧旭恒 |
| 32 | 《中国金融国际化中的风险防范与金融安全研究》 | 刘锡良 |
| 33 | 《全球新型金融危机与中国的外汇储备战略》 | 陈雨露 |
| 34 | 《全球金融危机与新常态下的中国产业发展》 | 段文斌 |
| 35 | 《中国民营经济制度创新与发展》 | 李维安 |
| 36 | 《中国现代服务经济理论与发展战略研究》 | 陈　宪 |
| 37 | 《中国转型期的社会风险及公共危机管理研究》 | 丁烈云 |
| 38 | 《人文社会科学研究成果评价体系研究》 | 刘大椿 |
| 39 | 《中国工业化、城镇化进程中的农村土地问题研究》 | 曲福田 |
| 40 | 《中国农村社区建设研究》 | 项继权 |
| 41 | 《东北老工业基地改造与振兴研究》 | 程　伟 |
| 42 | 《全面建设小康社会进程中的我国就业发展战略研究》 | 曾湘泉 |
| 43 | 《自主创新战略与国际竞争力研究》 | 吴贵生 |
| 44 | 《转轨经济中的反行政性垄断与促进竞争政策研究》 | 于良春 |
| 45 | 《面向公共服务的电子政务管理体系研究》 | 孙宝文 |
| 46 | 《产权理论比较与中国产权制度变革》 | 黄少安 |
| 47 | 《中国企业集团成长与重组研究》 | 蓝海林 |
| 48 | 《我国资源、环境、人口与经济承载能力研究》 | 邱　东 |
| 49 | 《"病有所医"——目标、路径与战略选择》 | 高建民 |
| 50 | 《税收对国民收入分配调控作用研究》 | 郭庆旺 |
| 51 | 《多党合作与中国共产党执政能力建设研究》 | 周淑真 |
| 52 | 《规范收入分配秩序研究》 | 杨灿明 |
| 53 | 《中国社会转型中的政府治理模式研究》 | 娄成武 |
| 54 | 《中国加入区域经济一体化研究》 | 黄卫平 |
| 55 | 《金融体制改革和货币问题研究》 | 王广谦 |
| 56 | 《人民币均衡汇率问题研究》 | 姜波克 |
| 57 | 《我国土地制度与社会经济协调发展研究》 | 黄祖辉 |
| 58 | 《南水北调工程与中部地区经济社会可持续发展研究》 | 杨云彦 |
| 59 | 《产业集聚与区域经济协调发展研究》 | 王　珺 |

| 序号 | 书名 | 首席专家 |
| --- | --- | --- |
| 60 | 《我国货币政策体系与传导机制研究》 | 刘　伟 |
| 61 | 《我国民法典体系问题研究》 | 王利明 |
| 62 | 《中国司法制度的基础理论问题研究》 | 陈光中 |
| 63 | 《多元化纠纷解决机制与和谐社会的构建》 | 范　愉 |
| 64 | 《中国和平发展的重大前沿国际法律问题研究》 | 曾令良 |
| 65 | 《中国法制现代化的理论与实践》 | 徐显明 |
| 66 | 《农村土地问题立法研究》 | 陈小君 |
| 67 | 《知识产权制度变革与发展研究》 | 吴汉东 |
| 68 | 《中国能源安全若干法律与政策问题研究》 | 黄　进 |
| 69 | 《城乡统筹视角下我国城乡双向商贸流通体系研究》 | 任保平 |
| 70 | 《产权强度、土地流转与农民权益保护》 | 罗必良 |
| 71 | 《我国建设用地总量控制与差别化管理政策研究》 | 欧名豪 |
| 72 | 《矿产资源有偿使用制度与生态补偿机制》 | 李国平 |
| 73 | 《巨灾风险管理制度创新研究》 | 卓　志 |
| 74 | 《国有资产法律保护机制研究》 | 李曙光 |
| 75 | 《中国与全球油气资源重点区域合作研究》 | 王　震 |
| 76 | 《可持续发展的中国新型农村社会养老保险制度研究》 | 邓大松 |
| 77 | 《农民工权益保护理论与实践研究》 | 刘林平 |
| 78 | 《大学生就业创业教育研究》 | 杨晓慧 |
| 79 | 《新能源与可再生能源法律与政策研究》 | 李艳芳 |
| 80 | 《中国海外投资的风险防范与管控体系研究》 | 陈菲琼 |
| 81 | 《生活质量的指标构建与现状评价》 | 周长城 |
| 82 | 《中国公民人文素质研究》 | 石亚军 |
| 83 | 《城市化进程中的重大社会问题及其对策研究》 | 李　强 |
| 84 | 《中国农村与农民问题前沿研究》 | 徐　勇 |
| 85 | 《西部开发中的人口流动与族际交往研究》 | 马　戎 |
| 86 | 《现代农业发展战略研究》 | 周应恒 |
| 87 | 《综合交通运输体系研究——认知与建构》 | 荣朝和 |
| 88 | 《中国独生子女问题研究》 | 风笑天 |
| 89 | 《我国粮食安全保障体系研究》 | 胡小平 |
| 90 | 《我国食品安全风险防控研究》 | 王　硕 |

| 序号 | 书名 | 首席专家 |
| --- | --- | --- |
| 91 | 《城市新移民问题及其对策研究》 | 周大鸣 |
| 92 | 《新农村建设与城镇化推进中农村教育布局调整研究》 | 史宁中 |
| 93 | 《农村公共产品供给与农村和谐社会建设》 | 王国华 |
| 94 | 《中国大城市户籍制度改革研究》 | 彭希哲 |
| 95 | 《国家惠农政策的成效评价与完善研究》 | 邓大才 |
| 96 | 《以民主促进和谐——和谐社会构建中的基层民主政治建设研究》 | 徐 勇 |
| 97 | 《城市文化与国家治理——当代中国城市建设理论内涵与发展模式建构》 | 皇甫晓涛 |
| 98 | 《中国边疆治理研究》 | 周 平 |
| 99 | 《边疆多民族地区构建社会主义和谐社会研究》 | 张先亮 |
| 100 | 《新疆民族文化、民族心理与社会长治久安》 | 高静文 |
| 101 | 《中国大众媒介的传播效果与公信力研究》 | 喻国明 |
| 102 | 《媒介素养：理念、认知、参与》 | 陆 晔 |
| 103 | 《创新型国家的知识信息服务体系研究》 | 胡昌平 |
| 104 | 《数字信息资源规划、管理与利用研究》 | 马费成 |
| 105 | 《新闻传媒发展与建构和谐社会关系研究》 | 罗以澄 |
| 106 | 《数字传播技术与媒体产业发展研究》 | 黄升民 |
| 107 | 《互联网等新媒体对社会舆论影响与利用研究》 | 谢新洲 |
| 108 | 《网络舆论监测与安全研究》 | 黄永林 |
| 109 | 《中国文化产业发展战略论》 | 胡惠林 |
| 110 | 《20世纪中国古代文化经典在域外的传播与影响研究》 | 张西平 |
| 111 | 《国际传播的理论、现状和发展趋势研究》 | 吴 飞 |
| 112 | 《教育投入、资源配置与人力资本收益》 | 闵维方 |
| 113 | 《创新人才与教育创新研究》 | 林崇德 |
| 114 | 《中国农村教育发展指标体系研究》 | 袁桂林 |
| 115 | 《高校思想政治理论课程建设研究》 | 顾海良 |
| 116 | 《网络思想政治教育研究》 | 张再兴 |
| 117 | 《高校招生考试制度改革研究》 | 刘海峰 |
| 118 | 《基础教育改革与中国教育学理论重建研究》 | 叶 澜 |
| 119 | 《我国研究生教育结构调整问题研究》 | 袁本涛 王传毅 |
| 120 | 《公共财政框架下公共教育财政制度研究》 | 王善迈 |

| 序号 | 书名 | 首席专家 |
| --- | --- | --- |
| 121 | 《农民工子女问题研究》 | 袁振国 |
| 122 | 《当代大学生诚信制度建设及加强大学生思想政治工作研究》 | 黄蓉生 |
| 123 | 《从失衡走向平衡：素质教育课程评价体系研究》 | 钟启泉<br>崔允漷 |
| 124 | 《构建城乡一体化的教育体制机制研究》 | 李 玲 |
| 125 | 《高校思想政治理论课教育教学质量监测体系研究》 | 张耀灿 |
| 126 | 《处境不利儿童的心理发展现状与教育对策研究》 | 申继亮 |
| 127 | 《学习过程与机制研究》 | 莫 雷 |
| 128 | 《青少年心理健康素质调查研究》 | 沈德立 |
| 129 | 《灾后中小学生心理疏导研究》 | 林崇德 |
| 130 | 《民族地区教育优先发展研究》 | 张诗亚 |
| 131 | 《WTO主要成员贸易政策体系与对策研究》 | 张汉林 |
| 132 | 《中国和平发展的国际环境分析》 | 叶自成 |
| 133 | 《冷战时期美国重大外交政策案例研究》 | 沈志华 |
| 134 | 《新时期中非合作关系研究》 | 刘鸿武 |
| 135 | 《我国的地缘政治及其战略研究》 | 倪世雄 |
| 136 | 《中国海洋发展战略研究》 | 徐祥民 |
| 137 | 《深化医药卫生体制改革研究》 | 孟庆跃 |
| 138 | 《华侨华人在中国软实力建设中的作用研究》 | 黄 平 |
| 139 | 《我国地方法制建设理论与实践研究》 | 葛洪义 |
| 140 | 《城市化理论重构与城市化战略研究》 | 张鸿雁 |
| 141 | 《境外宗教渗透论》 | 段德智 |
| 142 | 《中部崛起过程中的新型工业化研究》 | 陈晓红 |
| 143 | 《农村社会保障制度研究》 | 赵 曼 |
| 144 | 《中国艺术学学科体系建设研究》 | 黄会林 |
| 145 | 《人工耳蜗术后儿童康复教育的原理与方法》 | 黄昭鸣 |
| 146 | 《我国少数民族音乐资源的保护与开发研究》 | 樊祖荫 |
| 147 | 《中国道德文化的传统理念与现代践行研究》 | 李建华 |
| 148 | 《低碳经济转型下的中国排放权交易体系》 | 齐绍洲 |
| 149 | 《中国东北亚战略与政策研究》 | 刘清才 |
| 150 | 《促进经济发展方式转变的地方财税体制改革研究》 | 钟晓敏 |
| 151 | 《中国—东盟区域经济一体化》 | 范祚军 |

| 序号 | 书　名 | 首席专家 |
| --- | --- | --- |
| 152 | 《非传统安全合作与中俄关系》 | 冯绍雷 |
| 153 | 《外资并购与我国产业安全研究》 | 李善民 |
| 154 | 《近代汉字术语的生成演变与中西日文化互动研究》 | 冯天瑜 |
| 155 | 《新时期加强社会组织建设研究》 | 李友梅 |
| 156 | 《民办学校分类管理政策研究》 | 周海涛 |
| 157 | 《我国城市住房制度改革研究》 | 高　波 |
| 158 | 《新媒体环境下的危机传播及舆论引导研究》 | 喻国明 |
| 159 | 《法治国家建设中的司法判例制度研究》 | 何家弘 |
| 160 | 《中国女性高层次人才发展规律及发展对策研究》 | 佟　新 |
| 161 | 《国际金融中心法制环境研究》 | 周仲飞 |
| 162 | 《居民收入占国民收入比重统计指标体系研究》 | 刘　扬 |
| 163 | 《中国历代边疆治理研究》 | 程妮娜 |
| 164 | 《性别视角下的中国文学与文化》 | 乔以钢 |
| 165 | 《我国公共财政风险评估及其防范对策研究》 | 吴俊培 |
| 166 | 《中国历代民歌史论》 | 陈书录 |
| 167 | 《大学生村官成长成才机制研究》 | 马抗美 |
| 168 | 《完善学校突发事件应急管理机制研究》 | 马怀德 |
| 169 | 《秦简牍整理与研究》 | 陈　伟 |
| 170 | 《出土简帛与古史再建》 | 李学勤 |
| 171 | 《民间借贷与非法集资风险防范的法律机制研究》 | 岳彩申 |
| 172 | 《新时期社会治安防控体系建设研究》 | 宫志刚 |
| 173 | 《加快发展我国生产服务业研究》 | 李江帆 |
| 174 | 《基本公共服务均等化研究》 | 张贤明 |
| 175 | 《职业教育质量评价体系研究》 | 周志刚 |
| 176 | 《中国大学校长管理专业化研究》 | 宣　勇 |
| 177 | 《"两型社会"建设标准及指标体系研究》 | 陈晓红 |
| 178 | 《中国与中亚地区国家关系研究》 | 潘志平 |
| 179 | 《保障我国海上通道安全研究》 | 吕　靖 |
| 180 | 《世界主要国家安全体制机制研究》 | 刘胜湘 |
| 181 | 《中国流动人口的城市逐梦》 | 杨菊华 |
| 182 | 《建设人口均衡型社会研究》 | 刘渝琳 |
| 183 | 《农产品流通体系建设的机制创新与政策体系研究》 | 夏春玉 |

| 序号 | 书名 | 首席专家 |
| --- | --- | --- |
| 184 | 《区域经济一体化中府际合作的法律问题研究》 | 石佑启 |
| 185 | 《城乡劳动力平等就业研究》 | 姚先国 |
| 186 | 《20世纪朱子学研究精华集成——从学术思想史的视角》 | 乐爱国 |
| 187 | 《拔尖创新人才成长规律与培养模式研究》 | 林崇德 |
| 188 | 《生态文明制度建设研究》 | 陈晓红 |
| 189 | 《我国城镇住房保障体系及运行机制研究》 | 虞晓芬 |
| 190 | 《中国战略性新兴产业国际化战略研究》 | 汪 涛 |
| 191 | 《证据科学论纲》 | 张保生 |
| 192 | 《要素成本上升背景下我国外贸中长期发展趋势研究》 | 黄建忠 |
| 193 | 《中国历代长城研究》 | 段清波 |
| 194 | 《当代技术哲学的发展趋势研究》 | 吴国林 |
| 195 | 《20世纪中国社会思潮研究》 | 高瑞泉 |
| 196 | 《中国社会保障制度整合与体系完善重大问题研究》 | 丁建定 |
| 197 | 《民族地区特殊类型贫困与反贫困研究》 | 李俊杰 |
| 198 | 《扩大消费需求的长效机制研究》 | 臧旭恒 |
| 199 | 《我国土地出让制度改革及收益共享机制研究》 | 石晓平 |
| 200 | 《高等学校分类体系及其设置标准研究》 | 史秋衡 |
| | …… | |